U0125422

让 我 们 一 起 追 寻

天国之秋

China, the West, and the Epic Story of the Taiping Civil War

AUTUMN IN THE HEAVENLY KINGDOM

〔美〕裴士锋
（Stephen R. Platt）/ 著

黄中宪 / 译 /// 谭伯牛 / 校

社会科学文献出版社
SOCIAL SCIENCES ACADEMIC PRESS (CHINA)

献给弗兰西和露西

使人和睦的人有福了，因为他们必称为神的儿子。

——《马太福音》五：九

人物一览表

朝廷

咸丰　清朝皇帝

恭亲王　咸丰帝的同父异母弟

肃顺

载垣

　　　　—— 咸丰帝的满族顾命大臣

穆荫

端华

叶赫那拉　咸丰帝妃子，后来的慈禧太后

文祥　军机大臣

僧格林沁　蒙古旗人和将领

郭嵩焘　汉人官员

张国梁　盗匪出身的绿营将领

和春　绿营将领

吴煦　上海道台

薛焕　江苏巡抚

太平军

洪秀全　天王

洪仁玕　洪秀全族弟，干王、总理大臣

李秀成　忠王

李世贤　李秀成表弟，侍王

陈玉成　英王

谭绍光　慕王

石达开　翼王

郜永宽　纳王

省级军队

曾国藩　湘军统帅

曾国荃┐

曾国华├—　曾国藩诸弟，湘军统兵官

曾国葆┘

左宗棠　湘军将领

鲍　超　川籍湘军统兵官

多隆阿　湘军中的满族骑兵队指挥官

李鸿章　曾国藩门生，淮军统帅

程学启　淮军统兵官，原为太平天国将领

其他中国人

容　闳　一八五四年耶鲁大学毕业生

杨　坊　上海银行家，常胜军的赞助人

杨常梅　杨坊女儿，一八六二年嫁给华尔

英国人

中央政府

巴麦尊勋爵（Lord Palmerston）首相

罗素勋爵（Lord Russell）外相

格莱斯顿（William Gladstone）财政大臣

塞克斯（William H. Sykes）代表苏格兰阿伯丁郡的国会议员

外交官和领事级官员

詹姆斯·布鲁斯（James Bruce）第八代额尔金伯爵，英

国对华全权代表

卜鲁斯（Erederick Bruce）詹姆斯·布鲁斯之弟，英国驻华公使，一八六〇～一八六四

威妥玛（Thomas F. Wade）通译，后来成为剑桥大学汉学教授

巴夏礼（Harry Parkes）通译和领事级官员

夏福礼（Erederick Harvey）

密迪乐（Thomas Taylor Meadows）——领事

福礼赐（Robert Forrest）

军方

海军少将何伯（James Hope）驻东印度、中国皇家海军司令，一八五九～一八六二

乐德克（Roderick Dew）皇家海军"遭遇"号舰长

戈登（Charles Gordon）常胜军队长，一八六三～一八六四

舍纳德·阿思本（Sherard Osborn）英中联合舰队司令

其他

理雅各（James Legge）苏格兰籍传教士，后来成为牛津大学汉学教授

艾约瑟（Joseph Edkins）英格兰籍传教士

艾珍（Jane Edkins）艾约瑟之妻

杨格非（Griffith John）威尔士籍传教士

鲍尔比（Thomas Bowlby）伦敦《泰晤士报》记者

史卡思（John Scarth）商人

李泰国（Horatio Nelson Lay）清政府海关总税务司

美国人

华尔（Frederick Townsend Ward）佣兵和常胜军创办人

白齐文（Henry Andrea Burgevine）
法尔思德（Edward Forester）
—— 华尔的副手

罗孝全（Issachar Jacox Roberts）来自美国田纳西州的传教士

蒲安臣（Anson Burlingame）美国驻华公使，一八六一～一八六七

达底拿（Josiah Tattnall）美国东印度海军中队临时司令，一八五八～一八五九

法国人

葛罗男爵（Baron Gros）法国对华全权代表

海军少将卜罗德（Auguste Leopold Proter）在华法军司令

俄罗斯人

伊格那提耶夫（Nikolai Pavlovich Ignatiev）外交官

瑞典人

韩山文（Theodore Hamberg）传教士

大事年表

一八三七

洪秀全首次做异梦。

一八三九～一八四二

中英鸦片战争。

香港割让给英国。

上海开港通商。

一八四三

洪秀全开始在客家人当中传教。

一八五〇

三月九日　咸丰帝即位。

夏　上帝会信徒在广西头几次起事。

一八五一

一月十一日　洪秀全宣告创立太平天国。

太平天国运动爆发。

一八五二

洪仁玕见韩山文。

一八五三～一八五四

洪仁玕在香港向韩山文学习西方知识。

一八五三～一八五六

克里米亚战争。

一八五三

一月八日　曾国藩受命在湖南办团练。

一月十二日　太平军攻克武昌。

三月十九日　太平军攻克南京，屠杀满人。

四月二十七日　英船"赫耳墨斯"号停靠南京。

一八五四

二月　曾国藩的湘军开始在湖南打太平军。

五月　洪仁玕至上海，欲至南京未果。

七月二十七日　容闳自耶鲁大学毕业。

十月十四日　曾国藩的湘勇夺回武昌。

十月二十五日　巴拉克拉瓦之役，克里米亚战争。

一八五五～一八五八

洪仁玕在香港，受雇于伦敦传道会。

一八五五

一月～二月　湘军惨败于九江。

二月十一日　曾国藩自杀未遂。

四月三日　太平军再攻下武昌。

九月　中国西南爆发回乱。

一八五六～一八六〇

中英第二次鸦片战争

一八五六

九月二日　东王与其部众在南京政变中遇害。

十月八日　广州清朝官员登上走私船"亚罗"号。

十二月十九日　湘军再度拿下武昌。

一八五七～一八五八

印军哗变。

一八五七

四月二十日　额尔金勋爵出任对华全权代表。

十二月二十八日　英法联军炮轰并占领广州（一月一日拿下）。

一八五八

五月　洪仁玕离香港前往南京。

五月二十日　英法舰队攻打大沽要塞，接着入侵天津。

六月二十七日　中英签署《天津条约》。

十一月～十二月　额尔金的舰队溯长江而上，经南京抵汉口。

十一月一日　英国开始直接治理印度；东印度公司解散。

十一月十五日　太平军在安徽三河城大败湘军。

　　　　　　　　　曾国藩弟曾国华战死。

一八五九

四月二十二日　洪仁玕抵南京，五月十一日封为干王。

六月二十五日　英法联军兵败白河口：英国舰队在大沽要塞遭重创。

一八六○

五月　太平军大败围攻南京的清军。

六月　曾国荃围安庆（直到一八六一年九月才攻下）。

　　　　华尔招募洋人在上海组成洋枪队。

六月二日　忠王攻占苏州。

六月十日　曾国藩代理两江总督；八月十日真除。

七月十五日　忠王修书表示太平军不会伤害上海洋人。

七月十六日　华尔的洋枪队拿下松江。

七月二十八日　曾国藩在祁门设大营。

七月三十日　华尔攻打青浦不克。

八月一日　英法联军舰队登陆北塘。

八月二日　艾约瑟、杨格非抵苏州见洪仁玕。

八月十九日　英法联军在上海攻打太平军。

八月二十二日　英法联军攻陷华北大沽要塞。

九月二十二日　咸丰帝逃离京城。

十月十三日　英法联军占领北京。

　　　　　　罗孝全抵南京。

十月十八日　英军烧圆明园。

十月二十四日　中英《北京条约》签署。

一八六一

二月九日　美利坚邦联（南方邦联）在亚拉巴马州的蒙哥马利创立。

二月二十日　舰队司令何伯首访南京。

三月四日　林肯宣誓就任美国总统。

三月二十二日　巴夏礼在黄州与英王会晤。

四月十七日　林肯下令封锁美利坚邦联港口。

五月十三日　英国承认美利坚邦联交战国地位。

五月十九日　华尔在上海被捕。

五月三十一日　英国国会辩论太平天国的交战国地位。

六月七日　英国国会辩论是否要承认美利坚邦联。

七月二十一日　第一次牛奔河之役。

八月二十二日　咸丰帝驾崩。

九月五日　湘军攻克安庆，屠杀城中幸存者一万六千人。

十一月八日　"特伦特"号事件（美国内战）。

北京政变：肃顺等数位顾命大臣遭处死。

十二月九日　太平军拿下宁波。

十二月十五日　曾国藩被授予苏、皖、赣、浙四省兵权。

十二月二十九日　忠王李秀成攻克杭州。

一八六二

一月二十日　太平军攻吴淞，开始包围上海。

一月二十二日　罗孝全逃离南京，投书谴责太平天国。

二月十日　舰队司令何伯提交肃清上海地区太平军的计划。

英国人、法国人、华尔开始结盟。

四月　李鸿章淮军靠汽轮运抵上海。

四月二十五日　李鸿章代理江苏巡抚职。

五月十日　英法联军从太平军手中夺回宁波。

联军浙江战役开打。

五月十二日　英法联军与华尔拿下青浦。

五月十三日　多隆阿从英王手中拿下庐州。

五月十五日　英王在寿州被俘，六月四日被处死。

五月十七日　法国舰队司令卜罗德攻打太平军时中弹身亡，法军四处劫掠。

五月三十日　曾国荃在雨花台山脚扎营，开始围南京（一八六四年七月才攻陷）。

夏　上海爆发严重霍乱疫情。

屠杀太平军俘虏之事登上国外多家报纸。

七月二十日　美国公使蒲安臣抵北京。

九月十七日　安蒂特姆之役（美国内战）。

九月二十一日　华尔在宁波中弹身亡。

十月十三日　李秀成开始攻打雨花台曾国荃部（打了四十五天，十一月二十六日结束）。

十二月十三日　北军大败于弗吉尼亚州佛雷德里克斯堡。

一八六三

一月一日　林肯发布《解放奴隶宣言》。

一月七日　曾国藩弟曾国葆在南京死于伤寒。

二月十三日　英中联合舰队自英格兰启程往华。

三月二十五日　戈登接掌常胜军。

六月十三日　曾国荃部拿下雨花台。

石达开在四川投降，六月二十五日被处死。

七月一～三日　葛底斯堡之役；美利坚邦联在内战中转居下风。

八月二日　白齐文叛投太平军。

九月　容闳在安庆会晤曾国藩。

舍纳德·阿思本抵华接掌英中联合舰队。

十月十五日　白齐文投降。

十一月十九日　林肯发表葛底斯堡演说。

十一月二十日　额尔金勋爵死于印度。

十二月四日　太平军慕王谭绍光遭部下将领刺杀，随后，刺杀者将苏州城降给由戈登与程学启领军的清军。

十二月六日　李鸿章掌苏州，处死投降的太平军将领。

英国与清廷的军事合作结束。

一八六四

三月十九日　格兰特接掌北军（联邦军）总司令。

五月三十一日　常胜军解散。

六月一日　洪秀全死。

七月十九日　曾国荃攻下南京。

七月二十二日　李秀成在南京郊区被俘。

七月二十八日　曾国藩从安庆前来接管南京。

八月七日　李秀成遭处决于南京。

十月九日　洪仁玕在江西被俘。

十月二十五日　幼天王被俘，十一月十八日处死。

十一月二十三日　洪仁玕在江西南昌遭处决碎尸。

一八六五

四月九日　南方邦联李将军在弗吉尼亚州阿波马托克斯县城投降。

中文版自序[*]

尽管本书是写给那些对太平天国战争罕有所闻的美国读者，但我仍希望中国读者会发现这虽是一个与所知版本不一样的故事，却同样有趣。我更希望他们认识到在全球语境中局外人是如何看待这场战争，特别是西方列强在影响当时中国局势时扮演了怎样的角色。

我对中西关系史的兴趣可以追溯到一九九三年，其时我充任耶鲁大学雅礼协会项目的英文教师，第一次到了中国。在长沙，我给中学生讲美国文化，两年后回国，感觉让美国人更多了解中国亦极为必要。自首次中国之行，迄今已有二十余年，今日我已是马萨诸塞大学的历史教授，为美国本科生讲授中国近代史（课上也有为数不少的中国留学生）。

关于这段中国史，在我看来，中国人通常认为曾国藩和湘军剿灭了太平天国，而在西方，则更强调华尔与戈登的作用，尽管二者其实并行不悖。

迟至一九一九年，当中国在《凡尔赛和约》谈判中令人震惊地向日本割让利权——以致引爆了"五四运动"——英国政治家劳合·乔治（Lloyd George）仍以太平天国运动为证，试图说明为什么不能给予中国平等待遇。他说："中国的死气沉沉恰好证实了外国人所作所为的正确。中国人如同阿拉伯人一样，是非常聪明的种族，却处在一个无所进取的阶段。如果不

---

* 中文版自序译者：许东明，挪威科技大学（NTNU）博士候选人。

是戈登组建了常胜军，中国定会被太平军颠覆。"

对英语读者来说，撰写此书的一个目的，是想矫正一个长期以来的幻觉，即无论如何是英国人在十九世纪"拯救"了中国；而对中国读者，我则要强调另一面，即外人的干预——混乱，疏于谋划，缺少道义上的心理准备——却极为关键地帮助曾国藩与李鸿章赢得这场战事。当然，绝大的讽刺在于，从伦理上反对向洋人求助的曾国藩恰是英人干预的最大获益者；而倾其所能希望获得英国支持的太平天国总理洪仁玕却被他毁灭。

无论对中国来说，还是对业已通过贸易而紧密联系的世界来说，这都是历史上黯淡的一刻。再次审视这场战争，我希望我们能更清楚地了解，十九世纪西方列强与中国的关系，是如何循着他们共筑的毁灭之路而惨淡收场。而更好地了解我们共同的过去，或将有助于我们为二十一世纪的国际关系找到一个稳定的基础，少一些求同的幻想，而更尊重彼此的差异。

英文版自序

　　一八五一至一八六四年席卷中国大片江山的战争，不只是
十九世纪破坏最烈的战争，也可能是史上死伤最惨重的战争。
这场战争在英语里称作"太平叛乱"（Taiping Rebellion），战
争一方是名叫太平天国的汉人叛军，另一方是立朝已两百年而
国力日衰的满清王朝。惨烈的十四年战争期间，至少有两千万
人因为这场战事及它带来的恐怖饥荒和瘟疫而丧命。太平天国
运动最后几年期间，美国上演了南北战争，而中国这场内战的
死亡人数至少是美国内战的三十倍之多。

　　大部分美国人受完正规教育，不知什么是太平天国，我也
不例外。我受完十二年公立教育，读完四年大学，在中国待了
大半年，才首度读到有关这段历史的资料，而这样的经验，我
想并不罕见。在美国，这场战争仍鲜有人知，原因不只是因为
我们自然而然把本国的内战当作这段时期历史的中心，也因为
存在已久的一个错误认知，误以为十九世纪的中国基本上是个
封闭体系，因而中国的内战，不管规模多大，只与发生内战的
这个国家有关系。

　　撰写此书的目的之一，是协助恢复中国十九世纪时在世界
上应有的位置。中国不是个封闭体系，全球化也谈不上是我们
有时以为的晚近现象。大清帝国透过贸易深深融入世界经济，
有数千名外国人住在香港及上海。因此，中国这场内战与地球
彼端的欧美有千丝万缕的纠葛，受到外界即时的关注。此外，
让已经疲于奔命的中国王朝统治者更为焦头烂额的是，英、法

两国于一八五〇年代晚期为了通商权与派驻大使的问题向他们开战。这场战争与尚在进行的太平天国运动同时扑来，把大清帝国推到完全瓦解的边缘。

美国人该认识太平天国运动，不只是因为该了解中国历史，或因为有美国自己人涉入其中，还因为这有助于阐明美国内战在美国国外的遥远异地所产生的更广大影响。中国与美国两场内战的同时进行，绝非不值一顾的小事，而本书的基本论点之一，乃是一八六一年美国内战的爆发迫使英国有所行动，从而影响了中国内战的结局。中国与美国是当时英国最大的两个经济市场，为了解英国在这两场战争中的角色，我们得记住，英国面临着同时失去这两大市场的风险。英国得想办法恢复其中一个的秩序，而基于本书后面会解释的几个理由，英国本可能介入美国以重启棉花贸易，但却选择投入中国的内战。事后英国首相会把介入中国一事，当作英国为何得以在不干预美国内战下仍能熬过经济崩溃的原因。或者换句话说，英国靠着对中国内战放弃中立，才得以对美国内战保持中立。

本书目的不在全面叙述这场中国内战的来龙去脉，毕竟以这场战争规模的浩大，如果这么做，很容易就只剩一长串令人麻木的日期、战役和伤亡数据。本书尝试从各个方面来呈现这场战争，并尝试重现当时的人对这场战争的看法——包括被卷入这场冲突的中国人，还有冷眼旁观的、下场参与的、火上浇油掀起别的战争的外国人。我紧扣住双方阵营某些人的经验，试图借此穿透这个混乱时局的事件，在我看来，这些人最深刻地体现了那个时代的抉择、恐怖与机会。本书的主要人物，乃是我眼中最直接将这场战争导向其结局的那些人，他们各个可以说都决定了这场卷入数千万人之战争的面貌。

这些人从会说英语、传布基督教并且梦想建立拥有自由贸易、铁路与报纸之中国的太平天国总理，到受了在中国内战打仗的报酬利诱而来到上海的美国佣兵，到试图了解自身周边陌生的异国世界而在最终塑造了那个世界的西方外交官和传教士，形形色色，非常多样。就清廷这边来说，读者得按捺住最大性子等待登场的人物是曾国藩，因为他直到第六章才终于登场，成为主角。这个贫穷农家出身，后来统率家乡子弟兵的将领，其部队人数之多、之忠心、之残酷无情，一如美国内战时与他角色相同的格兰特（Ulysses S. Grant）所统率的军队，而到了中国这场内战末期，这位将领的权力之大，则使格兰特相较之下像是个下级军官。曾国藩在现代中国的身后评价颇为曲折：由于支持异族满清王朝，曾国藩被数代人痛骂为汉奸，晚近则得到平反，被奉为中国人的典范，或更具体地说，是以未受西方影响的地道本土儒家方式，体现道德、强毅与克制精神的典范。他是今日中国境内最受欢迎的历史人物之一，在任何机场书店里都陈列了数十本有关他生平与书信的书籍。拙著则是八十多年来试图重现他生平的第一本英语作品。

描述这场战争时，必然得谈外国因素，因为中国这场内战的双方势均力敌，胜负在很大程度上取决于一八六〇年代初期外国人的外交与军事干预。英、美史家已针对训练及带领中国部队投入这场战争的两位最重要的外国人——华尔（Frederick Townsend Ward）与戈登（Charles Gordon）——写了不少有溢美之嫌的传记。我重新检视他们的经历，对他们所投入的这场可怕战争的内部情势抱着应有的谅解，再以此角度探究他们，发觉他们大不同于那些传记所呈现的形象。历来都把华尔和戈登称作英雄，称他们是冲进中国拨乱反正的外国人（不只一本传记把华尔称作"神"）。中国受到两次鸦片战争的欺凌，在枪炮威胁下被迫开放通商口岸，从这样的时代背景来看，他们两人代表了中国与列强罕见的积极合作时刻。但这一观点主要是因为对更广大战争情势的无知，而如果说有什么契机使我起心动念想回头探索这一时期，那就是我在无意中看到并在本书结语里引述的一次采访记录。那次采访发生于一九〇九年，受访者是日本知名政治家伊藤博文。他告诉采访记者，英国介入中国内战其实不是中外合作的绝佳范例，反倒是英国在中国所犯下的最大错误。

但刚开始为本书的撰写爬梳数据时，我以为会得到外国介入其实对大局毫无影响的真相。毕竟，西方史家长久以来喜欢夸大外国人在中国历史上的角色，而在当时的上海，英国人无疑太过膨胀自己对中国的重要性——即便他们对中国国内情势的了解极其有限。相对的，以中文写成的太平天国战争史书籍，往往把焦点放在地方军队和其他国内势力，而对华尔与戈登之类人物少有着墨。上海沿岸的洋人只是中国内部更广大战争边缘不值一顾的小角色——因此，在发觉他们的角色其实必不可少时我才会那么惊讶。外国介入不仅至关紧要，而且（这也是最让我感到惊讶的一点）大体上是非正式的、往往半推半就的、充满道德情怀的介入，且从许多方面来看，其收到成效纯属偶然。但值得注意的是，尽管几乎完全是无心插柳，洋人的行动与来自中国内陆的地方民兵部队的行动，却恰好彼此协同一致。比对记述这场战争的中外史料，我们发现一个奇特的情况，就是两股势力基本上在打同一场战争，但各打各的，各都自认是左右大局的唯一力量。因此，本书的叙事循着两条交织的轴线：一条来自外部，通往外国介入；另一条来自内部，通往湘军兴起。到了这场战争的最后阶段，两条轴线会一起构成全部的战事经过。

至于非军人身份的洋人的参与，这一时期的各种事件正提醒我们，将人道主义干预与帝国主义两者隔开的那条线是多么细薄——以及那条线的走向和曲率，往往只取决于谁成功让本国人相信自己对另一国的情势有特别深入的了解。书中论及国际的部分，主要着墨于外部观察者如何努力接受并处理清帝国内部正发生的事——不管在他们眼中那是一场叛乱、一场内战、一次民族革命，或只是渐渐堕入无政府状态——以及他们如何根据自己的推断，努力说服本国政府站在其中一方去积极介入。处于这个过程中的核心人物，是在领事馆、商界、新教传教圈、新闻界与在政府工作的一群人，他们彼此的意见往往针锋相对。其中许多人按良心办事，心怀善意，有些人则不是。但一如这类情况下所常见的，就连其中的穷凶极恶之徒，都在某种程度上深信自己的所作所为是为了造福人类。

已熟稔太平天国历史的读者，会发现我笔下的这段历史与他们的认知有不同之处。关于这场运动的根源和太平天国的宗教信仰，已有极出色的英文著作着墨，因此我把心思摆在别的地方。本书的重点在战争的结局而非其根源，着重在太平军试图以民族诉求来鼓动人心之举，而非他们的宗教意识形态。有很长一段时间，西方的中国史学者深信，在这一时期，统治的满人和被统治的汉人之间的族群差异可以略而不谈，或起码难以察觉。传统看法认为，满人之类入侵中国的外族，久而久之就变得跟汉人无异，因此，太平天国的种族层面——乃至种族灭绝层面——遭到贬低，而他们的宗教诉求，则相对受到特别着墨。

但晚近几年，研究满人的学者发现，在他们自己的语言和文献里，满人其实深切意识到自己与汉人的民族差异。从战争后期太平军散发的文宣分析，这类心态看来是双方皆有的。因此，对于叛军较偏于民族主义的诉求——亦即主张推翻异族统治以让汉人重新当家做主——我们必须以比过去更严正的心态来看待。光是宗教皈依本身，即使再加上强征入伍的补强，也仍无法说明为何战争晚期太平军能像变魔术般组建出人数达数十万的大军。当时，叛军的民族诉求在国外的确受到严正看待。西方世界支持太平天国的最有力依据，不仅在于太平天国据认的基督教信仰，还在于他们被认定为让汉人摆脱满人统治的解放者。

读者可能也会注意到，我提到这场冲突时，基本上倾向于称之为内战（当时普遍用来指称它的字眼），而非今人较熟悉的"太平叛乱"。长久以来，西方史家撰述这场冲突时站在王朝那一边，至少在术语的选用上是如此。太平天国的确是叛军，但把这整场战争称作"太平叛乱"，就是判定叛军永远站在不对的一方，就是责怪他们反抗其合法统治者，摧毁可能在某些人看来原本是承平稳定的帝国。但回到当时，很难分辨哪一边的破坏较大、比较暴力，尤以战争最后几年为然。中华人民共和国的史家通常采取相反的立场，把太平天国视为原始共产主义的农民运动，把这场战争叫作"太平革命"或"农民起义"。我希望读者看过这本书后会明了，一如称太平天国是造成这场战祸的唯一凶手并不公允，声称他们在打造某种农民乌托邦，同样有些夸大。

对这个时期最中立的中文称呼，而且是最吸引人的称呼，乃是单纯的"太平天国"。那是丝毫不带战争或破坏意味的字眼，那使人认识到，不管你对这个政权的评价如何，这个政权统有中国最富饶、人口最多地区的一大部分十余年，把它称作国家最为理想。我就是抱持这种态度探究它，而当时许多外国人也以这种态度看待它：把它当作内战中敌对的政府之一、国家之一，代表对中国该走之路的另一种不同于当道的追求。

最后我还要说，这本书旨在为十九世纪世界一隅的骚乱开一扇窗，帮助读者深入了解中国近代史上的一个转折点，但这本书也可单纯当作以衰落帝国为背景，讲述良心和命运的一则道德故事来读。故事中的主要中国人物，无缘像外国人那样可以一走了之。这是他们的世界，供他们打造或摧毁的世界。这是少数几个人的故事，这些人被扯离安稳的家庭生活，身不由己地扮演起他们做梦都想不到而影响历史深远的角色。这本书在谈人所无法回头的慎重选择，在谈一旦做下，其影响就无法打消的作为，在谈危机时代可走的路愈来愈少，终至除了挺身冲进天翻地覆的巨变，冀望巨变过后能找到平和安稳的人生之外，别无他路可走。

俄罗斯帝国

大　　　清
（约1860年）

西藏

四川

孟加拉

云南

印度

缅甸

安南

暹罗

尔湖

黑龙江

1860年割让给俄国

黑龙江

外蒙古

吉林

国

北京

天津

日本海

山东

黄海

朝鲜

城

西安

陕西

河南

安徽

江苏

日本

湖北

南京

上海

长江

武昌

安庆

苏州

宁波

鄱阳湖

杭州

浙江

湖南

南昌

太平天国
最大控制区
（1851—1864）

江西

福建

梅关

南雄

广西

广州

广东

台湾

香港

南海

太平洋

菲律宾

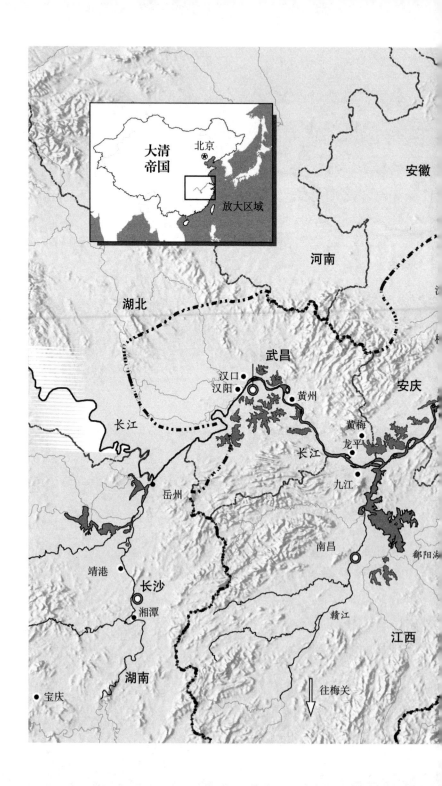

江苏

黄海

长江

扬州

浦口 镇江

南京 丹阳 常州

无锡 苏州

芜湖 吴淞

太湖 青浦 上海

长江 松江

湖州 柘林

杭州 乍浦

黄山

祁门 徽州 宁波

休宁

浙江

太平天国
最大控制区
（1851–1864）

东海

福建

集贤关

安庆

菱湖

城墙

长江

湘军包围线

黄海

往安庆

黄山

羊栈岭

祁门

曾国藩大营

往景德镇

往徽州

休宁

长江

南京

外城墙

玄武湖

天保城

地保城

明孝陵

南京城

天王宫

龙脖子

满城

护城河

护城河

城墙

雨花台

0 1 2英里

大清帝国

北京

南京

太平洋

目　录

前言：天之骄子／001

第一部　帝国的黄昏

一　传教士助理　／005

二　中立　／027

三　干王　／056

四　试探　／075

五　北方之约　／094

第二部　挽狂澜于既倒

六　勉强接任的将领　／125

七　教义的力量　／153

八　文明之劫　／178

九　看谁撑得久　／207

十　天与地　／232

十一　十字路口　／248

第三部　太平

十二　破釜沉舟　／271

十三　吸血鬼　 / 303

十四　雨花　 / 330

十五　鲜血与荣耀　 / 340

十六　翻山越岭　 / 365

结　语 / 384

致　谢 / 396

注　释　 / 401

书　目　 / 488

索　引　 / 510

前言：天之骄子[*]

一八五三年某个初春早上，在北京的正西北边，太阳静静
升到圆明园上方。这时当家的皇帝是咸丰，清朝第七个皇帝。
圆明园占地辽阔，花木扶疏，由八百亩园林和精心建造的殿宇
亭阁组成，是中华世界中的世界。咸丰帝，一如历代先皇，鲜
少需要走出圆明园。圆明园里有木造的驰道、湖泊与戏楼。帝
国内最壮丽的风景，化为小巧的假山假水，精巧重现于圆明园
里，供皇帝欣赏。此时二十一岁的咸丰登基才三年，但他就出
生于圆明园，他这辈子唯一确知的事，就是准备成为天子，治
理中国。

咸丰是满人，不是汉人。他的先祖原居于长城以北，以游
牧狩猎为生。更早的中国王朝建造长城，以将他这样的民族拒
于门外（汉人称他们为蛮夷）。然自一六四四年明王朝解体，
他的家族统治中国至今已两百多年，他们的统治手法颇为宽
容，扮演中国传统文化的管家，让肩负实际管理与行政工作的
汉族文人不致生出异心。一如过去的中国王朝，他们以科举取
士，吸收忠贞汉人替他们治理帝国。而这时，经过好几代之
后，已少有人质疑满人统治是不是天命所归，满人皇帝是不是

---

[*] 帝王"天子"之英文对译为 the Son of Heaven 或 Heaven's Children。据
《汉书·匈奴传上》，"单于遣使遗汉书云：'南有大汉，北有强胡。胡
者，天之骄子也。'"胡人以"天骄"自视，女真人亦强胡，此节内容由
咸丰帝出身而及八旗满人，故 Heaven's Children 应译作"天之骄
子"。——校注

上天选派来统治中国的人。

咸丰过着只他一人独有的生活——全天下只有皇帝能穿黄色衣服，只有皇帝能用朱砂墨，只有皇帝能以朕自称。从某个角度来看，帝国内更广大地区的满人也过着特权生活。他们是人数甚少的精英（征服中国时满人与汉人的比例是三比一千），有自己的语言和习俗，只跟自己族人通婚。一如深居宫中的咸丰，大部分满人住在专为他们而辟的几个城里，也就是所谓的满城。满城位于筑有城门的更大城市里面，本身也有城门，以环城的高墙将自己与城外广大的汉人隔开。

过去，满人凶猛剽悍，每到夏天满人男子会回北方的祖居地，习练他们得以傲视安土重迁的汉人的骑射之术。但随着习于安逸，情况跟着改变。皇帝不再像过去的皇帝那样关注外界的变化，满族男人不再那么热衷于训练体能、精进武艺。于是，一八五三年这个春天早上，当叛军——另一个天命所归者——冲破咸丰皇宫南边一千一百多公里外的南京城外廓，大声叫城民带路找满妖时，当叛军推进到更里面的满城边，一个个爬上将满城里的居民与外界隔开的城墙时，满城内两万左右的满族男人并未拿起武器抵抗，反而伏地求饶。叛军像宰畜生般杀了他们，然后杀掉他们的妻子，还有他们的儿女。[1]

第一部 帝国的黄昏

一 传教士助理

一八五二年的香港是个潮湿和疾病肆虐的地方，是大清帝
国南方海岸外的多岩岛屿。有人说岛上"到处开挖土地释出
瘴气"，岛上居民终日害怕瘴气缠身。山与海湾之间坐落着小
小的英国人聚落，但翠绿与湛蓝的山海风光使人看不到表象底
下的阴暗。香港的主要街道，街名散发着思乡情绪（皇后大
道、威灵顿街、荷里活道），货栈、兵营、商行紧挨着矗立其
间。离开这些建筑，走上从海岸通往山丘的石子路，能看到最
壮丽的景致，但走不久即离开白人聚落，触目所见是散落于水
稻田和甘薯田之间的华人房舍。自十年前英国人靠着鸦片战争
拿到这座岛屿当战利品之后，这一农村景致一直没变。有些较
有钱的商人在那些山丘上盖了豪宅，宅邸中呈阶梯状布局的花
园将山下的港湾和城区尽收眼底。但这些大宅的主人好似离开
香港的保护圈太远，宅中居民于是生病，然后死亡。这些阴森
森的宅邸被冠上"热病屋或死人屋"之名，静悄悄地坐落在
山间，人去楼空，像是空洞的眼神在冷冷审视着山下的
移民。①[1]

韩山文（Theodore Hamberg）是那些移民之一。他是瑞典
籍的年轻传教士，薄薄的络腮胡衬出他秀气、几乎女孩子气的
五官。他天生有着迷人的嗓音，年轻时在斯德哥尔摩曾与
"瑞典夜莺"珍妮·林德（Jenny Lind）同台合唱。但林德继

---

① 原文"their empty gaze passing judgment on the settlers below"。——校注

续走歌唱之路，风靡欧美歌剧院，令肖邦与安徒生之类仰慕者
拜倒在她石榴裙下时，韩山文的人生有了一百八十度的转折。
他雄浑有力的男高音，在讲道坛上找到注定的发挥舞台，一八
四七年离开故乡瑞典，坐船来到地球另一端，疟疾横行的香
港，心里只想着要以另一种方式让中国人臣服。

　　韩山文本来大有可能默默无闻度过一生，因为他最自豪的
成就，在小小的新教传教士圈子以外没人看在眼里。他是他那
一代最早勇闯中国乡间的欧洲人之一。他离开较安全的香港，
到中国商港广州之外，珠江更上游一百六十公里处的一个村子
传教（但后来基于健康考量，他还是回到香港）。他也是第一
个学会客家话的欧洲人。客家人是吉卜赛似的少数族群，在华
南人数颇多。若非一八五二年晚春某日，有位因他而皈依天主
的乡下人带了一个客人来找他，他这一切努力大概得不到世人
多大重视。那是个矮小圆脸的客家人，名叫洪仁玕，有着一段
精彩的人生经历要说。

　　韩山文忆起他们第一次见面的情景，说这个客家人最让他
奇怪的地方，是他似乎已非常了解上帝和耶稣，尽管他来自离
香港传教士狭小的活动范围很远的地方。韩山文带着好奇，听
洪仁玕讲述使他踏上香港的众多机缘，听得一头雾水。他说到
异梦和战斗，说到由信徒组成的军队和礼拜会，说到一名客家
人出身的先知。他被清廷差役追捕，易名到处躲藏，至少他是
这么说。他曾遭绑架，然后逃脱，曾在森林里住了四天，在山
洞里住了六天。但这一切听来太光怪陆离，韩山文坦承："我
搞不清楚这是怎么回事。"[2] 他不知道洪仁玕说这些遭遇的用
意，于是请洪仁玕写下来，洪仁玕照做，然后没说什么就离
去——韩山文原以为他会留下来受洗。韩山文把洪仁玕写下自

身遭遇的那叠纸放进书桌抽屉，将心思摆在其他事情上。此后　9
将近一年，他没把这些纸放在心上，直到一八五三年春得知南
京已成血海，韩山文才意会到洪仁玕粗略交代的那些怪事，意
义超乎他想象。

＊　　　＊　　　＊

　　韩山文跟香港及上海的其他移民一样，完全是透过零星含
糊的传闻，得知中国境内情势日益动荡。从中国的政府公文，
似乎看不出一八五〇年代初期日益加剧的混乱有什么模式，看
不出存在什么原则或势力集结之处。中国乡间的地方暴乱和小
股盗匪横行，始终是帝国当局的困扰，谈不上是新鲜事或值得
一顾，尽管在鸦片战争后这几年，这类事的确变多了。深入中
国内陆的本国旅人和秘密（传教）的天主教神甫传言①：有个
更大的运动团体出现，那个团体由名叫"天德"的人领导。
但许多传闻说那人已经死在官兵手里，或说根本没那个人。在
没有明确消息下，沿海港口的洋人对这类事情不大关心，只担
心土匪使茶叶和丝的生产停摆。

　　但一八五三年南京城的陷落，把一场庞大内战直推到上海
租界的大门前。上海位于长江出海口，距更上游的南京只约三
百公里。五十万名自称太平天国的叛军，从华中搭乘大批征来
的船，浩浩荡荡涌向南京，所过之处，城市变成空城，政府防
御工事变成废物。情势非常清楚，这不只是土匪作乱。上海人
心惶惶，与南京的直接通信断绝，情况混沌不明（美国轮船

---

　　①　原文"clandestine Catholic missionaries"，译作"秘密（传教）的天主教
　　　　神甫"较确。——校注

"苏士贵限拿"号〔Susquehanna〕① 想溯江而上到南京查个清楚，结果搁浅在路上）。谣传太平军接下来会进军上海攻打洋人，上海县城里的本国居民把门窗封死，收拾家具，搭上河船或逃到乡间避难。洋人仓促着手防御，临时找来一批志愿者组成防守队守城墙，并备好几艘船，打算情势不妙就上船离开——两艘英国汽轮和一艘双桅横帆战船，还有供法国人与美国人搭乘的汽轮各一艘。[3]

但太平军到南京就停住，至少目前是如此。太平军并未进军上海，上海警戒解除。叛军把矛头朝北，指向满清都城北京，以南京为作战基地，掘壕固守，准备打一场漫长且惨烈的战役。他们把南京改名"天京"，天京距上海不近又不远，令上海洋人想一探究竟。一八五三年四月下旬，就有艘英国船排除万难抵达南京，但带回来的南京动态消息却相互矛盾。最明确的看法出自英国全权代表之口，他宣称太平天国拥有由"迷信与胡说八道"构成的意识形态。[4]那些去过的人对叛军的出身一无所悉。[5]

尽管欠缺明确的讯息，有关中国内战的第一手陈述还是从上海和香港往外传，引起西方世界的注意。欧洲刚在五年前经历一八四八年革命的巨变，中国的动乱似乎与之有明显的相似之处：悲惨的中国人民，遭满人主子欺压，如今终于挺身要求改变。《经济学人》（*The Economist*）称那是"与最近欧洲所遭遇者类似的社会变动或动乱"，说"亚、欧同时发生类似的骚乱，史上绝无仅有"。[6]由此可见，地球另一端的帝国如今

---

① Susquehanna，亦有译作"萨斯喀那"号者，唯当时照会已有"苏士贵限拿"之称，朱士嘉、罗尔纲从之，则宜用此名。——校注

和西方的经济及政治制度有了联结。

一八五三年担任《纽约每日论坛报》（New－York Daily Tribune）伦敦通讯记者，正埋头理清他对资本主义之看法的马克思，也认为中国这场叛乱表明中国融入全球经济，称它是英国在最近的鸦片战争中强迫中国开港通商的最终结果。照马克思的说法，中国正发生的事，不仅是叛乱或数场暴动的合流，而且是"一场令人赞叹的革命"，那革命表明与工业世界的息息相关。他甚至主张，正是在中国，可以看到西方的未来："一场惊心动魄的革命"，"欧洲人民的下一场起义，他们下一个为了共和自由与廉洁政府的运动，其成败或许更可能取决于目前在天朝上国——与欧洲完全相反的国度——发生的事，而较不可能取决于如今存在的其他任何政治原因。"①[7]

诚如他所说明的，中国这场动乱肇因于鸦片贸易；十年前英国用战船强行打开中国的市场，从中削弱了中国人对其统治王朝的"盲目相信"。他深信，与外面世界的接触将摧毁旧秩序，因为"腐烂必然随之发生，就像任何细心保存在密封棺材里的木乃伊，一旦与室外空气接触，就必会腐烂一样"。但受清朝腐烂影响者，不会只有中国自己。在他看来，整个太平革命是英国所造成，而英国海外作为的影响，如今将回传到国内；他写道："不确定的是那场革命最终会如何反作用在英格兰身上，并透过英格兰反作用在欧洲身上。"[8]

马克思预测，中国市场落入太平革命团体之手，将削弱英

11

---

① 据中央编译局编译马克思《中国革命和欧洲革命》相关译文（详见《马克思恩格斯选集》卷一，人民出版社，1995，第690～697页）修正。又，凡原著引文已有中译者，除有显明舛误，皆宜照录。此亦校例，不再出注。——校注

国的棉花与羊毛出口。在动乱的中国，商人将只接受用金银条块换取他们的商品，从而使英国的贵金属存量愈来愈少。更糟糕的是，这场革命将切断英国的茶叶进口来源，大部分英国人所嗜饮的茶叶，在英格兰的价格将暴涨，同时，西欧境内的农作物歉收看来很可能使粮价飙涨，从而进一步降低对制成品的需求，削弱英国经济所倚赖的整个制造业。最后，马克思断言："或许可以笃定地说，这场中国革命会将火星抛到现今工业体系已然（火药）过载的地雷上，使酝酿已久的普遍危机引爆，然后在往国外扩散之后，紧接着欧陆会爆发政治革命。"

如果说马克思一心想让《纽约每日论坛报》的读者相信，这场中国内战是与欧洲境内的运动类似的阶级斗争和经济革命运动，那么美国南方奴隶港新奥尔良的《每日琐闻报》（*Daily Picayune*）的主编则从他们自身的世界观出发，以大不相同的角度看待这件事。诚如这些主编所认为，这是场种族战争，中国是剧变中的奴隶国。他们解释道，太平军发迹于广西和广东这两个南部省份，两省居民"基本上是中国原始种族"。相对地，北方的满人是"中国的统治种族"，自两百年前入主中原之后，"中国一直被其主子当成受征服国家来统治"。他们解释道，这两个种族从未混合，然后，与他们的美国南方观点，也就是以奴隶为基础的和谐社会观相一致的，该报表示，在中国，"不多言、有耐心、刻苦的数百万人，以足堪表率的温柔敦厚，接受他们主子的统治"。这个主奴和平共处的满汉国，唯一威胁其稳定的是这些不愿接受宰制的华南"原始"人。于是，太平天国与美国黑奴的暴动，有了令人神伤的相似之处。[9]

伦敦《泰晤士报》（*Times*）最有先见之明，立即抓住问题核心，探讨英国是否该派海军投入这场中国内战，以及如果这么做，该站在哪一边。在一八五三年五月十七日，也就是南京陷落的消息传到伦敦后不久，《泰晤士报》某篇社论指出，太平天国似乎所向披靡，"据各种可计算的概率，他们会推翻中国政府"。《泰晤士报》还转载了上海某报的一篇报道，问道"换人当家做主"是不是大部分中国人所想要，并表示太平天国虽然在华北不大受喜爱，却代表了一股汉人所乐见的改变力量，"认为不该再忍受官员横征暴敛和压迫的心态，似乎在全国各地都愈来愈浓"。[10]到了夏末，《泰晤士报》直截了当宣告，中国这场叛乱"就各方面来看，都是世人所见过最大的革命"。[11]

但太平军本身却是个谜。《泰晤士报》的读者会轻易断言，太平天国得到汉人的支持——至少得到勉强的支持——准备推翻满人，开启新政。但该报主编也就英国的无知发出告诫之意。"关于叛乱的源起或目标，我们没有具体的讯息，"他们写道，"我们知道现在的中国政府可能在内战中遭推翻，但就只知道如此。"他们忧心英国不够了解太平军的本质或意识形态，而无法决定该不该予以支持或鼓励："在这件事情上，我们无法断定我们的利益或职责该落在哪一边——这场叛乱有正当理由或无正当理由，前途看好或不看好；民心向背如何，或它的成功会促成我们与中国人的关系往好或往坏的方向改变，或是否会促成改变。"但事实表明，其中最迫切的问题——叛乱的根源、太平天国是什么样的组织、他们的信念为何——答案将在香港寻得。答案就潦草写在几张纸上，而那些纸就塞在韩山文书桌的抽屉里。

　　　　　　　＊　　　＊　　　＊

13　　　同年秋天，洪仁玕再度找上韩山文。这时人在广州郊外村
落传教站的韩山文知道他是什么人：太平天国创建人的族弟和
终生奋斗伙伴，这时与太平天国断了联系，因缘际会流落香
港。洪仁玕是唯一对兴起于中国内陆的这股势力有第一手了解
且又与外国人有接触的人——而这时，在世人终于注意到且远
远注视下，这股势力有可能从帝国内部摧毁统治王朝。韩山文
与洪仁玕结为密友，一个是三十四岁的传教士，一个是三十一
岁的难民。一八五三年九月洪仁玕终于在韩山文主持下受洗入
教，然后随韩山文回香港。[12]韩山文细心教导洪仁玕认识路德
宗教义，打算把他培养成外国传教士的助手，最终则希望他把
他们的基督教派带到南京的太平天国（但后来洪仁玕表示，
那几个月是他在教外国人，而非外国人教他）。[13]随着两人一
起工作，韩山文靠他蹩脚的客家话，终于掌握洪仁玕所写东西
里暗示的详情，终于完全弄清楚他的身世和来历。[14]

　　照洪仁玕所述，比他大九岁的族兄洪秀全始终聪颖过人。
他们分别住在距省城广州约五十公里的相邻的两个村子里，天
气好时从村子里可看到广州城东北方的白云山。村民大部分是
他们洪氏的亲戚，这个氏族曾非常显赫，宋朝时许多洪氏族人
当过高官和皇帝辅佐，但那是很久以前的事，这时他们只是贫
穷农民。但他们有一所小书塾，洪秀全七岁时在那里开始读儒
家典籍。他一入学表现就很优异，几年内熟背四书五经和科举
考试必读的其他典籍，少年时也已博览中国文史书籍。由于聪
颖过人，族人深信他不需人教，自己就能看懂古籍。他们期盼

他光宗耀祖，让没落已久的家族重振声威，他的几个老师无酬
教导，冀望他通过考试当官，届时自己得到回报。为获得更专
业的教导，他到离村子更远的学校上学，由家人集资供他读
书，尽管十六岁时他已当起老师养活自己，领有微薄薪水，薪
水主要是米、猪油、盐、灯油。

14

要取得当官资格，就得通过以儒家典籍为内容的科举考
试，而洪秀全、洪仁玕两人都胸怀此志。但科考很难，一次乡
试没上，通常表示要再等几年才有机会再考。乡试时考生得在
省城贡院里阴暗潮湿的号舍待上三天，证明自己真的将儒家思
想融会贯通于心。洪仁玕本人考试成绩一直不理想，但洪秀全
于一八二七年第一次赴广州参加乡试时，他第一天的成绩名列
前茅。但随着考试继续进行，他的名次下滑，到了第三天，也
就是最后一天，他已跌出榜外。再过了九年，也就是一八三六
年，他才又有资格参加乡试，这一次他又落榜。洪仁玕也从未
能上榜，但背负整个大家族光耀门楣希望的是洪秀全。为何最
终身心崩溃而病倒的是他，原因或许在此。

洪秀全于一八三七年，也就是第三次应试落榜后不久，首
次做了异梦。由于不堪煎熬，身体虚弱，他靠人抬才得以回
家。回家后他即无力倒在床上，请家人过来诀别。他向围在床
边的家人道歉，说他快死了，辜负了他们的期望；然后闭上眼
睛，全身瘫软。他们以为他死了，结果后来他醒来，开始向他
们说起自己梦到的怪事。梦中有一龙一虎一雄鸡走进房间，后
面跟着几个奏着乐、合抬一顶轿子的乐师。他们请他上轿，抬
他到一个"华丽而光明之地"。那里有许多男女，看到他非常
高兴。有个老妇为他洗净全身，除去污秽。还出现一群老者，
他认出其中有古代的中国圣贤。他们用刀剖开他身体，拿出内

脏，换上鲜红簇新的内脏，然后替他合上伤口，但后来他完全找不到剖开的痕迹。他在别人陪同下进入一个大厅，厅内最高的宝座上坐着一个金须黑袍的老者。老者流泪道，世人不尊敬15 他。他告诉洪秀全："世人以我之所赐品物去拜事鬼魔。人有意忤逆我，而令我恼怒。你勿要效法他们。"① 然后他给了洪秀全一把剑，用以斩除鬼魔（但告诫他别用来杀兄弟姐妹）；又给他一方印玺和一颗黄果。他吃了黄果，味道是甜的。黑袍老者引他俯瞰世间芸芸众生，他到处都看到污秽和罪孽。然后他就醒了。

洪秀全做异梦，断断续续做了四十天，洪仁玕待在他身旁，听他醒来时讲述梦中所见。梦中还有其他一再出现的人物，其中一人是个中年男子，他称为"长兄"，"长兄"带他一起"遨游遐迩"，用他的宝剑斩除鬼魔。在另一个异梦中，黑袍老者痛斥孔子未将正确学说教予中国人，孔子羞愧地低头认错，洪秀全全程在旁观看。那几个星期，他的兄弟紧锁房门，不让他出去，有时看到他在房间里四处跳，嘴里喊着"斩妖！"对着空中乱砍。他的精神失常引来邻居的好奇，让邻居觉得好笑。他们在他睡觉时上门，凑近端详这个有名的疯子。有一次他醒来，声称自己是中国皇帝。他家人觉得丢脸又担心。照洪仁玕向韩山文所说的，"亲友等只能答全事真是奇异，但其时人皆以为并非实际经验也。"② 当时洪仁玕并不相信族兄的异梦其实是天启——但到了向韩山文叙述自己的遭遇时，他已经相信。

---

① 据简又文译韩山文《太平天国起义记》（《中国近代史资料丛刊·太平天国》，第六册，第 842～843 页）改正。——校注

② 同上。——校注

后来洪秀全康复，洪仁玕看到他大病后整个变了一个人——更高，更壮，更聪明许多。这时他变得更好看，肤色白皙，鼻子高挺。他的目光变得"锐利，令人难以卒视"。声音洪亮，大笑时"响震全屋"。他身体变得更健壮，心智变得更机敏，然后他重拾教鞭，再度准备参加科考。但考运还是不佳。一八四三年他第四次赴广州参加乡试，再度落榜。就在这一年，另一个族中兄弟在洪秀全的柜子里找到被遗忘的一本书。那是一本中文的基督教布道小册，名叫《劝世良言》。几年前在广州时，有个传教士塞给洪秀全这本小册子，他把它摆在一旁，未拿来看。这位族中兄弟看了一遍，觉得很有趣，于是洪秀全花了时间仔细研读，于焉大彻大悟。他告诉洪仁玕那本书解开了他六年前的异梦之谜。读了基督教基本信条之后，他茅塞顿开：那个命他斩妖除魔的金须黑袍老者是上帝，助他斩杀鬼魔的长兄是耶稣基督。那些鬼魔是中国人在儒佛寺庙里所拜的偶像，他的兄弟姐妹是汉人同胞。洪秀全自己替自己施洗，然后丢掉他学堂里的孔子牌位。

16

洪仁玕和邻居冯云山是最早皈依洪秀全所创宗教的人。他们在河里替自己施洗，拿掉学堂里的"偶像"——孔子牌位和肖像。三人开始一起研读，四处搜罗中译的经文。洪秀全向他们讲道，不久就向被他的主张吸引来的其他人讲道，并以福音书小册子和他的异梦补充内容——他宣称福音书小册子和异梦互证真实不虚。他深信《圣经》明显是为他而写。

三位信徒——洪秀全、洪仁玕、冯云山——开始劝自己的兄弟姐妹、妻子、小孩皈依上帝，洪秀全则是上帝派来的先知。传教并非一帆风顺，洪仁玕拆掉孔子牌位，学生因此不再上私塾，他没了收入，也因此挨了哥哥一顿棍打。气愤难平的洪仁玕回道："我是不是老师呢？孔夫子死了许久又怎能再教人呢？你为什么迫我拜他呢？"洪秀全和冯云山于一八四四年离开家乡，向广东省内其他村子和远地族人传扬他们的理念，洪仁玕很想同去，但亲戚逼他留下来教书，因为他才二十二岁。他不得不把孔子牌位放回私塾，以使学生愿意回来就读。但即使被困在家乡，他仍使至少五六十名皈依者受洗。比起韩山文一生的传教成绩，这个成绩好多了。

随着冯云山在邻省广西山区逐村传教，这个运动日益壮大，势力更广。自治礼拜会迅速出现，为数达数百的追随者自称"上帝会"[①]的一员。他们把洪秀全当作精神领袖，尽管其中许多人从未见过他。洪秀全于一八四五年返乡时，洪仁玕注意到他意识形态上的变化；他不再只关注儒家学说，而是以崇拜上帝取代之。他传道时多了个新基调：把清朝的满人统治者斥为不当窃据中国者。"上帝划分世上各国，以洋海为界，犹如父亲分家产于儿辈，"洪秀全向洪仁玕如此解释道，"奈何满洲人以暴力侵入中国而强夺其兄弟之产业耶？"他的宗教运动渐渐变成政治运动。

到了一八四七年，上帝会已有约两千名信徒，以客家人居多。在信仰和人数众多的鼓舞下，他们开始捣毁佛像与佛寺，引来当局的怀疑。到了一八四九年，"独立礼拜会已出现信徒（因神灵附体）昏厥痉挛，说灵语情形"。他们希望洪秀全指点他们所说的灵语里，哪些来自上帝，哪些来自魔鬼。一八五

---

① 据夏春涛《天国的陨落：太平天国宗教再研究》（第 21～35 页），"拜上帝会"并非历史名词，太平天国的宗教组织应作"上帝会"。以此改正全文中的"拜上帝会"为"上帝会"，不再出注。——校注

○年瘟疫肆虐广西,病人向洪秀全的上帝祷告即可痊愈的说法传开之后,信徒大增。无数人加入上帝会,瘟疫平息后,他们把自己得以活命归功于洪秀全的宗教。

但这些都还不足以催生出军队。真正使局面改观的因素,乃是从外地移来广西的客家人和当地人发生的土客械斗。较晚来的客家人争夺土地和水权,住在当地较久的本地家族蔑称他们是闯入者。一八五○年秋,几个客家庄和本地人村庄爆发械斗;本地人烧掉客家人房子,客家人找上帝会寻求保护和支持。早已对这个教派心存猜忌的当地官府,这时开始认定它为乱民的庇护所。但据洪仁玕的说法,洪秀全早预见到此事,耐心等待出手时机。

随着土客械斗蔓延开来,认为乱子是客家人搞出来的清朝官员派了一队士兵搜捕洪秀全和冯云山。附近的一个上帝会礼拜会得到消息,拿起剑矛,前去解救他们的领袖。他们三两下就击败人数居于劣势的官军,洪秀全首次发出号令,要该地区所有上帝会信徒聚集于一地,准备展开下一阶段行动。许多人为此卖掉房子跟土地。接下来几天,他们聚集于一地,人数达数万。他们轻松拿下一个小镇,取得第一个军事胜利。官军来围,从镇外向上帝会信徒开火,但他们于午夜时溜走,隔天早上官军攻入时,镇上已几乎没人。奉命追击的官军在林中遭歼灭,恼火的其余官军把气出在留在镇里的倒霉镇民上。

一八五一年一月十一日,洪秀全宣告成立太平天国,自封为中国的新皇帝"天王",并分封四位得力助手为东、南、西、北王(冯云山为南王)。一八五一年及一八五二年,太平

18

军往北打，沿途吸收穷人和贱民①、罪犯、所有害怕或痛恨清朝当局者，以及所有愿意皈依他的教派、矢志摧毁儒家学说者，特别是推翻满人主子者。一八五三年一月他们穿过华中抵达长江边时，已有五十万之众，但途中也死了冯云山和其他无数人。但洪仁玕都是透过他人之口得知此事。第一次聚众起事他没赶上，等他抵达那个小镇时，上帝会的人已趁夜逃走。他想追上他们，却只见到猎捕掉队者的官府巡捕。于是他开始逃亡，改名换姓，躲避将他家乡村子烧光的清廷差役的追捕，然后被一名想领他项上人头赏金的男子劫持，所幸逃脱，最后避难于香港，得到瑞典传教士韩山文的收留。

韩山文这辈子所做的事，就只有一件会得到他小小传教士圈以外的人注意，那就是将洪仁玕所陈述的事译成英文出版。他这么做是因为那份陈述使他相信了一件事，这场叛乱在他眼中最神奇、最不可思议、最令人惊讶的地方：从中国内陆起事欲推翻满人的叛军是基督徒。他的书先在香港和上海以《洪秀全的异梦》（*Visions of Hung – Siu – Tshuen*）为名出版，然后在伦敦以《中国叛军首领》（*The Chinese Rebel Chief*）为名出版。那其实无异于宣传册子，意欲让英语世界的读者相信，太平军和他们拜一样的上帝。此外，用韩山文的话说，那也是欲借由唤起"对中国数百万人……更热切、更持久的同情"，以争取外国支持这些叛军——而他所谓的中国数百万人，当然不是指那些仍效忠于满人的中国人。最后，韩山文出版此书以为太平天国募款，由于他与洪仁玕的友谊，他已成为该运动的

---

① 原文"disenfranchised"，意为"被剥夺基本公民权利者"，译作"贱民"较好。——校注

热情支持者。他在该书末尾写道："读者帮助此书之推销，即有功于书中多人之赒济，此可以为慰者也。"[15]

一八五四年五月，韩山文完成此书时，给了洪仁玕和两名友人到上海的盘缠，冀望他们能从上海溯长江而上，穿过清军警戒线，与南京的太平天国再度会合。他送了洪仁玕重重的礼物，其中有多种中文书籍：外国传教士所编的钦定《圣经》译本，还有历史著作译本和多张世界地图、中国地图以及巴勒斯坦地图。韩山文还给了他欧洲人想让中国人留下深刻印象时会送的标准物品——单筒望远镜、温度计、指南针（尽管指南针是中国人所发明）。他希望洪仁玕成为欧洲传教士与太平天国搭上线的桥梁。[16]而那将只是开始：韩山文真正希望的乃是他们一旦到了南京，他本人能跟着过去，然后他能以宗教导师身份加入太平天国。洪仁玕提过他很希望韩山文跟他一起去天京，但韩山文不想造次，坚持要太平天国正式邀请，他才会加入他们的行列。[17]

但南京之行未能如愿。洪仁玕与在上海接待他的传教士发生争吵（他们在他房间里发现一根鸦片烟管，尽管他声称那是某个来找他的友人留下来的），而且无论如何，他们没办法帮助他到南京。① 上海的中国人居住区，即上海县城，当时由一个支持太平天国的秘密会社（小刀会）控制，而那个会社不相信他是天王的亲戚，不愿帮他。洪仁玕在上海待了几个

① 据夏春涛引施其乐相关叙述，裴士锋原文所谓这次"争吵"似在洪仁玕与同行友人李正高间发生，因李氏邀请一瘾君子旧友同住，导致洪仁玕等人俱被逐出教会接待住处。详见夏春涛《从塾师、基督徒到王爷：洪仁玕》，社会科学文献出版社，2007，第26～27页；转引自施其乐《作为精英、中间人的华人基督徒与香港教会》，牛津大学出版社，1985，第80页。唯若据此更正，则非校订译文而是更正原文，似不妥。——校注

月，在那段时间到处找门路，在一所教会学校读天文、历数，最后打消与太平天国再度会合的念头。他搭汽轮回香港，途中轮船以惊人速度航越中国外海。返港后有感而发，他写了首诗，将波涛翻腾的大海比拟为战场，将破浪的船行声比拟为"军声十万尚嘈嘈"，抒发他渴望加入那场无缘与会的战争的心情。[18] 但回到香港时，他的瑞典朋友没有来找他；洪仁玕离港赴沪几天后，韩山文染上殖民地的"瘴气"，死于痢疾，享年三十五岁。[19]

20

*　　　*　　　*

洪仁玕一八五五年返港，结果一待数年未离开。他找到一份长期工作，当伦敦传道会传教士的助理，替新入教者传授基本教义。他是受过洗的基督徒，由于和已故的韩山文交好而为人所知，因此极受信赖，而和善可亲的个性，使他赢得更广大传教士圈子的好感。他的上司和接下来几年与他合作最密切的人，是身体笨重、留着大络腮胡的苏格兰籍传教士理雅各（James Legge）。当时理雅各正致力于将整套儒家典籍（即炼狱般的科举考试的命题来源）译成英文。理雅各与洪仁玕合作无间，常一起讲道——先是理雅各以他新学会的粤语讲，然后洪仁玕以客家话讲。与过去的做法不同的是，洪仁玕在香港的讲道内容，反映的是理雅各的理念，而非他族兄的理念。

不轻易称赞中国人的理雅各，极喜爱洪仁玕，称他是"我所认识最和蔼可亲、最多才多艺的中国人"。[20] 理雅各女儿赞同此说，说她坏脾气的父亲对洪仁玕"特别喜爱，极为敬佩，几乎没有其他中国人得到他这样的喜爱和欣赏"。[21] 洪仁玕的个性里的确有某个地方——谦逊的特质、聪明的特质——

得到与他共事的许多教士注意。另有一位传教士称他是"能力出众、人品极佳之人"，"对基督教真理有明确且高明的认识"。[22]理雅各在伦敦传道会里的一位同僚①俏皮地说道，只要看到有个中国人常与洪仁玕交谈，"大概就可以确定会有好事发生"。[23]敬佩他的不只外国人，有个曾赴爱丁堡留学的中国医生，也说他是"极聪明、口才甚佳之人"。[24]但由于后来所发生的事，其他人检视他过去的言行，会怀疑那是不是装出来的，怀疑使洪仁玕博得外国人好感的"和善可亲个性和讨人喜欢的基督徒作风"，只是遮住狼身的羊皮。[25]

南京陷落后那些年，香港人口开始有了变化。满清政府开始大举搜捕太平天国党羽，将抓到的全部正法，有些人因此逃到这个安全、稳定的英国殖民统治区避难。清朝官兵动不了太平天国所控制的南京周边地区，但在名义上仍归朝廷管的中国其他地方，肃清党羽的活动非常残酷。朝廷的目标除了太平天国党人本身，还有每个太平天国已知成员的亲戚——不管那些人有多无辜——就连他们家族最远的分支也不放过。在广州——距珠江出海口处的香港只约一百五十公里——两广总督叶名琛带头在辖区内扫荡，肃清太平天国党羽，手段特别残酷。一八五四年，为回应他所认定（很可能是误以为）的支持南京叛民的一场秘密会社暴动，他的部属在广东撒下大网，捕获被控支持太平天国之人，据估计有七万五千人。对于那些漏网之鱼，官府设立了自杀站：备有自杀工具（匕首、绳子）的亭子，亭子上张贴布告，呼吁乱党的支持者选择速速自我了

① 原文"counterpart"意为"职位相当之人"，此处指在伦敦传道会中与理雅各牧师职位相当的杨格非（Griffith John）牧师。——校注

断，以免最后被生擒凌迟，不获全尸，而使家人蒙受更大羞辱。[26]

一八五四年直到一八五五年间，两广总督叶名琛命人执行了英国领事所谓的"一连串处决，那是人类信史所记载，在规模和方式上最骇人的处决之一"。[27]据某位亲眼所见的英国人所述，数万名被指控支持太平天国之人在广州刑场遭到杀害。刑场是条摆满陶器的小巷（在较安定时期那是个市场），散发鲜血凝结后的腥味。他说："数千人死于刀下，数百人以十二人为一组绑在一起丢入河里。"他看着那些人遭处决，大为惊骇：一名刽子手抓住被绑着跪在地上的囚犯顶髻，另一名刽子手挥刀砍下他的头。那地方非常窄小，但刽子手手法利落，这名目击者看了四分钟就看不下去，而在这四分钟内，他算过共有六十三颗人头落地。他写道："场面很恐怖，断手断脚断头的躯体，几十具布满整个刑场，无头躯体之间散落许多剥掉皮的肉块。"现场有数只箱子，等着装砍下的囚犯人头，送到总督面前，以证明已执行应行的处决，但砍下的人头太多，箱子装不下，最后刽子手只把耳朵（右耳）装箱，仅此亦箱箱满溢。[28]

另一名目击行刑场面的是中国人容闳。他于一八五四年自耶鲁大学毕业，这时刚从美国回来不久。已完全美国化的他，希望为朝廷效力，希望以美国为师推动教育改革。他先到广州以拾回他几乎忘光的中国话，却在刑场看到这一幕，使他重新思考该不该支持一个容忍如此野蛮行径的政府。诚如他所述："（呜呼！）至则但见场中流血成渠，道旁无首之尸纵横遍地。盖以杀戮过众，不及掩埋。"而被屠戮者太众，"且因骤觅一辽旷之地，为大圹以容此众尸，一时颇不易得，故索任其暴露于烈日下也。时方盛夏，寒暑表在九十度或九十度以上，致刑场四围二千码以内，空气恶劣如毒雾。此累累之陈尸，最新者暴露亦已二三日。"①[29]

广州大肆处决人犯，大大改变了香港的命运。大批难民涌入这个殖民统治区，除了性命受到两广总督手下威胁的逃犯，还有来自华南想找个较安稳地方经营事业的富商。这些新移民盖房子，推高既有房屋的租金，创立新的贸易公司，为香港注入旺盛的新活力，使香港欣欣向荣。[30]传教士大为欣喜，原本洋传教士要到广州并不容易，如今看来反倒可能所有广州人都来到他们跟前。广州城残酷血腥的镇压，也使外界对朝廷有了新的认识，并感到心寒，就连质疑太平天国动机的外人，都无法替现行政权回应太平天国时做法的野蛮可怕辩解。

理雅各很清楚他的三十三岁助手洪仁玕是太平天王的族弟，但他远不如韩山文那样欣赏这些叛军。他坚决认为，只要太平天国的教义是来自他们所谓的天王，而非来自受认可的教派，他们就不是真正的基督徒。此外还有他很不能接受的事：洪秀全自认是耶稣基督之弟。理雅各很喜欢洪仁玕，但他对于洪仁玕的大家族所为大体上不感兴趣，一再劝他别想着南京的事，应全心奉献于香港的传道和进修——因为他深信，如果情势照目前这样继续扩大，全中国迟早会被打开，届时传教士将通行无阻。

洪仁玕本人似乎谨记理雅各的劝谏，几年时光就这么过去。他接下多种职务——除了陪理雅各四处跑，还赴狱中探望

23

---

① 本段转引内容闾自传所述，可参引徐凤石、恽铁樵译《西学东渐记》内容，文字更较雅驯且具史料价值。——校注

囚犯，赴医院讲道。香港有一所传教士创办的学校，名叫英华书院（Anglo‑Chinese College）。洪仁玕在该校教中国基督徒学生中国历史与文学，也协助理雅各英译儒家典籍，就是他为了在清帝国当官这个已扬弃的梦想而精通的那些典籍。①[31]在华北的内战陷入僵局，华南因报复行动而动乱不已之际，洪仁玕在香港当理雅各的助手，安全、安静、有效率地工作。太平天国的同志找不到他，若抓到他会将他就地正法的清朝官府也找不到他。

对后来的发展影响更大的，乃是洪仁玕在香港这几年期间也对中国以外的世局有了广泛的了解。了解的程度或许不如在耶鲁受教育、在美国居住多年的容闳，但绝对比其他任何太平天国的支持者高上许多。严格来讲，香港仍在中国境内，却是中国与大英帝国和更广大的世界联结的节点。在传教士所办的学校里，在他们所翻译、用以宣扬他们自己文明之长处和发现的书籍里，他学到欧美在政治经济、科学、医学、政府行政乃至军事科学方面的观念。[32]他见识到这个英国殖民统治区的运作——使社会井然有序的方式、贸易在其经济中的地位、教堂在其道德生活中的地位。这些只是对大不相同于他已知社会的香港社会浮光掠影的一瞥，但这一瞥让他铭记在心，且将久久难忘。但最重要的，那是那几年里难得的惬意日子。他和理雅各研读、讲道，间或到香港岛的山上踏青健行。那四年，中国

①　本段裴士锋原文转引夏春涛著所云洪仁玕在香港英华书院任教职事见《洪仁玕在南昌府问供之二》之"小的在夷馆中教中华小孩，系读唐书"（夏春涛《从塾师、基督徒到王爷：洪仁玕》，社会科学文献出版社，2007，第41页，注释二）；而所谓洪仁玕助理雅各翻译儒家经典之事则不确，校注另详（夏春涛：《从塾师、基督徒到王爷：洪仁玕》，第41页及注释二、三）。——校注

大陆烽火连天，而他们过着以读书、讲道和野餐为主的
生活。[33]

但洪仁玕的好人缘有利也有弊。因为他不仅受到传教士喜　24
爱，也受到每次他冒险出门就围在他身边的大批中国人、被广
州刑场的幽灵赶到香港的大批难民喜爱——甚至应该说大受喜
爱。理雅各很清楚，那些在洪仁玕一到码头时就凑上去的人，
不是要问他宗教的事，至少不是问理雅各所认知的宗教的事。
他们要问他族兄和叛乱的事，问他是否会带他们去南京和太平
天国。其他传教士私底下悄声说道，如果洪仁玕能到南京，他
能照他在香港所学的东西纠正他们的教义。他能独力将真正的
基督教带到中国。最后，就是这些传教士背着理雅各让洪仁玕
前往南京。

一八五八年晚春理雅各返乡探亲期间，洪仁玕偷偷离开香
港。其他传教士给了他盘缠，承诺发薪俸给他留在香港的亲
人，但未将此事告诉一再告诫他远离太平天国的理雅各。洪仁
玕留下一首诗，表白他离开安全的香港时的心境。那是首乐观
的饯别诗，一个终于觉醒而准备与其家人、会众重聚的孤独旅
人的心声：

> 枕边惊听雁南征，
> 起视风帆两岸明。
>
> 未挈琵琶挥别调，
> 聊将诗句壮行旌。
>
> 意深春草波生色，
> 地隔关山雁有情。
>
> 把袖挥舟尔莫顾，

英雄从此任纵横。[34]

这一次他未带《圣经》或望远镜，也未搭便捷的汽轮。他未带在香港簇拥着他的那些民众，甚至未带费尽千辛万苦到香港和他会合的寥寥几个亲人。他留下族兄①当理雅各家的管家，免去后顾之忧，然后乔装改扮只身启程，踏上跋涉一千一百公里，横越受战火蹂躏的中国大地，前往南京的陆路之旅。

---

① 原文所述，洪仁玕这位"哥哥"并非其三位亲生兄长中之一，而是同族兄弟洪世甫。——校注

二　中立

一八五八年五月上旬，从洪仁玕正准备离开的香港，沿海
岸往北约三千公里处，一千两百八十七吨重的英国皇家海军明
轮船"狂暴"号（Furious），在中国东北岸外约十五公里处寒
冷浑浊的海面上，随着海浪上下晃动，嘎吱作响。在甲板上踱
步的是詹姆斯·布鲁斯（James Bruce），第八代额尔金伯爵，
他身材肥胖，肤色红润，举止温文得让人放掉戒心。"狂暴"
号是他的旗舰，在由二十一艘船组成的舰队中扮演中枢角色。
这支由英国与法国共同集结的舰队停在海上，等待舰队联合司
令下达命令，空气中弥漫着不祥的气氛。若非天候不佳，他们
早已驶到可看见陆地的海域。尽管狂风怒吼，海面却升起浓
雾，狂风挟带从中国东北平原吹来的沙砾，打得人发疼。差不
多每隔一个礼拜，雾会散开，让水兵看得到平坦海岸上的防御
工事。防御工事所在，就是通往帝国首都北京的那条水道的入
口，白河口。白河口宽约十公里，河口中有一道沙洲，退潮时
沙洲处水深只约〇·六米，河口两岸的防御工事构成大沽要
塞，共五座炮台。大沽要塞是通往京城的海上门户，整个中国
海岸线上战略地位最重要的海防设施。[1]

这次英法结盟是新近缔结，带有摸索性质，结盟始于不久
前结束的克里米亚战争。法国派了葛罗男爵（Baron Gros）前
来，与英国的额尔金勋爵共同指挥这支远征军。来自美国的外
交小组，一如在克里米亚战争时宣告中立，而英法在该战争中
的宿敌俄罗斯亦持同样立场。美国外交人员搭乘"密西西比"

号在旁观战，俄罗斯人则令人困惑地乘坐"亚美利加"号。为表明这的确是支联合远征军，在等待天候转好期间他们以法国旗舰"果敢"号（Audacieuse）为四国代表的会晤场所。

额尔金勋爵知道，伦敦方面希望他极力表明英国无意垄断对华贸易，因此拉法国参与这次远征至为重要。基于同样原因，他希望美、俄也会放弃中立。上海和上海以南那些通商口岸对所有国家开放，尽管那是英国人在鸦片战争中动武争取来的。只有香港是真正的英国殖民统治区，而这令英国人感到些许尴尬。无论如何，如果这支舰队达成任务，他知道英法两国海军打算冒生命危险争取的特许权及贸易权，中立的美、俄会一样不缺得到，而且是不费一兵一卒就得到。那让他有点恼火，尽管那至少有助于营造英国所宣称其对中国的打算并非只图自己好处的假象。只要法国人也参战，额尔金就能义正词严宣称随后与清廷的任何战事都是为了更崇高的贸易原则与国际关系而打，而非为了扩张大英帝国的版图而打。

这支舰队出现于大沽口外，与清朝和太平天国间的战争毫无关系，至少舰队联合司令无此意图。外国政府对这场中国内战均避免选边站，较中意于原则性的中立立场。而中立背后隐藏着各国坐山观虎斗，看哪边打赢再表态的盘算。但这些国家的本国公民并不这么想。其中有些人觉得帮清廷打仗虽然不是长远之计，但报酬优厚。清廷付给他们"商船船长的工资"，比起在他们本国军队服务的微薄薪饷好上太多。[2]一八五五年，英国的香港总督想阻断机会主义者从香港及上海投身战区，于是明令凡中国境内的英国人，都必须在"目前争夺那帝国支配权的双方之间……严守中立"，凡违反中立的英国人都会遭判刑或罚以高额罚金。[3]这道命令具有法律效力，的确大大阻止了正规军人员介入中国内战，但对"船舰逃兵和来自加州的淘金失败者"来说没什么用。这些人构成佣兵主力，为避开香港总督的命令约束，干脆宣告放弃英国公民身份，成为美国人。有位观察到这个过程的人指出："英国人就此从舞台上完全消失。"[4]

但中立可以表现为多种形式，有几个具外交影响力的外国人，特别是援引韩山文有关叛军是基督徒的证据来支持自己立场的传教士，甚至鼓吹承认太平天国是独立政府。一八五六年担任美国国务院全权代表的美国传教士伯驾（Peter Parker）发报告回华府，称清帝国的民心已转向支持叛军，另一位美国传教士丁韪良（William Alexander Parsons Martin），一八五七年发表一封公开信给美国政府，[5]宣称太平政权已"取得独立地位"，这时实质上已是两个中国并立。他预测，以南京为首都的新基督教中国，将统治盛产茶叶与丝的长江流域地区和长江以南地区，较老的满清中国将继续以北京为大本营，治理华北地区。他深信满清政府"太衰老，无力进行令人振奋的改革"，因此他建议列强，"从利害角度出发，考虑承认其年轻对手。其年轻对手抓住时代精神，或许可被说动而打开内陆的宝库，开放门户让外人与之来往而不受到限制"。[6]而这时，丁韪良就担任额尔金舰队里美国代表的秘书兼通译。

不管是否正式承认太平天国，英国并未因为对这场内战保持中立而避免在这段时间对满清另外开战。事实上，太平天国把清朝打得抬不起头，反倒给了英国人大好机会。叛军耗掉清朝最好的资源，使大运河漕运停摆。几百年来，南方的谷物走这条内陆水道北运，供应北京所需。谷物运不上来，北京会断粮，而北京居民已是惶惶不安，陷入险境。就在这风雨飘摇之际，英国对中国掀起另一场战争——如果那称得上是战争的话——一场仓促发起、没有事先计划的战争，一场完全一面倒的战争。英国多次要求清政府修订一八四二年鸦片战争后所签的《南京条约》，以让英国商人能更自由地进入中国市场，其态度愈来愈强硬，却均未能如愿，终至爆发这场战争。一八五六年，清朝广州当局逮捕中国走私船"亚罗"号上的水手，而"亚罗"号当时挂英国国旗，因此清朝当局强行登船逮人，被英国人视为对英国王室的侮辱。香港总督以这个极薄弱的借口要求对华用兵，在母国伦敦，首相巴麦尊勋爵（Lord Palmerston）于一八五七年派额尔金赴华，要他不惜任何代价索得赔偿，订立新约。那意味着要与皇帝本人谈判，或至少与驻在北京附近而能代表皇帝发言的全权大臣谈判，也就是说额尔金得率兵直抵北京的海上门户白河口。

英军远征之行多所延误。额尔金于一八五七年带着可观的一千七百名兵力离开英格兰前往中国，但途中通过锡兰时，印度发生印军哗变。无力平乱的加尔各答英国总督向额尔金借兵，额尔金同意。那年夏天惨烈的围攻德里之役中，额尔金的部队展现了高超战力，有人认为他们使英国在印军哗变中转危为安。[7]但他的任务因此无法照计划进行，他被迫在印度待了一阵子，在这名总督的加尔各答豪宅里作客。在那里，置身在典型的殖民统治堕落氛围里，额尔金开始正视某种不安，那是自他接下任务离开英国起就已在心中滋长的不安：他发觉他的同胞在亚洲的行为有违道德，令人反感。诚如他在加尔各答所写的，"很糟糕……这种与劣等种族为伍的生活"——他之所以发出糟糕之语，不是因为当地人所受的对待，而是因为看来文明的英国人，身为较高等的种族却自甘堕落。他深信，在这种情况下，基督教的仁心善意观全都遭到遗忘，不管是英国男人还是女人，心里都只剩下"厌恶、鄙视、凶恶、报复，不管对象是中国人还是印度人皆然"。[8]

但他发觉自己竟不知不觉被半拉进他们的世界，并且语带挖苦地承认自己被当地仆人环绕的不自在感觉"不久就消失，在他们之间走动时心里完全不在乎，不是把他们当狗，而是把他们当机器，因为若当成狗，会对他们吹口哨、轻轻拍打他们，而人与机器可以不必交谈或心怀同情"。[9] 额尔金在海上仔细研究过英国人过去在中国的行径，并对此感到矛盾，而他对英国在印度殖民计划的忧心，更加深本已有的这种矛盾心情。他写道："读了蓝皮书①，必然会觉得我们对待中国人时，做法往往很难说得上有理。"在印度虽有这番省思，他却未顺着这思路，对受压迫者生出任何同情；对于中国人，他断言道："他们有时非常奸诈残酷，因而几乎使所有事都显得情有可原。"[10]

只带着一艘借来的船和不安的良心，额尔金离开印度，到香港后又花了几个月等待增援部队抵达，以替补他留置于加尔各答的部队。这时候要往北航行到白河，时序已经太迟，因为白河已经封冻；得等来春，通往北京的白河才能通航。急于有所成的他，与法国人联合炮轰气候较温和的南方城市广州，然后予以占领。无法和北京的皇帝直接接触，只好退而求其次占领广州。这不是理想的替代办法，但他们希望在华南展现武力，至少会引来皇帝的注意。然而他们并未意会到自己已在中国内战中扮演的角色。因为他们入侵并占领广州时，也在无意

①　英国政府发表的蓝封面官方报告。——译注

中终止了两广总督叶名琛——就是下令扣押"亚罗"号的那个官员——处决太平天国人犯的恐怖计划。英军以侮辱英国王室的罪名缉捕叶名琛，在他试图从同僚家后面逃走时将其捕获。英军将他捆绑，押上船送到印度，最后在英国人拘禁下死于彼地。

*   *   *

春天冰融之后，他们终于来到白河口，耐心等待皇帝派专人前来跟他们订立新约。几个星期在无聊中度过，连那些在船上讨生活的人都觉得不耐烦。船舰在浑浊的海上随浪晃动，晃到令人想吐，河口海水非常浅，在距陆地约十五公里处，他们下锚停泊的地方，水深只七·五米。白天起大雾，有时可见远处那一线陆地；夜里黑色的海水发出明亮的磷光。那些从未到过中国的人喜欢把中国想象成有着某种魔法之地，而眼下就只有这磷光使水兵想起这样的说法。[11] 补给品就快用完。有些水兵画素描或读书来消磨日子；有些人朝海鸥乱开枪。海军陆战队操练战技，以备登陆进攻。

偶尔会有一艘肋状帆的中式帆船从岸边驶出，载着几名清朝官员，船上挂着停战旗。外交对话很空洞，但有人来访至少打破日子的单调，而且所有人能坐下来一起用餐。法国公使葛罗男爵搞不懂清朝官员的来意，对话一般来讲都是欧洲人请求允许他们溯河而上，和平商谈订约事宜，清朝官员则拿出借口推脱。有一次，一名清朝官员随口说道，他们其实一点都不在意联军舰队会不会炮轰大沽要塞，因为守要塞的军人"全是汉人"。那或许是在唬人（也或许不是），但无论如何这清楚点明了，这是个由两个民族（统治的满人和被统治的汉人）

组成的帝国，而这使欧洲人不舒服。[12]

雾散后，联军派小船到近陆海域勘察敌情，近到透过小型望远镜可看到清军正推着铜铸巨炮跟踪他们，火绳时时点着火，随时可点燃导火线开炮。清军已在河口布设了拦障，阻止船只通过。法国通译失望于所见的陆上景象，他写道："很难想象还有比这更干枯、荒凉而悲惨的国家……除了泥土、黏泥、浅盐湖和几座沙丘，看不到别的东西。放眼望去，没一株草木。"[13]正确的情报不易取得，他们不得不倚赖与清帝国接壤、与之关系较密切的精明俄国人。有位刚从北京的俄罗斯文馆回来的老师说，皇帝对于洋人的要求十分火大，只有少数几个大臣敢跟皇帝说与外交事务有关的事。清帝国国力日蹙之时，谣传咸丰帝把大部分时间拿来骑马，带着妃子在圆明园的林区驾马小跑，日子过得很优哉。

皇帝一直未派人来谈，于是在一八五八年五月二十日，早上十点八分，英法舰队动手。一面信号旗打出来，英国皇家海军舰艇"鸬鹚"号（Cormorant）的船员趴下，紧贴着甲板，船只加足马力到全速，冲破横亘在河中的拦障，为其他船舰开道。一组三艘炮艇就位，攻击北岸的两座炮台，一艘是英国的，两艘是法国的；另外有三艘炮艇攻击南岸炮台。[14]六艘轻型炮艇殿后，拖着数艘大艇，大艇上共载有一千八百名英法海军陆战队员。要塞守军的初步反应，比他们预期的还要斗志高昂。英法舰队的进攻根本不符合标准的登陆作战程序。有艘法国船被渔网缠住，在海上上下摆动，无计可施，敌人炮火如雨点般落在船上，前后长达十五分钟，夺走船上十一条性命。但大沽炮手认为敌人不会在退潮时来犯，因而事先把炮口仰角设在高位，于是射出的炮弹大部分从敌船索具的缝隙间穿过，未造成伤害（中国的火炮以绳索固定位置，要在接敌之际迅速调整仰角并不容易）。[15] 但事实表明，杀伤力最大的正是那些未命中预定目标的失误射击。有个法国海军少尉被炮弹轰掉头。有枚炮弹把法国军舰"龙"号（Dragonne）上的一名见习官齐切成两半，分开的身体翻落海里，佩剑同时"哐啷"掉在甲板上。[16]

联军炮艇就接敌位置，随即以舷侧榴霰弹和葡萄弹攻击要塞。以长平衡杆引导的康格里夫火箭（Congreve rocket）拖着火焰，呈一道弧线高速击中墙壁爆炸。大沽要塞原是设计来抵御来自沿海海盗和本国叛民的小口径火力攻击，要塞内的炮手面对英军与法军射来的炮弹，大体上没有防御能力。北岸的炮台盖得很坚固，布局却与水道呈斜角，后面敞开，因此当"鸬鹚"号溯河而上，超过这些炮台而取得有利角度时，炮台的侧面完全暴露在该船的长程炮火攻击里。炮台后面的尸体愈堆愈高，登陆队抢上泥泞的浅滩，往第一炮台的墙壁奋力冲刺，手上握着滑膛枪。清军指挥官从没碰过这样的打法，因此他们的炮手几乎全未把登陆队当一回事，只对着敌船开火。[17] 海军陆战队和水兵冲向炮台，一路尖叫呐喊、发射滑膛枪，守军便转身逃走。除了几名法国士兵靠近弹药库时，弹药库正好爆炸而有所死伤外，登陆队伤亡甚少。美国观察员隔着安全距离用望远镜观看，看到这几名法国士兵被炸得飞起，落到距炮台有段距离的地面上。[18]

最后，入侵者清点，中方阵亡五百人，约三千名炮台守军的其余人马则似已溃散。这样的结果在舰队司令预料之中（美国船上有位随行的《纽约时报》记者甚至吹嘘道："只要是能让联军浮动炮台发挥威力的地方，联军绝对是战无不胜，攻无不克。")。[19]额尔金肯定不觉意外。尽管英国皇家海军有则至理名言，"船攻要塞愚不可及"，他从不认为中国守军碰上他身经百战的克里米亚老兵能守多久。但他对法军却有点瞧不起，认为"他们的炮艇打得很糟糕，而且竟然引爆弹药库把自己炸死"。[20]联军洗劫要塞，把钱、粮食，特别是铜制重炮搬上船。那些重炮才是真正值钱的东西，炮身所含的金属使每一门炮都值上数十万。炮身上刻的字说明是新铸，于咸丰在位时铸造。联军也注意到，虽然他们轻松打赢，守军武器的先进却大大超乎他们预期。有些炮甚至是英国所造，是从遇难船只身上抢救或在上海偷偷买来，而且沙包防御工事的配置符合专业水平。联军打赢，赢在训练较有素，而非武器较精良。附近的兵营可看到清军军纪的严明：有个军人因逃离岗位被砍头；更令欧洲人不安的，某个炮台指挥官因战败而刎颈自杀。[21]

较大型船只吃水太深，越不过沙洲，因此诸公使及其随员挤上吃水较浅的船，进入水道。岸上观看的农民似乎很害怕，船经过某个村庄时，村民全匍匐在河边，大声叫喊。额尔金的通译把他们喊的内容（生硬）译为："大王好！愿您下船登岸，统治我们！"[22]诚如额尔金的秘书所见到的，"村民明显以为我们是要去推翻清朝"。[23]这样的认定并不离谱。在那些人的记忆中，这些船是第一批溯白河而上的外国船，而船长与船员也很清楚这点，心中甚是得意。并不是说过去没有英国使节来过——一八一六年阿美士德勋爵（Lord Amherst）率团访华，更早的一七九三年也有马戛尔尼勋爵（Lord Macartney）出使中国。但这两次访华都受清朝皇帝之迫，挂上显眼的贡使旗来向皇帝致意。因此，这一次，额尔金的舰队挂着本国国旗溯河而上时，自觉一扫过去的羞辱，更有甚者，觉得终于给了把他们当作蛮夷的清帝国一个教训。[24]

33　　但在骄傲底下，额尔金思索着他们所踏上的另一种尚未探明的土地，心情低落。在家书中他问道："当我们以丑恶的暴力和残酷的作为如此闯进过去最晦暗、最神秘的深处时，我们是在替谁办事？"但一如他先前的忧伤，他并未在心中找到使他设身处地替中国着想与辩护的必要浪漫因素，最后他以近乎虚无主义的心态断言："同时，这个正被我们以如此方式驱散到风中的古老文明，肯定没什么好遗憾的。"[25]

　　他们第一晚停泊在大沽要塞上游约三十公里处。岸上烧着熊熊篝火，召唤阴影处的魔鬼，漆黑的夜空下，船只轮廓忽隐忽现，火光照处，船身通红。[26]

*　　*　　*

　　隔天早上，英法舰队继续溯白河而上，缓缓驶往天津。白河河道非常曲折，走水路比走陆路多了一倍距离，但要把大炮运到令皇帝震慑的地方，这是唯一办法。河床浅且布有厚厚沉积物，因此就连轻型炮艇都一再搁浅；有艘法国船搁浅了三十二次，另一艘搁浅了四十二次。但速度虽慢，他们还是逐步挺进，白河慢慢揭开其神秘面纱；有次转过一个弯，一具人尸映入眼帘，尸体半埋在河岸的烂泥里。那具尸体似乎已被人世遗弃，但未被龇牙咧嘴争夺它的两只斗牛狗遗弃。两只狗扭转身子，以找到有利角度咬住对方的喉咙，前爪紧踩在腐烂的尸骸上，不让对方抢走。[27]

　　时间平静地流逝，船上的人既未看到清廷的官兵，从那些在岸上追踪他们的农民群众身上也看不到任何明显的敌意。舰队喷着白烟，奋力逆流而上，那些农民在岸边跟着往上游走。这些人不是那些因攻击传教士而出名的咆哮中国人，他们也不像是国家遭入侵的愤怒国民。在他们身上，船上的人看不到一丝在意皇帝死活的迹象（事实上，对广大中国农民来说，皇帝的存在抽象而遥远，皇帝是由上天选定，而他们对此无权闻问）。随着舰队平安无事往上游驶去，民众的害怕消失，转为有所提防的好奇，乃至有时令人觉得突兀的合作。船搁浅在烂泥地时，船员会把绳子抛向民众，岸上的人会帮忙将船拉离泥地。这样的事一再发生。有些帮忙的民众得到硬饼干作为酬谢（"他们眼中的珍馐"，法国公使随员觉得），还有些民众获赠英法军人从大沽要塞劫掠来的成串铜钱。他们劫来的钱多到用不完，而且那些钱的面额都极小；有时他们干脆抓起一把钱朝岸上的民众丢，看他们争抢。[28]

　　再往上游驶，岸上的泥地变成密集耕种的农地——来自美洲的玉米、小米、莴苣、萝葡。[29]从盐滩挖出、成堆摆着的盐，打破景色的单调，像标示不知通往何处之路径的锥形石堆。远处一座佛塔从薄雾中浮现。侵略者行驶到天津城郊时，河两岸的泥屋换成分布更稠密的木造建筑。他们来到白河与大运河汇流处，河的一侧岸上有着堆积如山的稻米等谷物——那是朝廷的税收，从尚未被叛军切断联系的地方收缴来的东西。观看的群众也变得更密集，挤在屋顶上看这支舰队，"一张张上仰的脸和光秃的头，密密麻麻构成一个斜面"，"几乎从水面延伸到屋檐"。[30]河上的小船分开，让路给舰队，仍不见清朝官兵的踪影，这时欧洲船员终于以一声响亮的喝彩打破紧绷的寂静。"狂暴"号船长忆道："我们觉得天津是我们的，从而我们扼住了……中国的咽喉！"[31]

34

他们在天津下锚，从这里弃船走陆路可以到约一百一十公里外的北京，但他们决定到此为止。烈日下的夏季气温高达一百华氏度，习惯较凉爽气候的欧洲军人几乎动不了，更别提要他们带着武器和装备，顶着高温走上百公里路到北京。但入侵到这么深的内陆已经足够；皇帝屈服，派全权大臣来议定条约，以阻止他们往京城挺进。于是他们在天津住下，额尔金勋爵与葛罗男爵找到天津城内一座大宅当总部，并将大宅均分，英国人和法国人各住一半。美国人和俄国人租了河对岸一栋房子，尽管屋主想付钱打发他们走（后来的发展表明这是明智之举，因为后来，凡是自愿与入侵者进行买卖之人，都遭到官府秋后算账）。清朝全权大臣不久就来到天津，开始议谈新约——与派了代表前来的英、法、美、俄四强各议签一份新约。在配备火炮的炮艇随时可能往京城进发下，这绝对不是平起平坐的议约。

英国拿到的新约让外商大为满意，条约取名为"和平友好通商条约"（《天津条约》），毫无刻意讽刺的意味。根据该约，英国船只从此将有权溯长江而上，深入到中国中西部。除了已对外开放的五个通商口岸，在华北、台湾，以及内陆的长江沿岸，将另外开放十个通商口岸。传教士的意见对美国人影响甚大，而令传教士大为欣喜的是，新约规定外国人可在清帝国内随意走动，皈依基督教的中国人将受到保护（清帝国当然不认为此规定适用于太平天国）。此外，清朝官员将不得再称英国人为"夷"，甚至私下交谈时都不得如此称呼。法、俄、美三国公使也都各自和清廷签了类似的条约。

但在这些条款之外，最令咸丰帝苦恼的乃是允许英国在北京派驻大使的条文，从此英国大使将可以想来就来，想走就走。过去朝廷一直不同意此事，而由于清朝主要靠威信来维系其统治，此条款的破坏力可能是最大的。与太平天国还未了结的战争已拉低咸丰帝的威望，但至少这股叛军的影响力受到抑制，华北仍在名义上由朝廷管辖。之所以说是名义上，乃是因为清军抽调了最精锐的兵力对付南京，造成权力真空，捻匪趁隙在华北造反，肆虐英法舰队所经过的乡间。

此外，让外国船载着该国大使在这条通往京城的主水道上来来去去通行无阻，既不是来进贡，也不是来向皇帝叩头致敬——赤裸裸呈现于河岸居民眼前——意味着清朝不仅无力维持国内秩序，而且再也无法得到洋人尊敬一事，将传遍帝国各地。那将打掉皇帝本已薄弱的统治正当性。为让皇帝稍稍放心，同意这项条款的那位全权大臣向咸丰帝建议道，这些条约只是欲让夷人离开天津的权宜之计，皇帝想取消就可以取消。[32]于是诸国公使打道回府，与朝廷约定一年后带着批准后的条约复本回来北京换约。咸丰帝满心希望这绝不会发生。

经此一役，额尔金勋爵赢得了英国在华炮艇外交先驱的历史名声，但他遗憾于入侵天津，并对促成入侵天津的一连串事件感到羞耻。促使英国对华另启战端的走私船"亚罗"号事件，用他的话说，"令我们蒙羞"。[33]但他知道他的忧心使他成为非主流的一方。英国民意绝大部分力主向中国（也就是统治中国的清朝）开战，以教训中国拒绝通商及侮辱英国国王。一八五七年，国会多数党自由党背离这股民意，极力阻止首相巴麦尊开战，年轻的格莱斯顿（William Gladstone）发表了整整两小时的演说（据某位激动的支持者所述，那是"国人记忆中在平民院所发表过最精彩的演说"）。他在演说中指控，

36

英格兰将鼓"全国之力"对付"无防御之力的(中国)人民"。[34]平民院的投票结果如格莱斯顿所希望的,巴麦尊勋爵干脆解散政府,重新选举。靠着这场英国新闻界所谓的"中国选举",巴麦尊领导的主战派获得压倒性的民意支持,重新执政。不管额尔金私底下忧心何事,他清楚知道民意走向。诚如他于十一月,也就是入侵天津几个月后在日记里写道的,如果英国报纸的语气可以当作民意的指标,国内民众大概会更乐见于他当初动用大上许多的武力,"更大程度洗劫可怜的中国人"。[35]

渴望与清廷一战的心态,连在美国都非常强烈。拜刚完成的跨大西洋电缆之赐,缔结新约的消息以破纪录的速度迅即传到美国,成为最早利用这条新电缆传送的重大消息。[36]得悉获得贸易特许权,美国人大为欣喜,但挫折的埋怨冲淡了欣喜——不是埋怨年轻、充满正义感的美国因与英法两国的掠夺性炮艇牵扯在一起而使名声受损,而是埋怨美国未在此事中当老大。《纽约时报》某篇社论含蓄抨击了总统布坎南(James Buchanan)的中立政策,宣称"法国人和英国人发动了迟早会使中国政府屈服的战争,从而采取了较明智、较政治的做法"。[37]该报主编主张,新约具有前所未见的重要性,代表"彻底扬弃了自古以来中国所奉行的闭关自守政策"。新约使"全球三分之一的人口……向福音传播事业张开双臂"。他们表示,意义如此重大的结果,无疑证明"在可打击到京城的范围内维持一支庞大的陆军与海军有其必要"。[38]在另一篇(短视的)取名为《中国战争的结束》的社论中,这些主编甚至宣称,这份在炮口威胁下签订的条约之所以必要,乃是因为"武力是唯一能让中国人点头的论点"。美国的中立称不上是道德自豪的展现，反倒在他们眼中是虚弱与被动的表征，因为"在如此攸关我们利益的对华贸易上，我们允许他人出力，收获荣耀，而我们则满足于分一小杯羹"。[39]

这种侵略性的对华外交令额尔金良心大为不安，因此他在七月底终于从天津启程，转往中国的邻国日本，以与日本政府签署类似的贸易协议时，他有如卸下心中大石。日本人的因应做法，原可能会和清廷差不多，毕竟日本德川幕府对英国通商和传教的鄙视，跟清廷一样强烈，但德川幕府受益于日本在东亚的老二地位——事实证明，在中国的广大市场使英国将炮口先瞄准中国时，这样的地位让日本得利。在日本，具影响力的武士已从旁看到英国船舰于一八三九至一八四二年的鸦片战争时如何强行打开中国门户，因此，一八五三年美国准将佩里（Matthew Perry）率领一队汽船首次叩关日本时，他们乖乖和佩里签署贸易协定，从而免于遭到和中国一样的命运。一八五八年额尔金前来打开英国与日本关系时，日本人不只有了与美国签约的先例，还清楚知道最近清政府阻挡额尔金进京时在大沽要塞发生的事。

清朝的殷鉴不远，因此德川幕府吞下傲气，毫无抵抗欢迎额尔金及其舰队入港。德川幕府签署了一批类似中国所签的条约，但过程中未见暴力。[40]与英国和清朝之间日益升级的敌对相反，日本人对额尔金备极礼遇。幕府将军的友好外交收到所要的效果，额尔金忆道，日本人是"最好的民族，完全没有中国人那种僵固与偏执"。[41]日本的不具敌意，减轻了额尔金对英国在亚洲种种作为的愧疚。离开日本时，他写道，那是"自我来到可憎的东方以来，唯一让我在离开时觉得懊悔的地方——东方之所以可憎，与其说是因其自身，不如说是因为东

38

方到处可见我们暴力与欺诈的记录"。[42]但重新踏上中国，使他感受到"某种恐怖"。[43]

＊　　　＊　　　＊

一八五八年晚秋时，额尔金已圆满达成亚洲之行的任务，但返回英格兰之前，他花了三个星期，率领由五艘船组成的小船队上溯长江——穿过太平天国占领区——抵达新的通商口岸汉口。新约所开放的十个口岸中，汉口位于长江最上游，这时在清廷手中。额尔金公开表示，此举想测试长江沿岸的中国官员是否遵照新约、尊重英国国旗的地位，但也想趁机看看叛军占领区。他在上海时听到有关太平天国的含糊传言，他想亲自去察看传言是否属实。《天津条约》给了英国船只在长江自由航行的权利，但长江由两股势力掌控，而英国只与其中一股势力签约，他觉得该正视真相。他写信告诉外相："我们既然在中国皇帝和叛军之间摆出中立的姿态，对这两股势力同等看待，自然不能离谱要求他让我们在实际上由叛军占领的地区享有权利和保护。"[44]因此，他承认，英国在中国内战的中立姿态是装模作样，因为涉及中国境内一方的任何行动，必然都会令另一方受益或受害。

从"狂暴"号舰桥和几趟短程的上岸走动，额尔金能看到的东西不多，但光是这样，他都看出这场内战的破坏，比他从上海任何人口中听到的都还要严重。他谈到镇江的时候说："从来没看过这么荒凉的景象。"镇江地处长江与从北京逶迤而来的大运河交会处，战略位置重要。官军不到一年前从太平军手中收复镇江，而战事过后，除了"矗立在一些曲折街道两旁的一堆堆废墟"，什么都没剩。[45]与他同行的某人则如此描述镇江：我们"一时以为自己置身庞贝城。走在无人烟的街道上，两旁是没了屋顶的房子和杂草丛生茂密纠结的墙壁；一堆堆垃圾堵住通衢大街，但完全没挡到人"。[46]战前有三十多万居民的镇江城，这时只剩几百人，过着非人的生活。镇江的凋敝并非孤立现象。诚如额尔金在报告里严正指出的："为避免重述同样的情况，我要在此一次了结地说，虽有某些程度上的差异，这是我在长江来回一趟所去过的每个城市都有的情况。"[47]

　　额尔金的舰队奋力溯江而上通过南京时，一颗炮弹飞过他那艘船的甲板上空，为他与太平军的第一次直接接揭开序幕。他并未预料会碰到敌对行为，原本闷着头计划在上溯到汉口途中，快速通过岸上有太平军主炮台驻防的江面，派一艘炮艇挂着白色停战旗打前锋——但这面旗子对叛军来说毫无意义。守军把额尔金的舰队当作官军部队（事实上官军船团紧跟在额尔金舰队后面，希望靠他的舰队打开敌人防线，攻打叛军首都），于是舰队经过炮台前时，守军持续向他们开炮，打死一名英国水兵，打伤两人。有枚炮弹直接穿过额尔金的房舱，另有几枚打断他正上方的索具，神奇的是他毫发无伤。他事后写道："我希望叛军与我们联系，以便向他们解释我们没有伤害之意，但这些蠢中国佬会做出什么事，无法预料。"隔天早上他派炮艇往下游回驶，猛轰守军炮台，最后如他所说的，"我们讨回颜面"。[48]

　　太平军指挥官了解额尔金小舰队的来意之后，立即派人与他联系——先是为炮打他的船只道歉，接着又拉拢他，希望他帮助太平军对付清朝。南京遭炮击后不久，额尔金收到太平军一位指挥官的来函，请求额尔金和其他英国船长"全心全力助（我）歼灭叛军船只"（这里所谓的叛军，指的是与太平军为敌的官军）。他保证，事成之后天王会授予他们尊衔。[49]额尔金回绝。那天稍晚，有一队太平军上船送他十二只家禽和红布。一个月后，一八五八年圣诞节，额尔金的舰队返回上海途中，经过城墙环绕的安庆时，他收到天王洪秀全本人的来信①，信中邀他与太平天国一同投入消灭满人的神圣大业。

洪秀全在信中告诉额尔金："爷哥带朕坐天国，扫灭邪神赐光荣，西洋番弟听朕诏，同顶爷哥灭臭虫②。"[50]双方在语言和种族上差异虽大，这封信的用意和额尔金祖国的民意——要他向满清开战——差异却不大。

有些书信往来落在个别指挥官这一层级。额尔金收到洪秀全来信那一天，英国皇家海军舰艇"惩罚"号（Retribution）船长收到太平天国一位地方官员③的短笺，语气极为客气，希望英国人送他一些洋枪洋炮。这位英国船长以同样客气的口吻回道，枪炮乃供他们自己使用，"我国律法禁止我们协助冲突中的任何一方"。两天后，这位太平军指挥官再度来信，说他的本意不是想要英国炮艇上的大炮，只想要"短洋枪一二，火药、洋炮火嘴若干"。他知道英国明令禁止将火炮等武器交给他人，但搬出共同信仰的基督教以打动对方。他写道，你我"原系天父上帝之子，均是天兄耶稣之弟，彼此情同手足，谊切同胞"。[51]

共有的基督教信仰让英国人对于该如何看待这场中国内战

---

① 《赐英使额尔金诏》。——译注
② 爷哥指天父及天兄，臭虫指满清。——译注
③ 侯裕田。——译注

大感左右为难。因为英国自认是基督教国家，太平天国的基督教诉求的确打动英国人。此外，太平军找上英国人的时候，正好英法刚打完（他们认为已经打完）对清朝的一场新战争——当时太平天国希望与洋人结盟，而满清长久以来竭力欲把洋人赶出去，两者的心态南辕北辙——因此从许多方面来看，英国人对中国的希求能从叛军身上得到满足的概率，显然远比从朝廷那儿得到满足的概率大得多。而且清廷里没人把英国人称作"兄弟"。

但有两大障碍使英国人无法与太平天国结盟。第一个是中立原则——与太平天国交好，可能进一步伤害清朝，加深额尔金所遗憾造成的伤害，英国也将因此违背自己宣告的原则，在这场内战中选边站。换句话说，基于中立原则，英国若与满清交战，就不该同时与太平天国交好。另一个难题是太平天国所信的基督教和英格兰所认知的基督教是否一样，对于这个问题传教士这时仍未查清楚。

额尔金翻译官威妥玛（Thomas F. Wade）的意见，使原本就倾向于和叛军保持距离的额尔金更倾向于这么做。有些人——但绝非所有人——称赞威妥玛是中国境内最有语言天分的英格兰人（后来他成为剑桥大学第一位汉学教授），而且与那些为美国人翻译汉语的传教士大不相同，他是军人出身。他以英军第九十八步兵团中尉的身份来到中国，强逼自己学中国话：在香港一天跟老师学十五个小时。他那些老师做过公务员和军官（不是主要角色），因此他对官场用语极为娴熟，他的资讯和看法大部分来自政府出版品。他的交游圈包括中国高官，也就是中国社会中的精英，这与新教传教士把大部分时间用在和穷人及受压迫者为伍大相径庭。如果说传教士是抱着让

41

最低下阶层有工具实现自我的希望来中国，威妥玛的关注对象
则是精英阶层。由于叛军来自中国最贫穷阶层，来自广州附近
"未开化"的南方，他们无一人展露出清朝官员身上令他欣赏
的那种文化与教养水平。因此，与大部分传教士不同，他十足
瞧不起叛军。[52]

　　威妥玛的鄙视之情，清楚可见于他所写报告的用语上。随
额尔金航行长江期间，他拜访了太平军几次，其中一次到了一
个"整个来讲武器非常低劣而且环境肮脏"的要塞，要塞指
挥官是个"脏兮兮但长得还不错的男子，身穿黄袍，手帕缠
头"。威妥玛提到，他的向导和那个指挥官都是广东人，"厅
堂上立即挤满说广东话的男子"。他们蜂拥而进，"乱哄哄"
的"一群蠢民"。有个男子好心记下他们所要的补给品，那人
是个"特别脏的福建人"，"写的字很难看，显然和他的同伴
一样低等"，在威妥玛眼中，这些人全是"一帮吸鸦片的海
盗"。[53]几天后他去了安庆，那里的太平军同样讲广东话（他
在两页的报告里提及此事六次），比起先前那群人"看来较健
康，穿着较体面"，但其中一人大胆靠近人在小船上的威妥
玛，"看来是个，我看肯定是个，吸鸦片的苦力"。[54]至于太平
军为炮击额尔金的船而来信道歉一事，威妥玛断然认定"这
整件事很卑劣，具体说明了中国人的素质"。[55]

　　额尔金不惜与清政府一战的立场令他的同胞大为激赏，他
对太平军的鄙视则令他的同胞大为恼火。[56]因为太平军控制了
中国某些最富饶的茶叶与生丝生产地区的进出要道，而上海的
英国商人非进入这些地区不可。偷偷溯江而上与太平军做成买
卖的船只寥寥可数，而这些船都满载货物而归。在上海洋人眼
中，额尔金浪费了他与太平军谈成贸易协议的宝贵机会。他们

埋怨额尔金未与太平军打开关系，反倒爱坚持他那些令人难以忍受的原则，同时也不满额尔金认为清政府终会重新控制整个长江流域——只有少数人指望这一天到来，即使他们真相信那一天会到来。

英国民众想知道太平天国的胜算，但额尔金的报告在这方面着墨甚少。一方面，他表示在他所去的那些区域，"叛乱组织几乎得不到民心支持"——尽管他坦承他去过的地区大部分在朝廷掌控下。另一方面，透过威妥玛居中翻译与他交谈的中国人，对满清政府似乎也不是特别忠心，他觉得"整个民心对这场冲突的双方都不是很关注"，对于这场还在进行中的内战，他们的"心态类似于看待地震或瘟疫或其他天灾的心态"。[57]

但额尔金与威妥玛的报告虽描述了城市的凋敝破败，却也表明无从得知究竟是哪一方造成了破坏。他们把太平天国一方描述为可鄙又不得民心，却也带来英国人民所乐见的消息：在太平军控制区，生活或许并非像清廷传言所暗示的那么糟。城里或许十室九空，但照额尔金的观察，农村地区仍拥有"勤奋、节俭、冷静……整体来讲善而满足的人民"。[58]

结果，额尔金的长江之行结束后，他对英国介入中国事务之举有损道德原则的不安，更甚于初抵中国之时。他归心似箭，不想再管亚洲的事，一八五九年一月一群上海英国商人写信感谢他代表英国和中日两国签署新约，带来"已获致的重大结果"[59]时，他回以毫不留情的批判："这些古国不想让外界一眼就看透，或许也不想让外界看到他们日益衰颓之文明的破败，至少就中国来说是如此，而我们不请自来，以并非总是最平和的做法，打掉了他们赖以隐藏自己的屏障。"他劝诫商人在希望中国开放门户时，想想自己这种心态是否合乎道德。他断言道："如果有人问我们如何利用自己的机会，而我们只能答以从我们所发现或制造的废墟中牟取利益塞满口袋，那么我们自身的良心和人类的评断都不会放过我们。"[60]

*　　*　　*

一八五九年初夏，也就是入侵天津整整一年后，又一支英法舰队出现在白河口。这一次改由额尔金勋爵的弟弟卜鲁斯（Frederick Bruce）领军。前一次的英法联军之役，他就以哥哥秘书的身份参与。额尔金留在中国勘察长江时，就是卜鲁斯将新约带回英格兰以供国会批准。首相巴麦尊指派他为英国全权代表，要他率领舰队回中国与中国皇帝换约，使他大为风光。换约之后，卜鲁斯将驻在北京，成为英国第一任驻华公使。卜鲁斯极为内向，四十五岁仍单身，而且容易脸红，这让他很苦恼。他留了长髯遮脸，但难为情时他的秃头仍会变红。[61]

卜鲁斯拿着已获批准的条约，打算溯河而上到天津，然后走陆路到北京。已有传言说中国皇帝会拦住他们不让进京，但前一年大沽口之役英法联军的胜利，使卜鲁斯一行人认定清军拦不住他们。因此，清朝特使告知卜鲁斯，皇帝不同意他走白河到北京，只能走贡使所走而被英国人视为羞辱的次要路线时，卜鲁斯不愿更改路线，坚持照原案走。于是在一八五九年六月，英法舰队再度集结于大沽口外的浑浊海面上，打定主意若有必要就再度以武力开路上溯白河。

这支舰队不如上一支舰队那么同心同德。法国人已对其与英国短暂的结盟心生疑虑，暂时不想在华动武，在联军总兵力一千三百多人中，只派了六十人，比美国派出的还少。[62]美国旗舰"波瓦坦"号（Powhatan）舰长达底拿（Josiah Tattnall）打过一八一二年战争（英美间的战争），其对英国人的厌恶，只有他底下的官兵更胜之——在这次陈兵大沽口之前不久，他底下的官兵才在香港街头与一群英国水兵打了群架，觉得只要"看到英国水兵，就该抓来毒打一顿"。[63]他们抵达白河时，发现英国旗舰上的水兵正是与他们在香港打过架的那群人。

额尔金攻破大沽要塞后这一年里，中国皇帝已调派他最信赖、最善战的将领，显赫蒙古族出身的僧格林沁，掌管海防。僧格林沁是个坚毅而骄傲的指挥官，爵位几乎等同于宗室亲王，一八五三年击退太平天国北伐军，受封亲王，声名大噪。当时有一支太平天国远征军从南京一路往北打，兵锋距北京不到一百三十公里，碰上僧格林沁的部队攻势才受挫。北伐军以南方人为主，他们一辈子没看过雪，碰上北方寒冬，苦不堪言，战力锐减。在寒冬助阵下，僧格林沁部队击退这支北伐军，迫使他们退入冯官屯筑工事固守，战局陷入僵持。春天来临，天气转好，僧格林沁命人筑一圈土石墙，与太平军营垒隔着一段距离，将太平军团团围住，同时有一千名工人花一个月时间从围墙边挖掘数条深沟，透过一干河床与六十公里外的大运河相连。然后他们在围墙上开缺口，引运河水灌入墙内，水深直到太平军营屋顶，叛军不禁水攻而投降。经此大胜，僧格林沁声望更高。

僧格林沁瞧不起洋人的作战方式，不愿被调离内战战场去整饬海防。作为身经百战的蒙古骑兵，他爱弓箭更甚于滑膛枪，来大沽之前未碰过欧洲炮艇，对欧洲炮艇所向无敌之说嗤之以鼻。[64]他也不懂在兵力以数万至数十万计的太平天国兵团

45

于帝国内其他地方撒野时，为何要这么费心对付兵力只数百的一支洋人军队。但一八五八年夏大沽要塞遭额尔金攻破之后，咸丰帝命僧格林沁重建大沽要塞，以防再遭攻陷。他充满干劲地接下这项任务。

该如何因应洋人舰队依约再来京津门口，咸丰帝的大臣们意见极为分歧。有些大臣建议即使不欢迎，也该接纳。其中一名大臣是汉人官员郭嵩焘，他主张让列强取得他们所要的贸易关系，然后专门对付太平军，最符合王朝利益。他说叛乱发生于内，属"心腹之患"，洋人来自于外，只想通商，因此洋人问题的解决之道，在于解决通商问题，而非动武。[65]

事实上，从中国更长远的历史角度看，闭关自守通常是王朝衰弱的表征，而非强大的迹象。此前最强盛的一些王朝，握有横跨半个地球的辽阔贸易帝国，有众多藩属前来进贡。但咸丰帝在位时国力已非常衰弱，主张闭关自守可保国家强盛的臣子较合他的意。少数几位满族心腹之臣属于这一派，僧格林沁也属之。温和派郭嵩焘曾当着僧格林沁的面力主采取平和手段。他说："海防无功可言，无效可纪，不宜任。"[66]但僧格林沁认为，只要洋人敢再上门，他能给他们好看，而那正是咸丰帝想听的。于是，尽管郭嵩焘反对，僧格林沁继续整军备战。[67]

在英军侦察兵眼里，清军的防御看来有所改善——河中横向立起两道显眼的拦障，而非一道，炮台上有一些新构筑的工事。但守军似乎不多，见不到旗帜，听不到更声，炮眼以草席盖住。密探告诉他们，清军只派了最基本的兵力防守，只求能阻止太平军的中国帆船进入白河而已。于是他们突破第一道拦障作为试探，第一道看来不如第二道厚实。他们未遇抵抗。一八五九年六月二十五日，晴朗的早上，炮艇集结于要塞外八百码处的海面上。信号旗升起，英国舰队司令的旗舰"鸻鸟"号（Plover）鼓足蒸汽动力往前冲，突破第二道拦障，打开进入白河的水道。[68]

就在这时，情况完全不对劲了。

清军工兵已从一八五八年的惨败中学到教训，新的拦障——以粗铁链串联粗大树干组成的木栅——挡住了"鸻鸟"号。其他炮艇在河上兜圈，无法前进，这时，盖住炮眼的草席猛然扯开，露出整编的守军，雷鸣般的枪炮弹开始从炮台上洒下。第一波齐射的炮火打掉"鸻鸟"号船头炮手的头，还有三名水兵受伤倒在甲板上。"鸻鸟"号身陷密集炮火当中，三个小时进退不得，最后船壳被打破，船沉入烂泥里；船上只有一人幸存。殿后的船只遭遇一样惨，因为比起一年前训练不良的那批守军，僧格林沁的手下操炮本事高出许多。两艘英国炮艇搁浅，失去战力，另两艘炮艇被炸碎，立即沉没。其他炮艇动弹不得，进水，想撤，炮台上的守军已朝着船上水兵和军官开枪，一个个撂倒。

但登陆队依照计划往前冲，使失败变成惨败。傍晚时炮台枪声平息，英国军官以为守军已如前一年一样窜逃。结果那只是欺敌之计，意在诱使登陆队抢滩；上一次守军吃了奇袭的亏，这一次他们准备以同样的奇袭回敬来犯之敌。[69]这时，炮台墙外有两道又宽又深的壕沟，沟里布满水和烂泥，紧接在壕沟之后是往外伸出森森尖铁的一排鹿砦。[70]但只有在陆战队员挺进到壕沟之后，这道鹿砦才派得上防守用场；登陆作战耽搁太久才发动，等他们的平底船近岸时已经完全退潮，河岸上裸露的厚泥困住进攻者的双脚，或者让这些穿着薄底鞋的士兵失足，使他们成了活靶，被炮台上的守军轰成碎片。大炮里面填装铁片，把铁片如雨般洒向陆战队员，一次炮击就撂倒整整数排的登陆士兵；好不容易挺进到壕沟的陆战队员，则发现沟里的泥水太稀软而难以站住，又浓稠到无法游着前进。没有在壕沟烂泥里溺死或在拆除鹿砦时被撂倒的人，带着浸水而无用的弹药挤在炮台基部，在天已黑时盼望友军来救，守军则把长竿伸出炮台墙外，竿尾吊着丝丝响的烟火，用以照亮他们蜷缩的身形，供上方的弓箭手猎杀。有艘小船突破万难救起几名伤兵，但就在船想驶离守军射程时，一枚炮弹正中船身，将它炸成两半。船沉了，船上的人全部溺死。[71]

战斗正酣时，"波瓦坦"号准将达底拿得悉英国舰队司令何伯（James Hope）中弹，立即决定把美国的中立立场甩到一旁，加入战局。达底拿来自佐治亚州，具有强烈的种族优越感，坚决维护美国南方诸州利益（两年后他将成为美国南方邦联海军的高阶军官），他再怎么不满于英国人，英国人终究和他一样是白种人，而中国人不是。他大喊："血浓于水！"（他的助手特伦夏尔〔Stephen Trenchard〕为后人记录下此句名言）还说"他绝不会冷眼旁观，看着白人在他眼前遭屠杀……老达底拿不是那种人，长官"。[72]达底拿的出手并未扭转战局；美国人的主要贡献，乃是将更多英国陆战队后备兵员送去抢滩送死。他的部下操作起英国炮，在达底拿照料英国舰队司令时对炮台开火。一名美国人丧命。尽管达底拿违反中立的作为未能扭转那天的惨败，却让美国人在中国尝到血的滋味，并为英美友好立下新的基调；诚如伦敦《泰晤士报》后来所评："不管这场战事的结果为何，英格兰将永远不会忘记那一天好心美国人以行动和言语支持和慰藉在白河水面遭受攻击的英格兰战士。"[73]

隔天早上天亮时，已有四百多名英国人死伤，其中高达二十九人是军官，幸存者一身湿透、满是泥污，一瘸一拐走回船上。这些打过克里米亚战争的士兵，第一次遭遇如此的惨败。那令他们想起五年前在克里米亚半岛的巴拉克拉瓦之役（Battle of Balaclava），英国轻骑兵旅死伤惨重的冲锋；甚至有名陆战队员表示，他宁可重来那场战斗三次，也不愿受他们刚刚在大沽要塞所受的苦。[74]桂冠诗人丁尼生（Alfred Tennyson）将巴拉克拉瓦之役的惨败化为一首不朽诗篇，描写英勇的英国骑兵置死生于度外"冲进死神的牙关／冲进炼狱的入口"，表达明知送死仍然一往无前的高贵精神，而白河的惨败则由才气大为逊色的诗人，化为较没那么高贵的不朽教训。达底拿的话语被人改写为诗与歌，以歌颂白人的团结：

48

"老家伙"达底拿，在韦拉克鲁斯之役展现过人勇气——

看到同样流着英格兰人血液、同样讲英语之人

在这里被炮火打跛；在那里被潮水淹死——他能坐视不管？

他向特伦夏尔说，老达底拿绝不会冷眼旁观，

看着白人被这样的敌人屠杀。

我的平底船在哪？没有随身武器，的确！看着那些英格兰人奋战、死去——

血浓于水。我们上吧。[75]

*   *   *

僧格林沁赢得他应得的胜利，大为雀跃。击退联军之后不久，他上奏皇帝，表示英法有可能带更多船再度来犯，但他信心满满地保证，再予以类似的痛击一两次，已然受到严厉考验的夷人傲气与自负将立即消失。一旦如此，中国能享有数十载的太平。他还说，皇帝甚至不必再与他们兵戎相见，因为大沽要塞已取得决定性胜利，已有所悔悟的夷人，可能就此学乖，知所节制。如果他们出于自愿全心顺服，将可永远高枕无忧。[76]皇帝还是不尽放心：他告诫军事将领严密注视海岸动静，因为"恐该夷蓄谋诡谲，潜匿附近岛屿，待集兵船，乘我不备，于昏夜风雨之中，突然内犯"。但最后他还是和僧格林沁一样感到放心，表示洋人既需中国货物，希望那意味着上海的华洋商人能自行解决他们的问题，而不必使节出面，不需订立新约。他断言道："至现在抚夷大局，操纵①不在天津而在上海。"[77]

英国人舔着伤口离开时，美国通译暨传教士卫三畏（Samuel Wells Williams）从"波瓦坦"号上写信给他的兄弟，说那可能是一八四二年艾尔芬史东（William Elphinstone）少将的部队在阿富汗遭屠杀以来，英国人最不堪的惨败——尽管他认为大沽口之败更令人羞辱难堪，因为在喀布尔，"自然力所夺走的人命十倍于人所夺走的性命"，而在白河，完全败在武器和战术不如人。最糟糕的是败在中国之手。卫三畏写道："对于未曾败在中国人之手的英国军人来说，那真是未有的奇

———————————
① 关键。——译注

事。"[78]大沽惨败对英国人心的震撼，超乎咸丰帝的臣子所能理解或想象。经过那一天，情势有了大变，英国在华前几次战争的趾高气昂——英国军方认为，就他们所向无敌的船舰来说，亚洲只是个游戏场——遭到打破。取而代之的乃是血淋淋的羞辱，以及渴望向击败他们的"劣等民族"报仇的心态。卫三畏思索道，那是"一场可能让中国人受到比以往任何打击还要惨重之灾难的失败"。[79]

三 干王

　　额尔金的舰队于一八五八年夏成功驶进天津，接着又考察长江沿岸太平军占领区的虚实之际，洪仁玕正绕了好大一个圈子穿越华南前往南京，以和他的族兄会合。他于五月离开香港理雅各家，先到被英法占领而安全（至少对他来说安全）的广州，然后往东北走，循着水道进入愈来愈雄阔的崇山峻岭，穿过广东省。广州高大城墙底下的稠密聚落，不久就消失于身后，眼前所见是零星的房舍、山谷中的村落、沿着山坡逐级而辟的梯田。通衢大道上点缀着客栈和餐馆，北方徒步旅人带来的传言，在客栈和餐馆里传得沸沸扬扬。行旅往来最频繁的大道，立有说明距离和方向的路标，其中一些道路是先前的王朝找来大批工人开采山坡上的大石，敲凿成圆石铺砌而成。

　　行经这些地区的旅人，大部分是挑着货物去贩卖的挑夫，清朝官兵在这些路线上巡逻，猎捕夜里埋伏路旁伺机抢劫的土匪。洪仁玕行至广东省东北部的商品集散地南雄县，然后转北，走上一条往上爬的石砌古道，进入林立峭壁与苍劲松树的荒野地区。从花岗岩上凿出的石阶，像螺旋梯般沿着山坡盘旋而上，翻过数座山头，最后抵达梅关，也就是隔开清帝国南部与长江流域的门户。过了梅关就是江西省，穿过江西省，就可到太平天国首都南京。他跟着挑夫人龙穿过梅关——这些挑夫两人一组，一前一后担着一根竹子，竹上挂着货物，两人脚步甚快，配合行进节奏唱着歌——一条几乎没有中断的人龙，像河水般在路上移动，人龙中一线走北，另一线往南。在最高处，道路穿过一道凿穿山石而成、宽六米的隘口。立于隘口的石灰岩关楼有清兵驻守，清兵紧盯来往行旅，提防叛军信使偷溜过关。洪仁玕扮成卖货郎，没有引起他们注意，顺利过了关。[1]

在江西，他沿着赣江往东北走，但不久就来到交战区边缘，与太平军控制区已相隔不远，有一队清兵在该地驻守。清军纯粹靠人多取胜；没有统掌全军的最高指挥部，无能的军官靠恩庇而非才干取得职位。部队薪饷过低，士气极差，其中许多官兵还吸鸦片成瘾。[2]洪仁玕轻松就混入某个外围单位，跟着他们一起东进，前往生产瓷器的景德镇。后来这个单位受到太平军攻击而惊慌溃散，洪仁玕不得不在溃败的混乱与屠戮中逃命，最后只带着背上的衣物保住性命。[3]

接下来他往西走，远离战事，往湖北省境的长江前进。这时，官军和叛军争夺这一带长江沿岸已五年多，得而复失，失而复得，彼此易手数次，有很长一段时间没有正常的人类生活模式可言。城里十室九空；房子的木材被经过的军队拆去当柴烧，拆到只剩窗框。[4]就连在长江流域较富饶的河段都一片死寂，原本人烟稠密的农村变成鬼城一般。土地收成原本就微薄，而农村人口不足，则使农村连这微薄的收成都生不出来。洪仁玕于途中遇到一名军人，那人叫什么名字他后来也记不得。那个人打算在官军控制的江边小镇龙坪买货，然后卖给下游南京的叛军。那名军人没本钱，但人脉很广，自信靠这些关系能带着货物通过封锁线。他的计划看来很可行，因此洪仁玕把一片缝进上衣布料里的金叶交给他，成为他的合伙人。[5]

那名军人去龙坪为他们的买卖计划添货时，洪仁玕在龙坪东北边约二十四公里处的黄梅等他。黄梅的覃知县与那名军人

52

是同一个村子出来的，彼此相识。传言有支太平天国分遣队在黄梅附近现踪，不过洪仁玕来得太晚，没看到那些叛军——叛军已经跑掉——但他与覃知县相谈甚欢，知县很欣赏洪仁玕的才智和学识，当场邀他担任自己的幕僚。那是失业文人渴望的工作，特别是在这样世事茫茫难料的时代，但那也是个长期职位，而洪仁玕一心只想着南京，因此他含糊应允。最后，他用自己的医术治好覃知县侄儿的剧烈头痛，使他在知县家得到重用。洪仁玕百无聊赖等待他的合伙人，没他又去不成南京，于是在覃知县家一待数星期，然后数月。

又有传言冒出，说清军围攻南京甚紧，不久后会攻下天京。洪仁玕又开始心急如焚，决定离开黄梅。覃知县感谢他治好侄儿的病，给了他一封推荐信和足够的盘缠，洪仁玕再度扮为卖货郎，只身前往龙坪。[6] 这段路并不好走，而且到处都有官军，官军军纪好坏因部队而有很大差异。十月时清军巡逻队抓到他，但不知道他是官府重金悬赏缉拿的要犯（他们没想到要去扯开他外套的衣襟夹缝，也就没发现他藏金叶的地方也藏了一份概述家族史的文件）。除了几本医书，他们并未在他身上找到足以将他定罪的东西，但还是将他关了几天——或许把他当成强征入伍兵，也或许想赚赎金——然后被他逃脱。[7] 接下来，他靠几名对政府不满的清军官兵协助来到龙坪，在那里，他藏身在秘密收容太平难民的一间房子里。一如许多人，房子的主人厌烦于官军的腐败，因而暗中支持叛军。他是否找到那位不知名姓的军人或是拿回金叶，则无文献提及。

一八五八年十二月，他与额尔金勋爵差点见面。洪仁玕从藏身处得悉长江上出现洋人汽船，那些船正顺流而下欲前往上海。他冒险下到码头区，正好看到停靠港边的额尔金舰队。在香港期间，他结识了这时已是额尔金翻译官的威妥玛。他想登船找他，心想或许可搭英国舰队的顺风车到南京。他未能见到威妥玛，与他交谈的人也未同意他上船同行，但他至少说服一位英国水兵，帮他带信给香港的理雅各等传教士友人。[8]信中告知他们自己仍活着，还在努力前往南京。[9]几个月后他再度露面，终于与安徽省内某支太平军巡逻队接上线，时为一八五九年春。他把自己的来历告诉对方，对方当他是清军间谍，将他押送到驻防于附近陈塘的部队。部队统兵官亲自来讯问时，他扯开衣襟夹缝，拿出藏在其中交代他家族史的纸片。统兵官一看，确信他是天王的同乡，亲自护送他搭乘太平军的小船往下游走。一八五九年四月二十二日，经过将近一年的跋涉，他终于抵达天京。[10]

*　　　*　　　*

南京在黄金时代是中国最恢宏的城市，明朝的旧都，城内的大街约略循东南西北四个方位布局，大街旁林立庙宇、政府机关和商行。长约三十七公里的城墙围住这座大城，城墙上有距地二十一米的塔楼和胸墙，在该城西北角与长江交会处的城墙上，这时则密集架设了火炮，清军水师就聚集在火炮刚好射不到的近处。作为太平天国的耶路撒冷，天京已改头换面。一八五三年入侵南京之后，叛军拆除并烧掉大部分精致的庙宇佛寺，逼城里的男女分馆而居（但这措施不久后就废除）。男女各组成集体工作队，财产共有，都需赴新教教堂做礼拜。洪仁玕抵达天京时，婚姻制已经恢复，虽然仍严厉执行安息日（在星期六）制度，但太平天国原先抱持的清教徒式理想已逐渐销蚀。鸦片吸食又恢复以往的盛况。明朝时南京最为风光，

54

拥有人口百万（超过欧洲诸国首都人口总和），相较于当时，如今这座大城则让人觉得无比冷清。遭屠杀的满人尸体被丢入长江随水漂走之后，城中老百姓获准自由进出城，而洪仁玕到来时，原有人口已有许多移居乡下。基于安全考虑，城中人来人往的市场已关闭许久——一如洪仁玕清楚知道的，扮成货郎是间谍四处走动而不泄露身份的最简便办法。于是天京变得赏心悦目且疏阔，有诸王王府和旧庙宇的废墟，宽阔大街少了熙攘匆忙，更增冷清之美。

天王宫宏伟华丽，一如他起事前在异梦中所见的宫殿。来客经过立于大门两旁的鼓手之后，进入高广的主殿（荣光大殿），这里是天王接见大臣朝觐的地方，殿内立有数根漆雕盘龙柱。主殿内墙壁镶金，天王手指头会碰到的东西——碗筷、毛笔——几乎样样也都是金制。他的夜壶以银制成。主殿后面坐落着天王的大寝宫（真神大殿），有大批宫女侍候。天王在此远离都城的日常活动，一如圆明园里的清朝皇帝。[11]

洪仁玕抵天京时，他的族兄已不理政事，整天待在宫里研读经文。除了后宫女子，几乎没人可以见他。他以御用朱砂墨潦草写就的诏旨张贴在外墙，向全城人民宣扬他的思想，那些诏旨显示他的异梦自第一次起事以来愈来愈强烈。有些诏文鼓舞强化叛乱力量。有一则写道：逆吾者亡，顺吾者生。人皆无所逃于吾三人，天父与二子（二子是天王本人和耶稣）。另有一则写道：第一，我在天堂边缘打；第二，我在地狱打；第三，我为人类生存而打；第四，我为消灭鬼魔而打。还有些诏旨思索牺牲的意涵，例如有一则写道，别害怕世人不知真理；有一天你们可能得饿死；有一天你们可能无路可走。[12]

据洪仁玕自己所述，与族兄的团聚令他苦乐参半。两人已八年未见，这期间发生了许多事。他投奔天京途中听到的传言令他忧心。尽管满清政府面对列强时的积弱不振令他信心大增，但天京遭到包围。太平军主力已离开天京，兵分三路分头远征，官军则集中全力想切断天京的粮食补给线。天王不理政事，使地位仅次于他的东王杨秀清得以掌管朝政，以严酷的军纪（通奸或喝醉者砍头）掌理军队，[13]并试行不切实际的共有制土地改革（杨秀清打算在太平天国辖下的所有地区推行这项改革）。到了一八五六年，杨秀清已在实质上完全把持朝政，上海有传言说天王已死或已被篡位，但那并非实情。那年一场情况混沌不明的流血政变，使东王身首异处，头颅挂在天王宫对面的墙上示众，东王的部众和所有族人共六千人遭诛杀。

铲除东王之后，洪秀全需要信得过的顾问，而洪仁玕正满足他这个需求。天王赐予他喜爱的族弟数个头衔，短期内予以不次拔擢。甚至在洪仁玕来天京后才两个多星期，就打破先前绝不再封王的承诺，封他为王。洪仁玕的新头衔，全称为"九门御林开朝精忠军师顶天扶朝纲干王"。身为"精忠军师"，他跻身太平军最高层，而要"扶朝纲"，洪秀全让他总理天京朝政，级位等同于已故的东王杨秀清。尽管洪仁玕长久在外，没有参与造反运动——他在香港协助理雅各与韩山文，过着太平日子——而太平军则在华中各地出生入死与敌厮杀，如今他却被委以太平天国朝中高职，权力仅次于天王本人。 56

洪仁玕的突然到来，或许让他的族兄觉得是上帝的奇迹，却令自战争开打以来一直为太平天国效力的其他人深感不是滋味。主掌天京防务，年轻但雄心远大的军官李秀成就是如此。李秀成是几乎不识字的贫苦农民出身，加入太平天国不是出于宗教理由，纯粹是因为华南四处可见的贫穷和忧惧。反清叛乱会如野火燎原般迅速壮大，就因为这普遍的贫穷和忧惧在推波助澜。李秀成成长于多山的广西省，太平天国头几场起事就发生在这里。他不是上帝会信徒，尽管他住的地方每个人都知道后来成为天王的神秘"洪教主"这号人物。李秀成家很穷，靠在山坡务农、打零工和制木炭勉强糊口，但即使如此，据他说，"家中之苦，度日不能，度月格（更）难"。[15]

一八五一年，有支躲避官军追击的太平军部队在李秀成的山村扎营五天，找到什么就吃什么，甚至吃村民藏起来的东西。快饿死的李秀成对他们的土匪行径不感痛恨，反倒觉得他们的共有共用规定很有意思——部队统兵官宣布，凡是加入上帝会者，都可免费和他们一同用餐，于是李秀成和家人为了一顿饭加入他们。部队拔营时，李秀成和家人跟着他们一起走。如同其他放弃村居生活、加入太平天国的人，李秀成跟着太平军离去前所做的最后一件事，乃是遵照统兵官的命令，烧掉自家房子。从此除了前往耶路撒冷，便无家可归。行军几日后，他就发觉自己离家甚远，去到生平从未到过的异地，这是跟着天军四处跑的农民跟村民都有的感受。他们不再认得路，官军紧追在后，即使想调头也不可能。[16]

从制木炭改行从军，李秀成以战场上的表现证明他是领兵作战的将才，天生该吃这一行饭。一八五三年天京建立后，他在军中平步青云，从营级指挥官升到将军。在东王死于一八五六年政变、太平天国一片混乱之际，他跻身太平军的最高领导层，洪仁玕抵天京时，他是洪秀全最信赖的将领之一，但还未封王。洪仁玕离开在香港与洋人为伍的生活来到天京，突然就被擢升到比李秀成还高的职位，这使得为太平天国效命多年的

57

李秀成大为眼红。几个月后，李秀成获封为忠王，但迟来的封王以及天王对族弟明显的宠爱，只使他更为眼红，而且这样的心态有增无减。

洪秀全心知底下军官的不满，于是召集所有太平天国领袖到天王宫主殿，在干王的授封仪式观礼。锣鼓喧天中他向诸大臣宣布，此后天京内所有待决之事，全由干王一人裁夺。在众人窃窃私语心中的不服之际，他要洪仁玕登台受印。洪仁玕察觉到观礼众人潜藏的怒意，想婉拒任命，但族兄低声告诉他没事。他轻声说："风浪暂腾久自息。"于是洪仁玕接下印信，在台上对众人讲话。他以在香港令传教士大为激赏的沉稳台风和口才，向太平天国诸领袖宣讲。他阐述东王的政策，逐点批评，并提出改进之道。众人鸦雀无声。后来他写道："众人见小的万人之前谈论无错，就称小的为文曲星。"[17]

*　　*　　*

自一八五三年占领南京后，太平天国的气势就开始衰退，四处征战的革命冲劲消失，取而代之的是治天下的工作，得成立官僚组织，得课税，得拟出其他种种施政大方针，而这些远非其天纵领袖的天启异梦应付得来。[18]东王杨秀清打造了一个虽然严厉但大有可为的政府，但如今人亡政息。宗教虽是太平天国意识形态的基础，但光靠宗教不足以治国。太平天国的原始核心是上帝会，但后来加入的大批追随者（例如李秀成），乃是被逃离赤贫和逃离较抽象的满清压迫的大好前景吸引来。他们参加宗教仪式，是因为那是规定，不得不参加；的确有许多人后来深深相信他们所听闻的教义，但尽本分的奉行和真心虔诚的奉行并不容易区别。[19]洪仁玕清楚意识到，要赢得太平

58

天国追随者的效忠，不能只是给他们精神救赎的希望；他们还需要世俗的报酬，在新国家里过较好生活的许诺。

洪仁玕就在这个基础上开始为太平天国未来的政府和社会，构思可长可久的架构。在那个架构里，他把中国传统原则和他对西方工业社会的认识交织在一块，并把自满人入主以来就在中国境内暗暗增长的某种原型民族主义融入其中。事实上，洪仁玕成为干王后发表的第一个重大文告，正助长了这种民族怨恨。他呼吁人民"正宜遵中国，攘北狄（指满人），以洗二百载之蒙羞"，宣告自一六四四年明朝灭亡之后，我们"口其言语……家其伦类，毒受那满洲狗之淫污"。[20]

"驱逐满人，还我中华"这一目标，不仅得到太平天国追随者的共鸣，也得到冷眼旁观的局外人认同。因为太平天国的奇特宗教或许令自以为是的外国传教机关感到不以为然，但在国外，绝大部分人相信太平天国是真心欲使汉人脱离异族统治，而汉人是公认理所当然、天经地义的中国大地统治者。某些观察家（例如新奥尔良《每日琐闻报》的主编）或许把这场高举民族旗帜的起事视为威胁，[21]但在欧美，大部分人认同他们在这场叛乱里所见到追求自由的意念。诚如上海某个居民所说："美国人坚守他们政府据以建立并苦壮的那些原则，因而同情揭竿而起反对外族奴役的英勇民族。"[22]西方报纸通常把清朝统治者称作来自满洲的"鞑靼人"，称作最高统治阶层，称作中国的皇朝主人，称作征服者。或者如某位美籍传教士对这场战争的描述："一部分中国人揭竿而起，欲使国家摆脱异族统治。"[23]

洪仁玕在《资政新篇》中阐述了他为太平天国的未来发展提出的治国纲领，那是中国历史上第一份真正从全球视野提出的改革建议。按照中国的传统王朝观，即清朝所实行的王朝观，中国的统治者把中华帝国视为世界文明的中心，而只要外人（蛮夷）承认中国王朝的文化优越性，就欢迎外人前来通商。这就是使英格兰和中国一再起冲突的世界观。相对地，洪仁玕从经验中了解，英国人不但军力强大，而且非常骄傲，因此建议与英国人交往时，中国人不应再用"夷狄戎蛮鬼子"之类字眼，往来语言文书应表达"照会、交好、通和、亲爱"之类观念。[24]

他也认为传统的朝贡外交——鼓励外国人以藩属身份来京向皇帝致敬——是不合用于当今世界的历史糟粕，应予以扬弃。他指出"人类虽下，而志不愿下"，语中流露出某种程度的文化相对主义，也就是常被认为不见于帝制中国的观念。他主张，如果过去其他国家的人认为中国人较高等，那也只是形势所迫，"非忠诚献曝也①"。因此必须施行新的平等外交，如此"外国可通和好"。他写道，欲赢得他国的尊敬，唯一长久之道乃是"内修国政，外示信义"。也就是说，只有致力于内部改革，把自己建立为新时代的政府模范，中国才能再度博得过去所享有的尊敬。[25]

由于在香港那段经历，洪仁玕已把中国视为世上诸国中的一国，有许多地方得向十九世纪的其他强国学习。最重要的是基督教，也就是他在香港从韩山文及理雅各两人学到的那种宗教。他深信基督教是西方诸国强大的关键。他在论治理的那一节中主张，今世最富强的国家，清一色是新教国家（英格兰、美国、德国、斯堪的纳维亚诸国），仍相信"异迹奇行"的天

———————

① 非真心顺服之意。——译注

主教法国和东正教俄罗斯国力稍弱，居次。他认为信奉《旧约圣经》和信奉伊斯兰教的国家，或更糟糕的，信奉佛教的国家，国力无一不衰弱，其中许多国家已沦为较强国家的殖民地。他把满人统治下的中国，等同于人民乖乖接受自己奴隶般地位的波斯。

在洪仁玕眼中，"最强之邦"是英国，并认为其统治王朝已存续千年（比中国任何王朝还要久远）。他解释道，英国的强大来自其人民聪明和其法律体系，中国应袭用其法律体系。但他最欣赏的国家是美国（因国旗上有星星和条纹而被中国人称作"花旗国"），是他眼中最公正富足的国家。他深信美国的伟大之处，主要在于行事宽厚和公正。他写道，美国虽然军力强大，但未侵犯邻国；加州发现金矿时，欢迎所有人前去淘金。美国以开阔心胸接纳外国人，甚至让外国人在美国当官。洪仁玕也激赏美国的民主，特别是激赏所有人（至少所有"有仁智者"）皆有权参与领袖择定和政策制定这一观念。他写道："以多人举者为贤能也，以多议是者为公也。"①[26]

在论治理这一节，洪仁玕也描述了他熟识的众多外国人。他列出多位来自"强"国的传教士友人，包括理雅各之类的英国传教士和他在上海遇到的几位美国人。他对已故的韩山文特别看重，说他"爱弟独厚"。[27]他列出洋人朋友有两个目的。《资政新篇》是写给洪秀全和太平天国领导层看的，对他们来说，这份文件暗暗表示他们在中国打造基督教国家的大业，将得到外国人的协助。《资政新篇》最终为外国人所知悉（《伦

---

① 把多数人所选出者视为贤能者，把多数人所达成的决定视为公正。——译注

敦评论》的某位作家称它是"历来所发布最引人好奇的文件之一"），[28] 而对这些外国人来说，它间接表示太平天国的新总理把他们当成兄弟，他欲打造的国家将敞开中国阖上已久的大门。

但宗教和外交只是个开始。极有先见之明的洪仁玕提议，中国如想成为强国，就得善用新兴的全球工业经济。他把圣三一（传统的圣三一，而非包括天王在内的圣三一）视为国之"上宝"，但紧接着列出一长串较具实用性质的"中宝"，包括汽船、火车、钟表、望远镜、六分仪、连发枪。他表示，暹罗已懂得如何建造汽船，从而成为"富智之邦"。[29] 日本人与清朝统治者不同，已经开放通商，"将来亦必出于巧焉①"。他深信那就是太平天国统治下的中国应走的路。

洪仁玕的《资政新篇》首度以中国为背景，提出跻身现代工业强国的发展愿景。他提出林林总总的建议，而这些建议日后将以某种形式成为二十世纪以来中国改革者朗朗上口的口号。他主张，新中国的第一个要务，将是建立以法治为基础的健全法律体系。必须有专利权，以使"他人仿造，罪而罚之"，然后中国实业家将得到他们所需的鼓励，发明足以和西方匹敌的器械。他呼吁展开运输革命：建造当时只有洋人拥有的汽船；铺设铁路（华人或许在一八六○年代就在美铺铁路，但洪仁玕写《资政新篇》时，中国国内连一英里铁轨都没有）；公路网分级，宽广大道连接各省省会，较窄的道路则从干道叉出，通往城镇跟乡村。如果政府疏浚主要河川，汽船便能将人与货运往帝国最内陆，从最内陆运出人货。"凡金、

61

---

① 未来肯定变得娴熟。——译注

银、铜、铁、锡、煤、盐、琥珀、蚝壳、琉璃、美石等货,有
民探出者准其禀报",准其招民开采,获利依比例分给探勘
者、政府及开采者(因为地底下的宝藏虽全是上帝公平赐给
人类,但个人需要诱因的鼓励,才会去勘探那些宝藏)。民间
商人可申请设立银行、发行纸币,纸币比清朝的银锭及铜钱更
便于携带,将进一步促成经济发展。他甚至主张设立西式保险
公司,向人民出售保单保障其身家、财产与生计。

他的建议不止于此。他主张,发展中国的交通基础设施,
不仅是创造经济财富所必要,也是使帝国内的资讯得以自由流
通之必要。他提议成立从地方日报到省级月刊的各种报章,报
道中国不同地区的大宗商品价格和重要时事,并严惩报道不实
者。将有政府机关负责收集各家报纸,转呈天京的君王——不
是为了让他审查出版内容,而是让他了解国内的真正动态。

但从政治上讲,洪仁玕所构思的国家将是不折不扣的神权
统治国家,而且是基本教义派的。这有慈善方面的功能:受到
他在香港与上海认识的传教士的工作启发,他呼吁中国人发展
基督教式的社会机构,济助孤儿寡母、残疾者和贫无立锥之地
者,教他们音乐和文学,在他们死时予以埋葬。他写道:"此
等穷民,操心危,虑患深,往多有用之辈。"[30]溺婴和卖子亦
将禁止。

同时,那也将是极清教徒式的社会,政府将动用公权力防
止不符合道德的行为。烟、酒、鸦片将严格禁止,此外也禁演
戏修台建醮,禁庙宇寺观,以免人民沉迷其中,不务正事。风
水属于迷信,妨碍采矿,应予根除。惰民将由其父兄乡老擒送
官府,流放异地,以免其他人有样学样,跟着游手好闲。为使
犯罪者循规蹈矩,将施行多种刑罚,但他认为中国过去发展出

的各种处决方法应予废除。他写道，对于恶行最重大者，不应再以中国那些多种级别、别出心裁的处死方式来惩罚，而应全部改用西方的绞刑，并事先公告周知，以让民众前来围观。

但首先得建立一个真正的国家。而要能建立这样的国家，得先打赢战争。洪仁玕和族兄年轻时讨论过建国计划，而北方不在新国家的版图内。他们原来的策略是建都南京，往长江下游扩张，攻取镇江，控制大运河，往上游进占安庆，以控制长江更上游地区，然后一统南方七省，西征夺取四川跟陕西，新王国将随之建立——一个控有整个长江流域的南方帝国。其版图将极近似于汉人主要居住区，约略近似于明朝汉人帝国的版图。清朝在西方和北方所征服，以满人、蒙古人、中亚穆斯林为主要居民的更大片土地，将不在其版图中。[31]

但这个策略未获落实。攻陷南京后，太平军夺取镇江、安庆，在南方未定之际就先行北伐，试图拿下清都北京，结果铩羽而归。洪仁玕抵天京时，天京情况危急。叛军已失去初征时攻下的南方许多土地。天京上游的战略要地安庆仍在叛军手中，但天京下游的镇江（让额尔金一行人觉得犹如置身庞贝城的那个凋敝城市）已被官军夺回。更糟的是，官军已在南京南北的战略要地驻扎数万重兵，对南京形成有效的包围，天京只剩一条补给线可取得谷物和盐。

围攻南京的官军分成江北大营、江南大营，分别位于长江以北的扬州附近和长江以南的南京城外。他们和北方的僧格林沁部队同是清军的主力，他们的指挥官自一开始就在追击太平军。南京失陷后仅十日，追击的清军也赶到这里，随即在南京城外驻扎，号江南大营。自那之后，江南大营坚守阵地几乎未曾中断。江北大营统帅是满人将军和春,江南大营统帅则是更为能征善战的汉人将领张国梁,是皇帝最得力的将领之一。一八四〇年代,张国梁是土匪头子,出没于广东境内太平天国发迹的那个地区(有史料说他和洪秀全是同一个县出身)。[32]他是行侠仗义的绿林英雄,率领万余名部众,打着"劫富济贫"、"杀官留民"的旗号横行于该省。但一八五〇年代初期遭官军捕获之后,他接受招安,带着部下加入官军。和春也善于带兵,但真正令太平天国将领胆寒的是张国梁。[33]

64

江南大营张国梁的围城部队,驻扎在南京城墙火炮射不到的安全之地,由于兵力庞大,趁夜从城里骑马出击的太平军无法轻易将之驱散。但南京防御工事非常强固,攻城者面对其高厚城墙和砖造城门完全束手无策,因此两军僵持已有六年,一方的进攻即招来另一方同样强烈的回敬。这样的模式一再重复,规模有大有小;一八五六年太平军的一连串胜利击溃了官军防线,但接着天京发生政变,东王遭诛杀,太平天国领导层从内部自行瓦解。之后的三年里,官军重建部队,开始在南京城下方挖掘牵制性壕沟,到一八五九年总长已达七十二公里,并在壕沟各处设了百余处警戒营,堵住天京向南与向东的出路。[34]和春与张国梁在各自兵营里为出击做准备,希望一举扫平叛军首都。

洪仁玕心知立下汗马功劳的太平军诸位主将,对他总绾兵符心有不服,但接此新职后,他说话却出奇直接。他们发牢骚说他只想要权要名,他生气回道:"本军师前在粤东时,知天京四面被围,乃不避艰险生死,直造天京,欲有以救之耳,岂贪禄位而来乎!今京都被围,只有江北一线之路运粮回京,何能与敌争短长?"[35]

洪仁玕提出大胆计划以解天京之围。根据这个计划，太平天国将派一小支远征军大迂回绕过官军后卫部队后面，进入浙江省，攻打防御薄弱的首府杭州。杭州位于南京东南约两百四十公里处，扼守江南大营的补给线。和春与张国梁把所有兵力集中于南京周边，没有后备兵力可救杭州，若欲击退绕道攻打其后方的太平军，得要抽调围攻南京的部队。按照洪仁玕的计划，他将召回正在远处征战、由英王陈玉成和侍王李世贤（李秀成表弟）这两位太平天国最能打的野战指挥官所统率的部队回京。官军从南京抽调去救杭州的部队一旦离南京甚远，太平天国攻杭州那支远征军即可秘密撤退，届时英王、侍王、忠王的部队同时从三方掩至，合围并歼灭兵力已减弱的南京官军，以解天京之围。

忠王认同这个计划或许能解天京之围，但怀疑从长远来看不利于大局。他说那会使太平军重新集中于物资并不充足的南京。于是洪仁玕详述他修订后的制胜策略。他指出，产米的南方诸省、西边的四川、北方的长城，距南京至少一千六百公里，但东边距南京近得多，坐落着苏州跟杭州这两座富饶的大城，且通大洋。他指出，那里"物广库丰"，是他们该进取的地方。击溃围城官军后，他们可挟胜利之余威，立即转东，一鼓作气攻占南京与苏州之间诸城，从而取得物资、武器、无尽财富和新兵员。[36]

但那只是开端，接下来洪仁玕搬出他与洋人的关系。他解释道，利用占领苏杭后取得的财富，他们可从上海洋人那儿租借或购买二十艘汽船。有了这些船，他们不仅能通行无阻地巡逻长江，还能称霸福建、广东至香港的南部沿海。下一步将是派一支部队从江西沿长江南岸入侵湖南，派另一支部队沿长江北岸入侵湖北，夺取汉口，借此巩固太平天国对整个长江流域的控制，将清帝国一分为二。接下来，把长江以南诸省全纳入掌控将轻而易举，有了南方诸省挹注兵力，太平天国能拿下四川和陕西，完成洪秀全一统明朝核心省份建立南方帝国的原始心愿。届时，北京和北方诸省将失去南方上缴的谷物。随着新太平天国于南方成立，清朝将会断粮，终至灭亡。[37]

66　　他这项计划的成败，取决于能否得到上海洋人的支持，特别是他们是否愿意供应汽船，而为何洪仁玕的到来，对太平天国领导层来说是如获至宝，原因就在此。他与洋人较熟，而且比太平天国或清朝的任何中国官员都更了解洋人的习俗和信仰。天王看出洪仁玕的阅历所能提供的机会，立即把握住。洪仁玕与洋人生活和共事数年，因而了解洋人；更重要的，洋人知道洪仁玕了解他们，知道他是中国境内唯一对他们的宗教习俗、科学与文化有正确理解的人。因此他们会认为他是可信赖之人，期待透过他而取得他们希望的开放贸易关系和传教自由。天王要洪仁玕主掌对外关系，鼓励他一旦天京解围就邀洋人前来一晤。[38]

*　　　*　　　*

一八六〇年二月十日，忠王李秀成率领六千精兵，取道唯一未被封阻的路线离开南京，经浦口过江到北岸。太平军换上前几次战斗时杀死的敌人制服，扮成官军。清军由地方民兵、有组织民兵，以及绿营兵共同组成，不同编制间协调不良，因而李秀成的部队一路攻下数个城镇并派兵驻守，然后往东南迂回，最后在三月十一日神不知鬼不觉抵达杭州。如果李秀成的目的就是要侵入杭州，攻击会是完全出其不意的奇袭，但他的目的只是要吓吓对方。他先派人在杭州城墙外的山丘上插了数百根太平军旗帜，让守军误以为太平天国大军来犯。然后他的主力部队正面攻击杭州城门，他的坑道兵则在同时挖地道至城墙下方，埋设炸药，三月十九日将城墙炸出一个缺口。

未受过训练的杭州城民兵守军，担心破城时遭忠王部队屠杀，军心溃散，拼命劫掠左邻右舍的财物，然后窜逃。于是，不待城破，杭州城内即自乱阵脚，一片混乱。杭州府领导层也弃官而逃，其中有些人带着侍卫队洗劫城里最有钱的人家，然后逃命，致使城内群龙无首。李秀成的小股部队从城墙缺口打进城里时，城内居民正与本该保卫他们的打劫者在街头混战，致使这场战争的亡魂多了许多遭私刑处死的、被乱刀砍死的，还有被烧死的人。[39]城内到处出现大火。城里的女人遵照历代相传如何在乱世自处的道德指示，开始自尽（最后有数万女子自杀）。一如之前遵奉儒家学说的其他王朝，清朝推崇女人自杀为美德的极致表现，而在这场内战期间，清朝更大力歌颂女人自杀。[40]女人自杀成为某种对抗叛军的变态防御办法。杭州城的女人担心遭到入城的太平军强暴与杀害，于是照平日所受的教诲上吊自杀、服毒自杀、投井自杀，或以匕首刺死自己。

杭州的满人指挥官带部队退回城中的满城，并顶住忠王部队猛烈但兵力不多的进攻。攻打六日仍未能攻破满城，李秀成不得不放弃进攻，走陆路退回南京。但他已达成既定目的，情势发展完全如计划所定。张国梁收到杭州正遭大批太平军攻击的消息。来犯兵力多寡他不清楚，于是他抽调将近四分之一包围南京的兵力前去救援。忠王部队再度乔装为官军，骑着征来的马，走小路迅速回到南京，留下到处冒烟、混乱不堪的杭州城。张国梁的救援部队强行军抵达杭州时不见太平军人影，也找不到维持秩序的官府。于是一如此前的其他入城者，他们将剩下的财物洗劫一空。[41]

到了四月，英王和侍王的太平军主力已回到南京城外，协同李秀成所率领从城内倾巢而出的卫戍部队，全力攻打兵力减弱的围城官军。[42]总数超过十万的太平军从三方掩至，江南大营不敌，慌乱撤退，全营溃散。李秀成的骑兵从后方冲进江南大营的后防，将后防官军逼进他们自己的防御工事里。数千官军遭杀死于其中，尸体堵住他们先前徒手挖出的壕沟。水道上的浮尸多到塞不下，挤到岸上。[43]剩下的官军丢下武器和旗帜，徒步逃命。追击者反过来成为追击对象，拼命后撤，数星期后，太平军终于在南京东边约七十二公里处的丹阳城打垮他们。满人将军和春服食生鸦片自杀，绿林出身的官军将领张国梁欲逃离丹阳时溺死。[44]在这场战争的主战场上，官军已没有较有能耐的统兵官。

四　试探

一八六〇年春，太平军如海啸般往上海扑来。上海附近一
名中国观察家写道："火光烛天，哭声震地。"[1]叛军脱下官军
打扮，从天京往东进发，未遇到溃败的官军抵抗。李秀成的部
队横扫江苏，当地防守民兵吓得鸟兽散，一座座城市落入他手
里，城中满是过去几年为躲避战火从更上游逃难而来的人。他
们将官军赶到丹阳，并于五月十九日拿下丹阳后，迅即顺长江
而下，一星期后拿下常州，又三星期后拿下无锡。但他们最想
拿下的城市是苏州，这个大运河畔著名的园林城市战时人口达
两百万，可为太平军挹注庞大生力军，城内的商贾则家藏珍
宝。这支太平军势不可挡；李秀成的部队从无锡往苏州进发，
一八六〇年六月二日来到苏州城墙外时，城里的支持者直接开
城门欢迎新主子，忠王兵不血刃拿下这座园林城市。

　　这支太平军所经之处，居民面临的是跟数百万已卷入这场
战争的人民一样的选择：如果特别不怕死，可以和邻居一起加
入民兵，迎击太平军，保护自己的村镇，尽管面对太平军大军
压境必定毫无胜算；也或者可以改发式，向叛军表态效忠。清
朝要所有男子薙发留辫，太平天国叛军则披头散发，不薙发，
不垂辫，且往往编以有色丝带，以示反清之意。许多农民两边
都不想得罪，于是太平军入主时留起长发，但把长辫盘起藏在
长发中，一旦官军赶走叛军，仍可放下长辫，剃掉顶上头发，
以免遭官军视为"长毛"而被处死。

　　但有一定身份地位者，有不同的路可选。清朝的存亡攸关

他们能否保住财富和地位，叛军的得胜令他们担心会失去一切
所有。他们是最可能自杀的人——苏州等城陷落后，就有大批
这类人自杀。如果在其他地方有地，他们可以设法举家迁走以
保性命（缠足老母亲最难搬迁）。但随着叛军势力扩及江苏全
境且南下进入浙江，可避难的地方已所剩无几。有办法的人逃
到上海公共租界，受为数不多的洋人保护。但即使在公共租界
也非高枕无忧，当地居民盛传，李秀成率领的太平军达百万之
众，正往上海进发，万艘太平军小船密密麻麻，整整三天才通
过同一处江面。[2]

　　到了一八六〇年春，通商口岸上海已有超过五十万华人居
民，而随着一波波难民涌入租界，华人居民数目急速攀升，带
来严重的卫生和居住问题。上海位于江苏省最东边，境内沿黄
浦江分为四个区，黄浦江在北边约十五公里处注入长江口，然
后流入大洋。最南区是上海县城，在鸦片战争带来洋人租界之
前，县城就是上海全境。县城由一圈约略呈圆形、高七·五米
的城墙环绕，城内充斥着曲折窄小的街道。上海开埠后，县城
仍由清朝当局治理，上海大部分居民住在县城内。

　　从县城沿着黄浦江往北，即进入法租界，再往北则是面积
更大的英租界。法租界里林立着紧挨在一块的中国房舍，英租
界里，黄浦江畔有一段已开发的滨河区，名叫外滩，外滩上林
立着码头、仓库和办公处所，时时都可能有两三百艘船停靠于
这段河面。英租界呈工整的棋盘状布局，有跑马场、新教教堂
与海关，土地面积和上海县城相当。英租界位于东边黄浦江和
北边苏州河（又称吴淞江，黄浦江支流）交会处。最后，越
过苏州河，即来到界限不明而人烟稀疏、大部分是沼泽地的美

租界。[3]

洋人定居人口通常在两千左右，另有暂时居留但人数因贸易情况和一年不同时期而有变动的船员两千人。洋人中英人最多，法人次之，美国人少到可以略而不计（至少在较承平时期是如此），但他们抱怨自己的人数大大少于"傲慢固执、不可一世、道地伦敦佬作风的英格兰人"。[4] 紧挨着上海县城城墙外的人口密集区，也就是所谓的城厢，住了上海最有钱的商贾，尤以靠黄浦江一侧的城厢为然；而往县城以西的地区走，也就是往离黄浦江较远、靠内陆的地区走，不久景致就变成散落于棉田和果园之间的小村落，最后则只见某居民所谓的"荒凉怪异的平野"，一块块水稻田坐落于纵横交错的灌溉小渠之间。[5]

但再怎么无边的想象，都不可能把它看成一座美丽的城市。新来的英格兰人怀着前往"充满希望与财富的黄金城"[6] 的美丽憧憬，却发觉上海是个肮脏而过度拥挤的城市，城里到处是"简单搭建的粗陋房子，房子里充斥不洁之物、热病和恶臭"。[7] 有位初来乍到的传教士说上海是"世上最污秽的城市之一。我没看过像它那么脏污的城市，它首屈一指"。[8] 还有一位传教士要那些想到周边乡间走走的人小心，别被"粪船、粪槽、粪桶、抬粪人"的臭气熏死，因为当地人用粪肥替稻田施肥。[9] 但令洋人居民不敢恭维的上海，却是中国境内最利于从事远洋贸易的口岸。它兼具往来大洋及长江的便利，是国内外商品的绝佳集散地。中国内陆所产的茶叶和生丝，经长江载运到这里出口，海外的棉织品和鸦片运到上海，再转运到中国各地。海外棉织品和鸦片大部分由英国船运到上海，其中鸦片是经印度运来。茶叶和生丝的买卖利润奇高，因而已有

72

人特别建造了世上最快的商船，以主宰对华贸易。但这时，由于太平军顺长江而下大举扑来，上海的英国当局明令禁止与叛军买卖，洋人开始担心他们获利奇高的贸易就要画下句点。

在一八六〇年的上海，地位最高的英国官员是额尔金勋爵的弟弟卜鲁斯。一八五九年兵败大沽之后，他即退避上海。他未能完成换约任命，因而严格来讲不能称作大使，但仍是英国驻华全权代表，而且这时他是掌理英国在华商务的最高主管。英国兵败大沽令他深感难堪，而这场失败有一部分得归咎于他太固执，不肯走北京提议的另一条路线赴京换约（美国大使走北京所提路线，如愿达成任务）。因此，卜鲁斯决意小心使用其在上海的权力，两边都不得罪。对于还在进行的中国内战，他决心保持绝对中立，不与这场战争有任何瓜葛。为此，他明令禁止与叛军买卖，因为深信这样的买卖等于表示英国支持叛军一方。

同时，他也极力避免援助朝廷一方——这么做比较好找理由，毕竟他的舰队就是败于清廷之手。但英国人在上海有利益和投资，而当地中国官员很懂得利用这层关系把英国人拉到清廷这一边。上海的最高阶清朝官员是上海道台吴煦（道台是清朝最高阶的市级官员，有点类似省长派任的市长）。吴煦年约五十岁，身材肥胖。他对于官军压不住太平军十分绝望，于是开始游说卜鲁斯，希望英国帮忙守卫上海，抵御太平军进犯。他提醒道，如果太平军拿下上海，会停掉所有对外贸易，把英国移民赶出去。卜鲁斯不想和清朝官府有瓜葛，以免让人以为他破坏中立，但他听人说过李秀成攻打杭州时，杭州街头法纪荡然的骇人情事，担心上海也未能幸免。

麻烦已经出现。最迫近的威胁不是叛军本身，而是逃离苏州与杭州而在上海县城和城厢落脚的大批无法无天的官军。卜鲁斯于一八六〇年报告道,这些败逃的官军"在撤退途中一路洗劫毫无防御之力的村落,借此发泄挫败的怨气",他担心他们会从内部毁掉上海。[10]盗贼——不管是官军、叛军支持者或平日所见的坏蛋——会发出太平军来犯的假警报,然后在乱成一团的时候打劫有钱人。如此的情事一再发生。[11]卜鲁斯写道:"落败的官军、得胜的叛乱分子、县城本身的游民,都干起劫掠富人和正派居民的事。"[12]

鉴于他辖下的租界很有可能陷入混乱,卜鲁斯断定,保护上海——不仅保护租界,也保护与租界相连的上海县城——是英国所应为。上海县城属清朝官府管辖,不在洋人控制范围,但他担心如果县城内的混乱扩及相邻的租界,可能会发生人道浩劫,他认为英国有限度的介入或许可防止此事发生。因此,他请求伦敦允许其替上海县城设防,"以防止杀戮与劫掠之事在此发生,最近杭州城遭叛乱分子攻打时就发生这样的事"。[13]

同时,他也清楚表明如果英国人着手防御上海,将只限于防御县城本身。在写给伦敦外交大臣的文件中,卜鲁斯提到吴煦想要他先发制人,派一支英军到苏州挡住叛军,他已直言拒绝(法国人则不然,对干预之事看得较随便;得悉新教叛军杀害一名法籍天主教传教士之后,法国人积极调集三千兵力,欲往苏州进发。后来卜鲁斯拒绝支持清朝官府,法国人才取消这个行动)。

卜鲁斯陷入困境。保卫上海,即使只是保护英国公民和财产,都将在实质上为一年前在大沽突袭他的舰队并造成惨重伤亡的清廷助阵。他担心,"最可能减损我们国家名声的事,莫

74

过于对一个完全因为本身衰弱才不致太腐败的政府给予实质支持"。[14]但随着叛军即将进攻租界的传言变得沸沸扬扬、绘声绘影，英国商人群起高呼要有保护他们的措施。伦敦当局是否同意英国人保护上海县城，卜鲁斯要等几个月才能得到答复，眼前情势危急，他于是自作主张，开始招募志愿军。但那看来无济于事；只调集到几门英国火炮，加上几百名经验不足的志愿者防守城墙。如果传言不虚，叛军大军已在路上。

$*$ $*$ $*$

有人希望上海租界成为让中国人见识欧洲人如何善于治理的榜样，但事实也表明，各租界的各自为政、互不统辖（每个国家在自己租界有自己的军队，每个外籍公民都只受该国机关管辖），也成为较不守规矩的外国人心目中的天堂。随着商船进出，交换进来的不只船货，有时还有船员，来自世界各地的游手好闲者群集上海，在不同法律管辖区的三不管地带落脚。诚如某位美国年轻人在上海待了几年后，以惊愕口吻向母亲描述的："这里的街头充斥着加州人、从事滑稽说唱表演的黑人、赌徒、职业赛马骑师、最糟糕的男女……这里有可能在不久后成为第二个旧金山，初期的旧金山。"[15]

但有些洋人坏到连上海都无容身之地。有一支非正规部队的成员，就是这类洋人。他们在上海完全不受欢迎，一八六〇年春开始在上海西边约二十公里处一个遍布烂泥的村子操练战技。这支部队有约两百名欧美人，身上的制服形形色色，说明了他们出身的庞杂。有些人穿英国陆战队笔挺的红外套和深色长裤，有些人穿法国水兵的蓝上衣和白喇叭裤，还有些人穿商船船员的灰色破烂衣服。[16]至于武器，他们有柯尔特连发左轮手枪（Colt revolver）和夏普斯连发卡宾枪（Sharps repeating carbine），他们的目标是太平天国手中的松江镇。松江位于上海西南约十五公里处，与上海西北的青浦同是有城墙环绕的战略要地。想从杭州或苏州进攻上海，必定要以松江或青浦为踏脚石。他们的赞助人是以银行家杨坊为首的一群上海中国商人。杨坊以每人每月一百元的天价薪饷雇请这些佣兵，在重金利诱下，自然有职业军人跳船，加入这支主要由最低劣商船船员组成的部队。除了高薪，赞助者还承诺，只要这支洋人部队击败驻守松江的太平军，将他们赶走，就给予十多万元奖励，外加他们能在松江洗劫到的任何东西。

招兵买马组建这支部队的是快满二十九岁的美国人华尔（Frederick Townsend Ward），他也成为这支部队的第一任队长。他来自马萨诸塞州气候阴沉、常有暴风雨的塞勒姆（Salem）。塞勒姆的经济以航运业为主，曾称霸对华贸易。但到了华尔年轻时，塞勒姆已没落许久，只能在遭到盐分侵蚀的褪色记忆里回味往日的荣光。华尔生长在一栋日益破败的大宅里，而美国小说家霍桑的表妹住过的"七角楼"（House of the Seven Gables），与这栋大宅只隔了几栋房子。在霍桑一八五一年的同名小说中，这栋房子生动呈现于读者眼前。透过《七角楼》，霍桑不只体现了塞勒姆的哥特式风格，也体现了十九世纪中叶新英格兰地区的哥特式风格。华尔有着深不可测的黑色眼睛和盖住耳朵的浓密乌黑长发，时时流露出他北方老家的阴郁气质。

华尔打造洋枪队的典范是被称为菲利巴斯特（filibuster）的人，他们是十九世纪中叶在中美洲煽动或支持叛乱的美国军人。与纯粹拿钱办事的佣兵不同，菲利巴斯特不只为薪水而打

75

仗，他们还怀着自建政府、自己当家做主的憧憬。华尔早年想走传统的军人生涯，但未能如愿。一八四六年报名西点军校未获录取，在佛蒙特州的私立军事学院诺里奇大学（Norwich U-niversity）读了一年，没有毕业。[17]他真正学习到军事技能是透过更不正规的途径。一八五二年他长途跋涉来到中美洲，投入恶名昭彰的威廉·沃克（William Walker）麾下。沃克于一八五〇年代初期找来一些美国人组成一支小部队，在尼加拉瓜挑起内战，为的是推翻该国政府并在当地建立一个"洋基国"。[18]华尔在沃克麾下打仗，一八五三年担任他的训练官，一年后离开，自己出去闯——若是晚点离开，将有幸看到他的主子终于在一八五六年征服尼加拉瓜，当上该国总统。但由于这类部队未得到强权正规军的支持，他们的成功通常维持不久。一八六〇年春华尔开始在上海郊外训练他自己的菲利巴斯特部队时，英军已逮到沃克，以违反中立法的罪名将他拘禁。华尔在中国首度投入对抗太平军的战斗后不久，他的恩师在地球另一端的洪都拉斯遭行刑队处决。

76

中国这场内战为有心成为菲利巴斯特之人提供了大好机会，而且过去由于跨洋贸易，上海港与华尔的故乡有过紧密的联系。他在躁动的青少年时代来过中国，一八五九年再度来到中国投入这场战争。他根据在国外听到的中国的情况，打算加入叛军推翻满清。[19]但来到上海，他发现很难与太平天国接上线，于是在法国汽船"孔夫子"号上找到工作。上海有些中国富商雇用"孔夫子"号保护他们的事业，以防长江上的盗匪打劫。打击河盗不久，他们就开始组建陆上武力来保护上海外围城镇。华尔和"孔夫子"号船长两人被当地军事当局吸纳为辅助打击部队，听命于上海道台吴煦。

于是，华尔最终站到了朝廷这一边（尽管并非直接支持朝廷），开始招募欧洲人、美国人和菲律宾人加入洋枪队，在紧邻上海的地区打仗。他以冒险家自居，穿紧身黑制服以配合黑色长发，不戴徽章，带轻便手杖当随身武器。他的军队属非法组织，公然违反了中立规定，而且他招募了许多逃兵，因而他的手下受伤时不能赴上海求医，以免被关入牢里，交付军法审判。[20]但只要他和他们不介意在公开战斗里杀死一些中国叛军，将有一大笔钱等着他们放入口袋。

自英国打赢鸦片战争后，中国人就近乎迷信般地认为，洋人武器较强，洋人较会打仗。由于这一观念，在支持华尔的那些中国人眼中，这支洋人民兵部队——尽管相较于敌人兵力小了许多——战力不容小觑。更重要的，他们希望敌人也如此看待洋人部队，一旦碰到白人对手，会心知不敌而直接后撤或投降。他们要华尔的洋枪队打前锋，万余名官军紧跟在后，攻打一座座城市，并在洋枪队攻破城门后，由官军攻进城里，派兵驻守。这种打法过去即出现过；早在一八五三年，就有一位美国军人报告道，他在广州附近见过一名要麾下军官扮成白人以糊弄叛军的中国指挥官。那名指挥官当过英格兰人的仆从，还跟主人去过英格兰，在那里学到一点英语和英国人的穿着。指挥官告诉这位美国军人："叛军以为我是英吉利人——美利坚人，都一样。在那面墙上，我第一人（On that wall, I number one man.）。"[21]华尔的洋枪队亦然：不管他们是老练的职业军人还是跌跌撞撞的醉鬼，最重要的是他们有白皮肤、洋人衣着，以及连发武器。

华尔的洋枪队于一八六〇年四月首度攻打松江，结果令人大失所望。由于没有火炮来轰开城门，华尔打算要他的人趁着黑夜偷偷潜至松江城边，架上云梯，爬上城墙，出其不意撂倒哨兵。但他的人在准备进攻时喝得烂醉，接近松江城时又唱歌又骂脏话又争吵，把太平军哨兵吵醒，于是在要爬上云梯时就被哨兵砍死。[22] 华尔匆匆找了些人递补第一次溃败损失的兵力，并在上海添购了一对半吨重的拿破仑野战炮（亦即美国内战时南北军都广泛使用的那种滑膛炮），然后在七月带着约五百人再度出击，而这一次的出击者包括更多来自帆动力商船的菲律宾"马尼拉人"。在一只流浪狗的掩护下，他的炮手将拿破仑炮对准松江的东城门，天黑时以十二磅炮弹予以轰破，洋枪队其他人摸黑冲进缺口。

但这次进攻的死伤看来比第一次进攻还要惨，因为冲过外城门后，他们发现有一道内城门，内城门走势与外城门垂直，炮击时毫发无伤。于是他们困在墙内：进不了内城门，无法撤退，也无法将拿破仑炮运过护城河。面对上方的太平守军，他们毫无藏身之处；守军无法直接朝他们开枪，但整夜朝他们丢下装了烧着硫黄的陶罐。[23] 华尔的人点燃他们拖来的几袋火药，勉强将内城门移出半米多宽的缝，然后当他们一个接一个挤过那道缝，陷入密集的火力攻击时（有个英格兰人的头当场裂成两半），他们的连发武器发挥了近战威力，使他们得以攻上内城墙，来到城门顶上的安全角落，并守住这个角落一整夜。天亮后官军的援兵终于到来，太平军随之弃城而去。这时，五百名外国佣兵已死去过半，幸存者除二十七人外皆受重伤。[24]

这不是场大胜，但松江城终究落入他们手里，华尔在夫子庙设了大本营。以松江为基地（兼医疗所），他和他的助手重整旗鼓，从上海招募新血。一八六〇年八月一日，他们进攻另一座战略要地，西北方约十五公里处的青浦。这一次他们又尝败绩，因为青浦的太平军也组建了洋枪队，队长是英格兰人萨维治（Savage）。萨维治带了几名志同道合者一起投奔太平天国，负责操作大炮。[25]华尔洋枪队的后援官军一直未现身，华尔在战斗时中弹，子弹穿过双颊，毁损面容，此后丑脸就一直跟着他。

两个星期后，华尔脸伤未愈，而在其副手带领下（加上从上海招募来的一些新兵，大部分是希腊人与意大利人），洋枪队再度进攻青浦，这一次官军跟在他们后面，结果这次进攻却招惹到兵力已经强化、人数将近五万的太平军守备部队，并引来李秀成亲自投入战场。李秀成带领部队从侧翼出其不意包抄，大败洋枪队；虽有后援官军在后，但华尔的人不仅未能拿下青浦，还差点丢掉松江。李秀成在江苏带兵追击，洋枪队节节败退，沿途歼灭官军，并从松江城外骚扰守城官军将近两星期。唯一令华尔感到慰藉的，乃是太平天国洋枪队队长萨维治，参与了将清军逼回到松江的追击战，在战斗中中弹，不久后死于南京。

＊　　　＊　　　＊

并非所有洋人都如此反对叛军到来。一八六〇年七月上旬，华尔正为进攻松江而备战时，有艘小船离开上海前往内陆，船上载了五名英国与美国传教士。他们想与苏州的太平天国当局接触，于是从上海走危险的水路，经河川和运河到苏州，路程约有一百三十公里远。离开上海才约十五公里，他们绕过了最后一个正快速消失的官军卫哨，进入战区。难民拖着沉重步伐走向安全的上海，四周不时传来远处的枪炮声，我行

79

我素的村庄防卫团巡逻河岸，扬言谁敢登上他们泥泞的岸上就暴力以对。其中一名传教士写道："到处都可看到孤单老人或老妇，在废墟间迟缓、颤抖着身子移动，对着周遭可怕的荒凉景象沉思、哭泣。"[26]

这群传教士的头儿是艾约瑟（Joseph Rdkins），伦敦传道会的高级成员，留着又宽又长的白胡子。一八四八年，他第一次奉派传教来到香港。他与理雅各过从甚密，喜欢和理雅各比赛默背《新约圣经》各书（通常是理雅各赢）。不久前理雅各才写信给艾约瑟，说自从几个月前收到额尔金船上转来的信，一直没有洪仁玕的消息，请他查查他们这位共同友人的下落。[27]因此，这一行人碰到沿着河岸骑过的一队太平军骑兵时，艾约瑟问的第一件事就是他们有没有听过洪仁玕这人。他们答以他现在是天京总理，地位仅次于天王，艾约瑟诸人听了震惊不已。既已搭上了线，这一行人跟着这队骑兵回到他们的营地，受到意想不到的友善招待，大为欣喜。这一行人的另一个成员是威尔士籍公理会传教士杨格非（Griffith John），他形容这些叛军官兵"肌肉结实，举止大胆狂放，看来性情坦率"。当时英国人很少用这样的字眼形容中国人。传教士一行人离开款待他们的太平军，带着新拿到的太平天国通行证往苏州赶路，内心兴奋且胆子也大了起来。

这些传教士好久以前就乐见这场内战的破坏，因为他们认为太平军是在替上帝行道。前往苏州的几个月前，艾约瑟写道："先知说过，'我必震动万国'，而在中国，改变的时代已然开始，无数人正为了全国人最终的利益，承受现在的苦难。"[28]但从较安全的上海思索这类苦难是一回事，真正见识到那些苦难是另一回事。随着船行更深入战区，传教士陶陶然

的乐观遭到骇人情景的迎头冲击。第四晚，他们终于接近太平
军占领的苏州城，而当晚的情景他们肯定不想留在脑海。因为
那一晚他们的小船缓缓前进时，腐臭味愈来愈浓，最后他们将
船停了下来。借着柔和的灯笼火光，他们仔细往外瞧，天还未 80
全暗，在漆黑平静的河面上，他们能看到的就只有前方数百米
像无数原木般塞住运河的尸体——冰冷、不知名姓、不可胜
数。但已不能回头。传教士奋力划，将船划进阴森恐怖的浮尸
群中，漆黑中船桨一再打到东西，发出"嘭嘭"声响。最后
他们耗尽气力，不得不停下睡觉，就睡在无数尸体的冰冷环
抱中。[29]

　　饱受惊吓的传教士于隔天早上抵达苏州，在那里得知战争
的残暴，不仅人要遭殃，神也无法幸免。叛军对中国传统宗教
的神像特别不留情，杨格非描写庙里木雕神像的"鼻子、下
巴和手被砍掉，司空见惯"，"这些建筑里散落一地任人宰割
的神祇遗骸，有佛教跟道教的，有男的有女的。有些神像被丢
进运河里，与遭洗劫的房屋残骸和人的遗体一起在河上载浮载
沉，往下游漂去"。[30]其他神像被搬出苏州城，立在山坡上，
并在周遭插上叛军旗帜，以诱骗官军前来一战。[31]但眼前所见
的景象证明太平天国反对偶像崇拜，令杨格非感到欣慰，也就
减轻了目睹尸漫河面的不安。叛军如此狂热于捣毁寺庙宫观，
正说明他们欲将基督新教输入中国的决心。法国天主教徒将极
不乐见这样的发展（诚如伦敦一位分析家说的："法国人有理
由担心太平天国掌权；因为对他们来说，不管有没有受洗，偶
像就是偶像，偶像崇拜者就是偶像崇拜者。"）[32]但对英格兰
和美国的新教徒来说，那可以说是天赐的大礼。

　　传教士抵达苏州时，洪仁玕仍在南京，但李秀成坐镇苏州，并邀请他们前来一见。他们受到六响礼炮的欢迎，然后在喧天锣鼓声中，由人带路走过一条走道，进入铺着红毯的接见厅，走道旁有肃然站立的仆人和官员。他们觉得忠王看来性格温和，几乎是个知识分子，"五官小巧精明"，戴眼镜，身穿黄色缎袍。艾约瑟说他具有"好人的品性"，军纪严明，严禁官兵恣纵妄为，以"使受害于这场内战的苦难人民不致受到伤害和侮辱"[33]（在其他场合，另有人觉得他浑身充满锐敏的活力、神经质的轻捷强健与未尝稍息①）。[34]接见时间不长，但足以让传教士和这位叛军将领认识到他们各自所信宗教在基本信条上相契合，在安息日的日期上相通。传教士感到满意，而且心知他们在上海的经商同胞在意获利更甚于教义，于是询问李秀成在太平天国辖区丝织品贸易是否可照旧进行，李秀成答以这类贸易正是这个政权想要的。他们赠予忠王数本中文《圣经》，然后欣然离开，准备返回上海，与人分享这个天大的好消息。

　　艾约瑟等人直接返回上海，在那里急忙写下他的见闻以便发表。他在上海英文报纸《北华捷报》（*The North China Herald*）刊出的文章为叛军强力辩驳，反制了清朝官府在上海广为宣传的反叛军形象。艾约瑟写道："有人大谈'长毛叛军'是何等残酷，但那其实有许多夸大与误解之处。"[35]他主张，如果他们犯下什么战争罪行——杀人、偷抢、劫掠——那完全是为了保命，而且那些罪行全是最新招募的兵员所犯，他们尚

① 原文 "Others, in other contexts, found him to be animated with twitching wiriness and a restless, searching energy." 译文稍误，据王维周译《太平天国革命亲历记》改。——校注

未得到长官应有的宗教教诲；只要太平天国的高阶领导人到来，那些犯罪者就立即遭到处死。他坚称在太平军占领的苏州城里，大部分死者（包括运河上那些让他做噩梦的浮尸）是自杀而死，而非遭人杀害。官军的罪行还更令人发指。假以时日，太平军的胜利将结束中国境内的杀戮和混乱，带来和平与道德的新时代——有位提供他消息的人预测，两年内太平军就会打赢内战。艾约瑟严正表示："他们是最不折不扣的革命分子；杀戮和劫掠都是为完成大业而不得不为。这类运动必然免不了这些恶事，只要这运动本身有正当理由，这些事就说得过去。"[36]他打从心底认定这场运动有其道理，它所造成的不幸但短暂的动乱也就不必予以苛责。

艾约瑟兴奋地谈到太平天国主掌中国后，将为西方的新教国带来多美好的前景，并认为太平天国不合正统的教义不值一虑。他解释道，太平天国之人并未离谱相信洪秀全是上帝的儿子，而是认为他执行了和耶稣基督一样的使命，而这些受《旧约圣经》影响的叛军并不大知道耶稣基督已晋升为神。他们可以接受教导。艾约瑟欣赏他们宗教的内在性。他写道："神与他们同在，神不是抽象概念，也不是严厉无情的最高统治者，而是个慈爱的父亲，温柔照护他们的事，亲自引领他们。"[37]如果清朝灭亡，太平天国成功，这些基督徒叛军可望"着手建立比中国人所长久习惯的更为严格而健全的道德规范"。[38]那将会是一个道德国——和基督教国。

最重要的，他欲打动传教士及其支持者圈子以外的各界人士，于是以符合这目的的措辞严正表示，那将是个对西方友好的国家。他强调，太平天国始终将洋人称作"我们的洋兄弟"，开放整个帝国对外通商"将是他们所非常乐见"。此外，艾约瑟说道，太平天国说，"洋人任何时候在他们的领土上行走，都会受到尊敬"。最后他断言，那个未来国家的问世已几成定局，因为"如今看来他们正把这个帝国牢牢抓在手里，像征服者一样践踏它"。因此，太平天国获胜是势不可挡，而且这些叛军推动友好外交并欢迎通商贸易，正是多年来洋人向满清要求却一直得不到的东西。[39]

最认同艾约瑟看法的是他的妻子艾珍（Jane Edkins）。他第一次离开上海时她伤心落泪，听他讲述叛军治下的苏州时，她大为欣喜。她那时才二十一岁，嫁给他才一年（她身子骨很虚弱，跟着丈夫大老远去到中国令她家人很担心，但嫁给传教士就得过这样的生活）。一八六〇年七月，她从上海写信给她婆婆："这场叛乱运动不是很了不起吗？""这些叛军像我们一样行安息日，每天向上帝祷告，读《圣经》，打破偶像，而且他们期盼有朝一日不再有那些异教庙宇，而是有基督教礼拜堂，他们跟我们一起做礼拜……那不是中国一个值得大书特书的时代？"[40]后来在太平军攻向上海的传言传得更盛以及洋人指挥官征集志愿者守卫城墙之时，她更进一步表达内心的想法。她写给父亲的信里说："我要说我骨子里是个叛军，我心里偷偷希望有幸迎接他们。"[41]

几个星期后的七月底，艾约瑟与杨格非在收到李秀成与洪仁玕分别来信邀请往访之后，再度前往苏州。艾珍写道，洪仁玕的来信邀请是"一再回荡于传教士耳里最令人雀跃、欣喜的消息"，她好希望与他们同去，但坦承"他们必会经过的地方，不是女士能够受得了"。[42]杨格非写道，洪仁玕与李秀成的来信"散发男子气概与和善的气质……不信基督教的中国人绝写不出这样的信。我在那些信中看到一个新东西——只有基督教能注入的东西”。[43]

八月初再到苏州时，艾约瑟与杨格非受到比前次来访更热情的欢迎。洪仁玕身穿缎袍，戴绣纹金冠，几乎要因为他的职位而感到局促不安。他坚持以西式礼节接待他们——不叩头或下跪，而是热诚地握手，他还屏退一干侍从，拿下金冠与他们轻松交谈。他们谈到过去的时光，谈到老朋友和传教活动的进展。他们一起祷告。他们唱起洪仁玕替伦敦传道会工作时记在脑海的赞美诗，他私下告诉他们，在香港当传教士助理那段时间是他最快乐的时光。他们谈到中国的未来，他间接表示叛乱不如传教士正在做的事来得重要——不管满清王朝是存是亡，中国都必须基督教化。至于他自己，他说他想做的，就是带领太平天国正确认识宗教。他的族兄封他为王，但那不是他能拒绝接受的职务。据杨格非转述，他希望“所有偶像消失，寺观转为礼拜堂，正统基督教不久就成为中国的宗教”。那是令这两位来访的传教士“永远不会忘记的情景”。[44]

可能会有一位中国本土传教士跻身中国未来政府高层一事，令国际传教界大为振奋。伦敦传道会的《传教杂志》（*Missionary Magazine*）在一八六〇年十月预告了洪仁玕的崛起。该杂志主编写道：“我们确信读者会一起热切祈求上帝的恩典，让这人……历经种种危险仍保住其高位。”[45]《传教杂志与纪事》（*Missionary Magazine and Chronicle*）简介了“这位如今地位崇高的中国人”的生平，说“上帝的旨意独独将他提升到得胜的中国叛乱运动领袖的政务委员会里显赫且有影响力的最高位”，而洪仁玕过去的作为肯定会“唤起世人对这人热切而诚挚的关心”。[46]

理雅各则写道，由于有他亲爱的老朋友洪仁玕在南京，　84

"在诸位叛乱分子中至少有了一位真正认识真理的人"。[47]理雅各声称，当年洪仁玕离港前往南京时，心里就只抱着两个目标："纠正（叛军的）宗教错误"，"建议走与洋人和解的路线……如此即使得不到洋人协力完成叛乱目标，至少可得到他们的同情。"总的来说，西方希望新中国是正统基督教国，对西方友好。到了十一月，来自英格兰几乎所有重要传教组织的代表联名致函外相，要求英国继续其在中国内战中的绝对中立政策，并举太平天国"明显喜爱基督教"一事作为理由。[48]

英国的报刊上回荡着颂扬洪仁玕之声。《泰特氏爱丁堡杂志》（*Tait's Edinburgh Magazine*）刊出《中国革命》一文，文中宣称："如今我们有了……一位具影响力的革命领袖，他在上海和香港，从我们的传教士和美国的传教士那儿……认识了基督教，也认识了欧洲习惯。"由于这位"寒微的传教士"，"救世喜讯"如今"体现在太平运动的官方文件里"。[49]艾约瑟已将洪仁玕《资政新篇》里论治理的那一部分译成英文，他扼要介绍了洪仁玕为太平天国拟定的治国计划——建铁路和工厂、禁绝鸦片、引进科学——断言既然英国和清廷如此敌对，眼前该是与太平天国的"新掌权者寻求和解"的时候了。

《伦敦评论》则有一篇文章宣告："这简直令人无法置信。欧洲人对中国的掌权者所习于期待并得到的事物竟有如此全面的改变，但事实确是如此，不容置疑。"[50]这位未署名的作者描述了艾约瑟与干王两人的会面，然后严正表示："若是二十年前有哪位浪漫文学作家，描写了一名中国本地人和一名英格兰人在中国境内扮演了这里所述的个别角色，时人会怎么看待这个情节的可能性？……若有传教演说家事先粗略介绍了一八六〇年所会发生的这件事，恐怕连狂热而自信的基督徒都会觉得那是天方夜谭，不是吗?"[51]如今，英国人似乎终于清楚了解太平军，了解他们是什么样的人：该文作者说道，"太平天国不是神话"，而是实实在在掌有权力的人。十年来他们有起 85 有落，有时在欧洲人眼中似乎即将建立帝国，有时几乎遭人遗忘，而十年后的今天，他们矗立在我们眼前，下辖子民数千万；统有中国最精华的地区——带给我们品茗之乐的茶和使我们的衣着更为多彩多姿的丝的产地，控制大运河和长江；在中华帝国的古都建立王朝，从而威胁北京的异族王朝。如今他们无疑是中国境内，且就目前所知，是亚洲东部滨海地区最强大的政权。[52]

面纱可以说已经掀开。

五　北方之约

　　一八六〇年冬，洪仁玕和李秀成在南京筹划解除官军对他们京城的围困之时，另一场与太平天国毫不相干的反清战役也在欧亚大陆的另一端逐渐成形。一八六〇年一月二十四日，葛雷伯爵（EarlGrey）在英国贵族院起身宣布令他震惊的发现：他刚刚才发现为了教训清朝，"我们的港口和兵工厂闹哄哄准备"开战已经三个月。[1]兵败大沽的消息于一八五九年传抵英格兰不久，备战行动就秘密在进行；首相巴麦尊想动武，法兰西皇帝拿破仑三世很快就同意再组联合远征军，派额尔金勋爵和葛罗男爵再赴中国完成他们未竟的任务。

　　但此一新任务并未得到英国国会的批准。照理，政府开支要得到国会的批准，但在这件事情上，国会完全被蒙在鼓里。葛雷伯爵表示，政府正在为一支远征军备置火炮、汽船跟补给品，以便入侵华北，而远征军的兵力，他猜多达万人。他谴责背地里偷偷备战，认为英国对清朝重启战端有欠考虑。他劝告贵族院全体议员："我们与中国的庞大贸易，对我们所享有之富足繁荣的直接与间接贡献，超过我们与美国之外世上其他任

何国家的贸易的贡献，我们该想想……烧掉那个庞大帝国的城市，屠杀那个帝国的居民，是否能促进我们与中国的贸易。"他提醒众位议员，如果英国真的开战，"除了拆掉中华帝国古老且已摇摇欲坠的结构，恐怕别无办法脱身"。[2]

　　尽管葛雷反对而且开战并未得到国会同意，英国政府还是继续朝动武的方向走。英法两国从英国、印度与法国调集船舰

组成舰队，以护送额尔金勋爵及葛罗男爵于一八六〇年再度前往白河，而舰队规模之大几乎是前所未见，共有四十一艘军舰，后面跟着一百四十三艘运输舰。运输舰载运了大批野战炮，还有塞在狭促马厩里的一千多匹战马。英国政府事先派了军需官到新加坡、日本、上海和马尼拉购买役畜——两千五百头阉牛、骡和矮种马，加上赶牲畜的人——以在军队抵达目的地后，拉火炮和辎重车在陆上走。这支入侵部队整编起来，将包括约两万四千名英国、法国和印度官兵，加上数千名支持人员。[3]

简而言之，这支部队的兵力比葛雷伯爵所猜想的还要多出一倍多，而在熟悉其组建过程的那些人心目中，它强大到如果指挥官选择推翻清朝，它就有能耐办到。额尔金本人在那年七月写给罗素勋爵的一封信中思索了此事的可能性。他以冷酷逗趣的口吻写道："如果我们有心拿下第二个印度，我们可以并吞这个帝国，或者如果我们知道哪里可以找到更好的人选，我们可以帮他们改朝换代。"[4]据某位俄国外交官所述，后来额尔金私下揣想，"如果有个叛军领袖同意《天津条约》的有利条件"，英国是否该"承认那个领袖为中国皇帝"。那将不只让英国取得想要的通商特许权，从而结束这场冲突，还将使清朝抵抗之事不再重演，因为"如果中国的首都搬到南京之类较接近我们驻军的地方……英格兰就能用四艘炮艇控制中华帝国"。情况看来，要满足英国的欲求，较省事的路线是经由太平天国，而非经由满清。至于在那样的情况下要如何处置满清政府，据说额尔金告诉俄国驻华全权代表："就让北方消失或另组一个政府，那里无关我们的贸易利益。"[5]

英国与北京清廷的争吵和卜鲁斯对叛军入侵上海的忧心，88

在忙于应付这两个危机的人眼中，乃是完全不相干的两码事。因此，就在卜鲁斯烦恼如何保护上海免受太平军侵犯时，就在他仔细思考保卫上海与支持清廷之间的细微（也就是几乎看不出来的）差异时，他正促请英国再度用兵华北。他深信不靠武力，不可能使清廷让步。攻打满清的新战争刚出现端倪时，他就写信给国内的罗素说："在英格兰或许很难找到正当理由来为这个做法辩解，"但他仍然认为"中国真正的方针"，乃是在知道无法用武力将外国人拒于门外之后，才会同意让外国人入境居留。[6]据卜鲁斯的线民所述，清廷里的"主战派"（另有人称他们是中国的托利党）在一八五八年额尔金入侵大沽后已占上风，而该派成员包括僧格林沁和皇帝的几位高阶满人大臣。卜鲁斯深信："不彻底击溃敌视我们的这一派，不给中国一个教训，让中国知道背信弃义、不守信用必会招来重惩，我们的未来关系不可能有稳固基础。"也就是说，英国欲与清廷建立和睦关系（附带让卜鲁斯终于得以进驻大使馆），唯一办法就是用更甚于以往的强大武力打击清廷。

但这两件事情同时发生，就在上海的洋人居民提心吊胆担心叛军即将来犯时，英法联军开始抵达中国。上海城里的中国居民都走光了。中国人关上家门和店铺，搬到租来的小船上，打定主意敌军一出现就解缆出航，到其他地方避风头。那些小船排成十排停在河上，船上挤满人和家当。[7]接着，就在这人心惶惶的时期，额尔金勋爵于一八六〇年六月二十九日带着一队英法炮艇来到上海。当下上海似乎有救了，不必怕太平军的进犯。英军主力驻扎在香港岛对面的九龙半岛上，法军和炮艇则跟葛罗伯爵与额尔金勋爵一起到上海，租界里的洋商因此大为振奋，因为终于得救了——毕竟额尔金勋爵是卜鲁斯的哥哥，他肯定会留心他们的利益。

但不久后他们就看出，联军诸指挥官无意帮助卜鲁斯防卫上海。事实表明，他们坚持原定逼清廷修约的计划，于是几乎一抵沪就又离开，留在上海的只有薄弱的防御兵力——两艘炮艇和零星的锡克人部队。洋商哀叹自己在最危急的时刻竟遭同胞遗弃。他们对额尔金舰队的离去愤恨不平，惶惶然回头望向西方地平线，在地平线的另一头，叛军正滚滚而来。他们尽力不去细想周遭清朝官军所预测的悲惨下场，为最坏的情况做准备。

89

$*$ $*$ $*$

额尔金勋爵照计划起航前往北京，留下弟弟卜鲁斯在上海自谋生路，但卜鲁斯不认同艾约瑟等传教士所提，洪仁玕辖下的叛军其实是洋人之友而非敌人的可能性。卜鲁斯在中国的阅历甚浅（除了最晚近的经验，只在一八四〇年代短暂待过香港）。他不会讲中国话，来往的中国人不多，几乎未去过中国任何地方，但他自视甚高。他读过一些书——使他自认知识广博，却不知其实是以管窥豹——而且兵败大沽的难堪经历，使他打从心底认定中国人都是两面人，不管是政府还是反政府哪方都一样。因此，尽管他无权阻止艾约瑟与杨格非去叛军那里，却对他们从苏州带来的消息充耳不闻，因为他认定他们被耍了。

卜鲁斯警告艾约瑟，不要鼓励英国支持太平天国。七月二十八日他致函艾约瑟说："类似宗教信仰以及同情心，不足以作为要外国参与内战的理由。"[8]具体地说，他判定，"太平天国急欲与外国人交往的新心态"，若非骗取外国人支持的诡计，那么也会使他们与自己的同胞疏远，使他们无缘统治中国。卜鲁斯虽然厌恶北京的满人统治者，却把太平天国视为"只是一群对抗自己合法政府的武装分子"，因而他们只是叛乱分子。与威妥玛一样，卜鲁斯认为中国境内稳定、传统的力量是"合法"的清廷，不管清廷多腐败多仇外都不能改变这一事实。

但卜鲁斯的确尽职地将艾约瑟等传教士的考察心得转呈伦敦外交部。他呈报道，洪仁玕主张"与外国人平起平坐地交往，（主张）引进汽船、铁路和西方其他的发明"，还说洪仁玕论治理的那篇文章，比起英国人过去在中国人身上常看到的，"对基督教的看法较正确也较开明"。[9]但卜鲁斯认为太平天国这样的态度不足以促成英国与太平天国建立关系。他说洪仁玕是真心还是心存欺骗无从得知，还间接表示洪仁玕大概是"存着让基督教世界认同他的念头写这份东西"。卜鲁斯认为中国人都不老实，因而会如此解读洪仁玕写《资政新篇》的动机。诚如他向艾约瑟所说的，他深信中国人——不只官员、学者，还有农民——都极认同儒家古圣先贤的理念，因而即使洪仁玕的《资政新篇》是发自肺腑，即使太平天国真想实行平等外交并建立基督教社会，上述事实也将使太平天国永远不可能得到广大中国人民的支持。在卜鲁斯眼中，仇视洋人与洋宗教的心态乃是中国文化永恒不变的一部分，因而叛军要获胜根本是天方夜谭。因此，他打定主意保卫华人居住的上海县城，不让其落入太平军手里。原则上，他至少曾试着将他的意向告知叛军，派了一艘小船溯河而上，以将他的信交给太平军。但船上的人找不到可交付信件之人，失望而返。

有人试图改变卜鲁斯的顽固想法，特别是认为卜鲁斯对这场叛乱的判断大错特错的英国领事密迪乐（Thomas Taylor Meadows）。当时在上海任职的密迪乐，与中国的渊源大大久于卜鲁斯，而且与他的上司不同，他既会讲中国话，也去过内陆。他养了一批中国本地线民，堪称当时驻华外国官员底下最厉害的中国本地线民网，有很长一段时间他深信太平天国必会获胜。[10]

那时密迪乐已钻研出一套中国政治变迁理论，并在数年前放假返乡探亲期间写了《中国人及其叛乱》（The Chinese and Their Rebellions）一书。在那本颇为畅销的著作中，他主张叛乱是中国政治里自然循环的一环。他写道，在中国的历史长河里，"时而发生的王朝叛乱，乃是确保该国人民福祉于不坠所不可或缺……在政治气氛变得窒浊而压迫之时，只有靠这些叛乱风暴，才能恢复政治的清明"。也就是说，卜鲁斯眼中终会徒劳无功的那类叛乱，其实是确保中国历经如此多次的改朝换代仍屹立于世的根本力量之一。密迪乐写道，中国人"尊敬成功的叛乱，把那视为天意的展现，叛乱是为了实现上天保住和平、秩序、安稳与繁荣的意志"。[11]

至于在中国这场内战期间英国的政策，密迪乐主张，西方列强最不该做的就是介入。因为即使列强纯粹基于人道考量——例如为终结这场还在打的内战的骇人苦难和杀戮——而出手干预，这类干预叛乱自然进程的举动，"即使失败，都只会使无政府状态或内战拖得更久"。他还说，干预失败导致的伤害算是最小的；干预成功则远为糟糕，其"必然的结果"将是"内部衰弱的政府；而内部衰弱的政府无异于懦弱的政府、邪恶的政府、残酷的政府"。[12]也就是说，如果英国不让中国这场叛乱自行走到终点，最好的结果将只是促成更难驾驭

91

的无政府状态，最坏的结果则是使中国人民沦落到受本该垮台的腐败残酷政府统治。

日后的发展表明，密迪乐是当时最有先见之明的外国观察家，但他只是个领事，必须听命于卜鲁斯，因而卜鲁斯对太平天国的看法占了上风。一八六〇年代晚期，密迪乐呈给卜鲁斯一封由专人带来上海的密封信，收信人是美国、法国与英国的驻华全权代表，发信人是李秀成。卜鲁斯不愿拆信，说他不想和叛军有瓜葛。几天后，密迪乐呈上另一封信给卜鲁斯，这一次发信人是洪仁玕，收信人同样是这三国代表。密迪乐想让上司明了，洪仁玕"和香港及上海的新教传教士很熟，他曾以基督徒的身份和那些传教士一起生活"。[13]但卜鲁斯同样不愿拆信。他告诉密迪乐，"英国领事与苏州叛军往来是不恰当且违反原则的"，因此他很不客气地指示密迪乐"不予理会"。[14]两封信未拆便退回。

未拆这两封信大大失策。在李秀成的信中，忠王知会诸外国代表，太平军正往上海进发，欲从清廷手中拿下上海华界地区，并且只拿下那个地区。他说叛军与其洋兄弟没有纷争，保证不会伤害任何洋兄弟的性命财产。为此，他解释道，他已经下令，凡伤害洋人的太平军官兵一律处死。他希望上海诸国公使召集各自人民，要他们在太平军进攻期间留在家里，门上挂黄旗表示屋内有洋人。他保证，只要他们这么做，太平军将清廷势力赶出上海时，对他们公民的身家财产绝对秋毫无犯。李秀成以友好的语气为这封给诸国公使的信作结，说他期盼抵沪之后立即与他们会谈，并祝他们健康。[15]

　　　　　*　　　*　　　*

　　一八六〇年八月十七日下午，远处燃烧的黑烟使上海西边的天空变暗。隔天早上出现溃乱的清军官兵，被叛军骑兵紧追，跑向上海城门。英国人开城门让一些官军进入县城，因为担心叛军跟着后撤官军冲进城里，于是他们毁掉护城河上的桥。太平军前锋部队往县城冲时，城墙顶上木造塔楼里的观察兵大喊一声，英法火炮轰然齐发，射出榴霰弹和葡萄弹，照亮叛军行经的地区。英法军防御薄弱——山榴弹炮、英国陆战队员草草制造的中国炮、使用布朗贝斯滑膛枪（Brown Bess）的锡克射手——却让敌人吃足苦头。安全逃入城里的少数官军爬到城墙顶上，坐下来，点起烟管，跷起二郎腿，观赏底下的精彩演出。[16]

　　传言太平军大举进犯，结果来的却是一支小得离谱的部队，顶多数千人，而且武器单薄（后来英军察看战场死尸时会发现，其中还有少数外国人）。英法炮手从上面看着太平军在城墙附近藏身又现身——藏在坟墓、灌木丛和建筑物后面，即使隔着一段距离都看得出太平军脸上的困惑。太平军没开枪反击。但每当有太平军露出脸来，子弹就如雨般从墙上落下。有支太平军小队挥着从外围炮阵地夺来的官军旗帜想蒙混进城，结果招来守军开枪攻击。小队丢下假旗，举起自己的黄旗时，守军赏以更猛烈的攻击。另一支小队举着旗子向城边冲，有个男子挥着一面大黑旗在后督阵。碰到不愿作战的士兵，太平军常用大黑旗逼其前进。一枚炮弹从八百米之外，呈弧线悠悠划过空中落下，在那群人正中央爆炸，扛旗手应声倒地。

　　叛军搞不清楚怎么回事，阵脚大乱，最后躲进城厢一栋大

93

宅里，但城墙塔楼上的观测兵看得到他们带的鲜黄色旗子，轻松就追踪到他们的行踪。一枚炮弹从河上炮艇厉声破空而出，越过英租界，毫厘不差落在那栋房子顶上。接着每隔十分钟又射来一枚接一枚的炮弹——夜幕降临，一枚枚火箭厉声穿过夜空，送来轰然爆炸，震得地动天摇，吓得躲在墙后的人胆战心惊。[17]天渐亮时，有人来报，说道台的部队正在残杀叛军俘虏（先开膛剖肚然后砍头），于是英军指挥官下令太平军俘虏一个都不准交给官军，借此申明不与清廷同盟的立场。但英军的道德良心也就仅止于此，因为隔天天亮，法军接管，其行径使清军的残暴犹如小儿科。为防止叛军利用城厢的民居作为掩护接近城墙，法军指挥官决定毁掉城厢。[18]

八月十九日清晨，法军开进城墙下拥挤的中国人居住区，拿起滑膛枪乱射，往房子与店铺点火，城厢顿时陷入火海。城厢是上海富商居住的地区，存放糖和大豆的仓库在爆炸声中整个付之一炬。[19]有位记者写下所见景象，几天后刊登于《北华捷报》，伦敦的报纸再予以转载。文章描述了慌乱的景象，法军"在该地安分守己的居民之间疯狂"横冲直撞，"不分青红皂白杀掉男女小孩"。法军的暴行绝不逊于官军，甚至还有过之。这名记者写道："有个男子正吸着鸦片烟管时挨了一刀，刀子穿出身体。有个刚生产不久的女人，毫无挑衅举动也挨了刺刀。这些残酷的强盗肆无忌惮地强奸女人、洗劫房舍。"[20]另一位目击者估计，在抵御轻武装的太平军进犯的过程中，法军使数万中国人无家可归，而据他的估计，那支太平军的兵力顶多只有三千。[21]

就在额尔金的部队正往北航行，欲向清廷动武之际，英国人竟攻击与清廷作对的叛军，着实令人觉得突兀。《纽约时报》的主编就注意到这一突兀。十月一日的社论《中国叛乱与英法联军》，嘲弄英国人在打算对北京清廷发动全面战争时把上门的叛军赶走。该文写道："日后叛军若走陆路攻往北京，很有可能，甚至八九不离十，比较明智的做法应是鼓励他们进军，而非予以阻挡。"英国人似未看出一个事实，即他们与叛军有一样的目标，会一起促成清朝无可避免的覆灭："若在太平天国战争的助力下，欧洲的大行动（额尔金的进攻）获得成功，鞑靼政权必将遭推翻，另一个种族将崛起支配帝国。"[22]

但与卜鲁斯不同，《纽约时报》主编看懂那些传教士报告的意涵，深信太平天国所欲创造的中国，正是英军欲用武力打造的那种中国。这篇社论还说："对自由贸易、宗教与文明的看重，使人更加盼望这个叛乱群体取代行将覆灭的王朝入主中国，使中国的统治走上友好对待外国人、急切推动（太平天国）在位诸王唯恐失去的种种交往方式之路。"该报主编似乎认为，中国的未来在太平天国，乃是明眼人都看得出的事。因此，这篇社论提醒："对这股日益壮大之势力任何不友好的举动，都是大不幸之事。"[23]

太平军后撤，但上海城厢的大火烧了几天才熄灭。国外观察家惊骇于联军所取得的所谓胜利。诚如某人在《伦敦季评》（*Landon Quarterly Review*）上所写的："那些人用言语和行动表明与我们友好，而我们完全未告知自己把他们当敌人，就把他们杀了。"[24]《纽约时报》则在前次的警示之后，以头版文章《叛军造访上海：完全无攻击举动》，谴责英法的作为。文中，该报驻中国记者扼要说明了法军在上海的暴行，表示"这样的野蛮行径完全不可原谅"。这名记者主张，"叛军前来似乎

95

只为了拿下中国人居住的上海县城"，并指出太平军始终对外国人"很有礼貌"，即使遭外国人开枪亦然，他们不只未还击，而且对租界秋毫无犯。与上海县城不同，租界没有城墙保护，太平军若要拿下是轻而易举。《纽约时报》这位记者论道，"那位恶名昭彰的所谓华尔上校"和其由"逃亡水兵、马尼拉人、外国游民"组成的佣兵部队，在未受挑衅下于上海之外骚扰太平军已数月，因而太平军在受攻击下仍不还手，就更显难能可贵。最后他推断，列强的正确做法应该是让太平军拿下上海县城。当初若这么做，通商可照旧进行，叛军将控制上海县城，中立原则会受到遵守，大家相安无事。[25]

总而言之，在上海攻击太平军的举动，将比过去发生的任何事更能激起国外对太平天国奋斗大业的支持，因为此事使他们登上了头版。他们曾是个谜，如今则被标举为信基督教而且亲西方，并在举世唾骂的满清统治者之外为中国提供了另一条出路。在英美境内许多人眼中，上海这场冲突，再怎么为其辩解，都是个令人遗憾的误解，而最不留情面的说法，则把上海外国人攻击太平军之事视为侵犯无辜受害者的可鄙行径，为内战的邪恶一方助阵的侵犯行为。英格兰有位人士撰文痛斥上海这件不公不义之事："我们自豪于自己的政治信念，自豪于我们为追求政治自由所做的牺牲，但是否航越印度洋的过程中风向或天空变了，我们在此所做的所有宣告，到了那里也跟着改变成与自由和奋力追求自由者为敌的炙热而卑鄙的谎言？"[26]

这一切表明，尽管遭到击退，太平天国仍占优势。他们在上海败于英国人之手而受到损失，但比起他们的敌人清廷将要受到的损失，那根本微不足道。因为太平军一撤走，上海城一恢复平静，世人的目光就被刚从大沽传来的报道拉到北方：额尔金的军队再犯大沽，与清军爆发激烈战斗。

* * *

护送额尔金勋爵与葛罗男爵重返中国的军队，构成非常复 96
杂。有欧洲人：穿深蓝色军服的英国炮兵；穿淡蓝短上衣、白
裤、背方形大背包的法国步兵；戴木髓制遮阳帽、穿卡其紧身
短上衣或红外套（视季节而定）的英国步兵；穿猩红短上衣、
戴白色高头盔、佩锋利军刀的国王龙骑兵团。还有殖民地部
队，包括身穿"阿拉伯服"、贴身保护法国将领的五十名阿尔
及利亚骑兵。[27]殖民地部队的最大宗来自印度，超过四千人，
包括两支个个留着黑色长胡的庞大锡克骑兵队——缠灰头巾、
穿蓝黑色哗叽紧身短上衣的普罗宾骑兵队（Probyn's Horse）、
缠红头巾、穿淡蓝外套的范恩骑兵队（Fane's Horse）。英国军
需官为这支远征军提供的口粮，除了饼干、腌牛肉、雪利酒，
还有羊肉、姜黄根粉末、印度液体奶油、辣椒。

这一次，英国人还征集了一支"本地"部队来支持入侵
军队：约三千名来自广州的中国人，以客家人居多，受雇运送
军需品。他们月薪九块钱，日领的口粮是米和腌肉。个个都穿
深色中国短上衣和宽松长裤，赤着脚，短上衣胸前有个圆圈，
圆圈里有那个人的编号和所属连队。谣传英国人招这批人是要
在前线当炮灰，因此招人不易，应募者据认"全是广州居民
里的人渣"。[28]有些英国随军人员觉得他们的存在令人不安。
有位医官写道："他们的服务再怎么重要，都叫人难以不注意
到他们是中国人这项事实，他们受诱于金钱的无比魅力，而跟
他们的政府作对。"[29]但他们终究是联军的一部分。军需主任
记载道："他们勤奋，脾气好，似乎对北方中国人没同情

心。"[30]他们都戴尖竹帽，帽前饰有 CCC 三个字，意为 Canton Coolie Corps（广州苦力团）。

英法联军成员还包括一些来自不同行业的非战斗人员，包括一名想趁这次远征顺道去考察中国动物相的法国业余动物学家（这场战役期间，额尔金本人读了达尔文新近出版的《物种起源》，认为该书"大胆创新"）。[31]还有一名法国学者应法国政府之邀同去，研究政治经济。他以法国官方科学代表团团员的身份前去，但该团团员其实全都不是正格科学家。[32]然后还有三名记者。《泰晤士报》的鲍尔比（Thomas Bowlby）是世界上最早的随军记者之一，此前已经因为对克里米亚战争的第一手生动报道而出名，这时则成为额尔金的随员，打算为英国民众详尽报道华北情势的进展。然后他打算转去苏州，报道叛军动态。[33]英语报纸《北华捷报》及《德臣西报》（China Mail）的主编也同去；其中一人长得很像额尔金勋爵，老是使人把他们两人搞混。[34]《伦敦新闻画报》（The Illustrated London News）派了一名素描艺术家去，为这场战役绘制第一手素描。最后是带着个人全副器材的意大利摄影师贝亚托（Felice Beato）。他着迷于暴力杀戮情景，后来所拍的某些照片，场景经过他的加工：将清军尸体摆放成具有美感的布局。[35]

贝亚托不是第一个在中国内战的屠杀中看到某种美感的人。额尔金勋爵的秘书描述了一八五八年他在长江沿岸目睹的一场追击战："人的身躯在战场上来回奔窜——旗帜挥舞和抬枪射击——我们重炮的轰隆声——乡下人成群跑过吊桥进城避难，挑着重担蹒跚而行，赶着身前的牛前进——他们房子起火的浓烟升上无云的天空——这一切共同构成一幅令人凝望良久的画面。而这画面呈现于眼前时，想必使最冷酷无情之人，心

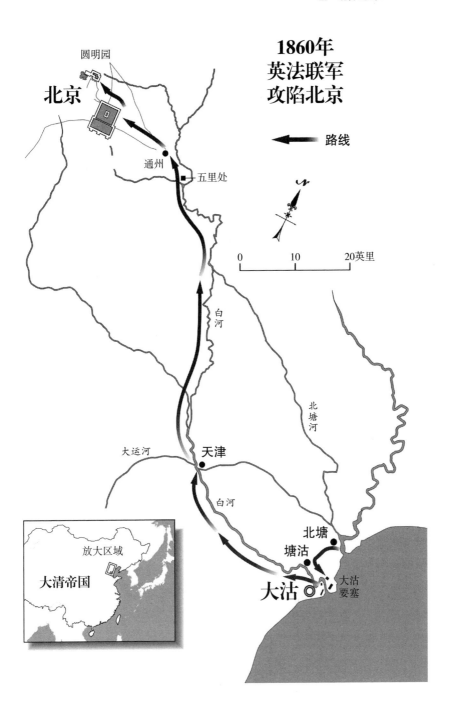

1860年
英法联军
攻陷北京

← 路线

都为之激动，血都为之沸腾。"当时他怡然想道："同时感受到最大量的审美快感和兽性快感，这种事实在少有。"[36]同样，一股欢庆气氛跟着这些入侵部队。

额尔金的命令很简单：再度溯白河而上到天津，批准条约，逼皇帝为前一年在大沽要塞攻击英国舰队之事道歉。此行他也要清廷赔款，以补偿英国的战争开销。僧格林沁统率的清军事先就知道英法联军要来和为何而来，因此大沽要塞配置了重兵，要让洋人在前一年惨败的地方重蹈覆辙。

99　　　但这一次联军直接避开大沽，而在其北边数公里处的北塘登陆。一八六〇年八月一日下午三点半，两百艘英法舰只停泊于岸外，四百兵力的联军先头部队在白河口以北约十一公里处的北塘河口南边海岸登陆。[37]那天早上的大雨使海滩更为泥泞，他们不得不涉过及腰深的微咸海水上岸；然后步履艰难地走过约一·二公里长的及踝烂泥地，上到一道堤道，其中有些人在走这段路之前干脆脱掉长裤，弃于一旁。堤道高于潮泥滩一·八米，通往附近一座有城墙的镇。[38]

与南边大沽的大型炮台不同，北塘周边的守备较薄弱，似乎未预做防备，因而先头部队未开一枪即拿下堤道。天黑时，北塘河两岸两座炮台的清军弃守，逃得无影无踪。那天夜里，联军先头部队尽可能搭帐扎营，时睡时醒并不安稳，因为满月当空，清辉普照，他们在堤道上毫无遮掩，而他们打算隔天早上攻打的那个镇的城门就在不远处。接近午夜时，联军八艘炮艇悄悄溯河而上，就定拂晓攻击的预备位置。然后，月亮受食而变暗，仿佛就像地面先头部队的某人所认为，月亮不忍看见接下来所要发生的事，闭上了眼睛。[39]

天亮时先头部队占领了该镇，开始将镇上三万名居民赶出他们的土墙茅顶屋。舰队主要舰只驶近岸边，开始放下联军部队主力和支援人员。先头部队一位成员说，北塘镇"脏得无法形容，臭得让人受不了"。至于他们待了一夜的那道会产生传染病的堤道，他认为"没有哪个地方比那里更容易产生热病或疟疾"。[40]但北塘镇给了他们一个与大沽要塞保有安全距离的安稳据点。这次，他们希望从陆路攻下大沽要塞。运输舰卸下大批人员、牲畜和火炮，北塘镇码头上堆起高高的弹药和粮食补给品时，英法部队开始进入镇上空无一人的房舍洗劫财物。[41]结果，在如此偏远简陋的民宅里，他们找到大量值钱的东西，数量之多令他们大吃一惊。

清军集中于大沽，但僧格林沁推测洋人可能会在北塘登陆，其实已在该地有所防备。他的手下在要塞里设了几个大陷阱：他们挖了坑洞，再虚以掩覆，使人看不出动过手脚，坑洞里有类似捕鼠夹而与火药桶相连的大型机关，只要有人落在机关上，火药桶就会爆炸。他没有增强北塘的守备，因为他认为联军若攻入要塞便会炸死。[42]但当地一位居民想讨好洋人，把陷阱的位置泄漏给他们，于是法军坑道工兵拆掉机关，无人中计。[43]那名通风报信者还告诉他们南边大沽要塞的防守兵力——他认为，僧格林沁统率了至少有一万五千名清军，其中包括六千名蒙古骑兵。[44]

大雨把联军困在北塘数日，联军不安地等待，只待命令一下，就要循着那道窄小的堤道往内陆挺进，进到白河北岸位于大沽要塞上游数公里处的塘沽镇。洗劫过后，联军里出现奇怪的气氛。英法部队已把北塘镇一分为二，双方都提防对方越界进入自己地盘。天气湿热，出太阳时无遮阴处气温达三十二摄氏度或更高，镇上的街道全是烂泥和垃圾。要塞因下雨而积水，马站在及它们膝深的水里。八月九日早上，仍在候令开拔时，六名无聊的法国军人将衣服脱光，在法军总部附近的烂泥里又跑又滑玩得不亦乐乎，还拿着长棍追四处捡食的狗，把它们活活打死。[45]

英军这次远征所携带的野战武器主力，是尚未用于战场的新出炉阿姆斯特朗炮（Armstrong gun）。这种炮并非铸造而成，而是以数个铸铁筒层层套叠，因而体积较小，弹性却甚佳。此炮轻，不到三百二十公斤，只有其他类似口径的炮一半重。由于创新的膛线设计，此炮也极精准，测试时射程达八公里。此炮造价高昂，因而引发争议（不久后英军就不再使用），但伦敦《泰晤士报》记者鲍尔比在这场战役期间对此炮威力大为激赏，称它无疑是"服役中最好的火炮"。[46]除了轻跟准，它的破坏力也特别大。它用的是专用的十二磅炮弹，炸开后变成四十九个尖锐的碎片，似乎是当时最具杀伤力的人员杀伤器。鲍尔比写到这些炮弹说："它们的威力很吓人，炮弹碎片散布区里，死亡与破坏之大简直令人难以置信。"[47]英国随军牧师报告说："四肢炸飞，身体炸成数块。"[48]此炮终于能上战场测试，令炮手大为兴奋。

八月十一日晚，天气终于变好，隔天凌晨四点，联军开始鱼贯走出北塘，兵分两路往塘沽进发。第一支部队循着堤道走，第二支穿过烂泥地，大迂回到第一支右侧，以攻击等在前方的清军部队左翼。前面约三公里路的路况最糟，过了之后地面才比较坚实。烂泥陷住炮车的轮子，有些车陷到车轴深，不得不弃置。[49]骑兵战马陷到膝部。上午十一点左右，堑壕现于眼前，堑壕后方是大批蒙古骑兵。阿姆斯特朗炮开火——这是它们首次用来对付人。[50]蒙古骑兵仍然往前冲，将身上满是干硬泥巴的联军第二支部队团团包围。锡克与英国骑兵冲进蒙古骑兵队，要把他们赶走，却发现他们从别的方向现身。[51]但最后蒙古骑兵不敌阿姆斯特朗炮与步兵滑膛枪的火力而撤走，第二支部队继续前进，将所经城镇的菜园搜刮一空。[52]

八月十四日，英法联军拿下塘沽。靠着三十六门炮和两组火箭炮，加上步兵支持，联军攻下此镇。拜这些新武器之赐，他们很快就完成任务。一位英军指挥官副手在这场战役后写道：“阿姆斯特朗炮大发神威。”[53]控制了这个较上游的据点之后，联军派出一支侦察队骑马沿白河而下，试探大沽要塞的实力，结果遭到猛烈火力驱回。侦察兵回报，白河口要塞似乎驻守了所能容纳的最大兵力。

为了将剩下的支援部队和装备从北塘循堤道运到大沽战场，作战行动延迟了六天。八月二十日（即法军放火烧掉城厢以赶走太平军的隔天），联军在距大沽要塞最北边炮台不到八百米处设了六个炮阵地，并招来八艘炮艇从南边夹击。隔天早上太阳升起前一刻，大沽北岸炮台朝联军阵地开火，联军开炮还击，渐渐推进到距清军炮台墙壁不到五百米处，步兵紧跟在后。早上六点半，北岸炮台内的弹药库爆炸，发出轰然巨响，但守军仍坚守炮台。联军炮兵以阿姆斯特朗炮、八英寸迫击炮、二十磅榴弹炮、法国十二英寸膛线炮猛轰（这些炮的口径全小于从炮台里还击的中国制铜炮），两个半小时后，联军步兵猛攻炮台。八点多，联军攻下这个炮台，发现守军全部阵亡，共一千多人丧命，包括层级仅次于僧格林沁的炮台指挥官。诚如鲍尔比所描述的，炮台内“脑浆与鲜血处处，腥臭难挡”，而这主要得归功于阿姆斯特朗炮。[54]联军还发现守军

102

在弹药库爆炸后为何未弃守的原因：炮台已被人从外面堵住，里面的人全逃不出去。[55]

联军拿下大沽要塞最北边的炮台后，其他炮台陷入遭侧翼包抄而无力还击的困境，因为那些炮台全是建来抵御来自河上的攻击，后方完全敞开。到了傍晚，大沽五座炮台都已投降。大沽要塞到手，只付出三百五十多名联军官兵伤亡的代价。[56] "于是，"鲍尔比为《泰晤士报》读者写道，"只打了十天，就拿下白河要塞，报了前一年惨败之仇，一八六○年的对华战争就此差不多画下句点。"[57]工兵开始拆掉白河口的防御工事，打开白河口，让英法炮艇长驱直入。贝亚托开始布置尸体，拍下一连串不实的照片，营造出联军是从水上而非从陆上进攻大沽要塞的假象。额尔金勋爵再度走水浅而曲折的白河上到天津，八月二十五日早启程，沿途未遇清军抵抗。步兵搭炮艇同行，骑兵骑马走白河两岸。到了八月二十七日，联军已在天津城外扎营，诸国公使再度于天津城内住下，为批准条约做准备。

英方的首席谈判员是斗志昂扬的年轻通译巴夏礼（Hentry Parkes）。巴夏礼身材矮小，精力充沛，一双蓝眼睛炯炯有神，蓄着羊排式络腮胡，头特别大。他脾气火爆，干劲十足，一刻都坐不住。[58]他的职业生涯贯穿了英、中两国的敌对关系史；在十四岁的稚嫩年纪，他就参与了结束一八四二年鸦片战争的《南京条约》的缔约。一八五六年，清朝官府派人上"亚罗"号逮人时，他是英国驻广州领事，在索求赔偿上他出力甚大。[59]一八五八年联军占领广州后，巴夏礼就一直是该城实质上的英国首长。到了一八六○年进攻大沽时，三十二岁的他已是英国驻华最高阶外交官之一，而且无疑是最一意孤行的驻华外交官。

眼看未再遭遇抵抗，联军欣喜于战争终于结束。额尔金勋爵告诉鲍尔比，他想尽快将英军撤离华北，希望广州的英军也撤走。[60]巴夏礼写信告诉妻子："此刻我不想再听到枪炮声。"[61]但谈判未有结果。清廷的两名和谈代表于九月二日抵达天津，代表联军谈判的巴夏礼要求批准他们所提的条约，要求让外国使节长驻北京，并赔偿英法各八百万银两（赔偿英法各将近三百万英镑，尽管据说光是为维持其远征军，英国一个月就花掉一百万英镑）。[62]清廷代表签字接受上述所有要求。但几天后巴夏礼要求他们拿出授权谈判证明，却发现他们身份不实，根本无权代表皇帝签约。[63]九月七日，额尔金勋爵与葛罗男爵判断除了兵临北京城下，别无他法逼清廷批准条约，于是决定向北京进兵。

进兵北京令联军上下大为兴奋。"我再度开战！"额尔金于九月八日的家书中写道："那些愚蠢的中国人喜欢玩把戏，正给了我向北京进兵的绝佳借口。"[64]联军士兵兴奋，联军军官兴奋。记者尤其兴奋。鲍尔比期盼见到联军"好好教训那批主导这个帝国的政策且无能而不守信用的官员"。他先前寄回给伦敦《泰晤士报》的那些文章，主战气息就很浓厚，这时他的态度更为强硬。"只有靠武力才能打开中国的通商大门，"他在九月九日发出的特别报道中表示，"大使谈判时必须有军队在旁助阵，军队说打就打。"[65]刚好那个星期从伦敦寄到额尔金一行人手中的《泰晤士报》上，有两篇写于七月措辞强硬的社论，社论中表示希望联军找到办法，长驱直抵北京。[66]于是，额尔金和他的军队向北京前进时，相信他们有国内民意做后盾。

北塘与大沽两地要塞如此轻易就失陷后，僧格林沁准备自杀尽忠。但朝廷来令，要他北撤到北京外的通州。通州扼守天津至北京的要道，洋人若胆敢向京城进兵，他准备在那里将他们挡住。[67]他从大沽调来万名他的步兵和七千名骑兵，九月八日，又增兵四万蒙古部队，使他下辖兵力将近六万，成为阻挡联军进犯京城的一股大军。[68]但他接获的指令是不加攻击，而是只要确保和平，同时保住他后方的京城即可。

咸丰帝另派两名和谈代表，以阻止联军继续向北京进兵。联军复谈代表巴夏礼，持白旗骑马走在他军队前头，越过清军防线进入通州，与清廷新谈判代表会晤。他带了小批随员同去，包括《泰晤士报》记者鲍尔比、额尔金勋爵的秘书罗亨利（Henry Loch）和一队锡克骑兵。新一轮谈判于九月十四日开始时，额尔金勋爵仍在从天津前来的路上，距谈判地点约四十公里，跟着他的部队只有两千五百名步兵、六百名骑兵加二十门炮。[69]这时，因为得派兵维持从天津到海岸全线交通的畅通，得派兵驻守沿线的补给站，联军兵力已拉长而变得稀薄。

清廷这次真的派出具有谈判全权的代表：他们是咸丰帝的两名高阶大臣，怡亲王载垣与兵部尚书穆荫，其中载垣为宗室，是咸丰帝的侄子。通州谈判第一天，经过八小时商谈，他们同意巴夏礼所有条件，还同意巴夏礼代拟的致额尔金的照会：联军可以前进到名叫五里处（Five‐Li Point）的地方。五里处仍距通州约十公里，距北京约三十公里。到了五里处，额尔金将带着千名兵力继续前往通州与清廷谈判代表签约，剩下的大军则留在该地。然后，额尔金与其护卫队将再前往北京面见皇帝，举行正式批准条约的仪式。与清廷代表谈定之后，巴夏礼迅速返回额尔金驻扎处，呈报谈判成功之事，九月十七日，他回到通州与清廷谈判代表敲定细节，安排额尔金前来的事宜。[70]

但他回通州时，咸丰帝已下密旨给僧格林沁，要他在额尔金一行人前来签约时予以击杀。通州的清军赶着构筑隐蔽的炮阵地，将部队隐藏在道路旁的小米田里，准备在额尔金一行人抵达五里处时突袭。[71]巴夏礼回到通州时，谈判突然出现麻烦。载垣和穆荫看来急于求和，但谈到额尔金勋爵要不要向咸丰帝叩头这问题时，谈判就卡住了。巴夏礼坚决不同意，因为额尔金是英格兰女王派出的使节，而英格兰女王与清朝皇帝地位相等。一七九三年马戛尔尼和一八一六年阿美士德出使中国未能达成任务，就都是卡在觐见皇帝的礼仪上，但这一次英国人觉得他们有办法以武力解决这个问题。

但跪见的问题要不要让步，不是载垣和穆荫能够做主的。不行跪礼，太羞辱皇上，皇上不可能接受，因为清朝透过这类礼仪来确认天下之人，不分中外，都臣服于皇帝，王朝的威信就靠这些礼仪来维系。事实上，载垣和穆荫很清楚咸丰帝非常生气，不想再于别的地方妥协。穆荫离京前往通州之前，到圆明园求见皇上遭拒。他问为何不见，守城门的太监告诉他，他不该惊扰皇上。穆荫告诉他："天下大势皆去，尚畏惊驾耶？"穆荫最终见到皇上，向皇上请示了几个问题，其中一个是地方官见联军来犯先逃，该如何处置，咸丰帝答以"斩"。[72]

载垣向巴夏礼力陈，朝廷百官，自王大臣以下，见到皇上都得下跪。巴夏礼答："我非中国臣也，安得跪？"[73]穆荫和载垣提议让额尔金站在远处，不面对皇上。巴夏礼不同意。新一轮谈判就卡在这个礼仪问题而破局。穆荫偷偷告知僧格林沁，和谈已经破局，这位蒙古将军于是开始行动。九月十八日下

105

午，僧格林沁的部队拿下巴夏礼当人质，陪他前来通州敌营的其他二十五名外国人，包括额尔金秘书罗亨利、那位执行科学任务的法国学者、《泰晤士报》记者鲍尔比、三名英国军官、十九名锡克骑兵，也一起被俘。这些人被押上木造马车，运到北京。巴夏礼和罗亨利上脚镣手铐，关进刑部大牢等候处决。其他人被押到圆明园讯问。这个时候，通州清军已准备好动武。

那天下午五点，葛罗男爵的秘书上气不接下气骑马冲进额尔金的营地，告知僧格林沁的部队刚刚占领五里处，即额尔金预定要带着护卫兵队前去的地方。前方远处已传来枪声。那天深夜，额尔金才得悉他的谈判主将巴夏礼已被扣留。[74]隔天早上，额尔金麾下诸指挥官派人回天津调兵来援，然后立即准备以手中现有兵力进向通州。

这支兵力不大的联军部队一路往前打，所战皆捷，最后在九月二十一日于通州外正面碰上僧格林沁的主力部队。移动迅捷的蒙古骑兵队，人数大大优于对方，以宽正面之势，如潮水般朝来犯联军的左翼冲去。联军以三个纵队行进，骑兵队在左，炮兵在中，步兵在右。英法骑兵队迅速往两边分开，停于一旁，位于中路的炮兵则在同时调转火炮，迎击冲来的蒙古骑兵。接着阿姆斯特朗炮发威，一波波炮弹飞进来犯的清军骑兵队里，震撼效果惊人。[75]蒙古骑兵大乱，勒马停住，就在这时英国骑兵全力冲向蒙古骑兵中央，穿破清军防线，蒙古骑兵溃散而退。

然后真正的杀戮登场。一位冷静的英国军官写道："我们的炮兵朝后撤的敌军开炮，威力十足。开炮慢条斯理，每一发阿姆斯特朗炮都在他们之间爆炸，一次就撂倒一群敌人。"[76]
有位中国人哀痛陈述了那天惨败的情景："我军马队在前，且
均系蒙古兵马，并未打过仗。一闻洋人枪炮，一齐跑回，将步
队冲散，自相践踏，我兵遂溃。"[77]那天天黑时，清军已经瓦
解，残部退到北京城郊。联军占领通州，停下脚步，耐心等待
从天津来的援军抵达，以及往京城进兵之前需要的补给、弹药
和重型攻城炮运达。

那天晚上，咸丰帝离开圆明园进入紫禁城，即他平常不喜
待的北京皇宫。他一进紫禁城，宫门就关上不准任何人进出。
然后，趁着紫禁城里的侍臣不清楚宫内情况时，咸丰帝偷偷从
后门溜走，弃京城于不顾。他带着太监、嫔妃和满人官员一大
群人，逃往北部山区避难，对外没有任何昭告。那天晚上，宫
中戏楼一如往常演戏，仿佛什么事都没发生。

107

隔天终于有消息流出，说皇帝已经离京，朝中满汉官员惊
慌失措，赶回家将家当装上马车，想尽快逃出京城。马车租金
涨了一倍，还继续上涨，最后全被租光。官员弃离职守，政府
瓦解，民防机关在全城张贴告示，宣布凡北京居民抓到趁火打
劫者，都可当场打死。[78]

北京城里最有钱的居民几乎全都走光，因为有办法离京的
人都雇了马车北逃，避开即将降临的战火。北京诸城门接着关
闭上栓，粮价飙涨。再多的铜钱都换不到银子。轿夫等不到客
人上门。到了十月四日，眼见北京已经守不住，留在北京的商
人凑了千只牛羊，准备以盛宴欢迎入城的洋人。[79]

联军第一支战斗编队于十月五日登上一道土堤，隔着广阔
的黄土平原见到一溜低矮的北京城墙。僧格林沁已带着他的蒙

古骑兵往北走，剩下的清军遇到联军攻来皆不战而溃，逃得无影无踪。[80]联军走累，停下脚步，在距北京城只约三公里处扎营过夜。隔天早上，由英国骑兵和法国步兵组成的一支先头小队前往圆明园，仍以为在那里可以找到皇帝。[81]他们穿过外城门，发现里面空无一人，无人防守。劫掠接着肆无忌惮地展开。

一位英国军官忆道，第一天抵达圆明园时，恣意抢夺的念头在大伙儿心里迅速滋生，他发现，"有些人因洗劫皇宫的亢奋而整个人变了样，没来由扯下华丽的刺绣。我看到有个人用枪托砸破一面大镜子。"这位军官穿过皇宫，最后来到"一座大殿，殿内有数只看来非常高贵、似乎是金子打造的花瓶，还有一些漂亮的玉雕"。他觉得像是"一个男孩置身糕点店里，突然被告知想要什么就拿什么"，"困惑于不知从哪里开始下

108

手"。听说玉特别值钱，他"收集了一大批世人大概很少见到的"，装上他的矮种马，然后抱着满怀无价的珍宝回营。途中他遇到一些锡克骑兵，随即用兴都斯坦语劝他们："动作快，否则全被拿光了！"然后他们飞也似地跑开。[82]

军队上上下下拼命劫掠珍宝，军纪荡然，令英国指挥官难堪且愤怒。英国指挥官想把官兵留在营里，以免他们洗劫皇宫，但法军没人管，四处抢，令英军既眼红又怨恨。最后英国指挥官要所有英国官兵交出抢到的东西，拿到北京集体拍卖，贩卖所得由"战利品委员会"平分给所有人（那位满载玉器而归的军官怅然交出他的战利品，有个朋友因此骂他："唉，你这个大笨蛋！"）。[83]额尔金勋爵痛恶官兵恣意劫掠造成的破坏，特别无法忍受法军所作所为，骂法军恣纵而为，最为恶

劣。他写道："掠夺并破坏这样的地方实在不应该，但更不应该的是恶意糟蹋和毁损……法军以各种方式毁掉最美丽的丝织品、打破玉饰和瓷器，诸如此类。战争很可恨。经历战争愈多，愈是痛恶战争。"[84]

咸丰帝的同父异母弟恭亲王奕䜣，受命留在北京，等联军来时与之谈和，而他最初的作为之一，便是在十月八日释放巴夏礼和罗亨利。接下来几天，又有几名被扣者获释。他们个个有段骇人的牢中遭遇可说。最有价值的两个因犯，主谈者巴夏礼和额尔金秘书罗亨利，一开始遭连串毒打后，受到的待遇还算不错，尽管一再被威胁要将他们处死。[85]其他人受到严刑拷打和羞辱，不给食物和水，手腕被绳子束紧，导致双手发黑肿胀，有些人的手甚至因此胀裂。九月十九日扣押的二十六人，有十五人死于短短的关押期间：一名法国人、四名英国人、十名锡克人。尸体遭严重毁损，填上生石灰，因而遗体送回联军处时，只能靠身上的衣物辨识身份。来自伦敦《泰晤士报》的主战记者鲍尔比也命丧于斯。据和他关在一块儿的一名锡克人所述："鲍尔比先生在我们来的隔天就死了，死于手腕处长出的蛆；有人替他穿上灰色格子布。他的尸体摆在那里将近三天，然后隔天它被绑在一根横梁上，丢到墙外喂狗和猪。"[86]

人质遭折磨与丧命的消息传遍联军，恶毒的怒火滋生壮大，群情激愤。士兵要求报仇。有位将领提议洗劫京城。另一位将领说："如果放手让我们干，北京每个官员都会被吊死。"[87]诚如后来额尔金说明的，他觉得要让清廷为劫持巴夏礼一行人、为杀害鲍尔比等人受到应有的惩罚，他的军队只有一个办法。也就是说，那个办法将使英国的惩罚完全由满清皇帝本人承担，而不会波及已在受苦的京城居民。于是，不顾葛

109

罗男爵的反对，违背先前他本人对官兵劫掠破坏的遗憾，额尔金指示英军放火烧掉圆明园。

皇帝出逃，北京官员和守军弃城于不顾，曾盛极一时的清帝国，京城只能任人宰割。但十月十八日，英军开始彻底摧毁由多种建筑和园林组成的八百亩圆明园时，却对其东南方约六公里处的北京城毫发无伤。圆明园是咸丰帝出生之地，他度过大半生的地方，实际上也几乎是他唯一认识的世界。园内有占地超过二·五平方公里的殿堂楼阁、轩馆廊榭，经过整整两天的焚烧与打砸，才将主要建筑毁掉。太重或太大而无法抢走运回英国与法国（或运到北京拍卖）的皇室珍宝，也遭砸毁与焚烧。[88]

一眼就可识出价值的珍宝，大部分已被劫走，但在砸烧的过程中，仍有一些意外的发现。一队旁遮普①步兵无意中发现价值数千英镑的暗藏黄金，将其带回印度。有只小巧的北京狗被人发现蜷缩在衣柜里，一名英国军官将它带回英国献给维多利亚女王。她很爱狗，这只后来取名"Looty"（掠夺来的小东西）的北京狗成为她最爱的宠物狗之一。[89]但最奇怪的发现，出现于圆明园里的一间马车房。劫掠的士兵在那里无意中发现，一七九三年使华的他们的同胞马戛尔尼勋爵赠给清朝皇帝的大批礼物。有全尺寸的英国制礼车、天文与科学仪器、两门十二磅英国榴弹炮、数箱弹药，全是马戛尔尼代英王乔治三世送给咸丰帝的曾祖父乾隆的礼物。[90]这些礼物原封不动，象征着一段看来从未得到领情的友谊。

---

① Punjabi，散居巴基斯坦与印度的南亚民族，是印度陆军最早的步兵联队。——译注

一股股浓烟从漫烧的大火往上蹿，而那股肆无忌惮破坏与焚烧的喜悦，也在天际初现浓烟之时变淡，因为对那些怀着既敬畏且遗憾的奇怪心情，更深刻思考当日之事的人来说，有股沉郁的忧心从他们内心深处浮现。诚如某人所说的："狂喜于毁掉他们无能填补的东西。"[91] 在熊熊火焰之间舞动身子的恶魔，就是他们自己。但对咸丰帝、清朝和中国来说，那的确是不祥的一刻。看着此情此景的人，其锐气在自己无法描述的心态转变中受挫，心知他们正目睹一个王朝的结束，或许还是一个文明的终结。诚如英国通译郇和（Robert Swinhoe）以失落的眼神看着圆明园里的华丽巨构付之一炬时，心里所想的："屋顶一个接一个垮下，把吞噬其支撑墙面的大火闷熄……那使我们心中浮起这古老帝国即将覆灭的不祥之兆，这个帝国的内部正被内战掏空……四面受敌，求救无门，最终在弥漫的烟雾中倒下，消失于它过去荣光的灰烬中。"[92]

第二部　挽狂澜于既倒

六 勉强接任的将领

一八六〇年十月十六日，曾国藩置身的安徽陡峭山谷已露
寒意，曾将军吃力下床，前晚一场大吐让他仍感虚弱。快五十
岁的他身体壮实，一米七〇的身高，胸膛宽阔，长长的山羊胡
垂覆于袍子胸前，更显他眼睛的忧伤凹陷。他还不到老年，但
战争的压力使他开始出现老态。他认为晚餐前喝了太多茶才导
致呕吐，但呕吐只是使他身体变差的愈来愈多病痛之一而已，
例如心悸或失眠使他深夜仍无法入眠，白天老是觉得疲惫。这
天早上，他忙于例行公务：在帐中接待访客，收发来文，比平
常更忙碌，因而没时间和下属下棋。午餐后信使才到，带了北
京来的公函，通知他皇帝和随从已离京前往满洲的猎场，英法
军队距北京只有数公里。他在日记里绝望地写道，面对北京变
局，他无能为力。至少那不是他能着力之事。感受到皇帝出逃
的无助，他落下男儿泪。[1]

在他所在的地方，他的确是无能为力。这时他坐镇于湘军
大营里，针对太平天国在长江最上游的据点打一场不知何时才
能分出胜负的后卫战，大营位于安徽南部群山环抱的祁门镇
上。至少就名义上来说，他目前是清朝围剿太平军的清军统
帅；那年春天围攻南京的江南、江北两大营溃败，张国梁与和
春双双战死之际，他突然接下这一兵符。但他距离苏州——忠
王李秀成部盘踞在此——约六百五十公里，距离英法军队逼近
的北京则更远。要他用兵于苏州还是北京，都是远水救不了近
火。因此他把心思完全放在周遭，专注于他真正能有所作为的

几件事情上。他派人带绳子上山，测量大营对面那座陡峭山峰的高度。他继续他的纸上作业，那晚上床睡觉，再度迎战骚扰他睡眠的那些恶魔。

领兵作战不是曾国藩原本希望走的路，他也未料到这个安徽省乡间的偏远山谷，如今在他看来，竟可能会是他丧命之处。他不是军人，而是文人：饱读诗书和理学，自幼生长的环境和洪秀全及其他数百万想考取功名之人生长的环境差别不大。他生于湖南乡下农家，身为长子，下有四个弟弟，从出身来看，前途并不看好。这不是说他家族中的男丁没受教育，而是说他家族里尚无人考取过功名。他父亲是家族里第一个认真参加科考的，但光是为考取秀才，他就考了十六次都落第，直到一八三二年才通过，那时他已进入中年许久。但曾国藩比他父亲远更有本事（至少就科考官所想要的那种本事来说是如此），父亲考取秀才来年，他也通过同级考试，那时他才二十二岁，有着大好前程。这并不轻松——他第七次才考取秀才——但靠着无比毅力和苦读的决心，他通过了层层的科考考验。来年，他通过洪秀全从未通过的乡试，成为举人，然后赴京参加由皇帝主持的最高阶考试，会试。会试两次落第，一八三八年以优异成绩通过，考取众所艳羡的进士，授翰林院庶吉士。[2]

在由儒家学者治理的帝国里，翰林院汇集了全国精英中的精英，是人才的储备所，曾国藩一八三八年获选为翰林，使他成为帝国约四亿人口中精选出的百名左右学生与教师的一员。[3]资深翰林掌管儒家典籍的诠释；为科考命题并担任科举考官。他们是皇帝的私人教师，也是日后有可能成为皇帝的年轻皇子的私人教师。他们是皇帝的智囊团，是将数千年前的古老艰涩哲学典籍转化为有用政策与治国良方的智库。对曾国藩之类资浅翰林来说，翰林是登入权力殿堂的门槛——在这段领朝廷俸给期间，跟着帝国内最博学的学者学习，开始进入京城朝廷的社交界。他将在复杂的清朝官僚体系里平步青云，一路往上爬，而获选为翰林正代表这段生涯的开端。科考屡试不第令洪秀全精神失常，走上造反之路，而在曾国藩这位如愿考取功名的小孩身上，艰难的科考则令他对清廷生起效忠与感恩之心。[4]

考取功名不仅会带来权力和名望，还有更具体的报酬：财富。为资助他求学，曾家已背负巨债，即使有翰林俸给，他在北京生活也不宽裕。但随着第一次外派出京，担任四川乡试主考官，情况跟着改观。巴结他的下层官员争相送礼，而通过考试的学子的家人也上门送礼以示感谢。他返回北京时有十六顶轿子随行，轿里装满裘、玉跟银，用来还清他的巨债还绰绰有余。[5] 但同时他也忧心于朝中腐败与淫逸的蔚然成风，斥责京中许多友谊都建立在虚伪讨好和政治利害的考虑上，他写信告诉弟弟，表示自己不想与无助于增进人格修养之人为友。[6] 随着他受到北京一批杰出导师的影响，他对北京社会的忧心更增。这批导师拥护理学这个严格的道德哲学学派，而律己与自我修养是理学的理念基础。在他们的指导下，他开始以严厉的批判眼光检视自己，开始制定严格规范来管理自己的日常作息：早起，每天早上花一小时静坐；夜不出门；一书未完，不看他书；每天写日记；每餐饭后走一千步，诸如此类。[7]

若非母亲于一八五二年过世，曾国藩的人生道路或许就不会有那么超乎常规的转折——肯定仍会有超越群伦的成就，但

116

未必成为扭转世局的关键人物。但他母亲就在太平军按照原计划从广西北征，经湖南攻到湖北武昌之时去世。正常情况下，清廷从不派官员赴原籍任职，以防地方坐大，尾大不掉，以确保官员忠于皇帝更甚于忠于他们所治理的人民。像曾国藩如此职等的官员，只有退休，只有因无能遭撤职，或父母之一去世而必须辞官守丧三年，才会返回故乡。一八五二年春接到母丧噩耗之后，他离京返回湖南。由于湖南省城长沙受太平军围攻，因此他绕了一大圈，避开正迅速扩大的战场，晚秋时回到老家。

家乡湖南愈来愈乱。官军全力打击移动快速的太平军，留下权力真空，不法之徒趁机作乱，成群土匪肆虐村镇，几乎横行无阻。为此，忧心的皇帝下旨地方官员，要他们开始创办地方团练保卫自己的家乡。但那些民兵部队大部分兵员少而且装备低劣，仓促招募来的士兵没打过仗，武器也不易买到。除了成功击退叛军保住长沙城的一支两千人的团练，大部分团练无战力可言。团练领袖自扫门前雪，不愿离开自己的所在地。各团练间难以统合，真的被说动赴外地打仗时，有许多团练最终只是忙着在太平军过境后洗劫剩下的财物。[8]

一八五三年一月上旬，华中情势恶化，皇帝下令曾国藩掌理湖南境内乱无章法的团练，用以恢复湖南秩序。皇帝也对邻近几省的个别人士下了类似的命令。皇帝决定这么做，全因为情势危急，特别是因为体认到官军压不下这场叛乱。就曾国藩来说，皇帝授予他家乡的兵权，乃是破天荒之举。但咸丰帝知道他忠心，选他不是因为他展露出领兵作战的本事（大部分文人鄙视行伍生涯，表现出勇武之风的是居统治地位的满人，而非被统治的汉人），[9]而是因为他近便可用：他正好人在当地，在那里人地两熟。他并未得到特别有力的保荐，向皇上推荐他出任湖南团练大臣的是他在北京的恩师唐鉴，而唐鉴指出曾国藩虽然学识渊博，才干却没那么高。据唐鉴的说法，曾国藩未显的才干在于懂得用人，也是这一点让他成为接此重任的理想人选。唐鉴告诉皇上，他善于识才，能综合众人长才。如果他愿意将他人的才智纳为己用，便有可能成为出色领袖。[10]

曾国藩不想接这份差事。谕令送到他手上时，他回乡才四个月，丧礼都还没办完，母亲还没下葬，更别提守完三年孝。[11]他没有实际带兵经验（也未想过要累积这方面的经验），而且他觉得办理团练之事他做不来。因此他决定拒接，写了份奏折欲以守孝未竟为理由婉拒这项任命。拒遵皇帝命令非同小可，但尽孝更为重要。他的哀痛之情发自肺腑；那天他写信给北京友人，说未让母亲入土，他愧疚难当。[12]但他遵礼守孝的立场也掩饰了他心中团练能否办好的疑虑。若接下此职，他必须到湖南各地向只顾自己死活的乡绅募款，而他觉得那只会自找麻烦，成不了事。[13]

但接着传来消息，说一八五三年一月十二日，太平军已经攻下邻省湖北的省城武昌，就此控制了长江中游。危机演变至此，超乎任何人所料。曾国藩的父亲和诸弟，还有一位至交好友，恳请他接下此职，以免家乡毁于战火。最后他们说服了他，他撕毁那份初拟的奏折，接下团练大臣之职。[14]

118

*　　*　　*

清朝的常备军分为互不统属的两大系统。精锐部队是世袭的八旗，由满人与蒙古人组成，在北部活动。八旗是皇帝和满人的个人军队，集中部署在皇帝居所和满人的满洲老家与零星分布于帝国数个地方的一些满城。十八世纪清朝打了数场漂亮的边疆战争，将广大的中亚纳入满人统治，这段时期是八旗最鼎盛的时期。但自那之后，八旗战力每况愈下，除某些抢眼的例外，新一代的八旗军人徒有他们前一代伟大战士的虚名。京畿地区驻扎有约十三万八旗部队，但在太平天国发迹的广西，则根本没有八旗驻扎。

八旗军之下，负责帝国大部分地区防务的是绿营。绿营士兵和大部分军官为汉人。粗略来说，满人八旗护卫皇帝和满人，汉人绿营维持帝国广大领土的秩序。汉人大大多于满人，绿营的编制兵力也就较八旗多，据文献记载，一八五〇年代初期有六十万人。[15]但这一庞大数目只是假象，部队统兵官通常多报辖下员额，以侵吞多出的薪饷和补给品。而且绿营士兵训练严重不足，因为距上次动员绿营来打大规模战争已超过一个世代（实际是五十年）。

雪上加霜的是，绿营人数虽远超过八旗，清朝军费却绝大部分用在八旗身上，使人数较多的汉人绿营不仅平日战备不足，经费也不足。十八世纪的几场战役已榨干清朝的军费，到了一八五〇年代也未得到填补。朝廷到处节流，军事科技因此没什么改良，武器库也维护不善。按照传统做法，士兵得自行购置与维修随身武器（大刀和短刀居多），但在承平时期，他们偏爱将微薄的薪水用于其他方面，例如买食物给家人或买鸦片。朝廷提供火绳枪，火绳枪在中亚管用，但到了美国独立革命时，已落后于欧洲的火器，而且因为削减开销，火绳枪并未得到适当维修。一八一六年朝廷明令规定，武器使用三十或四十年才可替换。许多现役武器已用了超过百年。[16]因此，十九世纪清朝的军力，由于承平太久和经费短缺的双重打击而大为削弱。

太平军冲出广西往北攻时，绿营已称不上是军队，比较像是散布帝国全境的庞大警力或武警部队。绿营维持地方秩序，保护帝国境内的谷物运输，以及执行运送人犯与邮件之类杂务。指挥权分散，由彼此眼红竞争的文武官员共同掌管——这是清廷刻意的安排，使有意造反的汉人统兵官无法调动所辖军队作乱。但划分不明确的指挥链，也使清廷几乎无法动员绿营来对付太平军之类庞大且移动迅速的敌人。[17]

曾国藩深知绿营的弊病。早在一八五一年，仍在京城时，他就主张削减绿营员额。他上疏道，各省部队充斥无事可干的冗员。他们无所事事，百无聊赖，与本地强盗土匪勾结；吸鸦片，设赌馆；开小差，惹是生非，真的奉召打仗时，就雇用无赖之徒冒充。"见贼则望风奔溃，贼去则杀民（将他们装扮成叛军）以邀功。"[18]他写信给某友人说道，即使"孔子复生，三年不能变革其恶习"。[19]一八五三年接下皇上交办的任务时，曾国藩批评更烈。他写道，绿营部队始终在后尾追，从不正面攻击叛军，只从远处以火炮和滑膛枪轰击，他从未听过他们以兵器和他们近身搏斗。他写道，这说明他们训练太差、胆怯畏战，毫无武艺可言。[20]

于是他提议从头开始，另建新军。他以组织民兵打击倭寇的明朝将领戚继光为榜样，建议组建一支小而有效率的部队。那支部队将受到用心的训练，士兵勇敢不畏战。广义来讲，他于一八五三年开始组建的军队，是他的理学道德秩序观在军事上的体现；一如他已开始自律，他也将以纪律管教他的部队。他恳请忧心的皇上耐心以待。他写道："但求其精，不求其多；但求有济，不求速效。"[21]

120

首先，他定下严格的选兵标准。标准之一，士兵应像他一样是来自农村的年轻人，而非城市出身。他在一八五五年的一份奏折里解释道："山僻之民多犷悍，水乡之民多浮滑，城市多浮惰之习，乡村多拙朴之夫。故善用兵者常好用山乡之卒，而不好用城市近水之人。"[22]其次，他坚持统兵者必须亲自招募下属，不假手于人。他会从弟弟、朋友、文人同僚，以及其他经过仔细晤谈后引进的人士当中，挑选他底下的统兵官，然后那些统兵官会以同样方式挑选自己的下属，如此层层往下，于是最底层的步卒由其同乡的军官招募来，与同乡并肩作战。[23]

从军官与士兵之间关系的角度看，这是支体现士大夫理想的军队。孔子有言，父子关系是社会最根本的道德基础，曾国藩鼓励军官与士兵间建立类似的情感联结。这不是要鼓励纵容（他是严格出名的父亲），而是要建立坚不可破的义务意识。一八五八年，他告谕麾下诸统兵官："将领之管兵勇应如父兄之管子弟。父兄严者，其子弟整肃，其家必兴。溺爱者其子弟骄傲，其家必败。"[24]同样，在名为《赦》的文章中，他主张惩罚是维系群体内和谐的关键。他深信"小仁者，大仁之贼"；"家有不肖之子，其父曲有其过，众子相率而日流于不肖。又见军上有失律者，主者鞭卖不及数，又故轻贳之。厥后众士傲慢，常戏侮其管辖之官。"他断言："多赦不可以治民，溺爱不可以治家，宽纵不可以治军。"[25]军中下对上，从步卒往上到将领，也应发挥这种家庭伦理观，他鼓励每个人"事上如子之事父"。[26]

这些个人关系不可侵犯。士兵或基层军官都不必理会与之没有个人关系的统兵官的指示。将军不能越过其麾下统兵官，向更下级的官兵下命令。[27]在最极端的情况下，这意味着当将军调走麾下的一名统兵官，该名统兵官所辖的整个单位也都跟着他调走。替补该名统兵官者，如果是初次统兵，就得开始招募人马，从头组建自己的子弟兵[28]。基于同样的道理，统兵官战死时，他底下的官兵若非透过个人管道转投别的单位，就是得解甲返乡。[29]曾国藩若死，整支湘军将会解散。

曾国藩也借由优渥的薪饷来鼓励士兵卖命。经费无虞时（这样的情形很少见，只是士兵不知情），曾国藩部队中的步卒每月可领到四两银多一点的薪饷，是绿营步卒薪饷的将近三倍。[30]此外，凭战功可领到优厚赏金：杀一名土匪十两银，活捉一名土匪十五两银，如果俘获一名太平军（"长毛"匪，有别于一般土匪），可领二十两银，也就是将近五个月的薪饷。俘获叛军马匹者，可拥有该马匹作为奖赏；如果不想要，可将马匹交给上级，换十两银。抢得敌人装备的奖赏较低：一桶火药可领五两银，一桶铅弹可领三两银，一门大炮可领十两银，小炮五两银。捕获一支滑膛枪（"鸟铳"）可得三两银，捕获刀、矛、旗可得二两银。[31]对穷苦农民来说，这些是天大的奖赏，激励他们勇敢杀敌，尽管那也意味着英勇杀敌是为了物质报酬。

招兵之后，就该进行思想建设。曾国藩军队募来的农民，大部分毫无作战经验，如同一张白纸。因此他们初进营时，曾国藩告以朝廷的期许和用心。在《晓谕新募乡勇》中，他说："照得本部堂招你们来充当乡勇，替国家出力。每日给你们的口粮养活你们，均是皇上国帑。"[32]对他们灌输的思想，要而言之，就是告诫他们报效国家，对皇上心存感恩。对他们的其他心理训练，则化为极具体而切身的要求：学习杀人或学习从容面对死亡。他告诉他们："原是要你们学些武艺，好去与贼人打仗拼命，你们平日如不早将武艺学得精熟，将来遇贼打仗，你不能杀他，他便杀你。"他告诉他们，个人训练攸关生死，不可轻忽。"学得武艺，原是保护你们自己性命的，若是学得武艺精熟，大胆上前，未必即死，一经退后，断不得生，此理甚明。"曾国藩深信，真正勇敢之人不怕死。他还要他们豁达于生死。"人之生死，有命存焉，你若不该死时，虽千万人将你围住，自有神明将你护佑，断不得死。你若该死，就坐在家中，也是要死。"

对那些以个人效忠、优厚薪饷、豁达生死观鼓舞之尚不能令其奋勇杀敌者，也有一套残酷的惩罚来对治，因为，一如曾国藩向其军官解释的，没有严罚不足以治军。因此，为取得补偿而装伤者，得受四十下杖刑，并立即开除。临阵脱逃者若被捕，斩。虚报战功者，不只砍头，还要悬首示众，以儆效尤。[33]

曾国藩最初的招兵程序，就在这地方显出殊胜之处。因为在庞杂无组织的绿营，有意从军者只要上门就录取。同样，这些人也可能溜得无影无踪。但湘军招兵程序讲究私人关系的特质，使逃兵几乎不可能发生，曾国藩的招兵制度就因为这点极具效率。每个士兵都是由统兵官在自己家乡亲自招来。士兵所属单位的同袍知道他住哪里，很可能还是跟他一起长大。按照曾国藩的严格规定，招进士兵的军官不仅得写下该兵员的名字，还得录下他的指纹和家族每个成员的名字——族中某些成员需要为此人从军具保。[34]借由这一做法，湘军士兵无一人会123 临阵脱逃，遁入乡间；士兵若违反军规，他的家人绝对会受到连坐。

＊　　　＊　　　＊

湘军建军的第一个障碍不是敌人，而是与曾国藩争夺经费、武器和补给的地方官员。他们存有山头主义，除非上级明令要求，通常不愿支持他。他的非正规职位挂名"钦差兵部侍郎衔前礼部侍郎"，[35]职称含糊，镇不住地方官，因为那个职称对地方官没什么意义，很容易遭到漠视。由于帮办团练之职仓促任命，他的关防不是玉雕，而是木刻，此事也无助于曾国藩顺利建军，因为这让某些人认为那是伪造的。他得与绿营统兵官协同行动，却不大叫得动他们，而且他们从一开始就对曾国藩极反感，因而有时还把攻击矛头指向他的团练，而非敌人。一再有湘军士兵遭绿营拘留甚至杀害，一八五三年，绿营部队更直接杠上他，烧了他的大营。[36]

过去清廷供应武装部队经费和装备，但太平天国起事时，国库空虚，已无多余之经费和物资给予湘军或国内其他地方新办的团练。因此皇帝特别允许这些团练的领导人以多种方法自筹经费，包括征收河川交通税、卖学位和虚衔给富人，以及直接募款。因此，曾国藩得直接找湖南境内的有钱地主和富商寻求支持，尽管他们可想而知无意支持自己所居城镇以外的活动。他需要一番说辞来说服他们。对于使早期太平军团结为一体的基督教天启教义，他只知道一点皮毛，但太平军攻占城市后毁掉孔庙一事，已够他拿来好好利用。孔庙祭祀古圣先贤，崇奉圣贤所代表的国家制度，是他一生事业的最根本基础。因此他在争取大地主和富商支持时，不诉之以太平军对清朝的威胁，毕竟清朝江河日下的威权，与他们的利害关系不大（在已有数十万老百姓加入叛军的湖南境内尤然）。他摆出比

124

清朝存亡更严重的利害问题，即太平天国运动危及儒家文明存续一事，来打动他们。

在一八五四年的《讨粤匪檄》中，曾国藩细数叛军对中国既有生活方式的威胁，借以替他的团练募款。他写道："所过之境，船只无论大小，人民无论贫富，一概抢掠罄尽，寸草不留。"[37] 他特别吁请士人勿袖手旁观，并以太平天国禁绝儒家典籍一事示警。他写道："士不能论孔子之经，而别有所谓耶稣之说、《新约》之书。举中国数千年礼义人伦诗书典则，一旦扫地荡尽！"这是比威胁满清统治严重千百倍的罪行。他接着写道："此岂独我大清之变，乃开辟以来，名教之奇变。"他说，中国自古以来叛乱之事所在多有，但从未有叛军将矛头指向儒家思想本身，再怎么穷凶极恶的叛军都"不犯圣庙"。他这番话背后未言明的警告，乃是太平天国的目的不是推翻满清，另建王朝，而是将王朝统治政体整个消灭。

在《讨粤匪檄》中，曾国藩措辞极为小心，因为在情势如此不定的时代，就连原来顺服于皇帝的子民，如果认为叛军必定会赢，都会转而支持叛军。所谓的天命本就不是永远属于哪家哪姓，人人都有凡是王朝总有一天会覆灭的认知。但曾国藩直接求助的那些有钱大地主，是在清朝治下发达致富，争取他们支持湘军时，曾国藩得让他们相信满清垮台的时机还未到。因此他坦承情势或许看来和人们心目中王朝末年会出现的情况——盗乱蜂起，朝廷几乎令不出中央——极为类似，但他坚称当今皇上好于那些王朝末年的皇上。他写道，汉唐元明诸朝末年，朝廷的确已无力掌控乡间，"群盗如毛"，但他主张，咸丰帝与那些皇帝不同，仍未失去控制权。他以或许带着期许的口吻写道，咸丰帝"忧动惕厉，敬天恤民，田不加赋，户不抽丁"。这证明他仍掌控大局，证明清朝不会就此衰亡。在天下大乱之际，曾国藩为遥远的异族皇帝写这么一篇明显替他辩护的公告，其实在化解藏于人人心中的忧虑：满清可能失去天命。

这样的诉求或许打动了靠当今王朝取得权力和威望的受教育乡绅和文人，但从意识形态上看，农民能从咸丰帝保住皇位之中得到什么好处，则不清楚。只要给予人民基本的安全保障和合理的税赋，朝廷换谁当家，乡间人民不是很在意，而当今的朝廷在安全保障上做得特别差。但农民不为湘军提供经费，而是提供人力，因此，曾国藩必得以厚饷付予他那些农民出身的士兵，并告诉他们这些粮食和补给都是皇上所赐——尽管事实上那些东西不是来自朝廷府库，而是来自地方乡绅。在皇上得不到百姓死忠效命下，诱之以物质报酬有其必要。

＊　　＊　　＊

就武器来说，湘军所用的武器和官军及太平军所使用的没有两样，主要武器是近身搏斗用的冷兵器：源于军事用途的刀和矛，还有农具：锄、长叉、短柄小斧。次要武器是火器，特别是人称"鸟铳"的长火绳枪。这种枪借由使导火绳往下触击枪管后部的火皿来击发。火绳枪遇雨就无法击发，燃烧中的导火绳在夜里易暴露行踪。重新装填弹药要花上约一分钟，但经过用心训练，使士兵熟悉重复击发的技巧后——曾国藩就如此训练湘军——一队经验丰富的火绳枪兵，每次齐射都能整齐划一。较重的抬枪是大口径的火绳枪，长约二·四米，需三或四人操作，使用时若非架在小角架上，就是由两人一前一后扛在肩上。抬枪能将一磅重的子弹射出将近一·六公里远。最

126　后，还有带轮的铜炮；大型铜炮配置于城墙顶上，小型铜炮在作战时拉着跑，但造价昂贵，因而较少见。

绿营使用朝廷配发的武器，曾国藩拿到省府所能提供的武器，然后自设兵工厂，制造武器填补不足。叛军在取得武器上则必须动更多脑筋：太平军抄收被他们攻占的城市的兵器库，十分倚赖农具，在北方打仗时自铸小炮。被围时，他们甚至懂得烧掉砖块，提取硝石以制造火药。[38]一段时日之后，双方都试图从上海洋人那儿取得连发卡宾枪。一八五二年太平军拿下湖南岳州城时，挖出一大批藏在地下已生锈的火器，说明了当时中国军事科技的发展是如何停滞不前（也说明了为何那些洋枪会那么管用）。那批枪是三藩之乱时（一六七三～一六八一）吴三桂军所留下，可能已有将近两百年历史，但叛军拿到它们仍如获至宝。[39]

从建制上看，湘军组织的基本单位是营，每营有官兵共五百零五人。[40]营与营可合组成不同规模的部队，但每个营的内部编制一样且不可变更。每营下辖四哨（前、后、左、右哨），每哨一百〇八人。这些人，加上营官亲兵（即营长卫队）七十二人和营官本身，共五百零五人。每哨下辖八队，包括两个抬枪队、两个火绳枪队，另外四队配备刀和矛。正常编制下，每队有十兵，加上一名队长、一名专用伙夫。但抬枪极笨重难使，因而抬枪队多编两人，为士兵十二名（每队有三挺抬枪，四人操作一挺）。每个哨长还有七名扈从，包括副哨长（"护勇"）一名、贴身侍卫五名（"伙勇"）、伙夫一名。营官亲兵六队，每队亲兵十人，什长一人，伙夫一人，共六队七十二人。其中两队配备火炮，三队配刀矛，一队配火绳枪。最后，还有称为长夫的后勤人员：每营有一百八十名长夫，负责帮忙运送武器、火药、药物、衣物。因此，火炮不多，将近一半的士兵未配备火器。这些营得独立作战，得自行维持军纪，为此，营官的七十二名亲兵也扮演独立的宪兵角色，在部队于附近城镇扎营时，防止士兵犯罪。

　　为支持地面部队，曾国藩成立了一支水师，负责河上与湖上作战。这是前所未有的计划；一开始他和他的将领都没见过炮艇，湖南境内也没有懂得建造炮艇的工匠。但他创设了三个造船厂，从外地引进专家，教当地人建造管用的战船。一名来自广州的顾问教他们建造大船"快蟹"。"快蟹"是南方鸦片走私者所用的船只，船两侧各架设密集的十四根桨，可乘四十五人（但实战后发现"快蟹"笨重迟缓，最后曾国藩予以弃用）。两名来自广西的顾问教他们建造较灵活的"长龙"和可见于西南部河道上船行如飞的舢板。长龙是装饰繁复、色彩鲜艳的船，长十三·五米，宽一·八米，有十六根桨、七门铜炮，每门炮重约一百八十公斤。长龙在船体中段安有一面大帆，全员满载时刀、矛、旗林立。船身较小的舢板，甲板完全敞露于外，每边各有十根桨，长九米，宽不到一·二米，在东南西北四个方位各架设一门铜炮。[41]舢板是可爱的小船，而且行动迅捷。诚如一位美国年轻人描写他在长江上所见的一艘舢板："船身漆亮，船底非常平，让人觉得几乎未碰到水面。"[42]

　　到了一八五四年，曾国藩已有随时可作战的十三营陆师，并有十营水师支援陆师。这十营水师共有两百多艘战船、一百艘载运补给品的河帆船，一艘充当旗舰的大船。[43]但事实表明，在实际统兵作战上，一介书生曾国藩的表现是一塌糊涂。他四肢不灵活，马骑得勉强及格。那年春天，湘军初试啼声，

127

得到小胜，将叛军往北赶出湖南，但接下来一连串惨败，使湘军连连败退，直退到省城长沙，他原以为牢牢抓在手里的领土全被叛军夺走。打败曾国藩后，太平军直穿过湖南省心脏地带，攻下长沙南边的大城湘潭。湘军三个造船厂，有一个设在湘潭。太平军匆匆构筑起防御工事，将曾国藩的一支船队据为己有。另一支太平军拿下长沙北边的较小城市靖港，夹在靖港和湘潭之间的长沙随之可能不保。曾国藩上折自请治罪，自言过错全在他经验不足。

为解长沙可能被围之局，他分割兵力，派一支纵队加支援水师往南开往湘潭，他则亲率一支四十艘的舰队往北，欲夺回靖港。湘江由南往北流，靖港位于长沙下游，因此曾国藩具有由上游往下游的作战优势。他原以为胜券在握，结果却是溃败。他经验不足的水兵受制于侧风加上迅急水流，无法控制战船，船直接闯入叛军炮火射程。未立刻溺死的湘军水兵，看着战船被等在岸上的叛军掳获并烧掉，或是被船舰数量数倍于曾国藩水师的叛军堵住而掳获并烧掉。这一次他并未上折罪己，而是打算直接自杀谢罪；他命人将船划到麾下军官见不到之处，想投水自尽。一名忧心的幕僚偷偷跟着他，见他掉进水里，把他拉了上来。麾下军官把他送回长沙休养。[44]

长沙官场本就有人看不惯他，湘军每场战败都给了那些人攻击他的把柄。就在他自杀未遂而躺在床上养身子时，长沙一群官员参他一本，要求惩罚他并将湘军解散。[45]但就在这时，他派去湘潭的湘军陆勇大捷的消息传来。叛军在湘潭构筑的土造工事，挡不住湘军四天连续不断的进攻，据报湘军在此役屠杀了万名叛军，缴获一千艘船。太平军残部开始往北后撤，长沙暂时解围，情势有了转机。曾国藩很快就懂得将打仗之事交予他人负责（诚如唐鉴先前告诉咸丰帝的，他真正的长处在于识人用人）。他有时间重整军队，重建水师，一八五四年整个夏秋，湘军肃清湖南境内的太平军，将其赶进湖北。该年十月，湘军夺回长江沿岸重要城市即湖北省城武昌。

一连串的胜利使长沙官场批评他的人暂时噤声，但在湖南和北京，仍有许多人对他的非正规职位心存疑虑。至少咸丰帝得悉曾国藩的部队夺回武昌，龙心大悦，欣然说道："不意曾国藩一书生，乃能建此奇功！"但有位大学士只看到此事可能的流弊，劝谏皇上说："曾国藩以侍郎在籍，犹匹夫耳。匹夫居闾里，一呼，蹶起从之者万余人，恐非国家福也！"[46]咸丰帝听后不置可否。

*　　　*　　　*

随着湘军规模日益壮大，曾国藩麾下聚集了一批能征善战的统兵官，其中大部分是他的湖南同乡。他物色带兵人才时，先从他的旧故邻人找起，然后逐步往外扩及当地文人圈。他四个弟弟，有三个成为统兵官：一八五四年曾国藩四十三岁时，三十二岁的曾国华成为统兵官，当时曾国荃是三十岁，曾国葆二十六岁。但除了湖南人，还有数位重要的统兵官来自其他省，这些人是由他人荐举或从绿营高阶军官圈子挖来。其中甚至有几位满人，骑兵军官多隆阿是其中最骠勇善战者，才华过人，但专横跋扈，以不识汉文自豪。他毫不掩饰其对非满人统兵官的鄙视，而那些统兵官也大部分不愿和他共事。[47]就专门技术人才来说，曾国藩也倚赖湖南以外之人，例如就骑兵来说，他从华北诸省招人，那里地势较平坦，比多山的湖南更利于孕育出骑术较精之人。针对非湖南籍人士，他制定了另一套

129

薪饷等级：军官受薪高上许多，这可能是因为他们非湖南本籍人士，不会基于同乡情谊卖力作战，但在较低层，湘籍士兵和长夫所领薪饷属于中上，说明了曾国藩对他们的看重。绝大部分基层军官和步卒始终都来自湖南，因此曾国藩的整个部队人称湘军。

成立湘军的目的是平乱，而他的座右铭——屡屡出现于他的书信和命令里——乃是"爱民"。他深信，若未能赢得当地民心，军队获胜无望。而由于清朝正规军的劫掠恶行人尽皆知，他努力让湘军严守军纪不扰民。这有一部分是为了宣传，欲散播仁心朝廷爱护子民的道德形象。但这么做也基于现实利益，因为出征的军队极倚赖所经之处的居民提供粮食。湖南对外的水道补给线安全无虞时，湘军能源源不断收到人员、书信、火药和银子，以及用平底船运来的基本食材：米、盐、食用油、炭。但蔬菜和肉类得由士兵从营地附近的市场买得。在营地周边建墙、挖沟的工人，必须从当地雇来。

130　　曾国藩麾下军官是饱读诗书的书生，但他的兵是大老粗，因此他编歌来教兵。战争晚期，湘军士兵行为不当之事频传，令他大为苦恼，他于是编了首"爱民歌"，教导他们出征期间严守军纪。这首歌的内容既反映了曾国藩要士兵勿做的事，也点出士兵正在做的不规矩事。歌中列出的规条包括：莫走人家取门板（当柴烧）；莫踹禾苗坏田产；莫打民间鸭和鸡，莫借民间锅和碗；莫派民夫来挖壕；无钱莫扯道边菜；切莫掳人当长夫，一人被掳挑担去，一家哭嚎不安居。官兵不抢贼匪抢，官兵不淫贼匪淫；若是官兵也淫抢，便同贼匪一条心。歌的最后他道出军人与农民齐心平乱的基本期许（被二十世纪中国早期红军刻意仿效的情操）："军士与民共一家，千记不可欺

负他。日日熟唱爱民歌，天和地和人又和。"[48]他要求麾下统
兵官，只要士兵一有空闲就教他们唱这首歌。[49]

＊　　＊　　＊

一八五四年十月拿下武昌后，湘军开始往东向长江下游进
攻。故乡湖南境内叛军已清，湘军无后顾之忧，而在他们的武
昌驻扎地和围攻南京的绿营江北、江南两大营之间，长江蜿蜒
约六百五十公里（直线距离不到五百公里），沿岸具战略价
值、有城墙围绕的城市皆在太平军手中。只要叛军控制这些城
市，叛军与其都城就始终可以互通声息，往来无阻，官军围攻
南京就永远不可能竟其功。因此，夺回这些城市的艰巨任务，
就落在曾国藩肩上。

太平军兵力大于湘军且气势更盛，因此曾国藩的胜利，大
部分得益于敌人将注意力摆在别处——尽管在大部分情况下，
湘军初期的胜利都遭逆转而惨败收场，使他好不容易建立的自
信一再被击溃。湘军顺长江而下，挺进到扼控长江与鄱阳湖交
会处的战略要地九江城，然后在一八五四年冬，曾国藩大大失
策将兵力分割，致使来年二月他的旗舰付之一炬，他最精良的
船舰被太平军堵于鄱阳湖中，无法进入长江，也就无法支持陆
师。随着兵力损失甚巨，军心浮动濒临哗变，他再度企图自
杀。他想策马直冲正在激战的战场，一死了之，被他的军官及
时拉回，使他二度自杀未成。[50]

一八五五年二月大败于九江之后，曾国藩困在湖南东边的
江西省十八个月，一筹莫展，旗下兵力万余人，却付不出薪
饷。江西官员一如湖南官员鄙视他，不仅不愿伸出援手，还公
开嘲笑他，致使在太平军于该年四月卷土重来溯长江拿下武昌

131

时，曾国藩倍觉羞辱且无助。一八五六年东王杨秀清天京政变未遂遭残酷镇压，以及随之而来的太平军势力大衰，才让曾国藩有机会松一口气。一八五七年底，他父亲去世，他再度返乡奔丧。战场失利令他灰心，顽固官员不断扯他后腿使他失望，他于是请辞，将军队交给他麾下的高级军官。咸丰帝同意他辞职，但告知若受到征召，得回来再为朝廷效劳。约一年后他才结束假期，再度披挂上阵。[51]

*　　　*　　　*

曾国藩部队以同省之人组建而成，有利于全军一心团结作战，但这种建军特色也意味着他的士兵大体上只在攸关湖南本身安危时才士气高昂。因而，带领湘军出湖南，顺长江而下到他省作战，并非易事。毕竟湘军组成的初衷就是击退入侵的太平军，恢复湖南的安定，就连曾国藩本人当初决定接下皇上交办的任务，也是基于他父亲保卫家乡人人有责的信念。但肃清湖南境内盗匪与太平军残部的目标完成之后，曾国藩立即放眼长江更下游的湖北、江西、安徽，目标遥指南京。如果他曾为将三湘子弟兵带出湖南打仗感到一丝疑虑，那么他并未将这项疑虑告知家人。一八六〇年夏，他在家书里写道，他现今的生命已属于国家："余听天由命，或皖北或江南无所不可，死生早已置之度外，但求临死之际寸心无可悔恨，斯为大幸。"[52]

但他底下的官兵没这么豁达，对他们来说，离开湖南，就是把家园和父母妻小丢在家乡无人保护。因此，他下令湘军进入邻省江西跟安徽作战时，特别指出湘军在这两省作战就是在保护湖南的后院。但在一场战线众多且一再移动的战争里，这种办法有时并不管用。一八五九年春，湘军在江西攻打位于鄱阳湖另一边的瓷都景德镇而无法分身他顾时，翼王石达开率领的另一支太平大军从湘军南边穿过江西，然后往北越过省界进入湖南，兵力达二十万至三十万之众（据曾国藩的情报）。

得悉石达开攻入湖南，湘军士兵大受震撼，开始乞假返乡。但曾国藩认为绝不能将部队从景德镇撤回，因为那将为太平军开出另一条威胁更上游地区的路线。于是他只调了几位统兵官回湘，并要他们竭尽所能将被开除、放假和退伍的湘军士兵找回，集中运用。他要其他军官稳定军心，指示他们"湖南不患无兵，不患无将，所患齐集略缓，不能趁贼之初入而扑灭耳"。他相信在湖南境内集结的兵力能挡住来犯叛军，下令位于景德镇的诸统兵官"传谕各弁勇安心剿办，无庸怀内顾之忧也"。[53]这番信心喊话无效，但湖南境内仓促集结的守军最终守住了。那一整个夏天，石达开部队攻打宝庆。有城墙环绕的宝庆深处湖南内部，距曾国藩家乡只约五十公里，因四万湖南守军坚守而未被攻破。最后石达开放弃攻城，八月带部队走西南入广西。同月攻下景德镇后，曾国藩才开始加派援军回湘。[54]

随着阅历增长，他变得更为固执。他既得为自己人——他的家人、他的士兵、他士兵在湖南的家属——负责，又得向咸丰帝和大清帝国尽忠，权衡这两者的轻重，造就他上述的性格。一八五九年春夏，他在景德镇驱遣湘军忍着思乡之苦继续作战时，把为朝廷镇压太平军之事摆在第一位，要求士兵勿担心家乡的安危并且信任他。但有时他反把自己的部队摆在第一位。拿下景德镇后，皇上要他带湘军到长江更上游的四川，以阻止石达开攻进四川而控制这个富饶的大省。若转战四川，曾国藩及其子弟兵将离开内战的主战场，打一场与保护湖南后院无关的仗，也无法在攻下南京后让湘军博得协助平乱的功勋。于是在这件事情上，曾国藩把自己和湘军摆在第一位。

他恳请皇上体恤他士兵的忧苦，借此回绝皇上的命令。他呈上《复陈防蜀缓急折》，说"湘勇在江西者各怀内顾之忧"①，"弁勇瞻顾身家，归思尤切，徒以景镇吃紧，不准告假。一旦拨队征蜀，道经楚境，必且纷纷请假，势难禁止。"[55]他说，这是带团练出征的缺点，因为"久征则常思还家"。即使他能阻止他们请假回乡探亲，往四川之路也非常艰难，距离超过一千六百公里，要穿过三峡和其他危险之处，而江西作战已使湘军感到疲乏。他写道："窃恐弁勇未必乐从。"他的诉求奏效。其他人也上奏说东部战场需要他，在他们的支持下，他终于不必带兵进川，继续从湖南往长江下游打。

他想忠于皇上，又要替子弟兵着想，努力在这两者间拿捏出平衡之道，但上了战场必然会有人牺牲性命。而由于湘军子弟的同乡情谊，同袍的丧命更令在世的官兵悲痛难抑。曾国藩的弟弟曾国华已成为受敬重的战地统兵官，一八五八年十一月率领所部进攻安徽三河城，大败而全军覆没，作为副将的曾国华战死，主将李续宾则自杀。六千湘军战士死于三河，其中许多人来自曾国藩家乡。不久后，又有大批湘军士兵兵败景德镇遭屠，湖南人伤亡更增。曾国藩在兵营哀悼弟弟国华之死，他的另一个弟弟曾国葆（后来也死于这场内战）发誓为手足之死报仇雪恨，同时，在曾国藩的湖南老家，遍布梯田的丘陵上，则回荡着他悲痛邻人的哭声。他们从自家屋顶上大喊，为

① 担心老家安危。——译注

死去儿子招魂，乞求他们回家。[56]

＊　　　＊　　　＊

一直到一八六〇年，清廷剿太平军之役，都把重心放在由张国梁与和春所统率，对南京的围攻日益紧密的绿营部队上，曾国藩在长江的部队，在整场战役中只扮演支援角色。但接下来，就在官军似乎胜券在握时，一八六〇年春，洪仁玕解围南京的计划奏效，战局大逆转。到了五月底，官军已被歼灭，主将战死，太平军从南京倾巢而出，往东挺进。就在这清军群龙无首之际，曾国藩的时代终于到来。一八六〇年六月，咸丰帝派他以兵部尚书衔署理两江总督，两江总督所辖的安徽、江苏、江西三省，正是受这场内战摧残最烈的地方。八月下旬，咸丰帝派他以钦差大臣身份督办这三省军务，确立他为长江流域的清军新统帅。

皇上（如曾国藩一位幕僚所说的）别无他策，只能倚重曾国藩，曾国藩过去不断地为自己部队找生路的挫折随之得到纾解。[57]与扯后腿的省级官员和眼红的绿营统兵官明争暗斗多年后，因为这两项任命，曾国藩同时掌握了内战主战场的军事与政治大权。身为军事统帅，他能调度官军残部和当地团练支持湘军作战。身为两江总督，他能安排门生出任重要文职，以便透过他们从这三省——至少从仍未受战祸波及且仍在朝廷管辖的三省部分地区——抽取资源，挹注湘军所需的经费和物资。[58]

突获拔擢成为方面大员，使他行事更为坚持己见。古云，将在外，君命有所不受。随着曾国藩的领导统御手法趋于老练，他对自己的军事行动有更大掌控权，有时他虽表明忠于朝

135

廷，却不愿照上级的指示行事。战前在朝廷行走多年的经验，已让他看清楚朝廷官员是何等昏庸无能，何等缺乏经验与自满，他不想让他们的经验不足坏掉他的征战大业。他只相信自己日益锐利的战略眼光，也了解自己军队的局限，因此他对北京下达的许多命令几乎都置之不理。一八五九年，朝廷要他追击石达开入川，他婉拒不从，现在，一八六〇年，又有一批新令下达，要他放弃安徽战事，立即带兵到下游保卫苏州与上海。但他以此刻投入他的部队无济于事为借口，留在原地不动。

他决定实行的策略，竭尽所能不予背离的策略，乃是包围。这个策略令人想起他对围棋的热衷。一八五九年十一月十一日，他仍扮演包围南京的绿营部队的支援角色时，呈上《遵旨悉心筹酌折》，向皇上说明他的战略构想。[59] 曾国藩解释道，朝廷正在对付两种叛军，一是不断流窜的"流贼"，一是想建都称王的"窃号之贼"。在帝国内四处流窜的石达开部和华北的捻军都是流贼。对付他们的唯一办法，乃是做好准备伺贼到来，坚守阵地，挫他们的锐气。至于对付窃号之贼——最重要的是立都南京的天王——可以先"剪枝叶"（剪除四处掠夺物资供应他们所需的军队），再拔其根本，直捣他们老巢。他指出绿营未能完全包围南京（后来的发展表明，他们留给南京一条自由进出的通道，正种下他们的败因），深信为了真正切断南京与外界的联系，清军首先得一个个攻下南京以西长江沿线的诸多筑有防御工事的城市，而英王陈玉成在安徽首府安庆的基地，是第一个该拿下的目标。太平天国在长江沿岸牢牢掌控了几个重要据点，一八五三年起就落在叛军手中的安庆，是其中位于最上游者。安庆的防守兵力覆盖从西边前往南京的水路及陆路要道，为扼控进出的咽喉。只要太平军控制安庆，曾国藩的部队就别想进到安庆以东，也就不可能完成对南京的包围。但如果他能孤立安庆，再予以摧毁，他认为或许就能长驱直下直抵叛军首都。

从陆路进攻难以取胜。叛军有大大的兵力优势（一八六〇年时曾国藩的湘军仍只有约六万人），[60]与叛军打野战，十之八九占不了便宜。根据他的情报人员编写的报告，叛军所使用的不规则阵形非常多样。有变化多端的"螃蟹阵"——一队士兵居中（蟹身），往两侧各伸出五路——能视遭遇敌人的不同而迅速变阵迎战，或变为两队，或四队，或类似十字的五队。有所谓的"百鸟阵"，临敌时大部队化整为零，分为数支小队，每队二十五人，如成群飞翔的鸟，星罗棋布，令敌人摸不清楚其兵力的多寡，不知从何处攻起。又有"卧虎阵"，用于丘陵地形，上万名叛军贴地隐身，鸦雀无声，然后当官军通过山谷时，突然全部跃起，扑向敌人。[61]与太平军野战，官军通常没有胜算。

因此，要取胜，就得利用战场营造出对己有利的态势。曾国藩在某篇论战略的文章中写道，凡两军相接，必有一方为主，另一方为客。占主位者总是占上风。"守城者为主，攻者为客；守营垒者为主，攻者为客；中途相遇，先至战地者为主，后至者为客。"两军相持时，比的是耐心："先呐喊放枪者为客，后呐喊放枪者为主。"[62]湘军兵力居于劣势，因此曾国藩力求使叛军始终居于客位，其做法是诱敌进攻湘军的防御设施，若不果，则挑激敌人先出手。为此，他常刻意在叛军附近安设防御工事严密的营垒，冀望诱使叛军主动来攻。

137

一八六〇年六月，太平军大部分兵力因其在东边轻易取得的胜利而分心之际，曾国藩趁机从西边进入安徽，派胞弟曾国荃悄悄围攻安庆。曾国荃率领一万湘军进到距安庆城墙近处扎营，并在雇自当地的工人协助下，开始在城外建造两道高土垒，土垒两侧各有一道六米宽的长壕沟，以强化土墙的阻绝功能。两土垒一内一外与城墙平行，湘军驻扎于两垒之间。内土垒面城，用来保护湘军免遭城内守军攻击，外土垒则用来阻挡太平援军。这基本上是缩小版的湘军防御城池。为进一步阻绝太平军从北来援，满人统兵官多隆阿率领两万骑兵，在安庆北边约六十五公里处的叛军据点桐城外设了一道阻绝线，曾国藩的水师则在安庆上、下游数公里处的长江上各设了封锁线。

七月下旬，曾国藩带湘军余部共约三万人进驻长江以南的安徽南部山区，并率领他直辖的六营部队在城墙环绕的祁门镇设立大营。祁门位于安庆东南方约一百公里处的山谷中，地形崎岖，对外道路不多。他以祁门为中心，呈放射状部署其余的兵力，以控制东来的路径，维持往西经景德镇（这时已在他手里）到江西的陆上补给线。

他一眼就看出祁门是设立大营的绝佳地点。此地四面环山，山势陡峭，从北或从南都无法靠近，而且他直辖的部队控制了东西向的官马大道。他很满意这个地点，初到此地时写道：“层岩迭嶂，较之湘乡之云山，尚多四倍，泉甘林茂，清幽可喜。每一隘口，不过一哨，即可坚守，并无须多兵也。”[63]坐镇祁门，曾国藩可从安全之地统筹攻打安庆的军事调度。

但随着一八六〇年夏去秋来，随着北方再度遭英法联军进犯，祁门的安全之所开始让他觉得比较像是监狱。十月十日，

北京来旨，要他派麾下最能打的野战指挥官——来自四川的鲍
超——带领三千名作战经验丰富的部队，前往北方协助僧格林
沁的八旗部队抵御英法联军。曾国藩认为没了鲍超支援，他的
部队守不住在安庆的阵地，而且他认为僧格林沁的蒙古精锐骑
兵守得住京城。因此，尽管皇上危机迫在眉睫，他却未遵旨照
办。他推断，鲍超的部队抵达北京时至少已是一月，届时已是
寒冬，肯定已不再需要他们。而他已把湘军全押在围攻安庆
上，几乎没有其他兵力来守住他后方的上游地区。围攻安庆若
失败，将为太平军拿下上游的武昌，乃至再度威胁湖南，打开
大门。因此他近乎病态般坚守其在安徽的据点。但他不愿让步
既是因为固执，也是因为忧心；在家书中，他坦承他差点守
不住。[64]

他未遵旨照办，至少未立即照办。曾国藩最终奏请皇上从
诸将（包括曾国藩本人）中择一人，带一支湘军分遣队北上，
协助僧格林沁抗击洋人。但上这样的奏折，除了拖延安徽湘军
兵力的抽调，没有别的理由。[65]祁门与北京相距将近一千三百
公里，公文递送单程就要整整两星期。曾国藩很清楚，等收到
回复时，至少已过了四星期。他用拖字诀，替围攻安庆再争取
到一个月。他在写给弟弟的信中，以挫折口吻写道："普天下
处处皆系贼占上风，独安庆一城系贼占下风，岂肯轻易撤
退？"[66]他身边的世界整个分崩离析，但他坚守既有立场，深
信如果放掉他在这山谷里拥有的小小优势，将会全盘皆输。

*　　*　　*

十月在寒雨不止中沉闷地过去，曾国藩的心情郁闷至极。
他在住所里不断来回踱步，思索皇上的命运，不知该如何是

好。他下了一场又一场的围棋，烦忧于年华的老去。[67]他在写
139　给弟弟的信中说道："目光日昏，精神日见日老，深惧无以符
此大任。"[68]

他倾其所有投入这场战役，但进展并不顺利。安庆坚守不
屈。城内的叛军似乎物资充足，可从容等待援军到来。他极欣
赏的一名统兵官已多日未有消息，因为他带兵驻守附近的徽
州，保护曾国藩的东翼，数日前突遭太平军袭击溃败。叛军从
四面八方悄悄逼近祁门，祁门镇上挤满数千名从前线败退下来
的士兵，他们劫掠店铺，使市面上有钱也买不到东西。[69]但北
京仍无消息传来。他坚守阵地，忧心忡忡，不知是否不得不将
安庆让给太平军，随之将安徽南部、武器，甚至湖南和华中都
让给太平军。

最后，一八六〇年十一月六日下午，他打开一封北方友人
的来信，首度得知英法联军不仅已经侵入北京，还把圆明园烧
个精光。原本的麻木无感变成震惊。他在日记里写道："伤痛
之至，无可与语。"[70]八旗溃散于北部，绿营大败于东部。清
朝的传统军力，在两个战线，面对不同的敌人，都落败了。曾
国藩面临惨淡的未来：整个帝国只有他还掌控一支完整的军
队。他在安徽的战役是唯一还未分出胜负的战役。

七　教义的力量

一八六〇年八月二十一日，即李秀成进攻上海的部队遭一
阵猛烈的葡萄弹与榴霰弹击退后两天，李秀成写了一封深感委
屈的信向英美领事抱怨。他以愤愤不平的口吻写道："本藩前
来上海，只为订立条约，欲借通商贸易结成一致之关系，原非
与尔等交战。"他指责法国人设了陷阱。照他所说，那年夏天
更早时，有些法国人（和身份不详的其他人）前来苏州，邀
他到上海商谈与他们国家缔结和好关系之事。他写道："法人
已受清妖之诱惑，竟食前言，背弃前约。"[1]有人告诉他，清
廷给了法国人一大笔钱，要他们守卫上海，且他认为那笔钱
"别国人亦有分焉"，而英国人或美国人无一前来与他商谈，
反倒都跟着法国人一起从城墙上开炮打他们，就是明证。

他警告道，这件事不可能这样就算了。他愿意原谅英国人
和美国人，因为他们与太平天国同属新教阵营。至于狡诈
（且崇拜偶像）的法国人则是另一回事，他指出太平天国拿下
全中国是早晚的事，届时就会好好算这笔账。他写道："凡人
情人事必有因果，今昔法人已坏其信义，与我失和。"他保
证，由于他"宽大成性"，他个人不会阻止他们进入太平天国
领土，但也说他无法保证已"受其欺骗"，如今"义愤填膺，
希图报复"的许多官兵会这么宽大为怀。最后，他压下傲气，
重申太平天国最想要的乃是与来自英美的基督教兄弟和睦相
处。他提醒他们："尔我共同崇奉耶稣，尔我关系之间，拥有
共同之基础，信仰同一之教义。"

这封信署名李秀成，但信中呈现的是洪仁玕的想法。因为把取得上海英美人的支持，特别是把他们愿意将汽船贩卖或出租给叛军以让叛军能够稳稳掌控长江，视为太平天国赢得内战之关键的乃是洪仁玕。身为幕僚长暨总理，洪仁玕取得族兄的同意，制定了其他诸王都得遵守的政策。他坚信叛军若要取胜，最稳当的办法就是与上海洋人建立和睦关系，因此只要洪仁玕担任总理，李秀成就得照这条路线走。但他其实百般不愿这么做。在太平天国的核心集团里，李秀成不认同洪仁玕对洋人的信任，而采取较挑衅的看法。他告诉洪仁玕："洋人好打不好和。"[2]

在上海突遭洋人开炮攻击，使李秀成更加相信自己原本的主张，拉大了他与洪仁玕之间既有的鸿沟。但洪仁玕本人怪罪的是李秀成，而非怪罪洋人。他说洋人想必事先风闻李秀成要对他们开战的挑衅观点，从而自然推断李秀成是来攻打他们。诚如洪仁玕所说，忠王挥兵横扫江苏，拿下苏州之后自恃兵强将广，取上海如掌中之物。洋人利用他的轻敌，诱其来攻，让他中了"空城计"：洋人让忠王相信上海城完全无人防守，然后在他逼近上海城时突然发动攻击。洪仁玕认为，经此挫败，李秀成"始信吾议，然究不肯认错也"。[3] 两人尽管在战术上有分歧，但无疑都认为叛军需要上海：上海金钱资源丰富，是借以取得洋人武器的基地，而且是大体上已受叛军控制的地区里面仍有清廷势力顽强抵抗的地方。但上海终究还未到手，接下来就该洪仁玕展开外交行动，将上海纳入他们的势力范围。

洪仁玕以外交事务主管的身份，开始在南京主持朝政，接待来自上海的一批批访客，访客带来消息和礼物，甚至带来他留在香港的家人。[4] 他的王府是天京较大的府邸之一，不只充当他的住所，还是他办公的衙署。在干王府前门正对面有一片巨大的石造照壁，高四·五米，宽三米，壁中央嵌着大大的漆金"福"字。[5]"福"字上方刻了耶稣基督登山宝训的九福词，而突兀加上的前后文冲淡了九福词原来的意涵（对第七福"使人和睦的人有福了！因为他们必称为神的儿子"来说，尤其如此）。王府内坐落着正殿，殿内有王座，干王在正殿内接见属官和议事。干王上正殿办公时，身穿绣龙黄缎袍，头戴前明式样的金冠。[6]

过了正殿，穿过数道阴暗的走廊和门，即进入王府深处的干王居住区。他的寝殿里主要摆了一张用玉装饰的大床，门外是有花园的明亮庭院。他还在寝殿内摆了林林总总来自海外工业世界的物品，大部分是访客赠予的纪念品。书架上摆了他所收藏的数个洋钟、一个气压计、一具望远镜、数把柯尔特左轮手枪、一台二手簧风琴、两座太阳灯、一块英国香皂、一把英格兰海军剑，还有某位特别着迷的访客注意到"一罐考沃氏（Coward's）什锦腌菜"。寝殿内有参考书与图片书，另有些书显示他在研究英国军事方法，包括英国伍利奇（Woolwich）皇家军事学院的《防御工事构筑原则》（*The Principles of Fortification*）。还有上海外国传教士的中文著作，以及必不可少的《圣经》和福音小册。那些外国传教士将科学数据译成中文，冀望借此让中国人相信他们的宗教已支配自然界。然后还有保养状况只能算尚可的中国奢侈品：金筷、玉杯、银扇。他在这里以牛排和波特酒款待外国宾客，席间说英语，展露他刀叉使用的娴熟。[7]

143

曾是美南浸信会传道士的罗孝全（Issachar Roberts），是最早到南京见洪仁玕的外国人之一。这位性情善变的传教士来自田纳西州的萨姆纳县（Sumner County），太平天国起事前，曾在广州短暂教导过洪秀全（也更短暂教导过洪仁玕）研读《圣经》。只有罗孝全领会一八五二年洪仁玕向韩山文所述内容的真正含义，但当时没人注意到他。一头白发、身材瘦削的他是传教士圈中的异数，连他所属教团的历史学家都形容他是个"性格古怪奇特"之人。[8]一八三六年，罗孝全首度向波士顿的浸信会海外传道部（BaptistBoard for Foreign Missions）申请赴中国传教，被该机构驳回（就连对他最为肯定的推荐函都说他的讲道能力"未超过中等水平"），于是他捐出一块地，言明用那块地的收入来支应他的所有开销，借此自费赴华传教。[9]根据这项安排，他说服浸信会接纳他为自费传教士，搭船前往中国，一八三七年抵华。后来人们发现那块地根本不值什么钱，但浸信会已甩不掉他。[10]他在华南传教也算有所成，但在传教士圈子里人缘很差，交不到朋友。一再有人向浸信会海外传道部投诉他行为不端——公开虐待他的一位中国仆人，伪造传道会的捐献册——要传道部提防。[11]最后，在罗孝全不愿救助用刮胡刀割自己喉咙的另一位传教士之后，一八五二年浸信会终于与他划清关系。[12]

然而在一八五三年，洪秀全亲自发函邀请罗孝全到南京一叙，信中表明他对罗孝全教诲的敬重。浸信会传教士资格被拿掉，令罗孝全倍觉羞辱，而这封信则让他吐了一口怨气。但当时清廷封锁南京，他进不去，即使能通过封锁线进到南京，美国驻华当局扬言他若违反中立政策拜访叛军，将予以处死。于是他搭船返美，巡回美国南部与西部诸州演讲，为太平天国运动发声，并四处募款让他以独立传教士的身份返华向叛军传教。[13]他博得些许名气，报纸封他"爱国革命党的首领太平王的宗教导师"。[14]一八五六年他带着靠演讲募集的资金返华后，想方设法要进入太平天国领地，四年还是未能如愿。但在一八六〇年干王宣布欢迎洋人到南京后，他的机会终于到来。他积极设法前往天京，以和他昔日的学生团聚，一八六〇年十月十三日，也就是英法联军入侵北京之际，他终于抵达南京，在洪仁玕王府楼上的房间住下。

144

　　干王要他担任通译，负责太平天国境内的传教事务。但罗孝全来南京不是为了这样的差事。他深信（或至少向香港的英国圣公会主教这么说），历史的因缘际会已使他成为未来中国皇帝的精神导师。[15]他来南京时，以为叛军会尊他为天王的导师，但实情令他大失所望，而且过了一段时间才得以面见洪秀全。未能立即见到天王，原因出于拜见的礼仪，就和当时攻打北京的那场战争背后的叩头问题差不多；天王以下诸王坚持，罗孝全若要拜见天王，就得像其他人一样行跪礼以示恭顺。骄傲的美国浸信会教徒罗孝全拒绝了。诸王最后还是同意他拜见洪秀全，但当他浑身不自在地站在身穿朝服的长排太平天国文武百官后面时，洪仁玕突然当众对他大吼："罗孝全先生，拜天父！"白胡子罗孝全猝不及防又很尴尬，本能地跪下来，向曾受教于他的洪秀全跪拜。[16]

　　罗孝全在南京过得并不如意，穿着洪仁玕穿过的破烂旧缎袍，戴着朝帽，四处晃荡。有位访客这样形容那里的朝帽："用金色硬纸板制成外观可笑的冠冕，裁切成古怪的形状，有时候饰以让我觉得是粗制滥造的人造花，有时则饰以小小的虎形图案。"[17]他自认会当上导师，结果却住在洪仁玕府里，实质上只是个助理。但尽管有种种光怪陆离的事，他还是成为洪仁玕在上海所需要的代言人。叛军在上海没有直接影响力，因此上海洋人所得到有关中国内陆的讯息，大部分来自他们周遭的清朝官员和商人。那些官员实际上忠于朝廷，而上海华商靠着与那些官员精心培养的良好关系，极为富裕，无意改朝换代。[18] 在他们眼中，太平天国只会带来破坏。此外，洋人的商业投资——洋人的船和码头、办公场所、银行、仓库、屋宅——这时坐落在清廷控制的安全区内，安全区旁就是叛军所控制的大片领土，而且洋人各自的政府不会准许他们和叛军做买卖。随着港埠生意可能停摆，洋人怪罪于叛军。洋人周遭忠于清廷的中国人警告，太平军若获胜会把港口全都毁掉，而对于这样的警告也没什么证据可以反驳。因此，尽管有些洋人基于道德理由遗憾于那年夏天的战事，在具影响力的洋商圈子里，却有许多人和卜鲁斯一样，认为抵抗太平军入侵是英勇且必要的举动。

罗孝全反此道而行，他将在天京待上一年多，在那里持续投书上海及香港的英文报纸，报道他眼中的南京实情，为太平天国政府的革命潜力不断做见证。投书内容洋溢热情，令人感动。在十一月刊登于香港《陆路纪录报》（*Overland Register*）的某篇早期投书中，他如此写李秀成："我不由得喜欢上这个人，他是千中选一的人物！他不只有学问、好相处、和善，还是个王，能力出众的将领，辖有超过十万的部队。"罗孝全代捎忠王的口信给洋商，说叛军（罗孝全使用"革命分子"这个词）其实想和他们通商，因此，洋人为何舍同属基督徒的叛军，而和支持清廷的人做生意？罗孝全写道，太平天国"愿意以即使不是更好也起码一样好的条件通商！他们领土上有通商工具、茶叶和丝"。洋商与叛军的贸易不热络只有一个原因，即洋商所属国家的政府尚未与太平天国缔约。他写道："英、法国内有人应和，为何不缔约？美国国内有人应和，为何不缔约？……为何不立即与他们签个宽和的条约，给予他们借由武器当之无愧赢得的应有优势，（给予）他们人民基督教？"[19]

紧跟在罗孝全之后，威尔士籍传教士杨格非也于一八六○年十一月不辞艰辛来到天京。前一年夏天与他同到苏州、见识到战争惨状的艾约瑟这次留在上海，因为人不舒服（他太太艾珍认为是上次去时见到的鬼魂招来的不适）。[20]叛军在上海遭攻击——令杨格非个人很惊骇的攻击——后，杨格非担心叛军对洋人可能心怀怨恨。他语带同情地写道："他们怀着对所有洋人都无比友善的心态前来，却遭我们和我们的法国盟友以令我们国旗蒙羞的方式对待。"[21]他抵达南京时还是受到热情的招待，激动于可在太平天国都城建立新传教基地的机会。他写信给艾约瑟，语气满是乐观。艾珍转述此信的内容，写道："他谈到南京处处有秩序、健康、平和、幸福，他督促艾先生再想想是否仍不愿和叛军共同努力。"[22]

与罗孝全不同，杨格非尚无久留之意；他的任务是代表上海七十位左右的新教传教士去探个虚实。十二月上旬回到上海时，他带给他们一样好东西：以御用朱砂墨写在黄缎上的天王诏旨，表明欢迎洋传教士在太平天国住下。这是传教士圈子最想要的特许权——英国刚以武力逼迫清廷给予的特许权——而叛军很爽快就给了他们。那似乎更进一步表明，有上帝的手在引导太平天国。杨格非写信给他的传教士同僚说："我坚信上

146

帝正透过叛军之手根除这地方的偶像崇拜，而且他会借由与外国传教士有往来的他们，扶植基督教，取而代之。"[23]

这段话里的关键句是"与外国传教士有往来"，因为他和基于宗教情怀而支持太平天国的其他人一样深信，叛军目前只是建造基督教中国的基本材料。希望系于干王洪仁玕身上，而非他的族兄天王身上（杨格非深信天王"写的东西像疯子写的"）。只要太平天国的追随者相信天王有神性，只要他们接受他广纳妻妾的作为（杨格非发现，就连洪仁玕这时都有四个老婆，洪仁玕坚称他如果想在太平天国朝廷里有影响力，就得和他族兄一样娶妻纳妾）——只要他们坚守这样的信念和作为，他们就是偏离正道，就只能被视为有亵渎上帝的可能；比起旗帜鲜明反基督教的满人统治者和儒生，他们远更值得寄望，但还不够标准。

此外，杨格非深信，导正叛军的教义不只是洋传教士大展身手的机会，也是他们的道德义务。诚如他认为的，传教士是这场叛乱的肇因。他们的《圣经》和教诲启发了天王，因此，确保这件事有完满的结果乃是他们的责任。诚如他在几个月前出版的某个宣传小册里所说的："中国境内的新教传教士！这场叛乱是你们所造成。"[24] 杨格非亟盼有机会成为（古怪多变的罗孝全之外）协助洪仁玕以都城为基地打造叛军教义的第一人。但上海的友人劝他再等等。他们提醒他，上海与南京之间尚无直接往来，届时他的传教工作会被隔绝于更大的传教圈之外。他将完全倚赖叛军来维持生活，而没有人知道长江的通商情况会变得如何或这场战争会往什么方向发展。有风险。艾约瑟指点他另一条路，要他去额尔金用条约新打开的山东省，拯救当地两千九百万个亟待救赎的灵魂。[25]

最后，杨格非决定至少等到春天，再决定是否要在南京设立常设传教团。但他无疑很清楚中国的未来在哪里。诚如他在那年二月写给伦敦传道会秘书的信中所说的，叛军的胜利和英法联军的入侵北京"已彻底掏空满清政权。它肯定会垮。没有哪个力量撑得住它"。他的口气十足笃定。他写道："为了平息他们的愚行和暴政所点燃的这场大火，满人很有可能会想把天上的太阳打掉。"[26]

艾约瑟留在上海时，杨格非带了另一人同去南京。他就是容闳，耶鲁大学毕业的中国人，此前的人生岁月大部分在香港和美国新英格兰地区与西方人为伍。一八五五年学成首次返华，在广州看到清朝官府有计划处死被指控为叛乱分子之人的情景而惊骇莫名。他在过渡期间以茶商为业，但他有政治抱负，这时他跟着杨格非去南京，用他的话说："为了弄清楚太平天国的特质；他们是否够格成立新政府取代满清王朝。"[27] 容闳所关注的东西与宗教的关系较浅，与太平天国以欧洲或美国方式统治中国的能力关系较大。这趟南京之行给了他好印象。他指出他们一行人经苏州前往南京途中，并未遇到官军或叛军的阻挠（在苏州他们看到一些为太平天国效命的欧美军事人员和医生）。他描述途中所见的叛军"通常很有礼貌"，"以体谅且值得赞许"的态度对待农民。他指出，乡间的破坏很容易就给怪在太平军头上，但其实官军在自己战区的行径同样残酷。抵达南京后，容闳先见了他不大看得起的罗孝全，然后在十一月十九日见了洪仁玕，带给洪仁玕有别于传教士所给的另一种讯息。[28]

洪仁玕在香港跟着理雅各宣道时就和容闳相识，两人都出

148

身于广东的贫穷人家，都因为在香港和国外的洋人社群里生活多年而大大改变人生际遇，因而彼此有份莫名的亲近。两人这时也都想用自己的涉外经验来改变中国。洪仁玕开心接待他的旧识，表示希望容闳加入太平天国，与他一起奋斗。容闳未表同意，说他来只是想多认识太平天国，但他的确给了干王七个建议，他认为那是"英国政府与欧洲其他强国强盛之秘钥"。[29]容闳承诺，只要太平天国落实这些现代化措施，他一定会加入他们共同奋斗（他十足自负）。七个建议如下：

一、依正当之军事制度，组织一良好之军队。

二、设立武备学校，以养成多数有学识军官。

三、建设海军学校。

四、建设善良政府，聘用富有经验之人才为各部行政顾问。

149

五、创立银行制度，厘定度量衡标准。

六、为民众建立各级学校教育制度，并以《圣经》为教科书之一。

七、设立各种实业学校。[30]

也就是说：建立现代军队、美式（暨基督教）学校，以及工业经济。洪仁玕慨然应允；事实上，这些建议有许多地方和他《资政新篇》里的提议相吻合。但由于其他诸王在别处忙，他无法立即向容闳保证这些建议会施行。他解释，他们得投票表决，需要过半数同意。因此在表决之前，改革之事得先等等（而且在表决通过之后，大概又得等到太平天国真的打赢才行——因为这些建议是已稳固的政府才得以施行的政策，非尚在争夺政权的交战方所能施行）。

但洪仁玕仍希望容闳加入，有了他的加入，肯定有助于得到美国对太平天国的支持。几天后，他遣人送官印和朝服给容闳。容闳婉拒，坚持要等到太平天国确定会施行他的现代化建议才肯当太平天国的官。但他的确说服干王给了他通行证，让他得以在太平天国境内自由走动。容闳未把用意告诉洪仁玕，但他要通行证不是为了便于更了解太平天国，而是因为他觉得或许能在叛军领土境内，外人无缘进入的深处，买到珍稀的茶叶，转手卖给上海的洋商，赚一笔钱。[31] 容闳于十一月底和杨格非一起离开南京，手里拿着通行证，抱着赴原始山中觅茶的梦想，顺江而下返回上海。洪仁玕与容闳就此未再见面。

*　　　*　　　*

十二月二日，即容闳与杨格非从南京返抵上海的隔天，率兵攻入北京的额尔金勋爵得意返回上海。任务圆满达成，他一脸喜色；十月下旬，北京西边的丘陵落下北方长冬的头几场雪时，他和恭亲王奕䜣终于批准《中英新约》。新约包含一八五八年额尔金突破大沽要塞侵入天津时初次谈成的所有条款，荦荦大者包括开放新通商口岸、英国船得自由航行长江、传教士得自由传教。新约也定下了中国需付给英国的高额赔偿，以惩罚一八五九年僧格林沁在大沽攻击卜鲁斯舰队和一八六〇年九月他劫持巴夏礼诸人之事。法国人也得到类似的特殊权利。

在咸丰帝眼中，前后几场谈判的重点都在阻止洋人入京。"城下之盟，古之所耻，"他如此告诉清廷谈判代表，"至于兵费二百万，倾府岁不足供；即使能供，该夷诛求无厌，又要兵千人入城，其包藏祸心，妇孺皆知。"[32] 但列强从此有权在京长驻大使，而事实上，咸丰帝认为因洋人只想要钱，因而重要

150

性居次的赔款，才是对清朝较严重的威胁。英国人原要求四百万两白银，约相当于一百三十万英镑。但逼得英国人靠武力打到北京城门之后，英国人的要求加倍，达八百万两，恭亲王奕䜣别无选择，只能应允。法国人亦要求同样金额。

一八五一年咸丰帝登基时，他所统治的帝国，国库已经空虚。结束一八四二年鸦片战争的《南京条约》已要清朝赔款，而从未消失的贪污使大笔金钱神不知鬼不觉流出国库（一八四三年，有九百万两银子未有支出记录不翼而飞），更加重财政负担。等到咸丰帝当家时，财政更为恶化。叛乱活动使帝国大片地区不受朝廷管辖，使大运河漕运中断，因而，正常情况下构成国家八成收入的田赋，有很大一部分中央征收不到。南方矿工的暴动，切断京城贵金属的供应来源。北方平原区的捻匪横行，使盐的生产停摆，而制盐是政府重要的专卖事业。到了恭亲王同意付给英法总共一千六百万两的赔款时，这笔数目已约略等于国库真正所剩银两的八十倍之多。[33]吊诡的是，清廷用以支付赔款的唯一重要的收入来源，乃是上海与广州两地对外贸易的关税，也就是说英法两国对华贸易的荣枯，已与清廷能否偿付其新债（和英法能否收到债款）密不可分。

在上海，额尔金对于他弟弟于他在北方期间击退叛军之事，有了第一手的了解。英国人在上海攻击清廷的敌人太平军，同时在北方对清廷动武，此现象的古怪有趣，英国人自己也察觉到（或许卜鲁斯除外）。英国外相罗素勋爵于同一天得悉攻下大沽要塞和在上海攻击太平军之事。[34]伦敦《泰晤士报》一篇透着迷惑的社论，披露了中国局势的吊诡之处。这篇社论写道："一般来讲，一国人民分裂为两派时，外来入侵势力会倾向于和其中一方合作；但中国的政局类似澳大利亚的动物学，与所有通则背道而驰。"[35]上海一名颇争强好胜的英国军官向一名美国军官解释道："老哥，我们总是踩着涌浪前进。在北方，清廷是涌浪，但在这里，嘿，你知道吗？叛军是涌浪。所以我们把他们两个都踩在脚下。"[36]但某些人眼中像是可大展身手的东西，在其他人眼中却是大大失算的事情。《纽约时报》认为太平军是列强理所当然的盟友，因为"双方殊途同归，都想借由羞辱来重振中国，以及如果可行的话，都想换掉那个偏执而排外的政权"。[37]香港《陆路纪录报》抨击，外国人"在上海犯了一个严重至极的大错"，并表示英国人应支持叛军，因为"叛军领袖的政治信条，从头至尾都显露要在每个重要方面彻底改变中国人的观念，而且其中无一项不该得到关心他国福祉的每个人热切的支持"。[38]

但大家都认为不会再有冲突。条约已经签订，英国似乎已跟清廷和好，而从忠王八月那封信可清楚看出，太平天国对上海仍无敌意。因此，最高峰时多达两万多人的英法侵华部队解散返国。到了十二月底，已有一半的英国部队返回印度和英格兰（这在中国引发传言，说英国人离华是因为母国遭到攻击）。[39]剩下的英国部队大部分驻扎于香港，另有约四千人驻守在可随时出兵北京的天津和大沽，以确保清廷按时赔款。即使在这个时候，都有人抱怨在华北维持这支部队的高昂成本，吃掉它从清廷取得的任何赔款。至于上海，一八六○年底只剩一千两百英军，额尔金甚至认为还可再撤走其中许多人。[40]

额尔金在英租界待了一个月才离华。他在华北的任务已经完成，返国之前，他的最后任务是评估英国与叛军建立关系的可能性。拜他所签条约之赐，这时长江正式开放英国往来通商，而长江水道大部分控制在叛军手里。对于他弟弟卜鲁斯该年夏天"防守"上海抵御太平军进犯一事，他丝毫不觉欣喜，看到上海城厢烧焦的残迹，他明显流露难过之色。他也听到盛传于上海华人与洋人居住区的一则传言：法军之所以借口要保护上海县城免遭叛军攻击而烧掉城厢，主要是因为他们想要那块地盖教堂。[41]"法国人看似失去理智的行径背后有其居心，"额尔金在日记里如此写道，"为了满足自己的私利，他们毁了那块地，'因为那里现在一栋房子都没有'。"[42]

卜鲁斯始终对叛军没有好感，但额尔金勋爵劝他放开心胸，勿心存成见。在写给弟弟卜鲁斯的私人信件中（这时卜鲁斯是英国驻华公使，在天津过冬，等他在北京的住所弄好），额尔金告诉他，清廷和太平天国"虽然一样坏"，但他较看好叛军。从自己在太平天国控制区里的亲身见闻，额尔金觉得叛军展现出"真诚和能力"。[43]而额尔金提醒弟弟，勿答应清廷不与叛军接触的要求，此举或许是在叱责卜鲁斯于太平军进抵上海之前拒拆忠王来信一事。额尔金写道："绝不可自缚手脚，答应不与长江流域的他们来往，那在原则上不对……实际上不可行。"

时序已入寒冬，没有时间再亲自上行长江探查虚实，但额尔金交代英国驻华海军司令何伯，务必在来春赴天京拜访太平天国，弄清楚英国与叛军是否可能缔结友好关系。额尔金坦承情况很棘手，必须小心应对，因为英国人与太平天国的敌人有条约关系。但他满心认为绝对中立原则将使英国得以在中国内战还在进行时，从与双方阵营的互动中获益。他在写给何伯的私人信函中说道："自来到这里之后，我比较看好叛军，无论如何，很明显，我们绝不可在这场内战中选边站。"[44]

搞定了与满清的战争，并交代舰队司令何伯务必与太平天国建立关系后，额尔金勋爵的任务圆满达成，随之启程返国。那将是段漫长的海上航程，但也未必不是件幸事；因为就在他离华中途停留于香港时，他就风闻他留在北京的部队，行为受到英国国内批评。返抵国门时，会有许多事要交代。

＊　　＊　　＊

这个时候，太平天国仍积极以武力强化对江苏这个富庶省份的控制。早在一八六〇年九月，出身江苏的曾国藩幕僚赵烈文就指出，叛军控制了上海周边每个县，只有受洋人直接保护、仍未遭叛军拿下的那些县例外（他惴惴不安说道："暂为完善，日后亦不可恃。"）。一如许多忠于清廷的人士，赵烈文很沮丧。他在日记里写道："何以鼓励人心？何以恢复疆土？吾辈生此际，诚不知投足之所，言之足为愤叹呜唈！"[45] 太平天国利用这种沮丧心情，散播传单动摇那些希望重归清廷统治之人的意志。在苏州附近的吴江城里，有份告示写道："清朝皇帝为亡国之君，其臣皆亡国之臣。"[46] 皇上逃离北京的消息经由口耳相传传到上海时，就连最忠贞不贰的保皇派都惊骇不已，不得不正视清朝覆灭的可能。赵烈文在日记里写道："呜呼，二百年宗社，危于俄顷，初不意其如是之速。"[47]

太平天国掌控了富庶的长江下游地区，即涵盖江苏、安徽与浙江三省辐辏之地的江南。在上海所在的江苏省，太平天国控有省城苏州和丹阳、无锡两大城。长江沿岸城市镇江未被叛军攻下，但镇江周遭乡村全已在太平天国手里。在安徽，太平天国控有省城安庆，尽管曾国藩刚在附近驻扎了重兵。在上海南边的浙江省，富庶的商业城市宁波和省城杭州暂时还在清廷

154

手里。太平军解南京之围时，李秀成曾攻打杭州，以引开围南京的清军，破城后在城内烧杀掳掠，但他未攻进杭州城里的满城，匆匆回师南京后也未留下部队驻守。

对于太平军的到来，江南人民既着迷又害怕。在上海西边约一百公里处的常熟县，有人目睹一八六○年秋叛军列队走过镇上，并写下当时所见的情景。太平军官经过时，好奇的镇民从门缝往外瞧，见他们"尽着狐腿马褂，灰鼠披风，红绿五彩，不一而足。马有数百，持枪夹道"。他估计共有一万名太平军通过，并指出他们对镇民毫发无伤。但接下来，在太平军主力部队通过之后，来了跟在他们后面的恶棍：数百名长毛走在队伍后面，在民宅之间随意走动，敲（已经栓上的）宅门。他们闯入民宅，抢劫、强暴、杀人，抓住壮丁，用他们头上的辫子将他们绑在一块，拖往军队行进的方向。这位惊恐万分的目击者庆幸他们没把镇子也烧掉。高傲的大军渐渐消失于往南的道上，那群恶棍跟着没入远方，许多镇民离家跟着他们走去。有些人是去找被拖走的亲人，有些人急着要赶上太平军部队，以便卖吃的给他们。还有些人只是在那条路上无精打采地晃荡，一路翻拣路过的军队所留下的成堆残渣和垃圾，以便找出值得带回家的东西。[48]

次要部队行径最为恶劣，而跟在主力部队后面那些人的奸淫掳掠，比起抢在破城部队之前入城的那些人的发指暴行，又只是小巫见大巫。在围城数星期或数月而破城后，这些人抢先155 进城，接着散开到没有防御的乡村，四处为非作歹。这些人一身破烂邋遢，完全不受一两天后城内局势底定才会进城的将领控制，所犯的暴行几乎就完全说明了为何在他们进城之前会有数千人自杀的原因。在浙江省象山县，有位目击者描述了一个新娘遭数十个这类男人轮暴之事。他们把她的新郎开膛剖肚，然后扬长而去，让两人痛苦而死。新郎是他们的主要攻击对象，因为他还留着清朝光着前额的发式。[49]同样在浙江省，文人王彝寿记载道："有剖腹而饮其血者，有剁四肢者，有挖心而食者……种种惨状，笔不忍书。"[50]他们抢女人，强拉少年入伍，训练他们杀人。又有一人记载道，如果清朝官员已逃出城，这批先头部队会杀掉一些害怕的城民，脱掉尸体的衣服换上清朝官员留下的官服，以振奋随后进城的主力部队。[51]

通常情况如下，尽管那并不是很理想：有太平军将领驻在的地方秩序较好。违反天军严格军纪的军人立即遭惩，不予宽贷；头颅挂在木桩上，并在木桩上钉上牌子，警告有意强奸与打劫之人。但是在较管不到的边缘地区，太平军置身于人数更多的城民里，法纪就很薄弱。破城时，随着城市陷落，官军防御瓦解，人性堕落的一面可能尽情展现。得胜的太平军和落败的官军，两者的暴力行径常常无法区分。但一旦大局底定，没有遭官军反攻之虞，情势就由混乱转趋安定。征税，种植作物，派任新官员，颁布法令，有时还撤销法令。前额像叛军一样留起头发。辫子通常没有剪掉（万一官军拿回城市，只要剃掉前额头发，就可恢复清朝发式继续过日子）。

在这类安定区域，两三名"长毛"组成的小队突然出现于太平天国控制薄弱的乡村时，可能会引发当地村民忧虑，家家户户关上大门。但他们大多不会白吃白喝。而且这些叛军自己在外走动时也会担心遭到伏击，尽管心知这类攻击会招来驻扎于一两天步程外的城市守军报复。官军逼近的传言，能减轻想恢复旧生活的乡绅苦闷，但对农民来说那意味着恐怖，意味着又要大乱。如果说洋人和中国识字精英阶层对这场内战期间中国农民的心愿,有什么一致的看法,那就是农民一点都不在乎上面是谁当家;他们只希望不要再打仗。他们要安定。只要打仗,不管你站在哪一边,都很少得到好处。

对太平天国治下的老百姓来说,规则通常很清楚,即使有时严格得离谱。这场内战初期,太平天国于湖北以及安庆、南京和扬州下令禁止妇女缠足(创立太平天国的客家人没有缠足习俗,也基于宗教理由反对这么做)。妇女缠足者,将受剁足之罚。[52]这类严刑峻法或许维持了军纪,但用来禁绝民间习俗就不管用,因为若真的执行,将使很大比例的女性人口失去双足(值得一提的,满人入主中国时也试图禁止缠足,终归徒劳)。一八六一年时生活在太平天国控制下之浙江绍兴的王彝寿写道,叛军主将下令,凡是剃掉前额头发如清朝子民发式者,凡抽鸦片者,凡擅拜"妖神"者,特别是拜神佛者,一律砍头。所有禁令中,令这位学者瞠目结舌的是禁抽鸦片令。他以惊讶的口吻写道:"我朝,则自搢绅至卖菜佣无不吸食,贼嗜之尤甚,乃日斩,何为也哉!"[53]中国人和洋人皆认为,禁鸦片是太平天国政府的诸多社会改良运动中,最为人知且显然成效最差的。

面对如此广大的新占领区和众多的乡村人口,有时候太平天国直接与愿意合作的土豪或乡绅谈定协议,让他们自己管理所在区域,以换取对当地的抽税权和他们心照不宣地同意不支持官军夺回该地。[54]但更常见的情况是,太平天国指派乡官管理收税和征收必要物资(公共工程用的砖、木和劳力),并掌握当地人口动态。清朝完全倚赖有钱地主和功成名就的学者来控制地方,因此,从这点来看,为太平天国效力的机会在某种程度上重新分配了乡村的权力。事实上有许多曾任清朝官员的人和功成名就的学者转投太平天国阵营，成为新体制里的乡官。但也有许多出任乡官之人若非太平天国当家，绝不可能出任这类职务。从现存的乡官名册看，出任乡官的人背景非常多样，包括农夫、佐吏、商人、村中耆老、丝织工、僧侣、豆腐小贩、武师。在苏州附近某县，有位乡官的本职是"赌徒"。[55] 在这些新设的官员底下，太平天国还招募本地能干之人充任乡官下属，尤其着重于物色精熟地理、战术、医学、数学、地方习俗和星象算命之人。[56]

＊　　　＊　　　＊

太平天国的宗教是洪仁玕争取洋人支持的主要凭借，但这个宗教对江南太平天国本土追随者及其子民的吸引力则令人存疑。就连他们的敌人都把"真长毛"（来自两广的最早信徒）和后来投身太平天国的民众分别看待。[57] 太平天国的救赎和天启观或许激励了某些人，但叛军也大大依赖控制、稳定和（较穷之人所看重的）课税这些较现实的问题来打动人，针对那些处于社会较上层的人，则祭出驱逐满人、汉人当家的大旗。

除了致力于透过宗教与上海洋人建立密切关系，洪仁玕还在他的王府内费心设计了太平天国一旦推翻满清统治中国所需的新政府。一八五〇年代，太平天国诸领袖就试图全面重新分配土地，施行清教徒似的宗教礼俗，结果失败；偏爱维持旧制的人民极力抗拒。但洪仁玕到南京后，致力于在他不切实际的族兄的宗教意识形态和在中国沿用已久的制度之间找出折中之道，上述政策的施行随之较能考虑到客观情况。也就是说，洪仁玕为中国规划的未来政府不是革命政府，至少就他在自己王府里建立的小型预备政府来说是如此。

首先，洪仁玕照清廷建制设了朝廷，由六部（吏、户、礼、兵、刑、工）分理政事。[58]一六〇〇年代，满人入主中国之前，也仿照明廷设了一模一样的影子政府，事实表明那是满人进入北京后能够得到汉人接受的关键因素之一，因为那不言而喻地预示了不管他们如何统治中国，都不会改变政府官僚组织的基本结构。洪仁玕版的六部，人员配置只勉强够用，而且办公处所只有他王府里的几间房间（就在罗孝全所住房间的楼下），但那反映了类似的意图。

太平天国也开科取士。从某个角度来说，整部太平天国运动史或许可以说是肇因于一名科考失意之人屡试不第的怨气。但南京的太平天国政府认同既有的科举制度是选取忠贞官员的极有效管道，中国读书人都希望透过科举来得到肯定。因此，在太平天国，一如在清朝，才干高低靠考试来评定，只是这时是以《圣经》而非儒家典籍为基本考试内容。太平天国控制区里忠于清廷的学者，常嘲笑太平天国考试的基督教内容；苏州附近有位不得不在科考时以"进贡天父"为题作文的学者，对于太平天国所赋予的"天"字新解大感困惑。交出试卷后，他低声向考官说："吾解夫今日之天，何以异于昔日之天也。"考官微笑，撕掉那人的文章，不发一语。[59]有些人则根本不愿应试，称那些应试者无耻（和一六四〇年代满人开始以科考取士时，忠于明朝的汉人对这类人的耻笑如出一辙）。但忠于清朝的人不愿参加太平天国的科考，给了其他人上榜的机会，于是新科考的竞争程度远不如旧科考激烈。就一八六一年四月在苏州附近举行的地区级考试来说，应考的青年学子上榜率达四成或五成。就清朝的科举来说，上榜率可能只有百分之一。欢天

喜地的中第者得到现金奖金，还有新学位和进一步参加苏州省 159
级考试与南京全国性考试的权利。[60]

洪仁玕抵达天京后不久，就掌管太平天国的科考事宜，并
开始修改科考。有些改变属次要（例如他对秀才和举人之类
名称的改变甚微）。但有些改变影响就深远得多。太平天国最
初的科考只考《圣经》，因此中国境内许多人认为叛军已罢孔
子，改尊耶稣基督。一八五四年，曾国藩发檄讨伐太平天国
时，就拿这点来争取国人对湘军的支持，称讨伐太平天国是为
拯救儒家文明。但到了一八六一年初，太平天国科考奉洪仁玕
的指示，也开始将中国古代典籍纳入考试内容。在洪仁玕主政
下，孔子在太平天国将有一席之地。由这项改变也可看出洪仁
玕在南京的影响力。

因此，一八六一年春的地区级考试，作文题目除了有出自
宗教教义的，还有出自《论语》的。该年考试题目的全文今
已不存，但有人在日记里记载了作文提示。作文题目所选取的
古文段落，犹如对太平天国欲从战争废墟创建新国家的宏图大
业泼了一大盆冷水。这段文字出自论语："子贡问政。子曰：
足食，足兵，民信之矣。子贡曰必不得已而去，于斯三者何
先？曰：去兵。子贡曰：必不得已而去，于斯二者何先？曰：
去食。自古皆有死，民无信不立。"[61]

洪仁玕带头撰写太平天国的政治宣传文章，并用他王府内
的西式铅字印刷机大量印制出版，其中有些出版品重述他的工
业化信念：铁路、机械化武器、汽船和电报的重要，创立全国
性报纸的需要。[62]印刷机本身（原造于广州）是极新奇之物，
而他底下的印刷工很快就掌握洋人的活字印刷术。他的下属包

括天京里一部分教育程度最高的人士，某位访客指出，这些人是天京里最不热衷于宗教的人士。其中一人甚至私下告诉这位访客，他不相信洪秀全的异梦。[63] 从干王府发出去的出版品，除了有以天王异梦为基础而符合政治正确的宗教宣传品，还有许多以较世俗性的诉求来打动那些对神学丝毫不感兴趣者的刊物。这些文件占了战争最后几年太平天国宣传品的最大宗，而从它们的内容来看，这场内战不像是不同宗教间的斗争，比较像是不同种族间的战争——满怀历史积怨和种族灭绝之恨的汉人向满人发起的战争。

有份出版品名为《英杰归真》，叙述了清朝一名汉人大臣改投叛军阵营的故事。它以记叙文的形式呈现，描述此人与干王的谈话，干王于交谈间纠正他对太平天国信仰的误解。《英杰归真》最主要的在于以血脉同根的民族之情争取支持，以清朝掌权的精英分子为诉求对象。这位大臣是汉人，但其家族成员在清朝历任高官。他义正词严说道："我实华人。"他不再为清朝效力，乃是因为清朝就快垮台，他转投太平天国，乃是因为他开始理解到他出身的官宦世家长久以来自认为在清朝治下位高权重，其实只是满人的奴隶。洪仁玕欢迎他的弃暗投明，并引述族兄洪秀全对他说过的话："弟生中土，十八省之大受制于满清狗之三省，以五万万兆之花（华）人，受制于数百万之鞑妖。诚足为耻为辱之甚者。"这位大臣理解到太平天国其实是将汉人救离满人宰制的救星。他说，洪仁玕的一番话"如迅雷之贯耳，痴梦之初醒"。[64]

根据这份宣传小册，太平天国完全不是革命政权，而是信守传统的本土政权，承继过去汉人抵抗外族征服的遗风。洪仁玕将太平天国与忠于明朝的汉人、遭满人北方先祖金人征服的北宋相提并论。一如过去曾有这么多汉人为抵御外族入侵中国而捐躯，如今太平天国将带领汉人打破满人是得天命之中国统治者的假象。他甚至搬出北宋五大学者，即创立理学的朱熹、张载、周敦颐、程颢与程颐两兄弟。理学是曾国藩一生信奉的儒家学派，这五大学者的思想体系，正是曾国藩以生命为赌注誓死捍卫之文明的核心，但在洪仁玕笔下，他们被用来提醒世人为何汉人必须反满。他指出，这类大学者只在宋明之类由汉人当家做主的王朝出现。在清朝之类异族王朝治下，汉人遭奴役，汉人文明受打击而式微。那位大臣又说，洪仁玕一席话把他猛然震醒。他告诉洪仁玕：“如冷水浇头，热炭焚心。”[65]

在《英杰归真》里，洪仁玕向那位大臣耐心解释，太平天国想废除的只有偶像崇拜一事，借此反驳太平天国想消灭儒家文明的指控。他们欢迎孔子的著作，孔子的哲学仍是太平天国所欲建造之社会的中心思想；问题只在于中国人受到腐化，把圣贤摆在孔庙里当假神来拜，孔庙必须摧毁。他写道，中国文人应“遵孔孟之仁义道德”，但那不表示他们该用“牲礼敬孔孟”。洪仁玕解释，智能、知识、成功是天所赐，而非人所赐。“既死圣贤如何能与人以功名聪明乎？”人该读、该尊敬孔孟的著作，但不该把他们与上帝混为一谈。

因此，洪仁玕争取支持的诉求不只建立在宗教上，还建立在太平天国的宗教信仰和更久远中国历史间的和谐上。那是与曾国藩的基础架构打对台的另一个基础架构——不是儒家对抗基督教，而是汉人对抗满人。诚如洪仁玕所说的，这场内战的中心思想是解放汉人。那是很有力的诉求，其锁定的宣说对象正是曾国藩赖以得到支持的有钱乡绅和文人士子。他致力于设计能承继既有官僚组织的政府，试图借由将儒家典籍纳入考试内容来扩大太平天国科考的吸引力，因此，洪仁玕所构想的未来是平稳转变、可长可久、保住传统的未来。但尽管他如此用心，尽管他的下属才干不凡，他在太平天国朝廷里却觉人单势孤。他受到族兄洪秀全的信任，被提拔到一人之下万人之上的位置，但其他诸王偶尔会扯他的后腿。他抱怨道，那些从一开始便跟着洪秀全打天下的人，自认是"开国的功臣"。他们较不关心未来，较不关心如何赢得民心或统一太平天国政府。他写道，他们"各顾自己，不顾大局"。[66]

162

＊　　　＊　　　＊

叛军仍未能高枕无忧。英法联军入侵，咸丰帝仓皇离京，清廷更为衰弱，但只要清廷未消失，就仍是天命所在，而只要清廷仍是天命所在，效忠清廷的人就会为它战斗到底。那年秋天曾国藩对安徽省城安庆的围攻，经历太平军攻占江南和英法联军入侵北京的外在变局仍稳稳挺住，到了冬天，更已成为下游太平天国天京政府亟欲破除的大患。因为安庆若失，太平天国就如同被掐住咽喉。安庆的太平天国基地是南京的屏障，抵御从西边或北边对叛军首都的任何进攻。洪仁玕和李秀成已敲定的战略的最后阶段，乃是牢牢控制富饶的南方诸省，重建前明的心脏地带，然后使倚赖南方粮食的华北满人控制区受饥。若未能控制整条长江，将不利于这最后阶段的达成。

到了一八六〇年晚秋，李秀成不得不停下他征服华东诸省的行动，以协助解除安庆守军之围。天王其实命他北进——大概是要他进攻元气大伤的满清京城——但他拒绝，一如咸丰帝要调鲍超到北京，曾国藩认为不妥而拒绝上命一样。忠王坚持带他的部队西进江西和湖北，那里已有多位当地领袖承诺带数十万人加入太平军。[67]那些可望加入的新生力军，就位于被围的安庆城的另一边。十一月，李秀成带兵离开南京，沿着曲折的长江南岸，以大略往西的方向前进，而曾国藩在祁门的大营就位于长江南岸。

李秀成离开南京时，交代留守南京的人务必开始积储粮食。他要他们放心，这时太平天国所控制的长江下游地区已远及上海，无须担心来自东边的进犯，但下一次敌人来犯可能来自上游。他预料："若皖省可保，尚未为忧，如（皖）省不固，京城不保。"[68]如果南京陷入战火，玉跟银都没用，米粮才重要。

到了一八六一年二月上旬，就连洪仁玕都丢下他的王府和印刷机，奉天王之命上战场。天王要他招兵组建军队，协同友军击退顽强的湘军围城部队，解安庆之围。在这之前他从未带过兵，也没有打过仗（除了他投奔南京途中曾短暂投身于官军外）。但他是干王，至少他的追随者相信他的本事。洪仁玕于农历大年初一吉日从南京出征时，来自伦敦传道会的访客慕维廉（William Muirhead）正好人在南京，目睹了出征时的盛大场面。[69]时为太平天国十一年元旦，洪仁玕平静高坐在王座上，头戴金冠，又宽又大的亮黄缎袍包住他瘦小的身形。太平军众军官在他的王座前跪下，同声高喊："干王千岁千岁千千岁！"然后慕维廉看着这个在香港时曾是他老朋友理雅各的恭敬的助手的圆脸男子，一脸肃穆走下王座，进入八名壮丁扛的大轿出征。

但后来一再回响于慕维廉耳际的话语，不是"千岁千千岁"的喊声，而是出征仪式前洪仁玕对他说的话。那时两人私下谈到前途的艰险，洪仁玕不小心微微透露出他沉静自若背后的茫然（或害怕？）。他说："慕维廉先生，为我祷告。"[70]

163

八　文明之劫

　　至少英格兰女王满意对华用兵的结果。一八六一年二月九日，在议会发表开议演说时，维多利亚女王对额尔金勋爵和葛罗男爵"能体面且满意地解决（在华）所有争执"表示高兴，并嘉许英法军指挥官"表现出最友好的联合行动"。[1]但除了女王、首相巴麦尊勋爵和外相罗素勋爵这三人，额尔金很难再找到支持他此次作为的人。

　　《泰晤士报》主编群向来最支持对华用兵——毕竟该报记者鲍尔比遭中方杀害——而且该报一八六〇年圣诞节的社论暗暗表示，额尔金对中国人或许太客气。至少就金钱上来说，该报主编群觉得他不该只是将赔款加一倍，应该加三倍。他们说中国人应体认到只赔这些钱就了事算是占了便宜，因为英国出兵侵华的开销远超过赔款金额所能弥补（后来有人估计英国的战争开销是加倍后的赔款的数倍）。但他们应和当时的社会气氛，承认"只是亏些钱，不管多少钱，就能得到和平，乃是人所乐见"。至于北京受到的破坏，他们显然觉得那只是为了报复中方劫持巴夏礼和杀害鲍尔比等人。《泰晤士报》写道："焦黑的清朝皇帝夏宫（圆明园）废墟，将记录着惩罚，久久不消，而他们的坟墓或许正可作为招致惩罚之罪行的标记。"[2]

　　其他报纸就没这么支持。例如《世界新闻画报》（*The Illustrated News of the World*）则采取较深思熟虑的观点，从某些英国民众的矛盾心态——得悉攻陷北京，这些民众的感受与其说是欢欣鼓舞，不如说是某种模糊的不安——来探讨英法联军的胜利。该报表示，这场胜利的确是"世界史上最值得大书特书的胜利之一"，"来自遥远西方，兵力单薄的部队，攻下了占世界人口三分之一的国家的首都"。但该报指出，飘飘然的胜利气氛"与遗憾及疑虑的心情奇怪地混在一块……因为我们看不出那将止于何处"。中国与英国这场战争让人觉得几乎是擦枪走火无意间发生，肇因于接连发生的意外、一方认定受辱、情势逐步升级、小惩罚，而这些接连发生事件全非人有心的安排，但最终却发展成让"世上将近一半的人斗得你死我活"。该报认同中国政府行为狡诈这一观点，但也间接表示英国不该以暴力回敬。该报主编群写道："埃菲尔德式步枪无法教他们说真话，也无法软化他们激昂情绪的内在野蛮性。"因此，他们未责怪于谁，反倒希望这个历史时刻快快过去。他们说，探究"这场战争的根源如今已太迟，我们注定要走这一遭，得竭尽所能走出那困境"。[3]

不管对这场战争或对结束该战争的条约有何看法，真正令各种政治立场的人都感到惊骇的是毁掉圆明园。反对拿破仑三世的威权统治而流亡英吉利海峡某座岛屿的法国作家雨果，在一封著名书信中谴责英法联军毁掉圆明园。他在信中称英国与法国是一对土匪，在中国一路劫掠、焚烧。[4]他写道，额尔金勋爵家的贪婪是一脉相传，因为放火烧掉圆明园的额尔金伯爵，正是一代以前从希腊劫走大理石雕的额尔金勋爵之子；但雨果说，儿子比老子更坏，因为破坏殆尽，什么都没剩。[5]他写道，圆明园是世界文明奇观之一，与希腊帕特农神庙、埃及金字塔、罗马圆形露天竞技场、巴黎圣母院齐名。如今，由于把欧洲与文明画上等号、把中国与野蛮画上等号的那些人的纵

166　火劫掠，它就这样消失于地表。他严正表示："文明就是这样对待野蛮的。"

不喜欢法国政权的人批评此事或许不足为奇，但英国议事殿堂发出的批评同样不留情面。一八六一年二月十四日贵族院及平民院考虑以正式决议向侵华成功的英国指挥官和部队表达感谢时，爆发了激辩。在贵族院，巴思侯爵（Marquessof Bath）听完首相巴麦尊为额尔金勋爵的行为辩解后，郑重回应"他无法……容忍蓄意破坏文物的行径遭到漠视，尽管那行径得到英格兰大使的批准，得到英格兰大臣的辩护，在他眼中，那根本和烧掉亚历山大图书馆或德·波旁（Constable de Bourbon）洗劫罗马之类的行径一样不可饶恕。"[6]在平民院，爱尔兰国会议员史卡利（Vincent Scully）表示烧掉圆明园"在他（史卡利）眼中，在同院许多人眼中，无疑是野蛮和恶意破坏文物的行径，从古至今都很难找到这样的先例，最差堪比拟者，乃是亚历山大大帝在大致类似的情况下烧掉波斯波利斯一事"。[7]史卡利问道，如果中国人攻占伦敦后干下类似的事，英国人会做何感想？他质问："烧掉夏宫（圆明园）用意为何？是要博得中国人好感，或要让他们皈依基督教？"

公开受辱，额尔金立场不变。在他看来，他这么做是为了如今谴责他的那些人好。事实上，他两次远航中国之行，一直有股沛然莫之能御的力量——祖国和祖国人民发出的集体意志，他脑海中想象的意志——引导着他，使他把自己心中频频浮现而且有时非常强烈的疑虑都甩到一旁，一径往前冲。返国后不久于皇家艺术院的一场演说中，他为自己决定摧毁圆明园一事辩解，称那是在当时的环境下不得不做的选择：

　　大量的避暑殿宇和亭阁，因挂名中国皇帝的夏宫而显得尊贵。在我有任何作为之前，那里面的东西已经遭到劫掠。对于那些殿宇亭阁的毁坏，（我）要告诉各位，没有人比我更由衷感到遗憾。但当我确信，除了让本国，让中国，再受到一年的战争灾难，我别无他法能表达我、表达英国军队……还有，我要在各位面前大胆地说，表达本国人民，对那桩残暴罪行的感受——那桩罪行若未受到惩罚，将使在华每个欧洲人的生命陷入险境，我觉得我必须在深陷于一种当然会有的感受和执行一项痛苦职责之间做出选择。这种选择并不愉快；但我相信凡是为王室效命、身负重大职责之人，在必须做出这项决定时，都不会迟疑。[8]

167

　　也就是说，在那件事情上，为英国，为英国军队，最重要的，为英国人民，尽一己之责，比他个人的审美感受还要重要。他辩称，毁掉圆明园，乃是（先一步）平息英国人对僧格林沁劫持巴夏礼与杀害俘虏的怒火，而不必再与中国打一场战争的唯一办法。他承认损失很大，但他坚信凡是有责任感之人，处于他当时的处境都会这样做，因为不那么做不行。

　　但他遗憾的不是毁掉圆明园一事对中国的影响，而是遗憾于毁掉一样美丽的东西。批评他的那些人，就连雨果，也是这样的想法；他们高喊可耻，不是为了中国的损失，而是为了艺术的损失。在额尔金的演说里，任何发自肺腑的懊悔，都仍抹不去他的根本信念：中国是个需要英国介入的国家。满藏皇室珍宝的圆明园付之一炬，或许令欧洲的审美家感到遗憾，但他对中国本身没什么同情。他深信中国的文明已是明日黄花。在皇家艺术院的演说中，他还说中国人虽然发明了火药，却几乎只懂得拿它制造鞭炮。他们发明了指南针，却未走向大海。他们发明了印刷机，却只拿它来印制"一成不变的孔子著作"。他认为过去是欧洲善加利用了中国的发明，未来也不会有改变。对于刚被他用武力轰开对外通商大门的这个古老国家，他盖棺论定道，只有英国能让中国文明重现生机。他断言："我倾向认为，在这众多畸形和废物底下，潜藏着更神圣之火的火花，而我同胞的过人天赋或许能将那些火花集中起来，助其化为熊熊之火。"[9]

*　　*　　*

168　　因英法联军进逼而在一八六〇年九月逃离北京的咸丰帝，最后落脚在北京东北边约两百四十公里的山区，皇室旧猎苑里一栋破败渗水的宫殿（即承德避暑山庄）。十八世纪清朝最盛时期，这处猎苑是满人大臣夏天前往避暑、与皇帝一同打猎的地方。他们骑马驰骋于林间，穿过溪流，练习箭术，展现野外生活能力。在他们看来，他们之所以优越于文弱的汉人，就因为具备高超的野外生活能力。但更晚近的皇家世代，这处猎苑已不再使用。经过道光帝（咸丰帝父亲）在位时的财政危机，这里几乎完全废弃，维修经费被挪去维护北京城外的圆明园。自那之后，这处旧猎苑杂草丛生，一片破败，看不到往日的辉煌气派。

随他避难至此的，除了太监和嫔妃，还有他的大臣端华、载垣和肃顺。他们是满人内阁里最好战的大臣，大部分自他十九岁登基时就跟着他（这时他二十九岁）。其中的端华和载垣，以及后来英法联军攻入北京后失势的僧格林沁，同是道光帝临终时委托辅弼皇太子的顾命大臣。[10]肃顺是冷酷无情的户部尚书协办大学士，曾国藩在朝中的靠山。他们是强硬主战派，最强烈反对与外国签约，这时则在实质上决定了谁可从北京来见皇上，什么讯息可呈给皇上；他们这时的权力之大，远高于他们在京城的时候（尽管在这之前他们的权力就始终逾越他们本有的权限）。不久就有谕旨说皇上赴围场打猎，在进一步昭告之前会一直待在那里。皇帝离京时奉命留京议和的咸丰帝同父异母弟恭亲王奕䜣，不在获准觐见皇上之列；恭亲王求见皇上，这三位大臣以皇上仓皇逃难身子太虚不便接见为由，予以拒绝。

恭亲王漂荡于两个世界之间，被隔绝于他哥哥的逃难朝廷之外，又突然要肩负京城和整个国家的治理之责。才二十七岁的他身材瘦小，眼皮重垂，个性内向，脸庞光滑透着孩子气。在英法联军入侵后，收拾残局的重任就落在他肩上。但他自幼就比哥哥咸丰帝聪明。在清朝，皇位并非必然传给嫡长子，据说道光帝立储时，曾在四子奕䜣（即后来的咸丰帝）和六子奕䜣之间犹豫不决，直到一八四六年（恭亲王十三岁时），才决定由奕䜣继位。根据这个传说，一八四六年时，病重的道光帝召见这两位他最心爱的儿子，问他们如果当上皇帝会有何作为。年纪较轻的奕䜣列出一些详细的开创性政策，打算一即位就施行。奕䜣则直接伏泣流涕——因为他若当上皇帝，即表示父皇已死。道光帝认为奕䜣仁孝，奕䜣则仅有才干。他立年长的奕䜣为皇太子，封较年轻的奕䜣为亲王。[11]

英法联军撤走后，恭亲王多次请皇上回銮北京：他恳求道，战争已经结束，外国军队也已撤走，京城需要皇上以安民心。恭亲王向咸丰帝保证，只要遵守条约，就不会再与英国人

169

和法国人兵戎相向。这番保证，说来讽刺，正肯定了额尔金所谓毁掉圆明园会让中国政府从此老老实实的看法。恭亲王写道："如果示以诚信，该夷即明春来京，亦决不致别启争端。"他暗示，朝廷的口是心非，在某种程度上正是让朝廷落到这步田地的原因，他提醒，如果想用假言诈行与他们交往，那是他不敢冒险一试的事。[12]

但咸丰帝不愿回京。针对恭亲王请他回京，他回复道，英法军队或已撤走，但京城仍有洋人（恭亲王同意让外国公使进入北京，令咸丰帝大怒）。如果他回京，谁敢保证外国军队不会再来，使他不得不再逃出京城，使情势更为混乱?[13]因此，皇帝留在猎苑，与他的后妃和主战的满人亲信大臣在一起。他完全没有回京的打算，反倒命令属下开始修缮他新居中年久失修的园林和戏楼。[14]

随着一八六〇年秋去冬来，北方河川封冻，恭亲王得到喘息机会。信使带来在安庆周边作战的曾国藩战况不妙的报告，但那远在南方，京城则因河川结冰，在春暖花开之前不必担心海上敌人来犯。卜鲁斯在天津过冬，要到春天白河冰消之后才会到北京。因此，既无皇上要回京的迹象，恭亲王奕䜣与个性亲切、也奉命留京的中年军机大臣文祥，转而将心思放在如何让欧洲列强公使来京时不必觐见（不在京之）皇上，以免让皇上受到接见外国公使的羞辱，同时又能让他们满意。

他们的解决办法是成立一个专门机关来管理涉外事务，并在一八六一年一月上旬所提的建议中，扼要陈述了这个办法。根据该建议，这个机关将设于北京城外，借此不致受到皇上亲信大臣的掣肘，但机关的官员将由满人大臣充任（以恭亲王和文祥为主管），他们可直接与外国公使往来，也有权进入朝廷最高层。该机关的设置，旨在令双方都满意，既让外国公使如愿得到与中国政府直接往来的权利，同时让他们与深居宫中的皇上保持距离。皇上于避暑山庄批准这项建议；他若非已认命接受欧洲人在京势不可免的事实，就是希望在将他们完全赶走之前，至少能把他们限制在一定距离外。

为化解王朝所面临的诸多威胁，恭亲王提了一个更大的计划，也在奏疏中向皇上扼要陈述了这个计划，而成立总理各国事务衙门的建议，乃是此计划的一部分。他分析道，太平军是心腹之患，是朝廷该先解决的麻烦。英国人之类洋人，则是肢体之患：虽具威胁性但危害于外，因此是次要之患。他建议道，朝廷当务之急是竭尽全力消灭太平军。在灭掉太平军之前，清廷应该对列强的要求让步，避免与他们起冲突；内乱平定之后，就可以专心对付列强[15]（一九三〇年代，蒋介石也用几乎一模一样的比喻，来为其继续追剿中国共产党，同时对侵华的日本做出让步的策略辩解）。

基于同样的思维，恭亲王也开始认真思考满清是否该借助外人之力攻打太平天国。签订新约之后，伦敦的英国人苦恼于他们对华政策的有违道德之处，而不像英美那样执着于中立立场的俄罗斯，则早已借由提供直接军援给清廷来博取北京的好感。此外，太平天国已切断大运河的漕运，因此俄国询问清廷是否需要航运援助，间接表示他们能与美国驻广州领事馆合作，走海路避开叛军控制区，将南方的稻米运到天津。

在华四大外国强权中，俄罗斯人在许多方面都是自搞自的，不与其他三国一起行动。克里米亚战争种下的嫌隙，使俄罗斯人仍对英法心怀怨恨。英法美三国最看重的，都是扩大在沿海及沿河港口的航运贸易（所有海上强权都看重此事，因而理所当然携手合作），只有俄罗斯与清帝国有陆地接壤，而且两国国界长达数千公里。因此，俄罗斯外交官在力量衰弱而容易摆布的清廷里，看到扩张本国领土、发展对华跨边界贸易且不让欧美商人在此贸易分一杯羹的机会。早在一八五七年，沙皇的代表就表示愿提供步枪给清廷，一八五八年在天津谈判缔约期间，他们也表示愿提供军事顾问——如果清朝愿将满洲黑龙江以北的土地割给俄罗斯作为交换的话。[16]

咸丰帝拒绝这些示好，于是在一八六〇年，能干的俄国年轻外交官伊格那提耶夫（Nikolai Pavlovich Ignatiev）随额尔金的远征军到北京，冀望取得新的对华影响力。英法联军入侵北京后，伊格那提耶夫与恭亲王谈成新的中俄条约——在扮演欧洲人与满清间之"公正"调解人的角色后偷偷谈定。他以任由欧洲人推翻满清为威胁，逼恭亲王同意将新疆北部的大片边界土地和黑龙江以北的更大片土地割让给俄国。黑龙江以北这片土地，面积超过七十五万平方公里，比与其接壤的朝鲜半岛还大了数倍。为保住俄罗斯新获得的广大疆土（相形之下英国取得的香港像是块小面包屑），并希望在北京成为势力最大的外国强权，伊格那提耶夫重申俄国欲帮助清廷平定内乱的主张。[17]他向恭亲王提议，除了先前承诺给予的步枪，蒸汽炮艇上的三四百名俄罗斯人也能和陆上的清朝官军合作，一起攻下叛军首都南京。

这一次，恭亲王认真看待俄国的提议。在皇上同意之后，他将这个问题交给几名汉人大臣研议，其中包括曾国藩。看过建议书后，有些人表示支持。主管上海通商事务的五口通商大臣建议事后以劫掠品当酬劳付给洋人：如果俄罗斯人攻下太平军占领的城市，战利品一分为二，一半归已空虚的清朝国库，另一半用来奖赏战功。而在用来奖赏战功的那一半中，五分之二归中国官兵，五分之三归洋人[18]（撇开"战利品"其实是抢自本国人民的资产这事不谈，值得一提的，就是在这位大臣的辖区里，华尔已在更好的条件下受雇成立洋枪队，而清廷并不知情）。而在反对此议那一方，职司全国谷物运送的官员回应道，俄罗斯人认为靠几艘船上的几百人就能打败太平军，实在托大，而且若真让他们打赢了，他们肯定会拿愈来愈多要求来讹诈政府。他断言，这项计划有弊无利，只会使清朝陷入更大险境。[19]

人在安徽湘军大营的曾国藩，立场较为矛盾。他在一八六〇年十二月上奏折（《复陈洋人助剿及采米运津折》），主张勿立即接受外国军援，但也说日后或许派得上用场。他写道，中俄无仇，所以俄国这一提议未必别有诡谋，而且清朝的确有接受这类外援的先例：先帝康熙就用荷兰船舰对付台湾的郑家王朝。但他写道，湘军水师已稳稳部署于长江，且在湖南他正加建船只，因此他不需要俄国人的水上支援。真正的问题在陆上；他的军队无法取道陆路进攻南京，因此不可能如伊格那提耶夫所计划的与俄国水上兵力协同进攻。曾国藩建议朝廷等到湘军陆师拿下足够多的太平天国土地，而足以进取南京时，再接受俄国的援助提议。

至于运送谷物之事，他提醒皇上，怀有私心的外国人在中国危难时主动表示愿助中国，向来有其一贯模式。他写道："自古外夷之助中国，成功之后，每多意外要求。"他提醒道："驭夷之道，贵识夷情。"并非所有洋人都一个样。他大略陈述了当前打交道之洋人的差异（值得一提的是，那些洋人他一个也没碰过）。他认为英国人最狡猾，法国人次之。俄罗斯

173　人比英国人或法国人都强大。俄罗斯人常与英国人兵戎相向，因此英国人怕俄国人。相对而言，美国人本性"醇厚"，对华始终恭顺。曾国藩指出，一八五八年英国入侵广州时，美国人未助纣为虐。他们也未参与白河口之役（他不知道一八五九年达底拿出手救助英军之事）。他写道，因此，"咪夷（美国人）于中国时有效顺之忱，而于嘆哺诸夷（英法诸国人）并非固结之党"。美俄助运谷物到北方之事值得考虑。但不管结果为何，他认为中国最重要之事，乃是改良本身的科技，以求日后不需外人援助。曾国藩断言："将来师夷智以造炮制船，尤可期永远之利。"[20]

　　皇上采纳了审慎行事的建议，接受俄罗斯人提供的一万把步枪和八门火炮（一年后会运抵），但婉拒了俄国海军援助的提议。[21]因为，一如恭亲王于一月二十四日所奏，真正的问题在于如果让俄国炮艇溯长江而上到南京，而无曾国藩的部队在那里与他们会合，届时俄罗斯人会不会靠向叛军那一边，谁也说不准。[22]

＊　　＊　　＊

　　到了一八六一年二月，英国报纸已出现舰队司令何伯打算率领一支皇家海军中队溯长江而上，与太平天国打开关系的报道。这是额尔金离华时交代他做的事，但一如巴麦尊政府的大部分对华政策，这个举动事前未得到外相允准，更别提得到国会同意。二月十九日，在贵族院，格雷伯爵（Earl Grey）要求行政机关报告政府计划与叛军会晤一事的详情，并利用何伯计划溯江而上一事为引子，重谈英国对华用兵的根源——他从头就认为这场战争不公不义而予以反对。在纵论英中关系史的演说中，他主张中国这场内战其实是英国所造成。

格雷伯爵和英国国会中的任何议员一样有资格评论英国的对外政策；一八三〇年代初期，他已故父亲（格雷二世伯爵，格雷伯爵茶的取名来由）担任首相期间，他当过战争暨殖民地事务次官，后来他又分别担任过战争大臣与殖民地事务大臣。他一八六一年二月十九日的演说，本质上呼应一八五三年马克思为《纽约每日论坛报》所写的文章；他主张，诞生于第一次鸦片战争的英国掠夺性贸易政策，破坏了中国政府的稳定，从而导致反清叛乱四处爆发，而如今在太平天国身上，叛乱之势达到最高点。因此，中国过去二十年的苦难和如今蹂躏中国人民家园的可怕战争，都是英国所造成。他严正表示，这不是今日才有的现象。他一字一句清楚说道："各位，我们在印度的经验应能提醒我们在这方面要小心，应该能告诉我们，毁掉亚洲政府容易，为其换上新政府不易。"[23]

马克思把中国革命想象成点燃欧洲受压迫民族起身反抗的火花，格雷却视之为英国在亚洲殖民新一章的序幕，而那样的发展并非他所乐见。他主张，英国在华的军事干预如今已把清朝推到瓦解边缘，而如果清朝真的瓦解，出手救助中国受苦人民将是英国的人道责任（他提议，将如同英国人不久前对北印度奥德省的处置）。格雷提醒，英国若看重自己在华的道德义务，"我们可能会一路被牵着走，毫无抵抗之力，最后除了亲自治理它，别无选择"。换句话说，中国会成为另一个印度。

但没人想再有一个印度。自一八五七年印军哗变后，殖民统治的高昂政治与军事成本，已让英国吃不消。那场暴动后，东印度公司遭国有化，印度殖民地由英国政府直接管理。只为

174

了能继续取得中国的茶叶和丝，为了保住英国纺织品和鸦片在中国的销路而去接管另一个帝国——而且是人口为印度三倍之多的帝国——英国力有未逮，既无足够的经费与军事资源这么做，民意也不愿意派出接管此帝国所需的庞大英国人力。因此，格雷提醒贵族院同僚，切勿忘记英国为治理印度殖民地所付出的庞大牺牲，然后脸色一沉警告他们："印度的棘手问题，比起在中国将碰到的棘手问题，根本是小巫见大巫，如果你们也要拆掉那里的全国性制度和中央政府的话。而各位，我担心你们正在这么做。"

格雷伯爵认为英国完全无力阻止清朝的崩溃，因此他主张在中国内战中严守中立。对于前一年夏天卜鲁斯拒绝应清朝官员之请而派英国部队从太平军手中夺回苏州，对于卜鲁斯促使法国人在此事上与英国人同进退，格雷伯爵予以赞许。但他也批评卜鲁斯于八月太平军抵达上海时"至为不智地"攻击太平军。格雷预测，随着清廷更为衰弱，随着叛军对中国产丝区的控制更为稳固，还会有人再请英国出来救援摇摇欲坠的清朝。但他主张（引用密迪乐论中国叛乱的有力著作的内容），在中国，长久以来，叛乱一直是人民"制止滥权与暴政的唯一工具"。对于英国国内那些可能会要求出手干预以免清朝瓦解、避免中国接下来沦为殖民地的人，他只有以下严厉至极的一番话可说："如果你将中国政府削弱到面对叛乱无力自保的地步之后，又出手干预……那么你会摘除唯一能有效制止导致人民怨声载道的贪污腐败的工具，从而使人民受害于治理不当。"他认为英国所面对的选择，前景都很惨淡：任由中国崩溃；或是出手干预，迫使中国人忍受遭唾弃的满清政府奴役；或者亲自接管这个帝国。格雷伯爵断言，这些全不是英国所乐见，而额尔金所签的备受赞许的条约，内容几乎全是日后战争的种子。

听了自由派格雷伯爵的演说，保守党方面有一人的响应更胜一筹，压过格雷。那一天最精彩的见解，出自埃伦伯勒伯爵（Earl of Ellenborough）爱德华·罗（Edward Law）之口。这位曾引发争议的前印度总督，同意格雷勋爵认为英国人对中国人的苦难负有道义责任这项前提，但提出与格雷背道而驰的结论。他不客气地说："要开启贸易，就要开火。"他提醒在座同僚一八五八年额尔金搭乘"狂暴"号行经南京时，与太平军第一次交手的经验——也就是太平军朝他开火。埃伦伯勒伯爵推断，如果英国接下来要派舰队司令何伯溯长江而上，肯定会激起与"这些土匪"的新一波交火，"因为他们就是土匪"。[24]

但其实他认为再度交火未必是坏事。因为如果何伯的南京之行造成与太平军兵戎相见，届时英国可弥补其对满清用兵时造成的损害。埃伦伯勒认为，打太平天国是"我们可……消灭那群可恶坏蛋的唯一办法，他们除了犯下亵渎上帝的罪，还杀人如麻；他们强暴妇女，杀掉男人，毁掉所有男人的工作"。对于格雷勋爵所谓英国因过去在华作为而负有人道责任的说法，他表示同意，但他不主张停止武装干预，反倒提议英国履行该责任的最佳办法，乃是对叛军也动武。他断言："只有用我们的武器和力量镇压那些土匪，才有可能弥补我们带给中华帝国的巨大苦难，弥补我们在这些战争中的作为加诸人的伤害。"

应该指出的是，那些批评巴麦尊对华用兵的人，无一看好太平天国能取代满清统治中国。但他们有此想法也是理所当

176

然。毕竟，要上海的英国人对太平天国在只约三百公里外的南京的作为有一致的看法已不容易，要远在上万公里外、每次收到来自中国的报告已事隔两个月，而且有远比遥远的中国事务多上许多事务要关注的英国政治家有一致的看法，又更难上加难。大部分议员靠外交部收集资讯印制而成的官方报告（所谓的蓝皮书）了解中国的动态。蓝皮书最主要反映的当然是卜鲁斯的看法。他身为英国驻华公使，是意见最受英国政府信赖的官员。与较无先入之见的哥哥额尔金勋爵不同，卜鲁斯早早就认定（而且牢牢认定）清朝是中国境内唯一能胜任治理责任的势力。因此，大部分议员也抱持同样看法。

此外，那些蓝皮书由罗素勋爵主持的外交部编纂印制，而相关文件的出版有时可能会大大延搁。例如，在格雷与埃伦伯勒于贵族院演说，哀叹除了英国之外没有哪个强权能取代满人治理中国的那一天，密迪乐——格雷所引用谈中国叛乱的权威，要卜鲁斯读李秀成与洪仁玕来信未果的那位英国领事——正从上海写信给罗素勋爵，陈述他认为太平天国必定统治中国的坚定信念。他写道，满清已因额尔金入侵"受到致命打击"。由于英国正在寻找新势力和新政府取代满清政权，密迪乐写道："在太平天国那儿正有这样的一股新势力，他们已于南京建立的政府，正存在这样的另一个政府。"[25]

密迪乐的信以冗长篇幅和强势语气为太平天国的治理能力辩护，但尽管他在伦敦正辩论对华政策那一天表达他的看法，他的信却直到该年四月才送到罗素勋爵手上，罗素主持的外交部在整整一年后的一八六二年四月才将其印出，供蓝皮书之用，而到了那个时候，那封信已经无关紧要。密迪乐本人不久后就从上海调到北方某个偏远港口。有人认为这是惩罚性的调动，但其实在他写此信之前，这个人事案就已经拟出，只是尚未定案。不管实情为何，随着调离上海，他在实质上已与主要情势的进展脱节。[26]

　　在政府机关之外，支持中国叛军的声浪远更浩大，英国报纸上出现多种请求大众不要只看蓝皮书中负面形象的声音。隶属于卫理公会的《伦敦评论》（*London Review*）指责卜鲁斯漠视本国传教士发出的正面报告，却青睐美国人花兰芷（J. L. Holmes）对南京特别负面的陈述（花兰芷说他在叛军首都所见"完全没有基督教的影子，基督教之名遭误用，用在令人反感的偶像崇拜制度上"）。[27]《伦敦评论》批评花兰芷是完全不可靠的消息来源："年轻人一个，在该国待的时间不长，据说对该地所讲的方言几乎一窍不通。"这份刊物主张，花兰芷无法与叛军领袖充分沟通，他的愤慨大部分肇因于礼节问题：他拜访期间，太平天国要他下跪，他因此大为不悦。《伦敦评论》以嘲笑的口吻表示，基于同样的逻辑，"新西兰的土著首领来到白宫，应该要求美国总统与他擦鼻"。香港的《陆路纪录报》将杨格非与花兰芷放在不同的标题下方，指出杨格非对南京的正面陈述与花兰芷的负面陈述两者的不同：给杨格非的标题是"读书人"，给花兰芷的则是"不识字又出纰漏的偏执之人"。[28]

　　支持太平天国的洋人以传教士为大宗，但并非只限于传教士。有位名叫史卡思（John Scarth）的英国商人在华经商十多年，返国之后随即在伦敦出版一连串小册子，批评英国明显偏袒满清的立场。在《我们与鞑靼人或中国人的战争？》（*Is Our War with the Tartars or the Chinese?*）这本小册子中，史卡思主

178　张英国已明显站到鞑靼人（清朝）那一边，与中国人（太平
　　天国）为敌。从这本小册子首页的警句，就可清楚看出他本
　　人的立场。这个警句引自《阿西娜神庙》（*Athenaeum*）杂志，
　　写着："尽管遭外国反对，遭官府残酷对待，但这一（在中国
　　的）自由大业有可能会获胜，鞑靼人有可能会被逐出他们蹂
　　躏许久的土地。"[29]

　　　　史卡思主张，太平天国起义"不仅是反鞑靼王朝的叛乱，
　　而且是最广义的革命"。但他说，要英国民众清楚了解他们并
　　不容易，因为上海外国记者得到的资讯，有太多来自他们生活
　　周遭的清廷支持者。因此，他写道，他们减少对太平军的正面
　　报道，同时常"以一成不变的词语（辱骂）叛乱分子"。至于
　　国外报纸，他说伦敦《泰晤士报》的记者只会照搬额尔金通
　　译威妥玛之类人士的极武断见解（威妥玛称他所遇见的太平
　　军是"一帮抽鸦片的海盗"）。史卡思严正表示，太平天国，
　　就和当时正为统一全国而奋战的意大利人一样，理由非常正
　　当。他写道："那不勒斯的暴虐统治和罗马的不当治理全部
　　加起来，还远不及中国人在鞑靼统治者底下不得不忍受的压
　　迫。那么为何中国人不该造反？只有意大利人值得我们同
　　情吗？"[30]

　　　　出于同样的民族主义思维，一八六一年春，《都柏林大学
　　杂志》（*Dublin University Magazine*）刊出一篇谈太平军的文章
　　（《经济学人》称该文"论点公允……有利于他们的形象"），
　　呼吁"有见识、热爱民族权利的报纸"，在刊出来自中国的报
　　道之前要更严加审核。该文作者仿效史卡思，将太平天国比拟
　　为意大利的统一运动（巴麦尊反倒支持的运动），对于阻碍大
　　片中国地区为自己伸张正义的英国政策的道德性提出质疑，并

说："那一大片中国地区和意大利或法国一样有权利为自己伸
张正义。"这位作者呼应那些批评政府政策，且觉得卜鲁斯在
上海的作为显露无意干预中国政局的国会议员的看法，然后用
英国政府自己说过的话来堵政府的嘴。他问道："我们要消灭
那些向敌友宣告，欲把中国打造为基督教国家的人，借此支持
一个额尔金勋爵自己承认是世界上最糟糕的政府吗？"[32]

　　诚如这些作者所说的，问题的重点不在宗教，而在民族自
决：太平天国是中国人反抗满清暴政的起义，阻挡他们就是和
暴君站在同一边。这个论点与宗教论点关系密不可分，但光是
它本身就站得住脚，因为太平军所标举的基督教或许不完美，
甚至不讨人喜欢，但他们无疑有权利追求民族自由。而这样的
论点在英国特别难以反驳，因为经民意洗礼执政的是自由党。
巴麦尊虽有种种对外侵略的作为，但他本身是自由党党员，而
自由党党员往往从道德角度看外国事务。罗素勋爵一再向议会
表示，英国在中国内战中严守中立，他必须一再这么宣示，正
因为他党内其他人对于是否真的严守中立一再表示怀疑。但看
待中国的道德角度不止一个，某人眼中的民族解放，在别人眼
中是人道灾难。巴麦尊与罗素透过卜鲁斯的认知，不信任太平
天国，因此在这场争辩中，他们会一致认为太平天国是股无法
无天、四处掠夺的势力，如果英国在华有何道德天职，那就是
阻止太平军杀戮位于英国在上海小小势力范围里的中国人。

　　在英国议会里，无人发言支持清廷（不管有谁对烧掉圆
明园一事感到何种疑虑，议会里没有人不因导致此事的事件而
鄙视满清），但在平民院，的确有一人热切且极偏袒地支持叛
军——而从许多方面来看，他正是大家最料想不到会扮演如此

179

角色的人。他是七十一岁的前东印度公司董事长赛克斯（William Henry Sykes），十三岁在东印度公司的军事部门见习，就此展开其职业生涯的苏格兰人。接下来的五十年里，他一路往上爬到上校阶，成为该公司董事，最后当上董事长。就在赛克斯上校担任董事长期间，英国政府于一八五八年从这家股份贸易公司手中接管印度，东印度公司遭收归国有。

180　　退休后，赛克斯上校在苏格兰阿伯丁选区选上国会议员。他在平民院是个难缠的角色，这不只是因为他在印度的丰富经验，还因为他曾任皇家亚洲学会会长，把他能弄到手的有关中国的东西全读过。[33]他热爱统计学，是伦敦统计学会（后来成为皇家统计学会）的创办人之一，因这个学会而结识马尔萨斯（Thomas Malthus）和南丁格尔（Florenoe Nightingale）。虽然（或者说不定正因为）他把一生奉献给大英帝国在印度的统治，却也以极强烈的道德观来批判祖国在亚洲的政策。

三月十二日，赛克斯质询罗素勋爵，英国对太平天国想采取什么政策。他把太平天国称作中国的"民族党"，因为他和史卡思一样深信他们代表反对满清暴政的中国人民。英国是否想维持在华的驻军？他主张，如果是，那英国很有可能重演一六四四年满人所扮演的角色。当时，满人受明人之邀入关助明朝平定内乱，结果"他们平了乱，也灭了皇帝"[34]（赛克斯这番话不完全符合史实；满人入关时，明朝末代皇帝已死，尽管他们的确受邀协助平定内战，他们也的确夺取了皇位，入主中国）。

接下来赛克斯描述了满人如何不愿融入汉人社会，在入主两百年后仍住在特别辟建的满城里，保持统治精英的身份，与广大受统治人民保持区隔。他描述叛乱活动的进展，直谈到前一年春天江南、江北两大营遭攻破之事，将太平天国这场军事胜利归功于洪仁玕终于来到南京与他们会合。他接着说道，洪仁玕是"叛军重振士气的真正原因"。他"有才干，在香港受过传教士教导，已皈依基督教，成为基督教传教士"。他叹服于洪仁玕《资政新篇》的高明和该文为中国擘画的未来。赛克斯说："在某章中，他提倡引入铁路、汽船、寿险和火险、报纸，以及其他西方发明……谁晓得几十年后，这个伟大国家，国土辽阔、资源取之不尽的国家，不会有铁路深入纵横全境，不会被燃煤车辆的'哐啷'行进声和电流的闪光惊动而迸现活力？"

赛克斯传达了上海传教士的声音，但也加上本身的军事与经商经验，强化其主张。他谈到苏州的叛军"谦恭有礼地接待来自各国的欧洲人、商人、传教士和其他人"，写信陈述他们欲"为民族党"和平拿下上海的心意。他重述了《北华捷报》有关卜鲁斯不愿拆李秀成来信和接下来施暴的报道——无进犯之意的叛军抵达上海时被当作活靶攻击，而他们从头到尾未开枪反击。赛克斯愤愤表示，这显示英国的代表已简直把罗素勋爵保持中立的指示抛到脑后。简而言之，英国部队的作为如同"佣兵"。那种做法"在我们的名誉上留下几乎无法抹除的污点"。

赛克斯表示，在上海"为我们的敌人打仗而杀害有意与我们为友之人的怪事"，完全肇因于卜鲁斯对太平天国的偏见。把所有过错全归在内战一方，立场失之偏颇，他用了许多字句指责卜鲁斯偏颇。赛克斯说，"卜鲁斯先生说叛军所到之处民生凋敝"，但他个人认为实情正好相反：他收集到的统计资料，足以证明经上海出口的茶叶与生丝，在叛军攻占中国最

181

富饶的诸省后这几年，其实有增无减，比起太平天国出现之前，出口量增加了超过九倍。他引用杨格非的报告，说南京逐渐恢复生气，正在重建，他还描述了天王发给杨格非的宗教包容诏旨。赛克斯表示，外国旅人常说遭清军打劫，但通常受到叛军善待。他引述罗孝全的话说，太平天国想和英国和气通商，忠王"想在商业和宗教上都维持最友好诚挚的关系"。

他断言太平天国的确是个"造反的民族党，占有中国三分之一土地，誓言驱逐鞑靼人，扫除偶像崇拜，引进基督教"，而那些都是英国该予以支持的东西。站在他们对立面的，乃是"薄弱、外来的鞑靼专制政权，事实表示那个政权并未信守与欧洲诸国签订的条约，也敌视基督徒"。两者该选哪个？但英国已于前一年夏天在上海的行动中，站在后者那一边。他问罗素勋爵，这样的政策会再实行多久？

罗素气势汹汹回应赛克斯的质询，指赛克斯执拗天真，严正表示太平天国代表中国人对抗满人这种看法"无一语是真"，而且他们也不是基督徒。他重谈卜鲁斯的报告，说叛军是贪得无厌的作恶之人，嘲笑基督教，他们来上海只抱着最强烈的杀人意图。罗素辩称，中立允许自卫，他誓言绝不会"因为国内有些人认知错误，以为他们是民族党，我们就该支持他们，（就让）有我们商人聚居的城镇被毁"。[35]

但赛克斯不罢手。四月十二日，他再度站上发言台，挥着一把来自上海《北华捷报》的文章，说那些文章正直接支持他先前所述的观点。他问罗素勋爵是否已备好其中哪篇文章供议员取阅。罗素几乎是不予理会，反倒针对先前有关德国与丹麦事务的质询滔滔谈起（据正式文字记录将近三千字），然后以一句轻蔑的评论作结："我觉得这议事厅里，只有可敬且英武的阿伯丁议员阁下（赛克斯上校）对太平天国感兴趣。"[36]
他说，外交部的印刷工太忙，没空准备其他资料。

＊　　　＊　　　＊

但就在这些人于伦敦唇枪舌剑你来我往时，舰队司令何伯
已在前往南京的路上。一八六一年二月上旬，他离开上海租
界，搭乘军情传递船"科罗曼德尔"号（Coromandel）溯长江
而上，在经过数日豪雨而上涨的冰冷浑浊河水里奋力前进。[37]
何伯身材特别瘦长，具贵族气息，耳大，脸上胡子刮得干干净
净，打起仗一往无前，佩服他的部下因而替他取了绰号"好
斗吉米"（Fighting Jimmy）。[38] 他的配备五十一门火炮的旗舰
舰身太大，在长江行动不灵活，因而留在上海，他则带领从不
久前入侵大沽的英国舰队归建的小队炮艇前往。众炮艇呈三列
纵队行驶于雨中，较小的炮艇走在最前头，探测浑浊江水的水
深，然后以信号将水深告知后面吃水较深的船只。但尽管何伯
小心前进，仍频传船只搁浅，花了两个多星期才走完约三百二
十公里的航程。有艘蒸汽动力的河船与他们同行，船名"浮
动旅馆"，船上载着由官员、传教士和商人组成的代表团，个
个意兴昂扬（后来这艘船也搁浅，船上的人改称它为"靠岸
船"）。这是迄今为止拜访南京的最庞大洋人团队。

这支队伍的谈判主将不是别人，正是刚从北京僧格林沁手　183
里逃过一死的巴夏礼。他另行乘船前往，二月二十四日抵达南
京，四天后其他人与他会合，途中这个团队停靠在毁于战火的
镇江城，让一名孤单的领事下船（这名领事耐心等待业务开
张，他带的英国国旗孤零零飘扬在旗杆上）。他们见到长住南
京的罗孝全，还有于洪仁玕在二月上旬离开后已在南京待了两

星期的慕维廉。这一行人受到太平天国政府欢迎，在忠王府住下——忠王这时人不在南京——并未如埃伦伯勒勋爵所预测的受到炮火欢迎。

三月一日，巴夏礼向太平天国两位三等王说明英国的长江通商计划。这时，其他王已赴安庆战场，由他们两人留守南京。他告诉他们，英国与清廷所签的条约已给予英国船在湖北汉口通商的权利。汉口与汉阳及省会武昌合称武汉三镇，位于安庆上游，这时在清廷控制下。由于叛军控制了汉口与安庆之间的大部分土地，巴夏礼告诉他们两人，不管谁控制长江沿岸，英国船只都有权在整条长江自由航行。此外，他告诉他们，舰队司令何伯打算让配备六门炮的明轮蒸汽战船"人马兽"号（Centaur）留驻南京，以保护侨居该地的英国国民。

两王赴天王宫将巴夏礼的意思转告洪秀全，天王宫位于这过度膨胀的城市另一头，距离带着威胁之意停泊在长江的英国舰队约十一公里。几小时后，他们带回天王旨意，说天王得一异梦，异梦警告他勿让洋人下炮艇，因此他们不能答应巴夏礼的要求。但经过一番极激烈的协商（据说协商期间巴夏礼向他们大声说："他肯定还做了别的异梦！"），他们的态度终于软化，同意巴夏礼的条件。[39]不管叛军的作战计划为何，都可能必须攻打攸关英国利益的城市，因此巴夏礼警告他们，如果攻打镇江（英国人刚派驻一名领事之地）或安庆上游的九江，即仍在清军控制下且刚因北京条约开放通商的两个口岸，最好不要伤害英国国民或他们的财产。他还保证英军不会像在上海那样阻止太平军攻打那两座城市，作为回报。[40]巴夏礼本人对184　叛军没什么好感，叛军只让他想起"刚洗劫过一座城市的一票抢匪"，[41]但只要英商能放心做生意，不受骚扰，他认为可以接受他们。诚如他在一份报告里写的："我们发觉这些'王'——我们见到其中两个——颇讲道理，如果他们在长江来回走动，经过我们船时不动我们的船，我们的主要目的就达到了。"[42]

巴夏礼坚信长江对外通商对中国有益，认为那是"通过这个病弱国家主动脉的商业暖流"。[43]但叛军最想要的大宗商品似乎是枪炮和鸦片一事，使他不禁怀疑他的上述想法是否太天真。鸦片或许令上海鸦片商跃跃欲试（他们担心太平天国会禁绝鸦片买卖，但情况看来是杞人忧天），但对于英国民间商人在中国内战区的心脏地带自由贸易可能带来的爆炸效应，巴夏礼无法漠视。而且张开双臂欢迎军火商的，不只叛军这一方。他写道："清廷那一方……也一样。鸦片和军火，鸦片和军火，我们所到之处，都听到清朝官员、军人和人民发出这样的呼声。"长江沿岸主要城市开放通商是他所乐见，但他担心"这个交往带来的除了好处，可能也有很大伤害"。[44]

在叛军和清廷之间，巴夏礼看不出有什么理由要英国人偏向哪一边。他在满清手中吃过很大苦头，但对这场内战他依旧漠不关心，他说，他在长江沿岸碰到一位农民，那个农民的一席话塑造了他对内战双方的评价。农民"过了些许时间，确定别人听不到他讲话，才告诉我他自己受苦受难和各地民生凋敝的可怜故事"。巴夏礼转述那位农民的观点，那是在这场战争期间得到无数次重述的观点："他认为官军和叛军没什么两样，他在这两者底下都没过上好日子。"[45]

与巴夏礼的务实相反，舰队司令何伯抱持和卜鲁斯一样的立场，认为叛军只带来破坏，不可让他们靠太近，以免危害英国利益——尽管他比卜鲁斯更加深信英国该使用武力来达成这项目的。何伯个人希望通商口岸成为中国混乱大地上难得的安定之地，受英国武力保护，让本地商人得以在"帝国商业城会被摧毁，最富生产力的诸省份会成为废墟"的中国，安然度过"一段不知伊于胡底的混乱期"。[46] 何伯深信，为实现这个愿望，英国人应将上海方圆两日步程（一百华里，五十公里）内的地区纳为势力范围，不让太平军进入该区域。

建立此一势力范围，等于对中立原则施予最牵强的解释——可以说是预为防卫英国利益的举动——而且直接抵触了英国公开宣告的政策，至少在罗素勋爵正在议会为该政策辩解时，抵触了该政策。但据他同时代的人所说，对瘦高的何伯而言，"客观情势的需求最重要，官方的平衡考虑不大重要，害怕担责任的心理则完全不存在"。[47] 罗素与卜鲁斯或许坚决主张他们的高尚理论和中立道德原则，但海军有自己的职责，而且何伯自认是举足轻重之人，不尚空谈讲究行动之人。一个月后他从汉口顺长江而下返回上海，途中再度停靠南京时，他已经决定巴夏礼该向太平天国领袖提出，叛军不准进入上海方圆五十公里的要求。

于是，三月底，奉何伯指示，巴夏礼与那两位三等王展开新一轮谈判。他要求他们保证叛军绝不会进入上海周边两日步程之内，然后在他们似乎可能同意此要求后，要他们保证叛军绝不会进入所有通商口岸周边两日步程之内。他极为厚颜地告诉他们，那将有利于太平天国，因为当他们终于拿下整个帝国时，那些重要的通商城市将因此不致受到战争摧残。谈判可想而知停摆。巴夏礼开始怀疑这两个王没有实权（对所有相关人士来说，洪仁玕这时人不在南京，实在是件憾事）。于是他丢下他们，径自前往南京城另一头面见天王。但抵达天王宫时，侍卫不让他进宫。他怒气冲冲坐在外庭，一坐数小时，愈来愈不耐烦。除了愤愤盯着墙壁，没什么事可做，而且令他火冒三丈的是，那面墙上挂了一幅太平天国地图，图中英、法两国窝在左上角，只是两座小岛。但最后，经过宫女进进出出传达双方讯息（巴夏礼的意见写在纸上，洪秀全的意见写在黄帛上），双方达成协议：洪秀全会告知上海附近的统兵官，在该年结束之前，都不进入上海周边五十公里。[48] 至于其他城市，他不能做此保证；他正在作战的军队可能需要那些城市提供补给。巴夏礼离开南京，心里怀疑天王对底下的战地指挥官到底能控制到什么程度。

当然，罗素勋爵或许也有同样的怀疑。

舰队司令何伯的确配合他的国家的中立政策做了一些让步。例如，他命令上海当局开始搜捕已在中国这场内战中受募参战的英籍佣兵——尽管这么做既是为了维护施行已久的中立规定，也是为了惩罚他所辖部队的逃兵。为叛军效力的外籍佣兵据认以南京为大本营，因此有位名叫富礼赐（Robert Forrest）的领事馆官员于一八六一年三月离开上海，走陆路经过太平天国辖地前往叛军首都。他打算与从汉口返回的何伯一起查探情况，沿途找叛逃的英国人。

富礼赐是第一位离开水道近旁更深入探察太平天国辖地的英国官员，他的记述使蓝皮书读者得以首度一窥中国内战另一方的面貌。在这份记述的开头，可想而知，他证实了长江和大运河两岸约一·五公里内的乡村的确荒无人烟，但接下来他写道，更内陆的叛军辖区，人民生活其实比外界所想的要好上许多。[49] 他发现清廷控制的上海和叛军控制的苏州，两地地下贸

186

易很热络，不断有数千艘小船来往于两地之间，这些船的船东用钱打通关节，使船得以通过官军和叛军的警戒哨。他在途中与数位叛军士兵谈上话，其中许多人是征召入伍（有些人的脸颊甚至被刺上太平天国之名，以防他们逃跑），但他觉得他们似乎很快乐且吃得好。他们告诉他，他们每天都有许多米饭吃，并说他们不担心未来。但他们脸庞底下隐藏了什么痛苦，不得而知；他遇过外表看来最开心的，是被强行从家中掳走的少年兵。那些少年兵"神气又得意"，追着他跑，称他是洋妖怪。

离开浅灰黄色的大运河堤岸，富礼赐往内陆走，进入完全不同的世界。[50]他写道，那里的人"看到洋人并不惊恐，和运河边零星的可怜人一样"。相较于河岸边的死寂荒凉，更内陆地区的生活似乎散发"信心和安全"。那里的人重新干起田活。他提到许多法令告示使日常生活恢复秩序。他遇到的人告诉他，叛军初来时带来严重破坏，掳人，劫掠，当地人逃难，但他写道，那段混乱期似已过去，"我要说，他们如今正迅速返回家园"。他笔下的太平天国乡间景象，与走过那时期的中国乡绅留下的多份记述相符——大体上来说，太平军拿下一地后，并不骚扰当地人民。在较大的镇，太平天国设了乡官（富礼赐认为，"人民似乎信任乡官"），但在较乡下地区，除了不见剃发者，就只有一件事能彰显太平天国治理事实，那就是每隔约一个月会有人来收税（谷物或现金）。也就是说，那和清廷治下的乡村生活差别不大。富礼赐预测，除非战火重临，"这些村子很快就会住满人，土地很快就会恢复往常的富饶"。[51]

富礼赐一路上只见到一个蓝眼睛的人，但他竭尽所能搜集了叛军阵营里洋人佣兵的情报。在南京，他发现有一百多个洋人为太平天国打仗，包括欧洲人和美国人。在这之前外界不知道有这么多洋人为叛军效命，因为只要有外国船停靠，他们就全躲起来。富礼赐说服太平天国当局交出其中属英国国民的洋人，就他所知有二十六人。只有少数洋人承认是志愿加入太平军（为了每月六十两银子的薪水，相当于湘军营级指挥官的薪水）。[52]其他人表示是为了躲避追捕，是因为遭人诱骗而去当兵，也就是后来俚语所说的"被上海了"（Shanghaied）：他们到上海某酒馆喝酒，有人偷偷在酒里放了迷药，醒来时他们人已在小船上，在前往南京的半途，有枪指着他们。差不多这样。他写道，这些人"很可怜"，"没薪水，但领到许多米和烈酒。他们获准每到一处就可劫掠，但似乎没劫到什么东西"。就这点来看，他们的处境和清廷一方的华尔洋枪队里的洋人士兵差不多糟。在这之前，他们在青浦及松江和华尔洋枪队交手过，结果他们的队长萨维治战死。

日子肯定不好过。其中有一人痢疾缠身，在富礼赐来了几天后一命呜呼。还有一人告诉富礼赐，他们之中有个意大利人不久前杀了一个爱尔兰人，丢进护城河，事后似乎没受惩罚。富礼赐得知，犯暴行并非华人部队的专利，因为他的同胞"毫不隐瞒强奸与抢劫之类罪行，甚至暗示犯过更严重的恶行"。他抵达南京时，他们已在征途，准备攻打浙江杭州，而萨维治死后，已换上一名美国人当他们队长。部下很敬畏他，只知他叫孔雀。他们告诉富礼赐："他在太平军里阶级很高，有生杀大权。"富礼赐将二十六名经确认的英国国民押上"人马兽"号带到上海，他们将以违反中立规定的罪名接受集体审判。他对其他国家的公民无管辖权，因此只能放过佣兵队里

188

的大部分人。[53]

　　基于一视同仁，舰队司令何伯也想制止洋人替清军效命。五月二日，有位英国领事欣然报告说，英国部队在松江抓到十三名华尔民兵队的队员，其中一人证实这时替清军效命的洋人只剩八十二人（比太平军洋人民兵队人数少），其中二十九人是英国皇家海军的逃兵。这名告密者还把华尔说成行径极似暴君，宁可把有意退出的人关起来或任之消失于中国恶棍手里，也不愿让他退出洋枪队回上海。[54]

　　五月十九日，他们终于抓到华尔，当时他正在上海为民兵队招募新血。他来自美国马萨诸塞州，因此在上海租界里，唯一有权管治他的是美国领事，但当华尔声称他已不是美国公民，而是清朝国民时，事情变得十分难办。前一年秋天他脸颊中弹，留下大块伤疤，因此讲起话含糊不清。他已和一名中国女子订了婚（但时机显示这是仓促安排的婚姻，因为有封准新娘父亲寄给华尔父亲的祝贺信，注明的日期在他被捕十天后）。[55]人在上海的江苏巡抚，即他靠山之一的薛焕，拿出文件证明华尔已是中国公民。文件是假的；清廷的确会让他归化，但那是隔年二月的事。[56]但美国领事相信了，于是不愿将他起诉。[57]英国人不想放掉华尔，以免他继续诱引英国人为清军效命，但要将他交付审判，似又无法律依据，于是在他们想着该怎么处置他时，何伯将他关在旗舰上的房间里。某天深夜，华尔从一扇未关的窗户跳船，一艘早已等着的舢板将他救起，他再度消失于见不得光的世界里。[58]

九 看谁撑得久

安庆城位于长江北岸，蜿蜒的大河在此由西往东直行一小段后绕过一座岛，然后转北，继续向将近六百公里外的大海前进。安庆城四边各有一道约一·六公里长的高大砖墙围着，城墙上筑有雉堞。南城墙与江岸平行，而这一段江岸是平坦的沙滩。沙滩与南城墙之间坐落着一道狭长的缓冲陆地，在这场内战之前，那段陆地上有稠密的民居和市场，但到了一八六〇年已全遭夷平、清走，只剩一座带凹槽的七层佛塔。佛塔位于安庆城东边，塔基有一圈防护石墙围着。除此之外，河岸光秃秃，荒无人烟，若有敌人从长江上岸，没有可掩护或藏身之处。安庆不是中国最大的省会，但是一座宏大的要塞，面积超过二·五平方公里，俯瞰长江和周遭乡间。从军事角度看，它位置绝佳。它坐落在一块高地上，高地四边皆往下斜，视野良好，具有地利。而且从陆路极难接近它：它南边紧邻长江，西边数公里处和东边近处各有大湖，加上折向北行的长江，使该城的腹地三面皆为水所围住。北边约十公里处，有座陡峻山脉耸立于云雾中，从北方来者得越过山上的集贤关才能抵达安庆，集贤关也有石造工事防守。[1]

从战略上来看，安庆犹如一个杠杆支点。往东看，它扼守从长江北岸前往南京的各个要道，太平军往北与往西经安徽进入湖北的所有征战，也以安庆为基地。而且它无疑扼控紧邻其南边的长江。安庆段长江宽约八百米，但吃水较深的船所走的水道紧邻北岸，近到行经船只的船长可以看到城墙上对着他的火炮炮管内部。[2]因此，清军即使越过安庆，攻进太平天国领土，其水上补给线仍逃不过安庆守军的截断。[3]曾国藩得先拿下安庆，才能往南京推进。而太平军若想拿回武昌以下的长江北岸，进而与在四川流窜的石达开部接上线，就得守住安庆。

只要守军有所防备，敌人几乎靠近不了安庆，但一八六〇年夏曾国藩开始攻打安庆时，守军并无防备。落入太平军之手已七年的安庆城，归英王陈玉成管辖。陈玉成是早早就显露锋芒的叛军将领，这时才二十五岁，十八岁时就攻下武昌，因眼睛下方有两个令人望而生畏的黑色胎记，被敌人称作"四眼狗"。[4]一八六〇年春，他拔营率领大部分兵力东进，助李秀成解南京之围，留下约两万部队防守安庆，保护安庆百姓——其中除了陈玉成的家眷，还有四五千名妇女和可能八千至一万的孩童。[5]守军是来自湖南及湖北未经战事的新兵，他要他们严守城墙，但勿出城与敌交战。因此，曾国藩趁英王离城，派曾国荃率一万部队从北方经集贤关往南进抵安庆时，太平军的警戒哨吓得落荒而逃，曾国荃部未遭到多少抵抗，就在城墙守军射程之内扎起营。[6]

192　　太平军看待自己手中的城市，主要将其定位为军营，在安庆也不例外。穿过高大的外城门入内，即是供守军和百姓居住的街坊，街坊维持得井然有序，有坡度很大的石板街道。穿过街坊再往里走，乃是大片无人居住的屋舍区，那些屋舍不久后就会被拆除，以提供柴薪、建造墙边新防御工事之用的砖块，以及种菜的空地。城里的居民能大量种菜。他们也从一开始就得到食物之类必需品的充分供给，因而守军紧闭城门等英王回来时，居民并不怎么担心，城外小股湘军忙着攻城时，他们还轮流上城墙的瞭望台注意平原远方的动静。[7]

＊　　＊　　＊

对于曾国藩围安庆，太平天国领袖最初并不特别担心。他们知道安庆城防御工事强固，而且守军虽无经验，人数却是城外敌军的两倍。一八六〇年九月，安庆解围计划出炉。太平天国制订了夺回武昌以下长江的计划，而解安庆之围是这个更大计划里的次要目标。洪仁玕的战略——先巩固对南京以东长江下游地区的控制，然后转而攻取上游——自此进入第二阶段。但八月受挫于上海后，很明显，洋人不会卖汽船给他们，洪仁玕用汽船运兵到武昌的指望随之落空，因此太平军不得不徒步前往。巩固东边苏州周边的主要工作完成后，英王陈玉成与忠王李秀成沿着长江两岸往西分头进击，展开庞大的钳形攻势，打算绕到湘军上游防守薄弱的湖北省会武昌会合。

根据这项计划，英王将带十万左右的大军到江北，往西穿过安徽，打算途中于初冬时解安庆之围，然后继续往西挺进，春天时拿下位于长江北岸，与武昌隔江相望的较小城市汉口。李秀成则带较小的一支部队，在长江南岸与英王平行前进，在北边友军正攻打曾国荃部以解安庆之围时，奋力攻破曾国藩在祁门的大营，然后往南迁回前往武昌，四月与英王会合，以便夹击武昌，而由于曾国藩几乎将所有兵力都投在安庆，武昌守军只约三千人。[8]完成这个主要作战行动后，残存的任何曾国藩部队都将如瓮中之鳖，补给线被切断，援军进不来，然后英王与忠王的联合部队能以武昌为基地，循长江两岸回师，消灭残余的湘军。[9]

英王于一八六〇年十月从南京开拔，渡江到长江北岸，然后率军西进安徽，试探清军防线的虚实。安徽可以说是中国境内受战争摧残最烈的地区，北方捻匪作乱往南蔓延到安徽，还有官军与太平军的内战肆虐安徽（这场内战过了五十年后，游历这地区的人仍哀叹其创伤还未愈合）。太平天国与捻军双方领袖的关系并不深，但两者有共同的敌人清廷，偶尔找到合作基础。以这次陈玉成西征来说，他招到一名捻军将领加入阵营，这名将领的马队发动一连串侧翼佯攻以混淆清军判断，掩盖陈玉成部的主要行进路线。十一月下旬，陈玉成采取行动，急转向南，直朝安庆而去。但刚过了安庆北边由太平军控制的桐城，他就碰上满人将领多隆阿率领的两万骑兵大军。为防太平军从这一方向支援安庆守军，曾国藩早派多隆阿驻守桐城南边。

眼见未能突破多隆阿的骑兵防线，且他行进较慢的部队不断遭行进迅速的北方骑兵从侧翼包抄，陈玉成于是退回有城墙防护的桐城，放弃南进安庆的计划。他据守桐城，顶住官军攻击，如此过了冬天，然后在三月初拔营，正值农历新年刚开始（洪仁玕此时也正带兵离开南京以支援他）。这一次他带兵大迁回到西北边，多隆阿马队攻击范围之外，然后遽转西南，直奔武汉三镇。他们猛然加快速度，以十一天时间，步行约三百公里，途中击破数股抵抗的民兵队。有支湘军特遣马队往正西直奔，想截住他们，但抵达时已经太迟。一八六一年三月十七日，英王部的先头部队抵达长江北岸边的黄州镇外，距上游的汉口、武昌只八十公里。

先头部队出其不意进攻黄州，歼灭该城两千步、骑守军，接收守军的马。[10] 然后他们开始拆房子，以便用木头和石材搭建三道屏障围住黄州城，同时，英王部的其他单位继续进城，由于长程行军，身体疲累，进城时摇摇晃晃。其中有些人累到一经过护城屏障就倒在地上，当街睡了起来，连身上的行李都没卸下。[11]拿下黄州，陈玉成有了绝佳基地可据以进攻上游的汉口，完成他在钳形攻势中所承担的任务。

＊　　＊　　＊

祁门位于长江以南，安庆东南方约一百公里处，与安庆之间隔着重重山峦。在祁门的湘军大营，曾国藩得悉叛军移动，忧心忡忡。除了江北陈玉成部新展开的徒步远征——曾国藩尚不知情的行动——另有几支太平军自初秋起就一直在骚扰他设于祁门周边的防御据点。晚秋时，侍王李世贤（李秀成表弟）已拿下休宁镇。休宁位于曾国藩东边约五十公里处，扼控往东的唯一道路。他派麾下最善战的将领鲍超前去夺回。湘军训练精良，但敌众我寡，且不知叛军的更大计划。

就在这时，他弟弟在长江对岸围攻安庆的进展也不尽然令人乐观。由于有多隆阿在北封阻，围城仍在静静进行，但曾国荃的领兵作战经验不足，而且曾国藩得知他麾下军官一直用腐烂发霉的谷子当报酬，付给帮他们挖深沟、盖土墙的大批农民工，而那些饿着肚子的农民除了接受，别无选择。曾国藩写了封怒气冲冲的信给弟弟曾国荃，要他务必用银子支付报酬，因为已有流言说湘军贪污严重。他写道："凡养民以为民，设官亦为民也，官不爱民，余所痛恨。"[12]唯一的好消息是，晚秋时他得悉洋人军队洗劫圆明园后已离京，看来他们无意侵占中国。这是唯一让他感到宽心的事。

一八六〇年十一月二十三日，曾国藩过五十岁农历生日。他毫无过寿心情，在日记里写道："马齿虚度，颓然遂成老

197

人。"[13]当天他在外视察，巡视祁门东北约十五公里处一个椭圆形山谷周边的山峰。那山谷既平且广，约十九公里长，六公里宽，山谷里簇拥着富商村落和稠密茶园，四边为陡峭山峰所环抱，最高的山峰高逾九百米。山谷犹如群山中的绿洲，且四面八方都有山紧逼而来，近到几乎伸手可及。山谷东北方坐落着黄山，黄山境内有一座座高逾一千五百米的花岗岩峰，奇松怪石直插云霄。山谷正北边有羊肠小道穿过层层的山峦。若有军队从北边进入这个山谷，最可能取道此小径。

早早吃过早餐，处理文书之后，他于早上七点左右出门，沿铺着沙砾的山径辛苦爬上羊栈岭。羊栈岭是战略要地，位于他的营地北边约十一公里处，俯瞰穿过北边山区的通道。天气晴朗时，从海拔约八百米的羊栈岭远眺，山另一边的景致，从随风摇曳的竹林到谷底渺小的农村尽收眼底，视线循着布满松林的山谷里微微荡漾的河流往北逶迤，可看到数公里以外。但当天天气不好，厚厚云层盖住山口，从山顶瞭望台远眺，什么都看不清楚。[14]

在海拔较高处，天气变冷，接下来两天，他的斥候证实，其他穿越山区过来的路径都已被雪封住。春天来临之前，这山谷不会有事。因此他结束视察，十一月二十六日回到祁门。

五天后，十二月一日，李秀成的全部兵力从北边翻过羊栈岭，进入山谷。

*　　*　　*

198　那天下午曾国藩接到这份消息，立即派最快的信使骑马出去求援，他则整夜未眠，惴惴不安。隔天早上，他沉着脸，既疲累又忧心，大营里只有三千部队可抵御来犯之敌。[15]最近的支援部队是鲍超部，位于祁门东边约五十公里外的休宁，[16]而李秀成部已出现在祁门大营与鲍超部之间。情况非常不妙。但他写信给安庆的曾国荃说明情况时，竭力表现得若无其事。他在信中说，他已尽了力，敌人仍能冒着浓雾和大雪如此来犯，也只能说是天意。他写道，这时叛军距他兵力不足的大营"仅八十里，朝发夕至，毫无遮阻。现讲求守垒之法，贼来则坚守以待援师"。

在这之前他已想过多次当死亡来临时要如何面对，而在这封信中他的语气平稳，安然处之。他在信尾写道："回首生年五十余，除学问未成，尚有遗憾外，余差可免于大戾。"最后他向家人提出道德忠告：他要曾国荃"教训后辈子弟，总当以勤苦为体，谦逊为用，以药骄佚之积习，余无他嘱"。[17]他从容坐定，等待自己人生的终点。

但那天李秀成并未来犯。李秀成不知道祁门曾国藩部队的虚实，也不知道这位湖南将军麾下最能打的部队位于另一个方向，距祁门有一日行程。李秀成的部队翻山越岭，冒着风雪而来，非常疲累，需要休息。而且他真正的目标，在江西和湖北境内等着他接收的数十万太平天国新追随者，还在遥远的另一边，在这个情况下，他不想冒险打一场胜负难料的激战。[18]于是，攻占这山谷中央的县城之后，他停下脚步。

隔天早上，鲍超——当初曾国藩若遵照皇上旨意将他北调，他这时大概正抵达北京——带着一支整编的马队从东边冲进山谷，排好战斗队形。第一天，双方打成平手。第二天许多人战死。鲍超部人数较少，但休息较足，装备也远较优，而忠王把目标放在别处，无心恋战，于是鸣金收兵，将疲累的部队拉回山区，再度消失于大雾之中，留下谷底四千名死伤者。[19]

对镇守长江以南的曾国藩来说，这个冬天是始终前途未卜、始终在移动的冬天，是补给线和通信线遭切断再重开的冬天，是战略要镇失而复得的冬天。祁门外的太平军共有三股，不包括已往江西进发的李秀成个人部队。他们散开，开始一一翦除扼控曾国藩大营往外道路的城镇。十二月十五日，他们拿下他大营西边的城镇，切断他与安庆曾国荃的联系。八天后，他们又拿下他南边的一个镇，切断他从江西过来的陆上补给线。他派鲍超和另一名大将分别往南和往西将它们夺回，但心知那是孤注一掷之举。他已失去主动，沦入哪里冒火就往那里灭火的被动处境。但他也只能如此。他写信给曾国荃说："若不得手，则饷道一断，万事瓦裂，殊可危虑……唯部下兵勇四五万人，若因饷断而败，亦殊不忍坐视而不为之所。"[20]

十二月二十七日，曾国藩写信给湘军水师一位统兵官，说皖南情势不利，[21]一月上旬，他的部队反击翻过羊栈岭再度入侵的太平军。[22]祁门四面八方受扰，他开始怀疑长江两岸的小冲突只是在吸引他的注意力，以掩护解安庆之围的主计划。[23]但除了抵御不断的攻击，他别无他法。二、三月的激战，战事再度逼近到距祁门大营约三十公里以内。多亏鲍超在安徽省来回出击，一有敌军袭扰即前往压制，曾国藩才得以保住性命。而他的军队能不致断粮，得归功于湖南将领左宗棠坚守祁门西南边的瓷都景德镇。这座有城墙环绕的城镇，扼守曾国藩仅有从江西来的补给线。但四月九日景德镇落入侍王李世贤之手，曾国藩的补给终于全断，与外界的联系也全部中断。[24]

曾国藩自己的部队陷入叛军包围圈，他担心部队饿死或被歼灭，于是和麾下一名统兵官一起带领九千官兵东进，欲突破太平军封锁。他认为存亡在此一举，在日记里写道："口枯舌燥，心如火炙，殆不知生之可乐，死之可悲矣。"[25]但在太平军封锁圈边缘，城墙环绕的徽州城外，曾国藩大败。徽州太平军守军趁夜溜出城，放火烧掉曾国藩兵营，他的士兵四散溃逃。

曾国藩退回祁门，没有粮食或补给，也没有逃脱之路。一八六一年四月二十二日，他写了一封沉重的信给湖南老家的几个儿子，信中以认命的口吻说道，对他而言，这场战争就此结束。在日记中，他说那封信"略似写遗嘱之式"。[26]他告诉诸子，他这时所面临的情况，和一八五五年一月他在鄱阳湖失去水师船队，试图自杀时一样凄惨。他写道，他的部队这时仍完好，但"四面梗塞，接济已断，如此一挫，军心尤大震动"。[27]

在遗书中，他告诫儿子勿走军人之路。原只想成为学者的这位将军，回顾自己走过的路，觉得一事无成。他告诉他们："用兵本非余所长，兵贵奇而余太平，兵贵诈而余太直，岂能办此滔天之贼？"他要他们勿走上自己那样的路，只有平静的士人生涯是他唯一感到自得的。他告诉他们，"尔曹唯当一意读书"，信中怀念起较快乐的时光——这场战争将他完全吞噬之前的时光，他把一生奉献给朝廷之前的时光。他告诉他们："不可从军，亦不必作官。"[28]

*　　　*　　　*

一八六一年三月十七日拿下黄州后，英王陈玉成就定攻取汉口的位置。汉口位于安庆上游约八十公里处的长江北岸，与武昌隔江相望。拿下汉口后，他能以这里为基地，迎接即将于四月从南边前来会合的李秀成部。但汉口是《北京条约》明

订对英开放的口岸之一，而且好巧不巧，英王来到长江边时，
何伯司令的舰队也在。这支舰队刚于二月底首度访问过南京，
这时位于上游的汉口。何伯和巴夏礼正在汉口安排派驻英领事
于该地之事，事成之后会顺江而下，二度访问南京（这一次
访问时，巴夏礼会要求太平军勿进入上海方圆五十公里内）。

于是在一八六一年三月二十二日，英王部队拿下黄州仅仅
五天后，巴夏礼登门拜见英王。黄州的太平军先头部队——当
时有两万至三万人，另有数万人还在途中——正忙着构筑防御
工事，此时"跳跃者"号（Bouncer）炮艇在岸边一定距离处
停下，抛锚，放下巴夏礼（其中许多太平军士兵此前未见过
洋人，看到巴夏礼时，觉得很有趣）。矮小的巴夏礼迈着大步
昂扬走进城里，沿途记下了三则告示：第一则邀城民与入城的
太平军做买卖，第二则禁止士兵劫掠，第三则"贴在两颗叛
军的人头上"，警告凡是违反第二则之人会有的下场。他觉得
叛军看来疲累但友善，没有内斗或不满的迹象，而且他确信他
们来自中国各地，尽管和安庆的守军一样，主要来自湖北和湖
南二省。这些人来自华中的英王辖地。巴夏礼由人带路，来到
城里另一头的黄州府衙门。在那里，他走过夹道的戟和旗，看
到英王坐着接见来客。他"看来年轻，身穿绣有龙纹的黄缎
袍和风帽"，巴夏礼觉得他谦逊好相处，且极聪明。[29]

陈玉成对巴夏礼很坦率——一如天王，他小心遵守洪仁玕
的指示：太平天国需博得洋人的友谊和善意。他告诉巴夏礼他
这次出征的战况，不过对十一月时受阻于多隆阿马队而未能南
进安庆一事略而不提。但他的确相当坦诚透露太平军各部的实
力和他们在整个战役里的相对位置，也说明了他们欲在四月会
合于汉口及武昌的计划。他说他下一个目标是解安庆之围，为

此，他由北边绕过官军，这时已在官军后面站稳脚跟。深感佩服的巴夏礼写道，"目前为止完全如他（英王）的计划"，并指出靠着最后一波长程急行军，英王部队已绕到官军背后，这时已经准备好在其余部队前来会合之后从背后攻击官军，或是夺取上游的汉口，然后以汉口为基地，等待几星期后其他太平军部队前来会合（诚如巴夏礼清楚知道的，武昌防御极薄弱，因而武汉三镇人民得悉叛军进逼后人心惶惶，这时已开始往乡下避难）。对英王来说，拿下汉口将如探囊取物，但他告诉巴夏礼，他这时还不知道该不该攻取汉口，因为有英国人在那里。

202

巴夏礼的回应对后来局势的影响之大，非他当时所能预见。巴夏礼在报告中说："我称赞他在这点上的谨慎，劝他勿有进兵汉口的想法。"他向英王解释道，英国人这时在汉口有重大利益，太平军若占领该城，不可能"不会严重干扰我们的通商"。这些话背后隐隐带有威胁之意，巴夏礼在报告中没有明说此点，也没有向英王直接告知此意，但英王大概心知肚明。陈玉成并未与闻巴夏礼与天王的商谈，也不知道英国人有关中立政策的辩论，甚至不知道巴夏礼只是个通译，权力有限。由于这些认知上的局限，他显然将巴夏礼的话理解为如果他敢进兵汉口，英国人将和前一年夏天在上海对待李秀成那样，以炮火迎接他们。"必须如此安排他们的行动，以免和我军起冲突"，[30]巴夏礼如此报告卜鲁斯，说明他为何警告英王勿靠近汉口。

英王想谈出两全其美的办法。他说他理解巴夏礼的忧虑，但建议或许英国人可在武昌与汉口做生意，而他和即将抵达的李秀成部可拿下武汉三镇中的第三个城市汉阳。巴夏礼说绝对不行，因为武汉三镇在商业上彼此关系密切（尽管额尔金所签的《北京条约》只明订英国人可在汉口通商，巴夏礼却喜欢将"汉口"视为涵盖武汉三镇）。他主张："叛军若拿下三城中任何一城，必然会破坏整个商业中心的贸易。"英王不情不愿地答应，而且告诉巴夏礼，他会等他剩下的部队前来会合，然后视情况决定下一步。但巴夏礼离开后，他拿不定主意，不知是否该在无支援下从后面攻打围攻安庆的湘军，还是该照原计划，不顾巴夏礼的警告攻打汉口。由于后一选择已涉及对外关系，他不得不派人回南京听取指示。[31] 他借由急奔黄州所取得的主动地位，随之开始流失。一路追着他横越安徽而来的官军马队，已经抵达武昌并发出警讯。他的部队在黄州掘壕固守，等待几个月后才会抵达的指示，而同时，武昌与汉口的守城官军正召唤援兵，秣马厉兵，防备他们已经清楚知道即将到来的叛军攻击。

此时，在下游的安庆，守军坚守城池已进入第八个月。北方桐城周边和南方祁门周边的激战距安庆太远，守军察觉不到。安庆城内一切都很平静。曾国荃构筑的壁垒——距城墙约三公里远的一连串土垒和深壕——已将安庆城向陆地的三面整个围住，形同城外的一座新要塞，吞没其内部的安庆要塞。在曾国荃部见不到的长江上巡戈的湘军水师，则完成对安庆的整个包围圈。

城内居民靠配给生活，但配给并不寒酸：每天每人一斤米（约〇·六公斤，提供超过两千卡路里的热量），而且有他们自己种的蔬菜和能捕捉到的小动物可以食用。巴夏礼会晤英王后，顺长江而下回南京，途中曾在安庆停留。他指出他们看来有点"消瘦"，但身体健康且明显满意于现状。对于解围之事，他们并未显出急切之意，还问他英王是否打算攻打汉口（"我回以我觉得他不会攻打那个港口"，巴夏礼在报告中说）。他们还托他抵达南京时转告洪仁玕，送来米、食用油和盐。就在这项请求中，他们笑容背后的焦虑开始浮现。因为巴夏礼搭汽船出发后，他们派人追了上去，硬要塞给他一把金饰，希望确保他会帮忙。叛军以为可以收买巴夏礼，令巴夏礼觉得受辱。他怒不可遏，拒收礼物，此后未再有人登船拜访。[32]后来南京当局问他英国人是否可派出一艘船，帮忙将补给运到安庆，他回答不行，还严正地让他们上了一课"中立的权利与义务"。[33]

但即使没有巴夏礼的援手，安庆守军还是有其他补给管道。这时已开始有外国汽船溯长江至汉口，其中有些船乐于在（面对长江而且攻城部队看不到也攻击不到的）安庆南城门外停靠，卸下粮食和武器，以高于行情的价格卖给出城与他们买卖的军人。执行封锁任务的曾国藩水师若欲阻止洋船停靠，必然违反新签的中英条约，因此，湘军巡逻船只能发出零落的炮声以示警告，然后任由挂外国旗的船只自由来去，让走私者在安庆大发战争财。

除了以较大规模供应守军物资的外国船，在城墙外还有一个较富人情味的市场。这场攻防战僵持太久，因而在攻城者和守城者间出现了一个市场，让被围在城里的人能从围住他们的人那儿买到一些必需品。[34]这有一部分是因为湘军一方面临的财务问题；湘军拖欠薪饷已九个月，意味着湘军士兵需钱的程度，就和城里人需要食物的程度一样迫切。[35]但这也反映了攻防双方来自同一地区、背景类似这个事实；在安徽省的这个城

204

市，在城里为叛军效命的湖南人和在城外为清廷攻打这座城市的湖南人一样多。内战初起时他们投入不同阵营，把自己的前途押在他们效忠的一方，然后各为其主，在战场上拼搏。若非这场内战，他们人在异乡本可亲如兄弟。他们说同样的方言，来自同一个地区。上级军官终将下令他们攻击对方，但眼前，在命令尚未下达之时，双方的士兵各自坚守阵地，严密监视对方一举一动。

*　　*　　*

李秀成部未如期于四月出现。十二月从祁门旁的山谷撤走后，他大迂回避开曾国藩的部队，靠皖南的其他太平军部队来困住曾国藩，冀望借由频繁的骚扰使曾国藩打消围城，将攻打安庆的部队南调祁门以保护他的大营。将曾国藩困住后，忠王将目的地指向江西和湖北。在那两省，有数十万承诺加入太平军的士兵等他接收。他以约略呈半圆形的路线，迂回穿过曾国藩南边的皖南，然后往西进入鄱阳湖南边的江西，最后往北进入湖北省，向武昌迈进，与在那里等他的英王会合。

他不在自己的地盘。这大片地区属英王领土；忠王的地盘在东边。而在长江以南，他所在的地方，大部分城镇在清廷手中，尽管防御薄弱。因此他的部队得一路往前打，围攻一座座城镇，从一个镇疾奔到下一个镇，在众多筑有防御工事的城镇来回穿梭，以取得粮食等必需品和马匹。曾国藩腾不出兵力追击，因此李秀成部所到之处，城镇一个个失陷，而且大部分很轻易就遭攻陷。但推进仍然缓慢，到了四月，与英王约定在武昌会合的日期已到，忠王部仍深处江西，在应抵达地点的南边超过三百二十公里处。

　　这趟征途透着古怪，从他自己对那段日子的回忆来看，简直玄之又玄。四月上旬，他的部队抵达由南往北贯穿江西的赣江边。赣江水冷且因雪融而涨大水，他的部队没船可渡河，也就无法继续西进。对岸有敌人的民兵部队，斥候发现赣江上有官军的炮艇。于是他带部队沿着河岸往南走，仍找不到渡河之处。然后有一天，宛如神意所就，江水突然退干到底。他的部队徒步过了江。[36]

　　后来他解释前进为何缓慢时说道，他觉得对沿途所遇到的人民负有某种义务。五月上旬，他的部队集结于瑞州城，距武昌仍超过两百四十公里。他想继续前进，但瑞州人民坚请他留下。他发现他声名远播，连深处中国内陆的这里都知道他的名号（这时期的数份客观记述也证实此一现象）。在天下大乱的时代，他的出现予人秩序和安定的期望。那是一股吸力，而且有当地众民投靠他。他在瑞州等待时，约有三十万新追随者于数星期间投入他旗下，等到他再度踏上征程往北方的武昌进发时，他的兵力已大增数倍。[37]但这些新兵未受过训练，只有随身带来的农具当武器。而且，一如曾国藩所知的，部队愈庞大，喂饱与训练的难题就愈大。

　　他与敌人周旋的过程也到处透着古怪。前往瑞州途中，他的部下俘获一名戍守赤岗岭的清军统兵官，一路押着他走。在瑞州，他们将他送给李秀成处置。但与此人谈过之后，李秀成觉得他是个好汉，处死太可惜，于是邀他加入太平军。那名军官不肯，说身为"被擒之将不得愿而回我也"。李秀成感动于此人的忠心，放了他走，并给他六十两的盘缠让他回清军阵营。他不肯收钱。离开太平军兵营后，他跋山涉水穿过江西，重新投入曾国藩麾下将领左宗棠旗下。但在这场不讲宽恕的战

206

争中，这位军官已用掉他的好运。回到己方阵营后，他被当作叛徒砍头。[38]

六月，李秀成率领数十万大军，终于抵达武昌城外，距约定的日期已迟了两个月。与长江对岸联系几乎不可能，而李秀成仍希望找到据守北岸汉口的英王，准备与他联手攻下武昌，然后挥师东下，进向安庆。结果，英王未等待支援来到就先离去，更糟糕的是他并未拿下汉口。这时，武昌周边由清廷掌控的城市三个月前就得到示警，经过这段时间的动员，已有重兵防守。

由于有大批未经训练的新兵，李秀成只能待在武昌县郊，不敢冒险往前。英王在黄州留下兵力驻守，以备李秀成抵武昌时与他协同作战，但曾国藩的水师牢牢掌控长江，因而音信传不到对岸。李秀成无计可施，只得请驻汉口的英国新领事代为转交信函给黄州守军。李秀成在信中告诉他们，他对英王在北岸的行动详情所知甚少，请他们立即告知情况，以便他相应规划部队的调遣。英国领事把信留下来当纪念，并未转交。[39]

得不到北岸部队的回音，也不清楚英王在安徽的部队调动，李秀成在这场预定的大战役中变成没戏可唱。他不能待在现处，因为他没把握手下未打过仗的军队能否拿下武昌，而且东边传来消息，说鲍超部正前来对付他。如果作战经验丰富的鲍超劲旅，追上他欠缺经验且装备不良的菜鸟部队，他料想会大败而且死伤惨重。因此在六月底，他放弃西征之役，带着庞大的新兵部队出湖北，要回到他位于华东而安全的个人领地。鲍超部紧追在后，但李秀成仍得到天助。在赣江附近的某条小支流，官军几乎就要追上，但忠王部刚泅到对岸，随之就刮起大风，风势既强且猛，有四天时间无船能过到对岸，等到鲍超部能继续追赶时，忠王部已经离得很远，根本追不上。李秀成留下部分兵力驻守他沿途攻下的一连串城市，循着他先前的锯齿状路线往回走，穿过江西和皖南，最后将部队分为两股，进入浙江省，趁省会杭州防御薄弱经略该省，而曾国藩的部队则在李秀成撤走后加紧对安庆的包围。

＊　　＊　　＊

四月李秀成未如期带兵会师，英王陈玉成便单独行动。关于是否攻打有英国驻军的汉口，英王仍未收到南京方面的回复，因此他决定留下部分兵力在黄州，然后带精锐部队东下，亲自攻打围攻安庆的湘军，而未按原订计划在忠王部队支援下进攻。四月二十七日，他率领三万部队抵集贤关，欲收复他的安庆城。人数居于劣势的湘军吓得躲进他们密集构筑的环状防御工事里，忠王部队开始在曾国荃的包围圈外构筑另一组防御工事，对围城者予以反包围。有位英国海军军官从船上甲板注意到这个"奇怪景象"，叛军和官军形成三道同心圆式包围圈——英王的部队位于最外圈，围住曾国荃的攻城部队，曾国荃的部队则又围住城墙环绕的安庆城，叛军守军和平民位于安庆城中央。英王部在集贤关构筑了一连串以木桩围成的营垒，在菱湖两侧另外构筑了十八座营垒。菱湖紧邻安庆城东侧，是曾国荃包围圈的终点。控制了菱湖之后，叛军建造一连串浮码头和简便木筏，开始运送紧急物资给湖对面的安庆。[40]

但经过三天猛攻，英王部未能突破曾国荃以高垒深壕构成 208 的主要防御工事。他们无法往内挺进，打开曾国荃的包围圈，但也无法往北进，因为在前述三层包围圈外，还有一层包围圈，那是从江上完全看不到的包围圈。就在英王作势欲吃下曾国荃在集贤关的围城部队时，由于有多隆阿凶残的官军马队一直停驻在北边约五十公里处，英王本身遭切断与外部的支援。十一月忠王部欲南下直驱安庆时，就是受阻于多隆阿的马队而未能如愿。如今，这支马队横在他位于安庆的部队和太平军掌控的桐城之间，而英王欲与南京联络，欲取得南京的增援，首先就要透过桐城。英王未能靠己力突破对安庆的包围，又得不到来自长江南岸李秀成队的支援，结果未能解安庆之围，反倒自己也卷入这场庞大的包围与窒息战中。

*　　*　　*

五月一日，洪仁玕统率的两万增援部队抵达桐城，为英王带来希望。二月时，洪仁玕在慕维廉注视下离开南京，踏上征途，如今终于抵达目的地。英王第一次欲突破官军马队在桐城的防线未果之后，天王随即命洪仁玕带兵增援，而洪仁玕的任务很明确，支持英王击败那支马队。但他受命前来并非心甘情愿，因为他怀疑暗中有政治因素作祟。在派他出京的命令中，他察觉到洪秀全家族其他成员（特别是洪秀全儿子）的嫉妒，那些人看不惯天王对他言听计从。从那些命令中，他也察觉到其他诸王的怨恨。他和家人在京城过着舒服日子，写治国文章，接待外宾，其他诸王却于寒冬在外征战，苦不堪言，为此心有怨恨。[41]

他从南京往南走，进入太平天国控制的安徽和浙江地区以募集士兵，组建军队。对他来说，组建军队并非难事，因为大趋势利于叛军一方。就连曾国藩都惊讶于当时太平军的人数之众，似乎源源而来，未曾中断。前一年太平军攻破江南、江北大营，拿下江苏省的诸大城之后，曾国藩估计太平军兵力成长超过十倍，而且他埋怨每次团练和官军溃败之后，其中大部分人就转投叛军阵营。[42]对干王（一如对江西的忠王）来说，问题不在于能否招到人，而在于如何将人集结成有战力的部队。洪仁玕回到长江北岸，西进以增援英王在桐城的守军时，辖下兵力已几乎是曾国藩全部湘军的一半。

　　洪仁玕是另一类型的文人出身将领。他没有曾国藩的战略眼光，也没有热爱纪律与秩序的天性。但他相信思想的力量，出征时写了多首诗来鼓舞士兵。接到天王授命之后，他写道："一枝卓立似干戈，横扫千军阵若何？"[43]洪仁玕的征战诗与他投给外国传教士友人的形象形成鲜明对比。那位和蔼可亲而自谦的传教士不见踪影，取而代之的是将领导国家前进的强者。在一首诗中，他写道："鞑秽腥闻北斗昏，谁新天地转乾坤？"这首诗的结尾气吞山河：

> 志顶江山心欲奋，
> 胸罗宇宙气潜吞。
> 吊民伐罪归来日，
> 草木咸歌雨露恩。[44]

　　五月一日，洪仁玕部在桐城外就定位，派斥候越过丘陵与集贤关的英王营垒联系。[45]五月六日，他们兵分两路南进，都遭多隆阿的马队狠狠击退。就在这时，英王得悉支援部队遭阻于桐城时，犯下了或许是这整场战役里最不可原谅的错误。他留下一万两千人守卫集贤关和菱湖的营垒，率领剩下兵马北撤，欲从南边攻打多隆阿的马队，洪仁玕则从北边再次出兵，南北夹击。英王预期不会离开太久。五月二十四日拂晓，三支部队联合攻打多隆阿，两支往南打，一支往北打，但计划外

210

泄，他们中了埋伏。多隆阿派一支骑兵特遣队绕到英王背后偷袭，打乱英王攻势，迫使他仓皇北逃桐城，部队死伤惨重。这场惨败使英王与他在安庆的一万两千部队分隔两地，使他们孤立无援并失去英王的直接领导。

这场挫败也代表洪仁玕初次带兵作战就此画下句点。巴夏礼几次来南京他都不在，而且巴夏礼第二次来时专横跋扈，令天王不安，深感不能一刻没有干王在旁。于是，洪仁玕在桐城作战失利时，正好从南京传来命令，召他回京再度接掌挽救太平天国日益恶化的外交情势的任务。[46]

* * *

英王失策分割兵力后，守营垒的一万两千部队——四千人在集贤关，八千人在菱湖——只剩他们带来的粮秣可用。他们的人数仍多于曾国荃的围城部队，但多不了多少，而且官军的增援部队正在赶来。曾国藩一得悉“四眼狗”已抵安庆，即命鲍超用船将部队运到长江北岸，协助曾国荃抵御兵力更众的叛军。鲍超部于五月底在北岸集结后，往西穿过山区进向安庆。陈玉成撤往桐城隔天，他们猛然掩至，攻打集贤关四座陷入孤立的叛军营垒，只花了一个礼拜多一点就攻破。六月七日（差不多是李秀成终于出现在武昌城外时），集贤关头三座营垒投降，鲍超部杀光营垒内的三千守军。[47]第四座营垒多撑了几天，逃不过同样的下场。攻打这四座营垒时，鲍超要部队只留一个活口：一名太平军高阶统兵官，一个身经百战、受部下爱戴、深受英王器重的军官。鲍超活捉他，把他押到安庆城下予以活活肢解，让城里守军明白反抗的下场。[48]

鲍超部攻破集贤关的营垒时，曾国荃部集中兵力对付戍守菱湖水上通道的十八座营垒。这些营垒兵力更众，比集贤关的营垒撑了更久，但七月初时终究粮食用尽，示意投降。[49]但曾国荃不像他哥哥那么冷血，却也担心他们诈降。为消除他的疑虑，他麾下一名营官建议叫叛军先缴械。曾国荃同意，急命这名营官速速去办。隔天，七月七日，菱湖营垒的八千叛军交出所有武器：六千支洋步枪、八千支长矛、一千支抬枪、八千支明朝火绳枪，以及两千匹马。

曾国荃不知如何处置这批俘虏，"悍贼"人数几乎和他的围城总兵力一样多。那位安排缴械投降的营官再度献计，说最好杀光。曾国荃告诉他："杀亦要设法。"于是那位营官提议：开营门，将俘虏一次带进十个，逐批砍头。他认为"只半日可以杀完"。曾国荃不忍执行这项计划，于是交给那位营官去办。营官回他的兵营准备，然后督斩八千名俘虏，据他自己所述，"自辰至酉"，只花了一天。[50]

得悉弟弟击破敌营，曾国藩大为高兴，觉得攻破安庆似已有望。接下来几日，他写了几封信给曾国荃，第一封较乐观，建议他弟弟想办法埋掉八千具尸体，或搬上旧船任其漂流而下，以免尸臭在营里引发疾病。[51]但得知弟弟为杀了这么多人而良心深感不安，他的信变得较着重于安抚弟弟内心的不安。七月十二日，他告诉弟弟，若孔夫子在世，也会说杀光叛军没错，想借此让弟弟宽心。[52]七月十九日，他的语气听来几乎是恼火于弟弟的过度疑虑。他写道："既已带兵，自以杀贼为志，何必以多杀人为悔？"[53]

但攻城仍无重大进展。就在鲍超与曾国荃击退来援的太平军（并关掉城外的市场）时，有八艘外国船正从河边给安庆

212

守军补给。有位英国特使（可能是巴夏礼）约定于五月来曾国藩大营，曾国藩决定"当以人礼待之，不以鬼礼待之"，冀望令他不再运送物资给叛军。到了六月上旬，特使仍未出现，曾国藩在家书中写道，如今每天都有数艘洋船上下行于长江，其中有艘船上个星期才靠岸，送了盐和油给安庆守军。他写道："我虽辛苦围攻，贼仍供应不断耳。"[54]两天后，他写信给曾国荃说，如果洋船继续送补给到安庆，绝不可能拿下此城。此时，长江南岸他自己部队的粮食补给岌岌可危，他觉得不宜强令他的部队再度开战。他写道："如洋船之接济可断，安庆终有克复之日；倘洋船不能禁止接济，则非吾辈所能为力。"[55]

到了六月中，曾国荃的细作向曾国藩报告，说最近一艘洋船在安庆卸下将近两百吨米，足够让城内人民超过一星期不致挨饿。听到这消息，曾国藩再也耐不住性子。[56]他绝望于洋人特使迟迟未至，写信向位于武昌的湖广总督抱怨，湖广总督将抱怨信转呈朝廷。同时，曾国藩命炮艇开始为行经安庆的所有外国船护航。问题是如果挂外国旗的船只不听湘军炮艇命令，在安庆城外下锚，他的船长也不知该如何应对。[57]击沉外国商船可能会引来英国人再启战端。

在这件事情上，北京新成立的总理各国事务衙门立了大功。曾国藩的抱怨最后传达到北京恭亲王奕䜣那儿。奕䜣于七月十八日致函卜鲁斯，抗议外国船在安庆靠岸。奕䜣称清军有权登上任何想在叛军领地靠岸的外国船，如果得到授权，清军也有权没收该船的船货并逮捕船员。他请卜鲁斯要上海的英国当局发予中英文执照，授权清廷搜查挂外国旗的船只。卜鲁斯不大相信外国船会补给叛军，但也没把握他们不会这么做，而且他本来就对叛军没有好感，因此认为英国人不宜卷入此事。他也担心这种走私活动可能会促使清廷全面封锁长江，伤害到正规贸易。于是他采取行动。七月二十三日，他发文英国驻上海领事，先是埋怨道："要在政府无力或无心申明其权利的国家里限制外国人行动，乃是世上最难办的事。"然后要他警告外国商人，清廷打算攻击试图闯越安庆封锁线的任何船只，如果真发生此事，英国海军既不会保护他们，也不会要求损害赔偿。[58]物资运送就此停止。

到了晚夏，曾国藩从截获的信件中得知，安庆城里的粮食即将用尽。[59]这个时候，他自己也是勉强在苦撑。四月时，祁门补给遭切断，后来多亏左宗棠费力收复景德镇，重启对祁门大营的补给线，曾国藩才得以撑下去。但为了他自身的安全，也为了与弟弟曾国荃维持更密切的联系，他于五月上旬放弃祁门。同时他派鲍超渡江，还将大营搬到安庆上游只四十公里处的东流县，大营就设在靠江岸停泊的一艘大船上。在东流，他有湘军水师保护，能与位于安庆的弟弟保持直接联系，也不必像在祁门那样倚赖易遭截断的陆上补给线。

在初夏写的家书中，他透露了这场战役如何攸关个人的荣辱成败。他在某封家书中写道："此次安庆之得失，关系吾家之气运，即关系天下之安危。"[60]他比以往更加将家族的未来以及他的整个生命和职业生涯，与为朝廷收复安庆城这一目标画上等号。如果国家保住，他家将会兴旺。如果国家倾覆，他家也保不住。在他心中，他几个弟弟与儿子的荣辱和清朝的存亡紧紧相系，双方生死与共，如果拿不下安庆，一切都将保不

214

住。南边的太平军开始撤走，一夜之间从他们控制的城镇突然消失无踪，显示李秀成打算用兵于东边的浙江，但曾国藩不改其志，继续围城。仲夏时，皇上命他派左宗棠从景德镇去浙江助防杭州，他并未照办。皇上还命他派一名水师将领到广东，他也未照办。[61] 他看出安庆脖子上已紧紧套上绞索，不想就此收手。

同时，在格外酷热的这一年盛夏，英王最后一次尝试解安庆之围。他攻不破桐城南边的清军马队，于是带剩下的部队，加上已离去的洪仁玕留给他的部队，大迂回到西北边，然后沿着湖北与安徽边界往南穿过山区，再沿着长江北岸东行，来到多隆阿防线的南边。如此迂回跋涉三百多公里，八月二十四日，他再度来到集贤关，派人重占他们的营垒，准备倾所有兵力从后方攻击曾国荃的围城工事。

酷夏渐入尾声时，集贤关的战事发展到最激烈的阶段。深思熟虑与耐心退场，拼死一搏之心充塞心头：英王拼死欲救出城里的家人，城里的守军则一心想在饿死之前逃出城。为防止守军走水路遁逃，曾国藩的水师将长江部分炮艇调到菱湖巡弋，炮轰想逃出东门、搭木筏逃走之人。[62] 八月底响起刺耳的枪击声和轰隆的炮声，还有更响亮的声音——令人汗毛直竖的叛军喊杀声。叛军一排接一排——从城里大举冲出的守军，还有从另一边如潮水般掩至的援军——前仆后继，冲向曾国荃的堑壕，即便惊骇的炮手在敌阵里轰出新的缺口，生者仍旧费力爬过尸体。经过七天七夜的杀戮与混乱、惊慌与刀刃相击，九月十三日夜，一切突然结束，震耳欲聋的爆炸声和叛军尖叫声消失，只剩安庆城北方无声的火光。火舌吞卷周遭，逐渐壮大、升级，最终轰然一声窜向夜空，就在这时英王死了替安庆

解围的念头，放火烧掉集贤关的营垒，退走，让安庆自求
多福。[63]

＊　　　＊　　　＊

幸存的守军大部分似已在最后那一夜逃出城，经由他们在
城墙底下挖出的地道逃走。北方焚烧的营垒或许有助于引开围
城部队的注意力，但至少有一份原始资料宣称，他们逃走是事
先就与官军阵营的某人谈妥，以换取不经战斗就交出安庆。无
论如何，他们留下所有百姓，还有一些在城墙上与火炮拴在一
起而一脸惨白的炮手。湘军于九月五日进城时，已无人
防守。[64]

城里的惨状，再怎么身经百战、见惯不幸的人都想象不
到。初夏外国船不再停靠、菱湖边的营垒于七月上旬遭攻破
后，就再没有粮食运进城里。到了夏末，每日配给白米之事早
已消失不见。菜园里的蔬菜和野草都已吃完。所有动物，甚至
老鼠，都吃光了，没有东西可以喂饱城里饿着肚子的数千人。
或者应该说几乎没有东西。九月五日进城的湘军骇然发现，安
庆的市场从未关闭。人肉价格最后涨到每斤半两钱。[65]

夏季时曾国藩就已写信给弟弟，谈到安庆投降时该如何处
置。他写信告诉曾国荃："克城以多杀为妥，不可假仁慈而误
大事，弟意如何？"[66]爱民不表示爱那些与叛军站在同一边的
人民。有人认为攻破安庆时，城里总共幸存约一万六千人，其
中即使不是全为平民，至少也大部分是平民。有关他们后来遭
遇的种种记述，差异主要在曾国藩麾下军官是否先将女人挑
出，再杀光剩下的人。[67]

215

十　天与地

　　天文出现异象。一八六一年七月，一颗巨大彗星拖着明亮的尾巴出现于西北天空，引发北京城民恐惧。城民认为那是皇帝将离开人世的征兆。[1]后来在九月五日拂晓，日、月一起升起，五颗已知的行星在天上排成一列，犹如一串糖葫芦。[2]中国各地的观察者早早就起床，观看这难得一见的五星连珠奇景。有人说那是清朝将中兴再起的迹象，但至少有一位观察者对如此天象所代表的意义感到不解。赵烈文写道："瞻仰昊天，一喜一惧。"[3]曾国藩本人把五星连珠视为吉兆，而且湘军就将在那一天攻下安庆。[4]但就在他思索天意的神秘不可测时，有一名从北京出发的信使正在快马南奔的路上，要将皇上驾崩的消息传给他。

　　咸丰帝死于一八六一年八月二十二日，享年只三十岁又一个月。直接死因可能是结核，但从较幽微的内心层面来看，逃
离京城后未能再回京的他死于羞愧和耻辱。九月十四日接到这消息时，曾国藩写道："天崩地坼"。[5]这消息使他斗志全消。那天晚上他难以成眠，想着这位不幸天子的际遇。曾国藩省思道："思我大行皇帝即位至今，十有二年，无日不在忧危之中。今安庆克复，长发始衰，大局似有转机，而大行皇帝竟不及闻此捷报，郁悒终古，为臣子者尤感深痛！"[6]

　　咸丰帝的壮年早逝，对整个王朝来说是个凶兆，因为君王健康与长寿，代表上天满意他的统治。满清王朝的统治正当性，大部分有赖于清朝产生了中国历史上两位于位最久的皇

帝，其中之一的乾隆帝，即咸丰帝的曾祖父，在位长达六十三年，史上未见。因此咸丰帝在位只十一年，在仍年轻力壮之时就病死，令人深感不安。但更令人惶惶不安的，乃是国祚的延续倚赖皇位的父死子继，而偏偏咸丰帝膝下单薄。[7] 尽管多年来在欢乐的圆明园里一直有十八位后妃在旁陪侍，但咸丰帝只生了一个能继承皇位的儿子。而一八六一年八月时，这个儿子只有五岁大。

透过一名来自上海的外国访客得悉咸丰帝已死，太平天国朝廷大喜过望。从战场回来不久的洪仁玕立即发布檄文，将皇帝的早逝归咎于失德。他在这份充满怨恨的檄文中写道："咸丰幺幺小子，博弈酗酒，取之尽锱铢，挥之如泥沙。圆明园其醉乡也，设男院其渔色也。今则园已灰烬，身堕地狱。"至于年纪尚幼的皇位继承人，洪仁玕写道，咸丰帝"遗数龄之余孽，难继妖传"。铁正热，王朝气数已尽。他宣告道："正可乘势顶天，无愧英雄立世。"[8]

洪仁玕对咸丰帝的指控，并非全是他个人所杜撰，而是在转述过去一年已传得沸沸扬扬的部分流言，即肆虐中国的诸多灾祸乃是咸丰帝及其满人朝廷失德所造成，他们的失德显已触怒上天，使他们失去天命。北京英国公使馆的一名医生在咸丰帝去世的几个月前报告道，北京的精英分子似已对清朝不抱信心。与他交谈过的人都不支持叛军，但也告诉他"他们不爱当今王朝，或对当今王朝的稳定不抱信心"。他说："他们说那曾是个好王朝，存世已两百年，但曾作为其特色的美德和勇武，已因为奢靡和淫逸的生活而消磨殆尽。"[9] "奢靡淫逸"正是一般人对咸丰帝生活的认知——整个国家逐渐崩溃之际，

218

他却过着无忧无虑的日子，与后妃窝在圆明园里。从这个观点来看，英法摧毁圆明园不是帝国主义行径，而是上天的审判。

但那些北京精英（像曾国藩那样）不认为王朝的覆灭必然是不幸；王朝终会走到尽头，由更强大的王朝取而代之，那是天理之必然。这位医生写道："他们认为它大限已到，天意要它亡，它不得不亡，它现在已是一蹶不振，即使复兴也不可能长久。他们说一蹶不振纯粹是构成它的诸多成员道德败坏所致。"[10]巴夏礼往来长江途中，也在与他交谈的几位清朝官员那儿听到类似的言论。巴夏礼说，就连武昌的湖广总督，整个清朝文官体系里最有权力的官员之一，"似乎都觉得它超乎历代王朝平均值的国祚，乃是造成它衰败的足够原因"。那位总督告诉巴夏礼："朝廷之弊在于……体制的全然虚假，在北京未先改革之前，要在诸省追求改革，乃是徒劳。"那位总督只是长江流域里发出类似看法的诸多官员之一，而巴夏礼觉得，"这个时期的不幸迹象之一，乃是有那么多位高权重之人愿意承认局势败坏，却提不出对治之道，并且对这样的结果，除了诉诸宿命，未提出别的说法来解释"。[11]

＊　　　＊　　　＊

刚无奈接受安庆失陷的太平天国，尚无力进军北京，但满清皇帝之死，让他们在重整旗鼓之际士气复振。英王陈玉成被切断与皖北残部的联系，但李秀成部这时在东边攻城略地，几乎所向披靡。启程展开那场最终功败垂成的西征之前，李秀成已攻占上海以西和以北的江苏省大部；这时，结束经江西和湖北的征途东返，他将用兵矛头指向江苏南边的浙江。浙江是大清帝国人口第三稠密的省份（次于江苏和安徽），在面积稍小于肯塔基州的区域里，住了两千六百万人——几乎相当于当时美国全国人口。

李秀成规划攻占浙江时，愈来愈不理会洪仁玕的意见。洪仁玕身为总理，负责协调诸王意见，批可诸王的行动。但洪仁玕不想拿下浙江，至少当时还不想；他想要安庆，即使该城已经失陷，他仍坚信李秀成和陈玉成能够再次出征，将之从曾国藩手中夺回。控制长江仍是他巩固中国南方这一战略构想成败的关键，他不愿放掉长江。那年秋天，他从南京致函李秀成，求他停止攻打浙江，带兵再溯长江而上，继续与曾国藩周旋。洪仁玕在函中告诉李秀成："夫长江者，古号为长蛇，湖北为头，安（徽）省为中，而江南为尾。今湖北未得，倘安徽有失，则蛇中既折，其尾虽生不久。"[12]李秀成回函道，安徽首府安庆今已无望，他不愿离开浙江。[13]洪仁玕大怒，但束手无策。

洪仁玕将长江喻为长蛇，以湖北省会武昌附近为蛇头，上海附近为蛇尾，乃是自古即有的战略原则，曾国藩也服膺此一原则。该原则不仅强调武昌与安庆居于上游的优势，而且强调应控制广大的内陆农业生产区，即在此前诸王朝眼中比海盗为患的沿海地区远更重要的地区。[14]但这个古老原则未能说明十九世纪上海和其他沿海通商口岸前所未见的经济发展，也未能说明海上贸易在取得武器和补给物资上的新重要性。李秀成认识到如今在东部可赢得的财政和军事资源，远多于过去，因此，尽管洪仁玕力劝他再攻安徽，他仍坚守巩固富饶且人口稠密的华东诸省的计划，太平天国的整个战略重心随之移到东边。

洪仁玕败战桐城回来之后，整个变了一个人。飘飘然的统兵作战滋味、桐城战败的经验、他的运动一直未得到有力的外国支持，三者和合，促成他性格中较阴暗的一面显露于外。他的反清宣传，仇恨之意更浓，他与其他诸王更为不和。而他不在南京期间，权力结构——一如他所担心的——已有了微妙但重大的调整。他回南京时，天王已下旨，群臣的奏折不再需要干王盖印才转呈天王，因此他不再是洪秀全与外面世界之间唯一的斡旋者。[15]天王的儿子洪天贵福这时已获擢升到仅次于其父亲之位，地位高于洪仁玕。洪仁玕仍是掌理对外关系的总理，仍主掌朝政（其他诸王前来他的王府议事，而非他去其他诸王府议事），但他不再是太平天国指挥体系里公认的第二把交椅。这一贬职，再怎么微不足道，都令他耿耿于怀，而且忠王不甩他命令一事，尽管将在外君命有所不受，但仍意味着干王在整个指挥链里的地位已不再如过去那么明确。[16]

至少在外国人眼中，洪仁玕仍和过去一样令人激赏。富礼赐，也就是来南京搜捕英籍佣兵的英国领事馆官员，在停泊于长江上的一艘小船上度过数月，洪仁玕从战场回来后，富礼赐与他会晤。富礼赐说洪仁玕是"我所见过最有见识的中国人"，[17]并宣称"如果整个太平天国都是这样的人，中国很快就会是他们的"。[18]英国皇家炮兵上尉布拉基斯顿（Thomas Blakiston）记下富礼赐的话，然后以那些话为基础写成一本富有影响力的书。书于来年在伦敦出版，名叫《长江上的五个月》（*Five Months on the Yang - tsze*）。此书有助于英国阅读大众了解干王，让他们觉得他或许能使太平天国治下的中国步入开明之境。这本书谈不上在为太平天国本身辩护，而且富礼赐觉得南京有许多令人遗憾之处；但他也看坏清朝，称清朝的腐败是"全国性痼疾"。[19]

　　富礼赐判定，英国唯一能做的事是冷眼旁观，让这场内战自己打完。英国人必须从大局着眼，从大局考虑，外贸短暂受损或传播基督教之类问题都无足轻重。他主张，中国得走过动乱期，新秩序才有可能出现，"但愿英格兰或法国不要干预打得正激烈的内战，以免局势更乱！"富礼赐未表态偏于哪一方，但他坦承令他有好感的是叛军，他待在南京期间叛军待他"客气"、"着实谦恭有礼"。他告诉布拉基斯顿："和一群人生活在一块，必然会对他们感兴趣，而且喜欢上他们。"[20]

　　但洪仁玕不在京期间，太平天国遇到几个外交挫败。最令人头痛的是何伯与巴夏礼的无理要求：在这一年结束之前，太平天国不得进入上海方圆五十公里内，或许还不得进入其他通商口岸的方圆五十公里内。但即使撇开这些官方接触不谈，传教士圈子里支持太平天国最力的人士，已有一些人在洪仁玕出征期间放弃在南京居住的计划。艾约瑟于三月第一次前来南京，也就是洪仁玕出征后不久。艾约瑟对南京的初步印象，和前一年秋天杨格非的印象一样正面。他写信给妻子艾珍道，叛军首都"居高华美"，天王似乎是"在宗教问题上可以说得动的人"。[21]

　　但因为一些简直是枝微末节的原因，艾约瑟搬到南京的计划告吹。天王给他南京一栋房子供他的传教团居住，但房子稍小——挤两家人太小——艾约瑟夫妇找不到愿意和他们一起挤在这么小间房子的另一对传教士夫妇。洪仁玕出征在外，南京城里没有人为他们争取较好的房子。艾约瑟不愿丢下年轻妻子一人在上海，但如果他们单独住在南京，没有其他传教士做伴，他出去传道时也没人陪她或保护她。"大家都觉得那样不妥，"艾珍写给老家父母的信上说，"我无法长时间落单。"而且她身体虚弱，艾约瑟（与许多传教士同僚不同）不是医生。她担心她时时需要人陪伴，"必会牵制到他工作"。

于是他们打消在南京居住的计划，决定改去天津。在那里，他们能得到仍驻守该城的英军协助，而且天津已是通商口岸，他们能租到自己中意的房子。艾珍不必担心没有英国人陪伴，而且他们希望能获准在北京附近设立传教团。但那年夏天，艾珍以二十二岁芳龄死于发烧和腹泻，这些希望终将成为泡影。艾约瑟为她换上结婚礼服，将她葬在天津。[22]

同样在那几个月期间，杨格非也决定不住南京。他于一八六一年四月，洪仁玕与李秀成都出征在外时，第二次来到叛军首都。他觉得南京城安静到像个死城，几乎见不到老百姓。所有店铺都奉天王之命歇业，只因为他愈来愈疑神疑鬼，担心清廷间谍乔装成商人潜入南京。在杨格非眼中，人民似乎害怕他们的统治者，天王性情变得更为多变难以捉摸；晚近就有几个店铺老板不顾他的禁令开张营业，结果遭草草处死。但杨格非会晤的太平天国诸领袖仍欢迎他的到访，表示希望他留下来传道。但除了不安于南京的情况，他还担心他从上海洋人身上察觉到的对叛军的敌意。有位货运业者拒绝载杨格非的同事艾约瑟到南京，说"他绝不会帮忙送他去和这些'匪徒'（worthless fellows）在一起"。许多洋人怪叛军干扰丝与茶的贸易，而这位货运业者正代表了他们的心声。有鉴于此，杨格非担心他若住在太平天国领地，会得不到支持或与洋人圈子断绝联系。

最后他选择到武昌对岸的汉口设立传教团，即一八六一年三月何伯和巴夏礼已开辟的通商口岸。八月他乘汽船抵达汉口时，下游打了许久的围攻安庆之役正步入尾声，汉口则牢牢掌握在清廷手中。英国在汉口派驻了领事（把李秀成的信留住未发的那个人），而且汉口有定期邮寄服务，因而他觉得长远来看汉口比南京安全。但在汉口，他未感受到在南京那种无偏见的开放和好客，毕竟在南京，天王亲自对他下了欢迎外国传教士的诏旨。汉口和武昌以曾国藩的追随者居多，他们对洋传教士似乎毫无好感，与叛军的态度截然相反。曾国藩把清朝和太平天国的战争称作本土儒家与外国基督教的战争，从这个观点来看，传教士正在宣扬叛军的教义。因此，仇视基督徒渐渐成为湖南人引以为傲的特点。杨格非在汉口与某个湘军将领共进早餐时，就体会到他的传教士同僚在曾国藩势力范围内的省份将面临的处境。那名将领吹嘘过"湖南的军事伟业和湖南人的勇武"后，向杨格非解释道："不担心他们会相信耶稣，耶稣的宗教不可能会在那个著名省份扎下深根。"[23]

223

洪仁玕等人不在南京期间，至少罗孝全继续待在那里，住在干王府二楼套房。但比起初来时，这位白发浸信会教徒更加困惑于自己的职位，而据访客所说，他仍对谒见洪秀全时不得不下跪心怀不满（事后来看，那是他唯一获准拜见天王的时期）。他也抱怨太平天国领袖不愿接受他的宗教指导。[24]但他继续在英文报纸上为叛军辩护。一八六一年三月，即洪仁玕离京去招兵的两星期后，罗孝全投书上海《北华捷报》，驳斥某些人所谓太平天国只能打天下、无法治天下的说法。"现在不是谈和平的时候，"罗孝全写道，"在杀光'妖朝之人'以前跟他们谈和平，就好比在杀光亚哈全家之前跟耶户谈和平。"[25]

罗孝全为太平天国继续兴兵反清辩解，招来英语报纸主编的嘲笑，尽管随之常招来支持他的人的激烈反弹。《北华捷报》于一八六一年九月刊出一篇社论谴责他，但在收到——用那些主编的话说——"我们不得不承认比我们所认知的更大大赞同他的来信"之后，该报几乎立即又刊登一篇社论收回前述意见。[26]《德臣西报》指罗孝全从"既不明智且站不住脚"的角度来看待叛军，指他主张他们拥有的"消灭反对者的权利和义务，就和神权统治下的犹太人所拥有的权利和义务一模一样"。[27]但他们全文刊出他的投书，而那些投书辗转传入了英语世界。特别是在美国，他的投书引起热烈的反应，替太平天国赢来普遍的支持，因为罗孝全是他们自己人。[28]

罗孝全的观点是《旧约圣经》的硫黄烈火观[29]①，把太平天国视为在替上帝惩罚罪人。他在一八六一年七月投书《德臣西报》说："革命，特别是内战，不为一般人所乐见，也肯定始终不为一般人所乐见。"[29]但在中国境内的暴力行动背后，他看到有个"更高的力量"在运作。"上帝未冷眼旁观这场（太平天国）运动，"他写道，"上帝说过，'哪一邦哪一国不事奉你，就必灭亡。'"罗孝全表示，当前在中国进行之事，不折不扣是上帝对不愿事奉他的清帝国——甚至是中国历代王朝——的惩罚报复。罗孝全深信，一如约书亚消灭迦南人，太平天国也是在遵奉耶和华摧残满清帝国的旨意。最后，他为这场战争的发起给了极尽冷血的理由，断言："从最崇高战争的角度来看，如果杀掉这国家一半的人，将使另一半的人得以认识何为正义，那其实不是比维持现状来得好吗？"

---

① 硫黄烈火是惩罚有罪者的地狱之火。——译注

＊　　　＊　　　＊

清朝皇位的五岁继承人是咸丰帝妃子叶赫那拉所生。叶赫那拉是年轻貌美的满族女子，十五岁时就被咸丰帝选入宫中为妃，二十岁时生下一子。咸丰帝所生的小孩，只有两个活过一天，那个儿子是其中之一（另一人是女儿，无权继承皇位）。[30] 男孩成为皇位的当然继承人，年轻的叶赫那拉在宫中的地位，顿时由第三级妃嫔“贵妃”升格为皇太后，级别与已故皇帝的皇后相当。后来叶赫那拉以她皇太后的徽号“慈禧太后”名闻中外。[31] 日后，慈禧太后将和英国维多利亚女王并列十九世纪世界上最有权力的女人；但在此时，她身为新皇帝生母的地位，仍是有名望而无实权。

225

至于真正的权力转移，咸丰帝于临终时指派八名他最亲信的满人大臣——肃顺、载垣、穆荫、端华和另外四人——辅佐他的幼子。照传统做法，新皇帝太年幼而无法主政时，由一名或多名顾命大臣总摄朝政。顾命大臣通常是已故皇帝的兄弟或堂兄弟，将代幼皇帝掌理朝政，直到他成年为止。清初两位年幼皇帝就经过这样的摄政过程，但当年的经验告诉后人，必须交出大权时，顾命大臣通常不想放。清初那两位皇帝成年后，都发生险恶的权力斗争。但由于咸丰帝继承人年纪特别小，肃顺等八位顾命大臣可望掌理朝政至少十年，才会受到成年皇帝挑战。

这些大臣正是当初随咸丰帝避难承德避暑山庄的那些满人大臣，属于朝中主战派，痛恨洋人在国内出没。他们希望废除新签的条约，觉得恭亲王奕䜣对洋人太软弱。他们主掌朝政之后，恭亲王为新设的总理各国事务衙门所拟的计划——亦即竭尽所能安抚洋人，同时集清朝仅余之力对付太平天国——能否施行，随之出现问题。但对曾国藩来说，他们掌理朝政是件好事，因为他在朝廷的最大靠山肃顺是顾命八大臣之首。事实上，立皇太子由八大臣辅政的谕旨，就是由肃顺代写；咸丰帝临终时非常虚弱（官方档案如此记载），无法提笔亲写谕旨，于是由他口述，交他最信任的大臣写下。[32]

对顾命八大臣权力的唯一牵制乃是两位皇太后：叶赫那拉和咸丰遗孀慈安皇太后。咸丰死前给了她们各一枚代表皇权的印章。以小皇帝之名发出的任何谕旨，都必须盖上这两个印章才算合法。谕旨将由顾命大臣拟制，但两位皇太后拥有印章，实质上拥有否决权。较年长的慈安皇太后一如预期，恭顺好说话，但八大臣很快就发现，叶赫那拉不想事事照他们的意思办。随着她申明自己的独立地位，扬言撤回对他们决策的批可，清一色男性的八大臣和新皇帝生母之间的关系开始变得越来越紧张。

十月下旬，咸丰帝梓宫终于运回北京时，双方的紧张关系白热化。护送梓宫的行列浩浩荡荡，皇上遗体放在棺材架上，由一百二十人抬着。身为顾命八大臣之首，肃顺护送皇上遗体，其他大臣先行，以便梓宫抵京时迎接送葬行列。两位皇太后与先发队伍同行，在门帘紧闭的大轿里护佑小皇帝，小皇帝安稳地（且具象征意义地）坐在他生母大腿上。其他顾命大臣就在前面，伴随她们而行。先发队伍于十一月一日抵京，受到大批身穿白色丧服的文武官员和众多好奇民众迎接。那天天气很好，凉爽晴朗，万里无云。[33]

两位皇太后比肃顺早一天抵京，迅即有所动作。她们一抵京，恭亲王就带了一支卫队前来觐见。走在两位皇太后前头的其他顾命大臣想阻止他接近小皇帝，一如先前他们阻止他觐见逃难的皇兄。但这时京城是恭亲王的地盘；与英法交战之后，他恢复了北京的秩序，很得民心，而且改组后的北京卫戍部队效忠于他。[34]诸位顾命大臣想阻止他靠近小皇帝，恭亲王扬言谁敢阻拦，他的卫队就不客气，于是如愿见到皇帝。

在避暑山庄时，两位皇太后就已和恭亲王的弟弟秘密会晤了数星期，这时候双方——拥有皇上印章的两位皇太后和在京城有权有势的恭亲王——则照着先前谈定的计划行动。恭亲王陪她们进京，随侍在侧。那天下午，肃顺仍在护送皇上灵柩途中，恭亲王召集群臣，宣读经两位皇太后盖印、以小皇帝名义发出的圣旨，指控肃顺等大臣叛国。不久，他又拿出另一道圣旨，下令逮捕他们治罪。当天晚上，恭亲王的弟弟率领一支满人卫队驰往肃顺扎营处，在帐中将其逮捕。其他顾命大臣在各自的北京住所被捕，恭亲王将圣旨公告于京城各处。

加诸八大臣的诸多罪名，主要围绕着那场丧权辱国的对外战争来铺陈，其中一条指控八大臣以卖国建议误导咸丰帝，导致清廷与英法兵戎相向。圣旨指责他们劫持巴夏礼等特使，因而失信于英法联军，招致额尔金挥兵入侵京城。除了要他们为洋人入侵一事负责，这道圣旨还指控他们违反皇上本身的意愿，阻止皇上回京。[35]最后，慈禧太后个人指控他们假造那道指派他们为顾命大臣的遗诏。她宣称咸丰帝死前那一天，她一直待在皇上床边，说他身子弱得无法开口讲话，更别提口述遗诏要臣子写下。

案子很快就审毕定谳。不到一星期，宗人府（审理宗室贵族案件的司法机关）就裁定顾命八大臣犯了上述所有罪行。其中五人遭革职，发配西部边疆。三位高阶成员——载垣、端华、肃顺——被判死刑。慈禧太后特赐年长的载垣和端华以绢自尽，以彰显她的仁慈，但那其实只是象征性的恩赐；他们事实上被吊死在宗人府的地牢里[36]。对她的头号对手肃顺，她就没让他这么好过。十一月八日下午两点，在众多民众围观下，他在北京菜市口被砍头。[37]

下令逮捕顾命八大臣的那道圣旨，还以小皇帝的口吻要求她的生母慈禧太后应亲掌朝政，应从最高阶亲王中择一或多位大学士辅政。[38]于是，以恭亲王为首席军机大臣，慈禧成为清朝的新统治者。

*　　*　　*

洪仁玕返回南京后，继续和来京的传教士会面，尽管他已开始厌倦于讨好他们。大部分传教士远不如杨格非与艾约瑟那样有手腕或老练。赴中国传教虽是去解救众生，却也是危险工作，投入这份工作的洋人中，狂热分子和品性可虑者占的比例特别大。在上海租界，有许多人（即使不是大部分人）瞧不起生活在他们周遭的传教士；有位年轻美国人在家书中写道，传教士"到处可见，但很抱歉，我得说他们的名声不如在国内那么好"。[39]有位英籍海关官员参加了一场教会礼拜式，礼拜式"由为了看来较崇高的职业而放弃补鞋匠工作的某人"带领。事后他在日记里写道："国内找不到更高尚的人来传教，实在令人遗憾。"[40]

就有一位这样的传教士，使洪仁玕在族兄洪秀全面前很难堪。有关此人的原始资料未提及他的名姓。这位洋人在南京待了几星期，夜里住在河中小船上，白天在南京城里传道。身为涉外事务的主管，洪仁玕得为这名传教士在京城里的行为负责，但他无法每天跟着他四处跑。一没人管，这位传教士就开始在街头宣讲洪秀全不是真正的天王，太平天国不是真正的天国。他妖言惑众的消息，最后传到洪秀全耳里，洪秀全开始留意。有一天夜里，这位传教士声称有急事要与城里的洪仁玕谈，说服两名城门守卫不顾禁令打开南京一道城门。此事危及京城的安全，也触犯了整天疑心有敌人秘密渗透进来的天王大忌。据洪仁玕所述，这两名城门守卫"挨了一千大板，差点就被砍头"。[41]洪秀全接着拿掉洪仁玕主管太平天国涉外事务的职掌。

　　这件事之后不久，有位来自香港的老朋友，伦敦传道会的郭修理（Josiah Cox）来到南京。洪仁玕与理雅各一同传教时，郭修理就认识了洪仁玕，但看到干王时他差点认不出那就是当年他认识的那个传教士助理。洪仁玕胖了许多，而且比起当年那个"清瘦、衣着破烂、积极的本地助手"，他似乎变得"比较粗鲁"。[42]第一次接见时，洪仁玕坐在王座上，冷淡、难以捉摸，显得有点距离，感觉因郭修理的出现而几乎浑身不自在。他与郭修理交谈时，语气中透着厌烦。他说："郭修理先生，你知道我一直对外国人和传教士很友善；这给我带来麻烦，让我遭到贬职。"他表示歉意，但也很坦白。他接着说："老友来访，我本该早点来迎，但我耻于见你。"郭修理告以好消息，想让他高兴：他告诉洪仁玕，在英格兰，他们如今已知道干王是谁，干王将把中国带往什么地方。他们对他寄望甚高。郭修理说："那里有许多人关心你事业的顺遂，我们教会的长者要我鼓励你信守圣典。"洪仁玕回以"我感激在心"。[43]

　　然后郭修理问到在南京开设传教团的事，洪仁玕差点勃然大怒。他站起来，满脸涨红，高声说第一个搞得他名声大坏的人就是个传教士。他跟郭修理说起那个诋毁天王的洋人，说那人如何拿洪仁玕的名号在夜里骗守卫开城门。他告诉郭修理，就因为那个传教士轻率的行为，"我被降了两级，拿掉涉外事务主管一职"。他愤愤告诉郭修理："现在我和涉外事务没有瓜葛，你别跟我谈正事。"然后他坐回王座，顺一顺他的黄龙袍，想恢复平静。

洪仁玕让郭修理在南京只待了一晚和隔天部分时光，但已足够让这位传教士知道洪仁玕在南京的家人和朋友非常担心他。罗孝全低声道，洪仁玕的印刷部员工，有两位刚因为未照天王要求更动印刷品内文而被天王下令处死。洪仁玕的哥哥（洪仁玕离开香港后安排在理雅各家为仆的那位），不久前才带着儿子前来南京和洪仁玕同住，他私下告诉郭修理："传教士不该来，因为教义不同，天王不会容许自己教义以外的其他教义存在。"他恳请郭修理为了他弟弟好，勿在南京传道，以免引来"又有个干王朋友在批评我们教义"的闲话。[44]此外，天王的教义与西方传教士所宣扬的道理愈来愈背道而驰。在新近颁布的一连串诏旨中，天王表明世上没有圣灵；圣三一除了上帝和耶稣基督，第三名成员就是他本人。由于洪仁玕对天王的影响力可能不保，郭修理担心洋传教士与太平天国领导人的关系只会更糟，从而也只会使太平天国朝廷与洋传教士所属政府的关系变糟。

但在那堵恐惧与前途未卜的高墙背后，那个过去的洪仁玕——一八五二年春出现在韩山文家门口的那个圆脸客家人，让理雅各"特别喜爱，极为敬佩"的那个人——仍偶尔现身。对郭修理来说，旧洪仁玕于他到访那天下午出现在他眼前。他们一起用餐，然后，洪仁玕终于变得随和，回到他过去的样子，如郭修理亲切地说起的，找回"他过去那种充满感情且流利的言谈"。他生动谈起他从香港跋涉到南京的故事，透露他对太平天国未来令人振奋的希望。他诉说出征时维持军纪的不易。那天他带郭修理参观了他的王府，府内房间摆满书籍和洋人送的纪念品，但金银财宝让郭修理投以责备的目光。他不以为然地将洪仁玕的世间财宝看过一遍，向他的老朋友说："哇！你变了，现在有钱了。"郭修理接着又说："我仍是以前的我，拥有平和。"[45]

　　洪仁玕心里猛然罩上一层阴影。他答以："世上多的是在天上无一席之地的王。"

十一　十字路口

231　　马克思于一八五三年预测，太平天国将大大削弱英国在华贸易，从而"将火星抛到现今工业制度过度负载的地雷上"，但事实上最初的发展并非如此。英国对华贸易量在这期间反倒增长，只受到卜鲁斯禁止与叛军通商的限制。上海与广州等通商口岸的中国商人仍购买棉织品和印度鸦片，贩卖茶叶和丝，而且数量都有增无减。就在这场战争席卷上海周边地区时，英国贸易也在成长，跌破所有预测和预期。因为，一如事实所表明，当本地的运输网瓦解时，中国商人只剩一条路可走，也就是将他们的茶和丝卖给洋人，出口到国外。因此，即使在一八六○年太平军横扫江苏时，即使在英国人从上海向逼近的太平军开火之后，丝的出口也不仅未减少，反倒在隔年成长三成。[1]事实表明，中国这场内战不足以撼动英国既有的全球贸易格局，至少在只有中国烽火连天时是如此。但一八六一年夏美国也爆发内战时，这个格局就开始动摇。

232　　一八六一年春夏，英国决策者正面临清帝国可能瓦解的局面时，在地球另一端，美国也走向流血裂解之路。格雷伯爵在贵族院发言台上提醒"毁掉亚洲政府容易，为其换上新政府不易"时，美国南方邦联在亚拉巴马州的蒙哥马利成立才十天。那年三月舰队司令何伯正与中国叛军打开关系时，林肯在华府就任总统。到了四月，湘军与太平军在安徽的战事升级时，美国已有十一州脱离联邦。一八六一年七月，鲍超与曾国荃正在安庆城外屠杀数千叛军战俘时，美国内战第一场重要战役于弗吉尼亚州马纳萨斯附近的布尔河畔爆发。

英国夹处于两场战争之间，中国与美国是英国前两大市场（对中贸易包括直接贸易和经由印度的间接贸易），而兰开夏的纺织厂——英国工业的命脉——靠两国的局势稳定来维持。这些英格兰工厂所购进的原棉有四分之三来自美国南部，成品则有将近一半在远东卖掉。[2]美国棉花供应可能在不久后中断一事，令英国政治人物大为忧心，忧心英格兰的国内制造业经济会垮台——南方邦联有许多人指望英国因为这层忧心而派兵参与美国内战。而事实上，尽管一八六一这凶险的一年到来时，英格兰的货栈里有堆得满满的原棉，但是担心日后供应中断的恐慌，不久就把价格推升到使英国纺织业在亚洲无法获利的地步。中国人自己也种植并加工棉花，但工业化的英国能以低于中国产品的价格出售自家纺织品到中国，不过，美国内战爆发后情况改观，因为英国纺织品变得太贵，中国人不再从外购买。英国对华出口一落千丈；从一八六一至一八六二年纺织品贸易额少掉三分之二，而且还继续在减少。[3]英格兰工厂开始一家家关门，到了一八六二年十一月，兰开夏的失业率已达六成。[4]棉荒已然降临。

但棉花只是英国对外贸易的一部分。过去，英国商人在中国购买的绿茶有三分之二由美国人喝掉。但由于美国市场的这一需求也消失，英国商人不得不往国内市场大倒存货，结果可想而知[5]（如同上海某位英国商人直截了当说的："国内的茶叶市场已经完蛋。"）。[6]如果对华贸易自成一体，不受外在因素影响，英国人或许会因美国爆发内战而短暂忧心，但最终只是一场虚惊——就像在美国还天下太平的时候，他们经受住中国的内战那般。但对英国人来说，中美两国的市场盘根错节，

233

密不可分，因而到了一八六一年晚春，两场战争的同时进行已危及英国经济命脉。

有个办法可能让英国化险为夷。照额尔金所签条约而新开放的中国通商口岸仍然冷清，但未来看好。由于英国在其熟悉的中美境内市场销量都暴跌，英国人开始寻找新市场，而最有胜算的办法似乎是扩大在华贸易——不只进出口贸易，还有通商口岸之间的贸易，特别是长江沿岸口岸间的贸易。毕竟在长江这条大河上，洋人的蒸汽动力船比起当地靠帆桨驱动的船大占优势。由于美国内战爆发，中国的通商口岸重要性大增，成为尚未开发而可能挽救英国对外贸易免于垮掉的宝地。然而这些口岸正好位于中国战区的中央。随着美国情势急转直入和益发混乱，英国迫于形势，开始重新评估过去耐心面对中国变局的政策。简而言之，就是不能再等：在中国境内，英国得拥有有利可图且日益扩张的市场，而达成这一目标的最直接办法似乎有赖于叛军的配合，至少在初期是如此。而至目前为止，英国一直避免和叛军建立贸易关系。

对英国境内大部分人来说，中国是遥远的异域；但美国，一如达底拿在白河口毅然指出的，则与英国有着血浓于水的关系。因此，对中国这场已经打了十年的内战，英国一贯的因应作风是拖沓而迟疑不决，与此相反，对美国内战的因应则明快利落，毫不迟疑。一八六一年四月十七日，林肯宣布封锁南方邦联所有港口，这一战争行为使这场冲突从国际法的角度来看更接近内战而非仅仅是叛乱。五月十三日，英国政府宣布承认南方邦联的交战国地位作为响应。此举表示英国将把南方邦联视为竞逐统治权的独立政府，而非不合法的叛乱组织。英国政府代表维多利亚女王，要求英国人民对美国内战采中立态度。

交战国地位意味着南方邦联能向英国银行借款，能向英国制造商购买武器和必需品（但不含炮艇）。南方邦联希望英国政府带头更进一步表态，正式承认南方邦联为抗击北方联邦入侵的独立国家。为此，南方邦联派外交官赴英格兰与法国，为他们国家的实质主权地位辩护，因为国际法原则建立在现实情况上，而非建立在当事人所希望实现或声称已是事实的情况上——或如罗素勋爵所说的："交战国权利问题，关键不在原则，而在事实。"[7] 巴麦尊和罗素私底下支持南方邦联独立，希望美国永远一分为二，降低其对英国世界贸易霸主地位的威胁。

英国境内的中国政情观察家，个个都看得出中美两国情势的相似，英国政府给予南方邦联交战国权利那一天，伦敦《泰晤士报》刊出一篇社论，呼吁给予太平天国类似的权利。由于清廷成立由恭亲王主持的总理各国事务衙门（英国视之为额尔金"大声敲打京城城门"的可喜结果），还有舰队司令何伯走访南京一事，极有可能让英国如愿和叛军建立通商关系，英国因此觉得有可能同时与中国境内的两个政权发展出有益且友好的贸易关系——而《泰晤士报》认为这一情势将是中国"迈入光明未来的第一步"。

该报主编主张，欲与内战双方建立有利可图的贸易关系，关键在于英国保持中立，而保持中立的关键，在于英国正式承认太平天国如南方邦联一般，不只是叛乱团体，还是争夺统治权的政府。他们写道："实质主权地位于南方首都得到确立已有十年，我们希望这一主权地位至少在他（南京天王）的交战国权利里得到承认。"他们撇开道德考量，认为为了英国未来在华贸易的现实利害，必须承认这一地位。他们接着说道：

"他掌控了中国的水路大动脉，我们若不与他磋商，就只有打他。前一选项似乎容易，另一选项则是愚蠢至极。"[8]

两个星期后的五月三十一日，来自格里诺克（Greenock）的苏格兰籍国会议员邓洛普（Alexander Dunlop）在平民院发言，呼吁政府承认太平天国在其控制区里的主权地位。他在发言中称太平天国为"诸省的实质统治者"，中国境内"两冲突团体"之一——将太平天国界定为交战势力的主要词句——且要求政府责令中国境内的英国人在交战双方之间严守中立。那和英国政府刚宣布的对美政策如出一辙，若成为官方政策，卜鲁斯将不能再禁止英国商人与太平天国通商，太平军攻打清廷所控制的城镇时，舰队司令何伯也不能干预。此外——尽管邓洛普表示他并无此意——英国商人将可以自由贩售步枪、军需品、非武装的汽船给中国叛军。炮艇则不在此列，仍受到《国外服役法》（Foreign Enlistment Act）的禁止（但美国的南方邦联已在寻找此一政策的漏洞）。巴夏礼和何伯要求太平军不得进入上海方圆五十公里一事，将不得施行。而一如在美国所见，承认太平天国为交战团体，等于是往承认他们为独立国家迈进一步。

根据罗素勋爵在过去数个月一再坚持的主张，邓洛普要求的中立政策本该是英国一贯遵守的行为准则。但在国会里提出这项动议，显示已有愈来愈多国会议员怀疑明订的政策和中国当地的实情有很大落差。在他的发言中，邓洛普表示："有足够的事证证明，我国驻华代表所宣告的中立，就叛军一方来说，并未真的守住。"在他看来，南方邦联与太平天国的相似之处，明眼人都看得出。他主张："太平天国向中国皇帝开战，获得成功已有很长时间，和美国的诸分离州一样有资格获

235

承认为交战团体。"[9]

邓洛普洋洋洒洒列了英国违反中立的事例，而且这些事都伤害英国与叛军的良好关系：一八五八年额尔金航经南京时炮轰该城；卜鲁斯于一八六〇年接受清廷付款以支付守卫上海的开销——邓洛普称（小心避用"佣兵"一词）此举已使中国皇帝得以"将我们女王称作他的封臣之一，我们女王出兵保卫中国，然后如属国般从他那儿领取报酬"。他提到卜鲁斯警告英国商人勿与太平天国通商以免违反国际法一事。邓洛普说："同一个原则无疑未被用于美国的诸分离州上，英国国民未被警告不得与南卡罗来纳州来往。"邓洛普说，他所希望的，只是英国对所宣示的中立政策说到做到。他说："如果勋爵大人向他保证会在中国施行不干预政策，他会乐于撤回动议。"[10]

邓洛普有强力奥援。另一位苏格兰籍国会议员，来自格拉斯哥的布坎南（Walter Buchanan）附和道，英国应"在中国实行我们已在欧美宣布，作为我们政策基石的那个原则，不干预原则"。他质问为何英国驻华公使如此明显偏袒清廷。他说："我们看到这个古老帝国分崩离析，看到充满活力的新势力、新种族在竞相追求进步与文明，我们要死抱着他们之中最虚弱、最腐败、最不开明的一方吗？"太平天国（在此他提到洪仁玕的影响力）已"承认并接受西方文明的影响"，而且证明了"他们并未自外于新思想的影响，也不像满人那样死抱着不关心及鄙视他国的作风"。换句话说，太平天国是中国的进步党，如果英国得支持谁，非他们莫属。[11]

至于太平天国的主权地位这问题，又有一名苏格兰籍国会议员，来自蒙特罗斯自治市（Montrose Burghs）的巴克斯特（William Baxter）痛批英国国内那些将太平军斥为"出没于乡间，犯下杀人与惊人暴行……没有正规政府或稳固地盘，十足的抢匪和海盗"的人。他主张——由此可看出在伦敦一地支持太平天国的赛克斯与史卡思等人宣扬的主张日益为人所接受——"实情是他们占据了中国最富裕、最有生产力的六省；而且（巴麦尊）已承认作为独立政治势力才几个星期的美国南方诸州的交战国权利，却看不出他不该拒绝已占据中国大片土地长达八年的太平天国拥有那些权利。"[12]

巴克斯特提醒台下同僚，满清在北京加诸外国人的暴行，太平天国并未犯下。

罗素与巴麦尊不为所动。毕竟，英国要能与中国境内叛军进行有利可图的贸易，得先假定那些叛军真能治理他们控制的地区，并维持那些地区的秩序，而他们两人受到卜鲁斯意见的影响，都不愿接受这项假设。因此他们反驳道，承认太平天国这项动议没有实际意义；他们主张英国在中国从未违反中立，以后也不会。罗素把刚收到的舰队司令何伯初访南京圆满达成任务的消息告诉议会，并引述何伯向太平天国诸王的保证：英军不会像先前在上海那样阻止他们接近其他通商口岸。罗素问："那不是中立吗？"（第二轮谈判时，何伯与巴夏礼要求太平军不得进入上海方圆五十公里，并试图要求在其他通商口岸也比照办理，而这一轮谈判的消息这时尚未传回英格兰）。罗素嘲笑巴克斯特所谓太平天国比清廷更人道的说法，间接表示他的对手失去中立，支持其中一方。"嘿，我可比议员阁下中立许多，"罗素说，脸上带着得意的笑容，"我对那个国家的文明一直不怎么欣赏，对中国人的人道作为又更不欣赏。"[13]

但罗素以较愿意化解歧见的口吻说，英国不可能放弃在华的中立政策。他说，"那是我们在其他国家所采取的路线，"语气中认识到他们拿中国与美国相提并论，"我看不出为何在中国不该照办。"他认为清廷敉平太平天国叛乱或太平天国彻底推翻满清"绝无可能"，但认同其对手的看法，即"我们不该选边站……我可以向阁下保证，政府的立场将始终会是支持中立"。[14]巴麦尊勋爵重申"我们的政策是维持绝对的善意中立"，结束了这场辩论。他保证，舰队司令何伯与太平天国达成的新协议，将确使"我们与他们占领的那些地区的通商受到应有的保护，不会遭打断"。他说，提升与清廷和叛军两者的贸易有益于英国，因此，失信于其中任何一方，都将是有害无利。这项动议因此没有必要。[15]

邓洛普满意罗素的答询，照约定撤回动议。《泰晤士报》认为这场辩论结局圆满，达成了一项共识，"即不管我们所有人对通往中国重生之路有多清楚的认知，从各方面来说，我们都万万不该蹚这浑水"。[16]

*　　*　　*

这个时候，李秀成的叛军正在浙江攻城略地，所向披靡。浙江省会杭州被围八周后，于一八六一年十二月底陷落——比起曾国藩部队围攻安庆，李秀成攻破杭州所花的时间少上许多，这有一部分是因为杭州城里有两百三十万人，很快就面临无粮可食的困境。[17]到了十二月十三日，食物已经吃光，守军杀役畜和骑兵队的战马来吃，百姓煮树根和树皮来吃。[18]十二

238

月二十九日，居民受迫于类似安庆居民的绝境，打开城门迎降，街头上有数千具饿死的尸体。但相似之处就止于此。陷落之前，李秀成部队将招降传单射进城里，承诺不伤百姓，并给他们加入太平军或自谋生路这两条路选。[19]大体上看，这个办法似乎奏效。杭州城陷落一星期后，该城附近一名忠于清廷之人以沮丧口吻写道："因忠王有令不许伤百姓一人，故杭州百姓并不加兵①……故百姓皆不苦长毛，而转以官兵为病云。"[20]这人写道，杭州的暴力伤害大部分是自己强加于自己，而非出于叛军之手；满营的满人官兵自焚而死，许多清朝官员自刎，但城中老百姓受的伤害相对较少。[21]

李秀成知道曾国藩的安庆暴行对民心的影响，因此在杭州竭力以较高的道德标准要求太平军。与过去太平军大肆屠杀满人的做法大相径庭，李秀成给杭州城里的满人和官员生路，尽管其中许多人最终选择自杀。太平军进城时，浙江巡抚在府邸悬梁自尽，但李秀成花钱请人将遗体运到上海厚葬，甚至用心将他的官服与官帽放入棺中一起下葬。[22]他说那是因为他佩服此人的忠心事主。至少有一名清朝官员为这位叛军将领意想不到的义葬举动感到惊愕。他以纳闷口吻说道："豺狼也，岂尚有人心哉？"[23]

杭州是省会，因此是浙江全省的枢纽，该城失陷对清朝在华东的前景是重大打击。但从某些方面来看，太平军在同一时间对较小的沿海城市宁波的进攻，意义更为重大，因为宁波是通商口岸。自与巴夏礼和何伯在南京协商以来，太平军首次测试何伯是否信守约定不阻挡太平军进攻。宁波位于上海正南

---

① 并未协助官军对抗他。——译注

位于安庆的英王当代浮雕，
以社会主义英雄的形象呈现。
太平天国的诸位领导人没有任何真实的
肖像逃过战火摧残

曾国藩的弟弟曾国荃，画中与童子及鹤在花园里

公正文雅

湘军主帅曾国藩

多忠勇

東南十
里百戰
功高秦
關屹屹
血祆濺
往將軍
矣故
壘風
號

多隆阿使用望远镜观察远处

鲍琥北

将军天降
山川震动
怒如霆擘
势若湍鸿
晕寇胆寒
外夷心悚
近世名将
畴匹其猛

鲍超乘马，与湘军长枪队同行

淮军主帅李鸿章，一八七九年

额尔金勋爵（左）与恭亲王，
贝亚托摄于一八六〇年《北京条约》签订时

英法联军攻占后的大沽北炮台内部。贝亚托在英军攻入地点拍摄

英法联军攻占后的大沽北炮台内部。贝亚托在法军攻入地点拍摄

北京东北角城门，贝亚托摄

（左一）巴夏礼

（左二）海军少将何伯，绰号"好斗吉米"

（左三）卜鲁斯，额尔金勋爵的弟弟，英国驻华公使，
一八六○～一八六四年

（右一）蒲安臣，美国驻华公使，
一八六一～一八六七年

HARPER'S WEEKLY.
A JOURNAL OF CIVILIZATION

VOL. X.—No. 473.]　　　　NEW YORK, SATURDAY, JANUARY 20, 1866.　　　　[SINGLE COPIES TEN CENTS.
[$4.00 PER YEAR IN ADVANCE.

Entered according to Act of Congress, in the Year 1866, by Harper & Brothers, in the Clerk's Office of the District Court for the Southern District of New York.

GENERALS BURGEVINE AND WARD.

Our latest advices from China mention the drowning while in irons of General Burgevine, the Chief of the Taepings, whose portrait is here given. Burgevine was a New Yorker, and went to China several years since. It will be remembered that in 1861 a Bostonian named Ward, whose portrait we also give, organized a force of American and Chinese soldiers, under European and Chinese officers, to repel the invasion of the tribe of barbarians known as the Taepings. This force was for the defense of Shanghai, and was commanded by Ward. Burgevine was Ward's second in command, and succeeded the latter when Ward was killed in October, 1862.

It was not long before the Chinese Governor of the province, by delaying to pay Burgevine's soldiers, excited a revolt among them, the General taking sides with his men. Burgevine took violent measures to obtain the money to pay his men, and was ordered to resign his command, which he refused to do. The result of the quarrel was that Burgevine with a portion of his men went over to the side of the Taeping rebels. He subsequently had quite a number of actions against his old command, now led by Major Gordon, and was rather roughly handled sometimes. He found it quite as difficult to get along with Chung Wung, the Taeping leader, as with the Governor of Shanghai, and by means of spies he informed Gordon that he would surrender himself, and as many Europeans as he could induce to follow him, if pledges would be given of security to his life. Gordon gave the pledges. Accordingly Burgevine surrendered; the pledges at first were kept, but finally were broken, and Burgevine was recently drowned in irons, thus closing his very eventful career.

The Taeping rebellion commenced in 1850. The leader of the rebellion, Sei Tsieu, was an illustrated convert to Christianity. In 1833 he had received from an American missionary a package of tracts in the Chinese language, which he put in his pocket, and thought no more of them until five

GENERAL WARD, OF MASSACHUSETTS, KILLED IN CHINA, OCTOBER, 1862.

GENERAL BURGEVINE, OF NEW YORK, RECENTLY KILLED IN CHINA.

"中国人"戈登穿着清朝官服

由苏州河北边望向上海滩，一八六九年

方，隔着杭州湾与上海相望，两地走海路距离只约一百六十公
里，走陆路则是两倍远。从上海走陆路过来，得先往内陆到杭
州，再调头往海的方向才到宁波。宁波距上海甚近，因此宁波
的清朝官员寄望洋人也守卫该城，老早就请卜鲁斯派英军过
来。但卜鲁斯知道防卫上海已引发争议，母国政府不想再重蹈
覆辙，因此发文给他的宁波领事，告知如果内战战火蔓延到该
城，他该清楚表明"我们不参与这场内战"。[24]但同时他也致
函舰队司令何伯，说"我认为我们不能把保护宁波的责任揽
在自己身上"，但如果能在"不致违反我们对这场内战抱持的
原则下"，在该城展示英国海军武力，他认为这么做或许能将
叛军吓跑。[25]

舰队司令何伯照自己的意思解读这些指示（和他本人对
太平天国领袖的承诺）。一八六一年五月，情况显示太平军把
矛头对准宁波和浙江其他地方时，他派乐德克（Roderiok
Dew）上尉驾驶配备十四门炮的"遭遇"号（Encounter）前
去劝阻。何伯要乐德克与最接近上海的太平军统兵官接触，仿
效三月时巴夏礼成功阻止陈玉成攻打汉口那样，"告知他攻占
与破坏宁波城将严重伤害英国贸易"。何伯要乐德克上尉警告
太平天国将领，在英国外交官与南京的太平天国领袖联系上之
前，"不得对该城有敌对行动"。更狡诈的是，何伯虽承诺英
国人不会反对叛军控制通商口岸，却说出巴夏礼未明说的那个
威胁。他告诉乐德克："不必言明必会动用武力，你就让他想
起前一年在上海发生的事。"[26]

警告太平军勿靠近宁波后，乐德克要亲赴该港，协助当地
的清朝官员"设下各种障碍阻止叛军拿下该城"。何伯提醒乐
德克，他扬言英军会动武制止叛军，只是想吓唬他们，如果太

239

平军真的硬干，乐德克绝不可对他们"真的开战"。何伯下达给乐德克的指示中，就只有这点体现英国中立政策的精神。但何伯似乎认为即使那个约束都可能只是暂时的，因为他要乐德克从宁波回报"你所认为足够守住该城的备用欧洲部队兵力"。

240　　但赛克斯、格雷、邓洛普和巴克斯特等议员的主张起了作用，罗素勋爵恪守他的承诺。他在七月二十四日给卜鲁斯的信中，正式批准何伯下给乐德克的命令，但只认可白纸黑字的部分，即吓唬就是吓唬，不能真的动武。他表达了强烈（且虚幻）的希望：如果太平天国能被说服而远离那些通商口岸，清廷或许也会同意不用那些口岸来当攻击叛军的安全基地，于是就能避开冲突，同时不危害到英国贸易。但从卜鲁斯或何伯的来信，都看不出清廷会同意将通商口岸视为中立区。无论如何，罗素虽同意何伯命令的字面意思，罗素回信却语带尖刻，反映他意识到何伯急于找个借口来开战。在给卜鲁斯的信中，他最后严厉告诫："但你会了解政府希望无论如何都不要对叛军动武，除非为了保护英国国民的性命和财产。"两个星期后，他更清楚地说明政府的中立要求：他写道，除非真为了解救英国国民免于"折磨或死刑"，否则英国在华部队"绝不可干预这场内战"。[27]

　　但何伯和卜鲁斯已在为政策万一改变该如何因应预为计划。六月十六日，卜鲁斯写信给何伯，告诉他"我很同意保住宁波所能带来的好处"，但承认"我得到的指示未让我得以名正言顺用武力来达成这个目的"。[28]他要何伯耐心以对，一段时日之后中立政策说不定会退位。他指出，太平天国已答应在这一年结束之前都不动上海，而等到这段期限到期，伦敦政府说不定已因为他转呈的叛军辖区破坏情况报告，重新思考不干预政策。他告诉何伯，明眼人都看得出清廷太弱，压不下这场叛乱，但如果太平天国赢了，他担心会更不利于英国，因为他们满脑子"不切实际的意图"，肯定会"比现行王朝更难对付、更难控制"。

卜鲁斯的想法不再那么固执。他认为，或许英国不必冷眼旁观，看中国落入太平天国之手。还有另一条路可走，即何伯第一次溯长江而上时构想的那条路：英国人可将所有通商口岸都纳入保护。卜鲁斯一改其原本思维，推断他们甚至能在不违背国会的中立要求下这么做。清朝正使用来自通商口岸的关税支付英国战争赔款，因此，关税的顺利征收与英国本国利益密切相关。如果叛军拿下通商口岸，切断清廷的贸易收入，清廷将无法偿付赔款（这时仍有数百万两赔款待还），叛军实际上将会切断英国的收入来源——几乎可以说是向英国开战的行为。卜鲁斯认为，在上述情况下，英国或许可以保护通商口岸使之不落入叛军之手，同时仍严守中立。

循着此一思路导出不顾后果的结论，卜鲁斯问何伯是否能派一整队英国炮艇上行到南京。英国在华兵力不足以守卫所有通商口岸（事实上，这时候上海的英军不到八百名，而且大部分是印度人），[29]因此，何伯的海军或许可"作势将要教训（叛军）首都"，逼他们不靠近诸口岸。

值得嘉许的是，舰队司令何伯于七月十一日回复道，攻打南京将是"最失策的举动"[30]（两个月后罗素读到卜鲁斯的来信时，也力表赞同）。但何伯如此主张，纯粹出于现实利害。他向卜鲁斯解释，南京太大，非海军所能攻下，若真要攻南京，英国得派大批部队登陆。即使如此，这一攻击最终大概也只是将叛军赶到更内陆，而对这场叛乱的整体走向毫无影响。何伯认为，只要太平天国诸王仍在南京，英国人至少还能和他们协商。尽管何伯没有明说，但卜鲁斯的计划胜算不大，因为何伯非常清楚海军武力的局限。英国炮艇的确远优于太平军的水上武力，但炮艇只在水道近旁掌有绝对优势。如果太平军大军与英国部队在陆上交手，鹿死谁手，殊难预料。

奉舰队司令何伯指示，乐德克上尉开始在叛军与清廷之间跳起巧妙的芭蕾舞。他先于六月南航宁波，察看该城防御虚实，发现非常糟糕。只有一千名未好好编整的守军，城墙上的旧炮也没有弹药。他针对如何强化宁波防御，提了一长串建议给清军守城主将，然后回航上海，循着河道和运河驶入内陆，拜访距上海约三十公里的青浦太平军守军（他们驻守该地未被视为违反勿入上海方圆五十公里的约定，因为在巴夏礼前往南京之前太平军就已控有该城）。乐德克上尉抵青浦前不久，重新招募新血组成的华尔洋枪队刚攻打过那里，而当乐德克上尉接近青浦时，可想而知遭到守军开火攻击。鉴于不受欢迎，他南下拜访驻守乍浦的另一支太平军。乍浦位于杭州湾岸，距上海约八十公里，隔着杭州湾与宁波相望。乐德克上尉的通译称该地的叛军军官特别怪胎，"身穿最亮眼的有色绸服，非常华丽，个个又脏又有病在身，手臂上布满金镯和痂"。乐德克上尉会晤的第一位太平军军官，详述了太平天国与洋人的友好关系，要乐德克缠上他的黄头巾。[31] 隔天他见了部队统兵官，那人告诉乐德克他未打算进攻上海或宁波，还请乐德克提供枪和弹药。他告诉乐德克，有许多洋人到太平天国的城市卖枪。

离开乍浦后，乐德克乘船再下宁波，并带去十二门来自上海英国军械库的大炮，以强化该城防御（何伯觉得除非由英国人亲自操炮，否则不算违反中立）。乐德克发觉从他离开到这次再访期间，宁波官府"除了拔掉城墙墙面的杂草"，未在御敌上有任何准备。他们完全没有理会他提的那些建议，甚至城墙上既有的火炮仍无弹药可用。但乐德克上尉第一次到访时就已向宁波的清军主将私下透露，他认为上级会向他下达协防该城的命令，因此，如果清军未费心自己保护该城，他难辞其咎。[32]舰队司令何伯得悉宁波防务的糟糕时，断定英国试图与清廷合作一事毫无意义。后来他写信给英国海军部说，"除了动用武力协防"，乐德克上尉已竭尽所能协助清廷守卫该城，但"由于清廷官员的懦弱无能"，他的协助"完全无效"。[33]

叛军逼近时，宁波变成空城，有办法离开的人都弃城而去。驻宁波最高级官员，宁绍台道的道台，买了一艘小汽船，停泊在近岸的海上，家眷和家当都搬到船上，但他只顾安排自己的后路，未邀守城主将一起逃跑，守城主将愤而要官兵阻止道台离城，因而那艘汽船航往上海时，只载了道台的家眷。刚抵达宁波的英国领事夏福礼（Frederick Harvey）于十一月十二日写道："这个城像荒漠，只有航运业在动。外国汽船正忙着以天价费用，将急欲离开该港的中国人运到上海。"[34]十一月二十日，外国当局要城里所有中国话说得不流利的传教士来外侨居住区接受保护，外侨居住区位于江水对岸，这座有城墙环绕的中国城市东边。[35]

十一月二十六日，叛军距宁波城约五十公里，夏福礼报告道："当地官府似乎士气涣散，无力自保。"十二月二日，太平军距宁波城只一日步程，一群英国人骑马出城，请求太平军统兵官一星期后再开始攻城。太平军统兵官百般不愿，还是同意了（英国人为何提此要求，原因不明，除非乐德克仍希望上级会允许"遭遇"号在叛军抵达宁波时向叛军开火）。那位如今形同被关在城里的道台向法籍的海关收税员提议，只要他愿组成一支外籍民兵队，出城攻打太平军，就给他五万两银子，后来因道台不愿预付那笔钱而计划停摆。为了稳定军心，阻止官兵逃亡，城中各处贴了不实的告示，说有六艘英国与法国军舰，带着六百名洋人部队，正从上海赶来守卫宁波（包括两百名被不知感恩地称作"黑鬼"的锡克人）。[36]

十二月九日，延迟一周攻城的期限一到，六万名太平军兵分两路出现于宁波城门外，城外旗海飘扬，锣声与号角声震天。一支突击队先攻，拖着梯子泅过宁波护城河。他们将梯子往城墙一靠，"像野猫般"往上爬。[37]守军鸟兽散，迅速脱下军服，想混在逃难的平民里。突击队从城墙另一边下去，打开南面和西面两座城门让其他太平军入城。不久后夏福礼报告道："宁波如今已完全且无可置疑地落入太平军手里。"[38]

这次攻下城池，死伤相对较少。与夏福礼的预期相反，未有大肆杀人之事。除了清军逃离宁波城前放的火，城里也没有人放火。[39]虽有劫掠之事发生，他惊讶报告道，叛军行事"出奇节制"。夏福礼协助道台搭英国船逃到上海——对于此事，他思索了一阵子，然后断定那不会违反中立——然后在十二月四日，夏福礼与美、法两国领事一道，从外侨居住地搭船到江对岸的宁波城，与两名叛军统兵官会晤。这两名统兵官和先前在战场上一样友善，说"他们希望和所有洋人友好，和睦相处"。三名领事表示，他们希望先前在清廷治下洋人享有的通商和居住特权一切照旧，占领期间不得伤害欧美人。两名统兵官欣然同意，并主动表示凡是骚扰洋人者，一律处死。然后三名领事回到外侨居住地，关闭清廷海关，以示宁波不再归清廷管，因而他们不再有义务替清廷效力。

从叛军的角度看，占领宁波是一大成就。只花少许死伤就拿下该城，而且完全没有伤害到洋人财产。此外，太平军与欧洲强权完全没有起冲突，这让他们觉得巴夏礼和何伯的确信守他们于三月时在南京的承诺，未阻挡太平军夺取上海以外的通商口岸。这让太平天国重新燃起可和洋人和平共处的希望。到了一八六二年一月上旬，宁波城里已经平静，人数不多的欧洲侨民已开始邀太平军军官赴他们的晚宴。[40]叛军已经以行动告诉欧洲人，清军完全无法延迟他们沛然莫之能御的攻势，而且与上海的官府宣传相反，他们不是一心要禁绝中国对外贸易的破坏力量。

但英国驻宁波的最高阶官员夏福礼领事，认为那完全称不上个成就。一月三日，他向伦敦报告，说宁波城里"普遍平静"，但仍无贸易，城里仍无商人（大部分商人已搬到舟山这个尚未遭战火波及的离岛）。情势在在表明，英国人不需担心受到太平军的伤害，但夏福礼的职责在督导通商事宜，而太平军拿下该城才几个星期，他就开始担心贸易将从此停摆。毫无"中国正派商人回来的迹象"，他如此写道[41]〔但他似乎太早下此论断：八个星期后官方的《中国贸易报告》（*China Trade Report*）会写道："人民……回来甚多。该港口的贸易正在复苏，似乎很有可能完全恢复。"〕。[42]

夏福礼坦承，太平军竭尽所能维持安定，履行所有承诺。他们贴出告示，呼吁人民重拾旧业。他们打算开设海关，关税税率如同先前清廷所课，他们甚至给三个月的免税期，庆祝他们以和平手段拿下这个通商口岸。他报告说，他们竭力证明

"他们不是外界常说的祸害"，表明"欲与我们和睦相处的……强烈意愿"。但在这种种表象底下，夏福礼只察觉到谎言和欺骗。他确信他们培养友谊的举动"建立在恐惧和缺钱上"。他们不可靠。[43]

* * *

一八六二年元旦，中国前途未卜。北京和南京两方政府的高层都在改组人事，以迎接这场胜负无人能预料的内战的下个阶段。曾国藩个人的权力基础随着湘军的成功而日益壮大，他继续打这场战争，在安庆——如今是他坚不可破的要塞——建立了新大营，并计划率手下大将东征，进入叛军国度的心脏地带。在安徽和安徽背后的华中，他的权势如今无人能挑战，只要他仍效忠于新朝廷，清朝也会屹立不摇。但放眼全局，曾国藩部队控制区以外的清朝领土，几乎处处都已非朝廷所控制。石达开率领的叛军自成一支，横行于湖南西边的四川。西南部的穆斯林居住区公开叛乱反清。捻军的马队继续肆虐华北平原。这三股势力之间的地区则落入非正式民兵部队、土匪帮以及地方强人之手。没有希望，没有方向。

拿下杭州后，忠王——年幼时在华南制炭为生的贫苦生活，如今已几乎不复记忆——统率的兵力逾百万之众。安庆失陷切断南京与华中的联系，使太平天国首都的侧翼门户大开，损失不可谓不大，但太平天国仍拥有辽阔富饶的东部。在东部，清军势力有可能已被扫荡一空。这时李秀成几乎掌控江苏、浙江两省全境，而在承平时期，这两省上缴的税占了清朝年收入的整整四分之一，被誉为"因拥有丰富资源而在任何方面都非世上其他同样面积的地方所能比拟的地区"。[44] 拿下杭州与宁波后，他下一个进攻目标理所当然就是上海。拿下上海，整个拼图才完成。他需要上海的钱庄、上海扼控沿岸的地利、上海未来的外贸收入。他需要掌控江苏和浙江全境，不容许其中有一个清廷据点。过去两年的发展已经告诉他，太平天国的英国"兄弟"不可能给他们应有的承认或尊敬。于是，一八六二年一月，天王不攻上海的承诺到期，李秀成开始准备再度出兵上海，而且这一次不是以轻武装恳求对方配合的姿态前往。李秀成从未真的相信太平天国能赢得洋人的友谊，只是洪仁玕一直阻止他对洋人动武。但如今洪仁玕已被拔掉掌管涉外事务的职务，不再有决定权。

英国政府已重申不干预中国内战的承诺，议会恪守中立原则，但对在华的洋人来说，舰队司令何伯的干预念头几乎已是明眼人都察觉得到。卜鲁斯竭力不偏袒任何一方，但仍希望在他表达英国人对太平天国的承认之前，先见到宁波当地华商接受太平天国的入主。他在一月十八日写道："在我们与他们建立更密切关系之前，他们应先得到（这样的）国民承认。"[45]他要静观其变，再决定如何行动。同时，夏福礼领事针对叛军治下死气沉沉的宁波所写的沮丧报告，已踏上送回英格兰之路。何伯写给海军部的一封信，跟着夏福礼的报告同时发出，信中报告了杭州陷落之事。虽然何伯知道李秀成放杭州满人一条生路，以及厚葬浙江巡抚之事，他在这封信中却只字未提。他也未提到太平军进城后的宽大处置，如何大异于曾国藩在安庆的大肆杀戮（两艘行驶于长江的汽船，陷入从安庆漂流而下的浮尸阵中，船上乘客回上海后说出此事，因而上海居民对安庆杀戮之事非常清楚）。何伯只以寥寥数语报告道，叛军拿下杭州后，"据说犯下了他们常有的暴行"。[46]

247

在这些令人忧心的报告之前,卜鲁斯几个月来已把他所听来的太平天国会大肆破坏的迹象转告外交部。卜鲁斯希望这些迹象会使罗素勋爵相信,不管议会中有强烈道德原则的自由派议员希望在中国得到什么,不干预政策将使英国在华贸易停摆。而由于美国内战对英国经济构成的威胁,英国不能轻言放弃在华贸易。

这些报告经誊抄、折叠、放入信封再封口后,塞进专门装官方公文的大皮袋,踏上前往英国的两个月旅程。它们先由定期邮船送到上海,在那里与其他邮件一起装进大木箱,由中国挑夫扛到外滩。挑夫排成一列,踩着快步,在拥挤肮脏的街上左闪右躲,将木箱扛到高高堆着棉花袋和鸦片木箱的码头上,最后将木箱搬上停泊在港口的一艘黑色长邮船。那些大木箱是最后一批上邮船的货,邮船上已满载乘客,甲板上挤满竭力掩盖心中的宽慰——宽慰于终于逃离这污秽、疾病、格格不入与可怕的地方,航向故乡——向前来送行者愉快挥舞手帕的男女。[47]

但这些报告并非孤单远行,因为在一八六二年一月十五日,从码头解缆航进黄浦江的这艘邮船上,巴夏礼是乘客之一。终于获准放假回英格兰探亲的巴夏礼,经过多年剑拔弩张的谈判、远行和折磨,已处于"紧张、心力交瘁的状态",极度渴望暂时离开在中国争斗的生活,安静休息一阵子。[48]他在北京被俘时的英勇表现,受到本国同胞的高度肯定,将以战争英雄之姿回英格兰。毕竟英法联军烧掉圆明园,主要就是因为他的缘故。他的受辱吃苦,乃是让英国在那场战争中唯一师出有名的一点,英国紧抓住此事不放。因此,他将以名人之姿返国,将受伦敦上流社会人士的举杯欢祝,将受到民众的欢呼打气，将以三十四岁之龄受英女王封为第二等巴思爵士（Knight Commander of the Order of the Bath），成为有史以来最年轻的获此殊荣的人之一。

卜鲁斯认为他转呈的报告和信件深具说服力，但再怎样都不如不久后将受封为爵士的巴夏礼有说服力。他能口说言谈，而且他的发言是英国公众急切想听到的。这时他的观点比卜鲁斯更为悲观。巴夏礼在中国所做的最后一件事——使早就想放假返乡的他不得不为此延迟请假——是与南京的太平天国领袖再度商谈，要他们延展不靠近上海的期限，结果遭拒。这次谈判破裂，在激烈互责中不欢而散，何伯底下一名指挥官因此气得扬言，叛军若敢靠近上海，联军不只会像以前那样把他们轰回去，还会以"你们的愚行所应得的更严重后果"惩罚他们。[49]这时，巴夏礼比他的任何同胞都更清楚知道，叛军已不想再接受英国的要求。因此，他也是以预言家的姿态返回英格兰，将说明那场正要袭来的风暴。

一月十七日，《纽约时报》一名记者从宁波发出报道，说："中国一片黯淡，我们不知明天会如何。"

第三部　太平

十二　破釜沉舟

　　曾国藩需要更多兵力。湘军已经拿下安庆，但一旦拿到那
个据点，其东边就紧邻着一大片由叛军控制且有数千万人口的
土地。太平天国仍掌控皖北数个重要城镇，英王陈玉成退至该
地，如今准备再战以雪前耻，而在安庆下游至南京的长江两
岸，也牢牢掌控在叛军手里。此外，在南京的东侧，有整个东
部沿岸，是曾国藩无望拿下的地方。经过长达一年的围攻安庆
之役，官兵疲惫不堪，有许多人想回家；他担心士气渐渐低
迷。[1]但湘军可以牢牢掌控这座城市，因此曾国藩一边思索下
一步，一边集中全力重建该城。他接管了安庆的巡抚衙门，改
为两江总督衙门。尽管安庆多年不在清廷辖下，他请求朝廷继
续以该城为安徽省会。在他的指示下，庞大民工开始重建安庆
城的府学和试院（帝国文明最具体的象征）。他们修补了城
墙。这位新两江总督终于在所辖三省的其中一省，有了体面的
权力基地。

　　曾国藩直接控制的土地——主要是安徽省南半部——面积
相对较小，而且民生凋敝，状况极糟。在长江以南，祁门和休
宁周边属多山地形的数个县，经过一年半的安庆战役，农业生
产已完全瓦解。山谷中的稻田为杂草覆盖，山坡上的茶树未经
修剪，渐渐荒芜。逃入山中挨过这场战祸的农民，食物已经吃
光，饿着肚子。曾国藩手中经费拮据，帮不了他们多少（照
理要由那些种稻、种茶叶的农民来供养他的军队，而非由他的
军队供养他们）。奉曾国藩指示，安徽官府在皖南山区设了救

济站，发粥给饥民。共有七个救济站，每站能喂饱三千人。他希望能做点好事，但在寄回湖南的家书中坦承，皖南情况太糟，他开始听到农民吃死人的传言。[2]

清廷对付太平天国的战事，这时由曾国藩掌控全局，而随着他的心思转移到如何在远比他全力攻打安庆时大上许多的新战场制胜，他开始改造自己的军队以为因应。接下来往南京推进需要更多兵员，为此，他于一八六一年十一月，也就是拿下安庆两个月后，派弟弟曾国荃回湖南，招募六千名湖南新兵。从政治上来看，此举带有风险；他还不知道使肃顺失势的北京政变之事，而且继续扩大私人武力——由他弟弟在家乡省份招兵买马——会激怒朝中批评他的人，那些人原本就认为他日益威胁到朝廷的威权。但他于十一月十六日上奏折解释他为何决定从湖南招募新兵时，并不知道朝中政局的变化。他信誓旦旦表示，"本可乘贼情惊惶之际，直捣金陵老巢"，前提是他有足够兵力。最佳办法是"曾国荃一军深入贼之腹地"，他写道，"坐失机会，实属可惜！"他解释道，新招的湖南新兵可驻守湘军已拿下的城镇，使老兵得以随他的弟弟出征，攻向下游的叛军首都。[3]

253　但即使他弟弟如愿招募到六千新兵，兵力仍然不够。诚如他从一开始就主张的，欲消灭敌人"老巢"只有一个办法，即将之团团围住，切断所有补给和增援管道，因此战场不只是安庆与叛军首都之间约三百二十公里长的河边平原地区。即使他能让弟弟的部队直攻到南京，即使他能透过长江持续补给该部队，叛军首都的其他侧面仍未被堵住。要完全切断南京与外界的联系，他得拿下皖北，也就是得消灭仍盘踞该地虎视眈眈的陈玉成部；得牢牢控制长江以南的皖南，也就是在围攻安庆之役期间他勉强控制住的那个地区；还得控制从浙江省和省会杭州通往南京的通道，尤其得拿下太平军于一八六〇年轻易就攻占的南京以东诸下游城市——无锡、常州，以及最重要的，李秀成大本营所在的园林城市苏州。

一套战略开始在他脑海中成形。他构想兵分三路，一路由安庆出发，往东顺长江而下，进向南京。另一路由左宗棠率领，从江西进入浙江南部，然后转北，从南边攻打省会杭州。第三路——后勤问题最大的一路——起于江苏省，从东边往回打，攻向苏州和南京。欲实现这个构想，他得想办法在太平天国的另一边部署一支可靠的部队，但没有安全路线可让那支部队绕到太平天国另一边，而派数千官兵直直穿过敌境中间，危险是他所不敢想的。但从某个角度来说，这根本是毋庸考虑的问题，因为在他能确定如何将部队部署在南京另一边之前，得先有这支部队存在。就在他弟弟回湖南招募更多新兵时，他担心湖南的人力消耗太甚，不久后湖南会无壮丁可招。[4]

因此，他一改过去的一贯做法，扩大兵员招募来源，派身材瘦高的三十八岁安徽学者李鸿章回到皖中的家乡，募集一支全新的地方民兵部队，补强湘军战力。李鸿章一如曾国藩，是翰林中人，是通过科举最高层考试的人中龙凤。他比曾国藩年轻十一岁，他父亲李文安于一八三八年在北京与曾国藩同时考取进士，因此与曾国藩结下一辈子的情谊。李鸿章通过乡试后，一八四四年初次来到北京，准备考进士，当时曾国藩即收他为学生。一八四七年李鸿章以优异成绩考中进士。[5]因此，李鸿章与曾国藩缔结深厚关系，既是因为父执辈的交情使曾国藩犹如他的叔父，更重要的是因为他拜曾国藩为师。照儒家说

254

法，一日为师，终身为父。

但要经过一段时日，曾国藩才委以李鸿章带兵的重任。青年才俊李鸿章志向远大，而身为他恩师的曾国藩对此知之甚明。尽管彼此相识多年，且李鸿章的哥哥已投入曾国藩幕府，但李鸿章于一八五八年第一次来湘军大营找差事时，曾国藩并不欢迎他这位学生。事实上，李鸿章来的第一个月，曾国藩还对他完全不理不睬。李鸿章大为丧气，最后要一位幕僚去问曾国藩为何不见他，不和他讲话。曾国藩挖苦回道："此间局面窄狭，恐艨艟巨舰，非潺潺浅濑所能容。"[6]

接下来几年，曾国藩用心挫这位晚辈的傲气（例如他睡懒觉时，叫卫士硬将他拖下床），而李鸿章则努力让恩师相信他的忠心与谦逊。他们有意见不合之处，曾国藩在祁门时，李鸿章甚至弃他而去，但到了一八六二年，两人的关系已经稳固，曾国藩决定让李鸿章统率一支兵力仅次于湘军的个人部队。曾国藩麾下有比李鸿章更忠心的大将，有比李鸿章作战经验更丰富且更能打仗的大将，但他们无一人和翰林李鸿章一样是进士出身。挑选将才时，曾国藩极看重学问。

一八六二年初，李鸿章开始运用与湘军几乎一模一样的一支地方民兵部队，也就是淮军。他以曾国藩在湖南开创的那种方法招兵买马：在家乡亲自招人，组成来自同一家乡的部队，让士兵为他们本就认识的军官效命。借由这些方法，他纠集了七千名安徽农民，一八六二年将他们带到安庆，交由湘军有作战经验的部队训练。淮军将遵循曾国藩为湘军拟订的组织原则、思想教育方法，以及扎营与作战规则。因此，李鸿章的淮军几乎是曾国藩所建湘军的百分之百翻版，其内部遵循一模一样的个人关系逻辑——只是淮军来自别省（尽管淮军将当初训练他们的几营湖南部队纳入编制，使这种地域之别也变模糊）。在其他方面，淮军是湘军的小翻版，唯一重大的差别在于淮军得听命于人；李鸿章听命于曾国藩，而曾国藩虽然形式上得征求朝廷许可，其实未听命于哪个人。

处死肃顺，整肃其党羽之后，慈禧太后与恭亲王最终决定留住曾国藩。他们没有理由把军政大权交给这位汉人将领，而非交给忠心的满人，但他们也知道没有湘军的支持，他们压不下太平天国（而由于清朝正规军的腐败无能，曾国藩若不听命于他们，他们也管不住他）。于是在一八六一年十一月下旬，也就是处死肃顺两个星期后，他们以幼皇帝的名义发布一连串上谕，再次确认咸丰帝在肃顺敦促下授予曾国藩的军政大权；曾国藩仍是管辖皖赣苏三省的两江总督，同时节制那三省的军务，具有前敌指挥大权。[7]但新政权对他的重用不止于此，恭亲王和慈禧太后更进一步提高他的职权，将浙江省的军务也归他节制，显示他们极力欲取得并保住曾国藩对新政权的忠诚。江南四省——清帝国最富裕、人口最稠密的四省——的巡抚，将归他直接管辖。清朝立朝至今，未有汉人官员被委以这么大的权力。

升官的消息先传抵曾国藩大营，再传来政变的消息，这两个消息都令他大为吃惊且不解。他于一八六一年十二月十五日收到再度任命和升职的上谕，在浙江省于叛军杀戮下日渐瓦解之际，得悉浙江归他节制的新战绩；宁波已失陷六天，省会杭州陷入重重包围，两星期后也会失陷。那重新唤起他过去对于辜负重用与失败的忧心。他在日记里写道："权太重，位太高，虚望太隆，悚惶之至。""思陆放翁谓得寿如得富贵，初不知其所以然"，如今他才终于理解陆游那话中之意。他夜半未寐，坐在案前，思索历史上"得虚名而值时艰者，往往不克保其终。思此不胜惧"。[8]

但一得悉政变和顾命大臣遭处死与流放的消息，他就渐渐比较理解为何朝廷授予令他承担不起的大权。十二月二十三日，北京一位友人的来信告知他，朝廷已落入不知名的皇太后之手，如今由她"垂帘听政"。三天后，一船要送给曾国藩的无价珍宝运抵安庆：慈禧太后赐予他的稀有礼袍、貂裘、绸缎、御用玉指环、地毯和其他宝物。[9]意思非常清楚。新政权为取得他的效忠而拼命拉拢他，此举令他坐立难安，他一再上奏婉拒督办四省军务之职。[10]一八六二年二月得悉他们也授予他大学士之职时，他奏请皇上待他真的收复南京，再授予他的家人官爵。[11]

尽管曾国藩一再声明受之不恭，一旦认清慈禧太后为确保他继续效忠，几乎什么都肯做之后，他开始善用手中的新权力。由于有了朝廷的坚定支持，一八六二年头几个月，华东的行政大权由曾国藩和他的门生完全接管。他本人续任两江总督之职，并指派他最信任的部属接任职级仅次于他的巡抚之职。他的忠心门生李鸿章署理江苏巡抚，下辖上海、苏州与南京。曾国藩的湖南同乡左宗棠，即在安庆战役期间使祁门的补给线不致遭切断的那位统兵官，受命浙江巡抚，下辖宁波与杭州这两个重要城市。他另有两个门生分别出任江西及安徽巡抚。整个战区，包括更上游的部分内陆地区，如今全由唯曾国藩马首是瞻并且大部分来自湖南的一批人全权治理。[12]

257

就这些人事任命来说，如果一省受清廷的控制较稳固（例如江西），亲手挑选巡抚意味着曾国藩能将该省（大不如承平时期但总数仍很可观）的许多税收，挪去支应在战事最激烈的省份里他的部队所需的薪饷和物资。但在江苏和浙江之类受叛军控制的省份，巡抚一职比较像是悬在将领眼前的战利品；如果哪位将领能从叛军手中收复他名义上管辖的省份，他就能在该省省会坐上巡抚之位，享受随之而来的权力与威望。

当然，清廷正用同样的原则来驱策曾国藩为其卖命。他所获赐具有实权的高位显职，乃是朝廷所能给予他，让他甘愿在战争中冒生命危险消灭叛军保住王朝的最强有力奖励（其实是唯一能给的奖励）。南京则是最大的战利品。南京不只是叛军的首都，还是位高权重的两江总督衙门历来的所在地。如能击败太平天国，南京就可能是他的。在弟弟曾国荃正于湖南招募新兵以便攻打南京、他的门生李鸿章正在招兵买马组建淮军之时，曾国藩把最远的目标摆在收复南京和在南京等着他们——他自己、他的几个弟弟、整个曾家和曾家后代——夺取的不朽的个人荣耀。这是促使曾国藩效忠清廷不渝的最大因素。因为如果清朝垮掉，将无荣耀可得，将无权力可得，他的儿子也将得不到不朽的遗产。清廷引导他走到一个使这两个目标——为王朝收复叛军首都、为家族拿下南京城——同时存在且不可分割的境地。因此，为了诸弟和诸子，在王朝已濒于瓦解之际，他再度把自己和满清政权拴在一起。

*　　　*　　　*

那年冬天，洪仁玕过得并不如意。他在南京的官场生涯从一开始就受苦于紧绷的拉扯。他对族兄天王坚定不移的效忠把他拉往一个方向，而他欲拉拢洋人到太平天国阵营则把他往另一个方向拉。传教士要求他"修正"叛军教义，他自己这边

258

的人则期盼他争取洋人支持他们的反清战争。事实渐渐表明，两者各行其是，都不可能实现。他出征安庆不在南京期间，这一紧绷关系迅速恶化，而且诚如郭修理看到的，到了一八六一年秋他返回南京后，他已濒于崩溃。洋传教士来到南京，带给他些许空洞的承诺，而他们所属国家的外交官，对待太平天国诸王粗暴且专横，提出离谱的要求，让主持涉外事务的洪仁玕为此受罚。洋传教士看准叛军一再拉拢洋人而占叛军的便宜，却未有任何回报。

洪仁玕以族兄对他的宠信为赌注，呼吁和洋人交好，许多率领太平军在外征战的王和统兵官，因为干王的要求而继续爱护他们的"洋兄弟"。但随着向洋人示好未受到理睬，他在都城开始受到批评。他成为耳语战术的靶子，有人指控他所器重的洋传教士在颠覆天王的权威，指控他保护并鼓励他们，从而使他本人说不定威胁到太平天国的存亡。这些指控令他难堪。郭修理登门拜访时，洪仁玕正努力脱离洋人圈子；他与洋人走得太近时，例如与郭修理走得太近时，出手保护他的是他忧心忡忡的亲哥哥。到了一八六二年冬，南京城里只剩罗孝全一位传教士。

然后，就连罗孝全都离他而去。

这位美国传教士说，他不得不离开南京，因为一八六二年一月十三日洪仁玕终于疯了。罗孝全说，那一天干王拿着一把长剑闯进他位于楼上的住所，"毫无预警或正当理由"，当着他的面杀掉他的中国仆人。然后，"杀掉我那位无辜又无力保护自己的可怜男仆后"，洪仁玕转向他，想激这位白胡子传教士还手，以便用同一把剑了结他。洪仁玕"像极魔鬼"跳到仆人的尸体上，用他穿着绸布鞋的脚猛踩仆人一动不动的头。

然后他冲向罗孝全，推开罗孝全坐的长凳。见罗孝全没还手，洪仁玕拿起一杯茶，朝罗孝全脸上砸去。然后他抓住这个老人，猛摇他，朝他右脸颊猛甩一个耳光。罗孝全转身，洪仁玕往他左脸颊又一个耳光，打得他两耳嗡嗡作响。罗孝全挨了两个耳光仍未还手，洪仁玕终于放下他，"像只狗般"对他吼，要他"滚开"。[13]

259

一星期后，罗孝全搭上一艘行经的英国炮艇逃离，匆忙中丢下他的所有书籍和衣物。一月三十日他出现在上海，两眼圆睁，上气不接下气，回到他因加入叛军行列而暌违了十六个月的租界。对于凡是肯听他说话的人，他都向他们说洪仁玕已经发疯。抵上海后不久，他公布了他的遭遇，列出一长串的指控：指控洪仁玕杀了他的仆人，指控他曾想杀死罗孝全本人，指控他抢了罗孝全所有书籍和衣物。他写道，"我原是（这个）革命运动组织的友人"，但"过去我有多支持他们……现在就有多反对他们"。曾为叛军执掌对外宣传大旗的罗孝全，从此成为对叛军批评最尖刻的人。

后来才发现这位美籍传教士的故事，大部分是他个人所虚构。一如他曾鼓起如簧之舌夸张地颂扬叛军，如今他亦以同样的手法痛批叛军。那位"遇害"的仆人似乎后来出现于上海，活得好好的。罗孝全所谓遭洪仁玕抢走的书籍和衣物也送到上海，由这位老传教士领回。而他的故事，每次重述都不尽相同。在最早的版本里，他说洪仁玕那位"苦力哥哥"唆使他杀了那个仆人，但接下来几星期，他哥哥在这件事里的角色愈来愈吃重。六月，有份在香港出版的小册子说，罗孝全终于承认洪仁玕其实没有攻击那名仆人；殴打那名仆人的是洪仁玕的哥哥。而打人也不尽然是毫没来由，那个仆人犯了罪（罪名不详，有份原始资料说他在干王的步道上大便），罗孝全想庇护他，不让他受罚。正是这种偏袒作风，使洪仁玕招来府内自己人批评，而他哥哥动手打那个仆人，可能就是为了不让他受到那些批评。没有证据显示罗孝全本人受到攻击。[14]那一天激动失常的，似乎是这位来自田纳西州的传教士，而非干王。

260　　洪仁玕本人把他与罗孝全的争吵称作一件小意外，尽管他有可能刻意淡化其重要性以隐藏他心中的失望。对于此事，他只说由于"一日因些小误会（罗孝全）即不告而别，逃出城外，无论如何不能挽留之"。[15]但不管在南京那个寒冷的一月天干王与罗孝全之间究竟发生了什么事，从那之后，在上海，再没听到有谁替洪仁玕讲话，从而也没听到谁根据宗教理由发言支持叛军。这事对太平天国对外关系的伤害很大。诚如当时某人所遗憾说道，这位美籍传教士的背弃南京，意味着"将我们新教传教士与太平运动连在一起的主要环节如今已经断掉"。[16]从此，叛军与他们国度以外的世界之间没有直接的沟通管道——不管那是正确的、夸大的、不切实际的、批判性的或其他的管道。

　　这事就发生于上海洋人正在防备李秀成部逼近之时，时机可说再糟糕不过。在如此混沌的时期，这消息使任何可能替叛军讲话的人就此噤声。因为，至少就目前来看，太平天国最开明的王——温和、圆脸的洋传教士宠儿，引领中国进入十九世纪全球潮流的新政权首脑——似乎一直都是个假象。而随着干王的外在形象化为一缕青烟，随之跳脱出来的黑暗内在是只怪物，和其他所有怪物没两样的怪物。

* * *

一八六一至一八六二年那个冬天，曾国藩在安庆耐心扩编、训练他的部队时，在孤岛般的上海，乡绅和当地官员只能自求多福。他们于十一月时派了一支小代表团到上游安庆，泪眼乞求曾国藩派湘军到他们的沿海贸易重镇保护他们。他们承诺，只要他能保住上海，凭着海关收入和当地商人的捐款，他们每月能付给他数十万两银子。但曾国藩一开始并未答应，他很清楚上海是个大财库，但从战略上看，他的焦点在南京，上海位于南京的另一边，距离太远。从湖南农民的内陆视角来看，上海是世界的尽头。他告诉他们耐心以对，说李鸿章于来春训练好他的淮军时，他或许能找到办法帮他们。但那至少是几个月后的事，代表团空手而回。

鉴于太平军几乎肯定会在冬天这几个月期间来犯，英国人和法国人也未保证出兵保护，上海的有钱华人除了依靠他们花大钱组建（却几无战果可言）的华尔洋枪队，别无办法，上海商人给华尔的承诺——付以高薪，破城后任由他的部队洗劫——没变，于是在重赏驱策下，尽管英国政府几次阻拦，这位于美国塞勒姆出生的菲利巴斯特仍继续经营他的佣兵队。前一个夏天从舰队司令何伯的旗舰脱逃之后，华尔偷偷回到他位于松江的基地，重新召集他残破民兵队的余部。经过前面几次战败和英国人的查抄，只剩六十八名外籍佣兵，但他们仍拥有拿破仑野战炮，而且如果能攻破西北方约十五公里处的青浦城，他们仍能依约得到大笔财富。

前一年，华尔的洋枪队至少四度攻打太平军控制的青浦城，都未能得手，这个夏天他们再度进攻，依旧铩羽而归。他

261

们使用和先前一样的打头阵策略——由他们这小股外籍部队先用火炮轰城门，强攻城墙，然后大批清军跟进，攻入城里，赶走守城叛军。但增援的清军再一次未准时出现。洋枪队惨败，华尔失去已残破的部队将近三分之一的兵力。这未让他得到上海洋人的同情；华尔在华组建民兵队之举，令上海洋人甚为难堪，因而得悉洋枪队在青浦惨败，他们感到宽慰。许多洋人希望他可耻的事业就此结束，上海的《北华捷报》宣称，继先前几次受挫，青浦再尝败绩，终于给外籍民兵队的"不光彩事业画下句点"。卜鲁斯于七月三日向罗素勋爵报告，他对"外籍兵团已遭解散，甚感欣慰"。[17]

但华尔并未就此金盆洗手。美国境内的动乱开始波及上海租界时，他再度现身。一八六一年八月下旬，上海传言当地一艘名叫"涅瓦"号（Neva）的快速帆船已被一群加利福尼亚人（某上海居民口中的"狠角色"）买下。他们亮出一封盖有蒙哥马利市邮戳的信封，说那是美国南方邦联总统戴维斯（Jefferson Davis）所发的捕拿敌船特许证。香港的英文报纸《每日杂报》（China Daily Press）和《德臣西报》都报道说，这帮战时特准攻击敌方商船的南方邦联武装民船船员的头头是华尔。据这些报道，他这群人要用取自上海美国军火库的火炮装备"涅瓦"号（军火库主管是美国南方人），然后开始击沉中国沿海的北方联邦商船。[18]

当时美国在中国只有一艘海军船舰，即小型船"萨吉诺"号（Saginaw）。"萨吉诺"号从香港全速驶往上海以猎捕"涅瓦"号——但那是在船上两名支持南方邦联的军官得悉此任务而辞职之后。结果，"涅瓦"号船上载的不是火炮，而是威士忌，尽管先前的报道已在美国本土引起很大轰动，使华尔以美国在华冒险汉子的形象，或《纽约时报》所谓的"著名菲利巴斯特"的形象，骤然声名大噪。[19]十一月九日，《纽约先驱报》（New York Herald）刊出社论，称华尔效命于北方联邦，想借此澄清他为南方邦联效力这个一直未消的传言。这篇社论说华尔其实打从骨子里反对南方脱离联邦，还引用了他先前写给纽约某友人的信佐证（这是他仅存的少数亲笔信之一，因为他的后代耻于他不道德的事业，后来烧掉他大部分书信）。"我想这时政府应已稍稍压下某些分离派恶棍的气焰，并夺回萨姆特①，或至少围住萨姆特，"华尔在信中告诉他的友人，"我很遗憾未能与你一起参与此事。"[20]

不管亡命之徒华尔站在哪一边，在美国内战的压力开始大大冲击诸通商口岸的租界时，华尔是当时在华最受瞩目的美国人。在上海，英国人是美国人十倍之多（有位美国人写道，"他们（那些英国人）是极令人反感的一群势利鬼"），而尽管在华美国人大部分是北方人，在华的英国人绝大部分支持南方。北方联邦的海军兵力几乎全被召回北美，以封锁南方港口——只剩下"萨吉诺"号，而该船于一八六一年十二月朽坏，什么都没留下。在华的美籍商人不得不靠英国军舰来保护他们的商业利益，而他们极痛恨必须仰人鼻息。英国人于晚宴上嘲弄美国人的内战时，两方就打了起来。[21]

一八六二年初，为了所谓的"特伦特"号事件，上海英国人与美国人之间的恶感白热化。一八六一年十一月，在古巴附近，一名美国船长追上英国邮船"特伦特"号，登船逮捕

①　Sumter，位于南卡罗来纳州的海防要塞，被认为是美国内战的爆发之地。——译注

263　两名南方邦联的外交官。英国愤慨于美国人强行登上英国船只，几乎就要对美宣战。英国部队乘船前往加拿大，准备从北方南侵美国时，舰队司令何伯备好他在上海的部队，随时可没收上海美国人的住居、船只和资产[22]（尽管美国侨社流传一则他们乐见的传言：如果真发生这事，华尔会先发制人攻击何伯的船只，把那些船抢过来，用船上的火炮炮轰英国租界）。[23]紧张情势最终平息，但在一八六二年整个冬天，每传来一声炮响，宣告有汽船从北美驶抵上海，就会有一群效忠北方联邦的心急美国人跑到码头，向船员打探消息，急欲知道祖国是否已和英国开打。其中一人预测道："一旦开打，商业会完全瓦解，这里的美国人几乎个个都会赶赴旧金山。"[24]

　　这个时候，太平军已在前来途中。第一批警讯发于一月十一日，远方火烧的浓烟开始遮蔽上海北边的地平线。隔天，新一波难民开始抵达城外，带着少许家当的老妇和小孩。[25]火变得更近。钟声响起，火炮擦净，诸外国领事秘密会晤，筹划守城之道。当地志愿军集合到深夜，忧心忡忡从瞭望台上远望，看着照亮北边大地的火光逼近。美国人搁下恩怨，加入英国人和法国人的守城行列。有个美国人在写给母亲的信中说道："如果有机会，我们要让英国人见识我们的本事不比他们差。"[26]

　　他们的确该担心。虽说一八六〇年轻易击退来到上海城外的太平军，但这一次，零星的报告指出，叛军的武器和训练比外国联军所预期的更精良。有位名叫戈佛史东（Goverston）的英国水兵，一月十八日声称在上海城外数公里处遭一支一万五千人的叛军部队俘虏，然后获释。叛军硬给他斟酒，讯问他上海守备的事。他说叛军配备英国和德国滑膛枪，还说叛军中一名阿拉伯人告诉他，另有一支配备埃菲尔德式步枪的叛军和一支秘密的欧洲人部队在赶来途中。据他的说法，叛军"看来气色很好"，吃饱喝足（然而戈佛史东自己坦承，他在上海时喝得太醉，过了上岸休假的收假期限，因而他有可能为了避免受罚而编造这整件事）。数天后，一支配备滑膛枪的两三千人叛军，攻下上海北边约十五公里处的吴淞镇，拿下黄浦江入长江三角洲的河口，使戈佛史东的说法有了更有力的证据支持。目睹这场战事的英国皇家海军某上尉报告，他们组织的完善、配备的精良——不只胜过薄弱的吴淞守军，也胜过他在白河见过的清朝精锐部队——令他"相当震惊"。[27]

264

*   *   *

李秀成无意在攻占上海的过程中毁掉那里，因此施行大包围策略，测试洋人抵抗的决心。一月，李秀成部兵分五路——有些兵力为数千，有些达数万——拿下上海两边各约数公里外的两个镇。他的支持者开始将大张宣传告示打进松江和上海，承诺只要献城，就给予安全和保护。在这些告示中，李秀成提到过去一年他的部队行经江西、湖北和最近征服浙江之事。其中一份告示写道："凡所经之地，其于投诚之百姓则抚之安之，其于归降之勇目则爵之禄之。"[28]后面又写道，劝城中之人"着即放胆，亦照该等急早就之如日月，归之如流水"。至于洋人，他提醒他们勿插手，警告凡是"助逆为恶，相与我师抗敌，则是飞蛾扑火，自取灭亡"。[29]

李秀成集结大军于远处，大张旗鼓武吓城内守军，而由于上海对外交通遭缓缓切断，上海面临贸易衰退的威胁。他希望以此武吓和威胁，不费一兵一卒，让城中清朝官员自动出降。

城内人心惶惶。舰队司令何伯派人赴香港调英国援兵，广州领事将上海岌岌可危的消息转告伦敦。这名领事说："我们的防守兵力薄弱，要守的地方广阔，且中国难民人满为患，其中无疑大部分是叛军分子，一旦前方遭到攻击，他们就会在后方制造恐慌。"[30]

265   当难民又一波波涌进已然人满为患的上海租界寻求保护时，有消息传来八万名太平军正从苏州进逼。消息说这批太平军打算从青浦搭船到下游的上海，预计于一月二十五日左右抵达。[31]英法部队的主力守卫上海县城，挤满难民的广大租界则交由两百名志愿兵、一些配备步枪与刺刀的警察和位于最外围的一队旁遮普步兵保护。一月二十四日，也就是传说太平军抵达日的前一天，英、法当局在墙上贴出中文告示，宣布上海和相邻区域受联军保护。然后他们准备迎击即将来犯的敌军。

    但一月二十五日，太平军并未现踪。隔天仍无叛军踪影，就在这时，上天介入。[32]上海地处亚热带，夏天炙热，冬天气温很少降到冰点以下，但一八六二年一月二十六日，城中守军远望地平线，注意敌军动静时，开始下雪，一连下了三天，雪下在叛军与商人头上，下在难民与传教士头上，盖住房舍、城墙和田野，雪白一片。河川封冻，结了靠不住的一层冰，穿过乡间稻田的狭窄马道被雪盖住，不见踪影，因而移动几乎不可能。上海雪厚六十厘米，宁波三十厘米，整个长江下游地区瘫痪。到了一月三十日，（清同治元年，太平天国十二年）农历大年初一的吉日，东部沿海地区被冰霜覆盖。宁波一位传教士在坚固的房子里，火烧得很旺，夜里的室内温度仍只有零下十三度，而在屋外，散布于广阔田野的叛军士兵，在薄帐里发抖，快要保不住性命。[33]

二月上旬天气转好，冰雪开始融化，元气大伤而士气低迷的太平军也振作起来，开始行动。但这时他们发现除了天候难题，在松江——进向上海的踏脚石——遭遇意料之外的抵抗，使情势更为不利。原来，过去几个月，华尔除了在他祖国的内战插上一脚，还在松江训练一支新民兵队。这支部队不同于六月时溃败的那支部队，主要因为他终于不再找欧洲船上的逃兵补充新血，而开始训练松江当地的华人部队。他留下前一支民兵队里为数不多而有经验的欧美人担任军官训练新兵，但除此之外便倚赖华人士兵，而由于华人士兵的薪饷只有外籍佣兵的十分之一，于是兵力大增。

华尔底下的外籍军官，大部分几乎自一开始就跟着他，而他的两名副手（他一召集到够多士兵而可以自称将军时，这两人随即晋升上校），都和他一样是美国人。其中一人是来自缅因州的捕鲸人，名叫法尔思德（Edward Forester），曾因兵变困在日本，后来来到中国。[34] 另一位是为人浮夸的南方人，来自南卡罗来纳，名叫白齐文（Henry Andrea Bungevine）。白齐文的父亲是法国军官，打过拿破仑战争，最后移民美国的查珀希尔（Chapel Hill），教法语为生。白齐文本人曾在克里米亚半岛的法军当过两年志愿兵，但在投入华尔麾下之前，他干过的其他工作包括报纸编辑、邮务员，还有九至十七岁在美国参议院当听差，都和后来的佣兵生涯八竿子打不着。[35]

华尔教华人士兵回应英语命令，听标准军号声作息和进退。他要他们穿上欧式军服——灯笼裤配短上衣——个个都说军服非常帅气。炮兵军服是蓝色，步兵军服是绿色，步兵和炮兵都缠绿色头巾。盛夏时，他们全穿着红色镶边的白色灯笼裤和短上衣。[36] 华尔训练他的部队以变换快速的阵形打仗与移动；要他们排成列，组成步兵方阵，下令开火才能开火。[37]那是英国入侵北京期间令他们大为满意的"广州苦力团"的翻版，差别只在这些人带的是枪，而非运送的补给。

他为他的士兵配备购自上海军火商的最先进武器：来自英格兰的埃菲尔德式步枪（就是一船船运到美国卖给南军和北军的同款步枪），[38]以及英国滑膛枪和一些普鲁士步枪。经过固定的操练，他们据说枪法很准。华尔的弟弟亨利·华尔（Henry Gamaliel Ward）跟着哥哥的脚步来到中国闯天下。透过弟弟的牵线，华尔也开始寻找更重的火炮，可以的话，甚至想办法买进炮艇。钱不是问题；他的金主杨坊和与杨坊相似背景的人，手中满是他们从上海贸易中赚得的现金，为了保住身家财产，他们乐于出钱。为中国部队大规模购买军火，普遍认为有违道德（且未必合法），但亨利·华尔甚至大胆到想从美国公使手中买下美国船"萨吉诺"号（结果遭拒）。[39]此事未能如愿后，他试图透过父亲从美国买进一批轻型炮艇。他父亲在纽约开了一家船务代理公司，想与在华的两个儿子联手赚大钱。

替中国部队装备西式武器的不只华尔一人，因为至少在宁波失陷之后，就有洋人将武器源源不断卖给叛军。那些武器不是最精良的，但大大优于这场内战一开始时使用的十七世纪火绳枪，而且出售量很大。这项秘密交易的详细收支记录如今难以找到，但根据被查获船货的记录，颇能了解其大概。例如在一八六二年，英国公司大卫维荪洋行（Davidson and Company）被查获旗下有艘船，透过新加坡欲运送三百门炮、一百箱小型武器，以及五十吨弹药给叛军。[40]在另一个例子里，某艘被掳获的美国船上面的账簿揭露，该船所属公司刚供应吴淞叛军将近三千支滑膛枪、八百门火炮、一万八千颗弹丸，还有三百多万个雷管。[41]江南是个火药桶。

一八六二年二月三日，大地仍未解冻之际，华尔的新民兵队打了重建后的第一场激战，面对来犯的两万太平军，成功守住松江。他们在城外设下埋伏——隐藏的炮阵地——奇袭在大雪纷飞中来犯而已元气大伤的叛军，撂倒两千多名叛军后，叛军统兵官才下令撤退。华尔的士兵生擒七百多名逃跑的叛军，将他们押到上海，交给道台处决。[42]两天后，华尔的民兵队继续出击，攻打松江与青浦半途的一座小山，迫使太平军统兵官撤离设在该处的阵地。

上海乡绅的私人军队首度证明自己是支能打的部队。代理江苏巡抚之职的薛焕（即前一年夏天提出假证件证明华尔是中国公民的那位官员），建议将部队名称由平实但无法振奋人心的"洋枪队"，改为更有气势的"常胜军"。[44]这个漂亮名称（流于夸大的名称，因为他们打过的胜仗不多），会被后来某些替华尔立传之人视为中国人崇拜该部队洋人领袖的表征，[45]但其实用这新名字取代"洋枪队"，只是欲吸引更多通常讨厌洋人的中国人投入这个民兵队，同时想讨北京的欢心，好让这时终于公开面对世人的新政府不致怀疑非中国籍指挥官的忠诚。

说到忠诚问题，尽管洋人始终把这支民兵队叫作"华尔的部队"或"华尔底下受过训练的中国人"，但它其实是当地军事组织的一部分，而且华尔听从付薪水给他的上海官员和银行家指挥。他直接听命于上海道台吴煦，而从现存的一些命令公文来看，吴煦似乎相当尊敬他，以"将军"的中文尊称"麾下"称呼他，每写到他的名字就另起一行，让他的名字高于其他内文。但同时，他带有讨好之意的尊敬很有可能是出于担心，因为吴煦显然不相信华尔和他的民兵队行事会有所约束。特别值得注意的是，他似乎烦恼华尔部下无法无天的劫掠。在下给华尔进攻青浦的命令中，吴煦恳请他一打完仗就立刻离开。他写道，勿让常胜军进城，这样做事才利落，不会惹麻烦。然后他又重复同样的意思，强调：你们一破城，就把它交给（官军），回松江。别让常胜军进城。[46]

尽管华尔底下的人有一些危险分子，但华尔是上海乡绅最大的希望所寄，他们竭尽所能让他不生二心。筹钱供养这支部队的有钱银行家杨坊，甚至于一八六二年三月将女儿常梅嫁给华尔。这是个奇怪的安排，因为就中国人的观点看，她是个瑕疵货：他的未婚夫还未成亲就过世，她既称不上是寡妇，在中国社会里又几乎嫁不出去。[47]前一年夏天何伯逮捕华尔时，已和华尔有婚约的那个中国女子的遭遇没有史料可查，但那人肯定不是杨常梅。这桩婚姻主要是利害的结合，因为对银行家杨坊来说，那使他得以将华尔紧抓在身旁，有助于确保他的忠诚（而除了把他不幸的女儿嫁给洋人，她在上海商界眼中毫无价值）。对华尔来说，那有助于确保杨坊依约资助他的民兵队。位于中间的杨常梅一生成谜，唯一留下的东西是现今摆在美国马萨诸塞州塞勒姆一间博物馆里的少许首饰。

在上海，雪暴结束后，英国人和法国人赶紧强化防务。驻华皇家海军司令何伯和驻华法军司令卜罗德（Auguste Leopold Protet，与何伯同是第二次大沽口之役的败战将军）二月十三日会晤，签署守卫上海、反击太平军进犯的联合协议。两人开始草拟计划，欲组织一支能上战场和叛军对抗的地面部队，肃清上海方圆五十公里——何伯长久以来认定的势力范围——里的叛军。罗素勋爵已清楚告诉舰队司令何伯，英国不容许国民干预中国内战，除非为阻止英国国民受折磨或丧命，但就像他一贯的作风，何伯漠视命令，视情况便宜行事。

他们手上的兵力薄弱；有炮艇，但只有一千五百五十名正规军，其中六百五十人是英国人，其余是法国人，另有少许水兵当后备。[48]此外有两百名平民志愿兵，包括美国人。上海城里和周边的清军，形式上有约一万人，但公认并不中用。如此薄弱的联军兵力，或许足以守住上海县城有防御工事的城墙，击退攻城叛军，但不可能于野战击败叛军。舰队司令何伯得想办法增强兵力，不然就得困守于上海城墙内。舰队司令何伯为何突然改变想法，决定另眼相看他一直拼命打压的那支民兵队的美籍变节菲利巴斯特，原因就在此。

由于华尔似乎不再怂恿欧洲水兵弃船逃走，更重要的是，他的由中国人组成的新部队的确挡住了太平军对松江的进攻，于是何伯决定将他对这位美籍佣兵的敌意摆到一旁，试着和他结盟。华尔对保护上海兴趣不大，但联军炮艇的支持将使他更易攻下太平军所控制的城镇，于是同意和何伯并肩作战。到了二月底，舰队司令何伯提起华尔时，已改用带有高度肯定意涵的新字眼称呼他——不再是变节者或菲利斯特，而是值得尊敬的专家，"其与中国人打交道的经验，乃是我乐于大大仰仗的"。[49]

对于何伯欲组建地面部队的计划，卜鲁斯初步表示同意。他在三月十九日的信中论道："只要在中国有些许经验，就会确信待在城墙内固守，定会使来犯者相信我们怕他们，没本事和他们野战。"[50]但尽管他同意何伯欲将叛军赶出上海周边地区的意图，却坚持要联军只能守上海本身，至于可能被叛军夺回的城镇，其驻防任务是清军的事。至于何伯欲与华尔合作的提议，卜鲁斯爽快同意。卜鲁斯认同何伯的看法，认为这位美籍菲利巴斯特所统率，由外国军官与华人士兵组成的混编部队值得效法，或许能使清廷打赢这场战争。在同一封信中卜鲁斯告诉何伯："除了在奉行更高明原则的军队组织里，我看不到拯救这国家免于全面混乱和土匪横行的希望；华尔上校的部队的确提供了一个起点……理该予以鼓励和扩大。"

*　　　*　　　*

但对于雇洋人帮朝廷打仗，曾国藩抱持极审慎的态度。首先，他不认为他们特别能打。在祁门，他已知道李秀成的出征部队中有洋人，但把他们斥为"系用钱雇，无足轻重之鬼"。[51]在他眼中，忠心比贪婪远更能激励人奋勇杀敌。但他承认在上海，找洋人帮忙或许在现实上不可或缺。二月二十日，即华尔在松江附近打了头几场胜仗后不久，曾国藩在奏折中坦承，借洋人佣兵助守上海乃至宁波，或许有益于清朝。他剖析道，洋人已在那些地方住下，因而可望为了他们的自身利害而助守。但他力劝朝廷勿让洋人会剿内陆叛军，特别是勿让他们助剿苏州或南京叛军。那些地方没有洋人聚居，欧洲人将纯粹是为了钱帮朝廷打仗，而这会滋生重大流弊。他写道："不胜为笑，胜则后患不测。"事后他们会要求什么样的回报，谁都猜得到。因此，他重申只该让洋人助守上海，勿让他们会剿。[52]

但由于安庆资金捉襟见肘，他最终决定不该把上海完全交271 由洋人去守，因为他本身需要上海。也就是说，只要这个国际城市独立运行，在道台吴煦和巡抚薛焕治下，上海乡绅就能养活自己的佣兵队，能向朝廷完粮纳税，但曾国藩的军队从中得不到任何好处——而如果湘军不开始替士兵大大加薪，则有哗变之虞。他在二月一日写信给弟弟曾国荃，显露其想法改变：“上海一县，人民千万，财货万万，合东南数省，不足比其富庶，必须设法保全。”[53]十天后他写道：“闻上海每月实可筹银五十万两，不忍坐视其沦陷也。”[54]

于是，曾国藩和上海乡绅终于有了合作基础。乡绅希望曾国藩到下游上海保护他们的身家和事业，曾国藩则把上海视为他攻打南京的军事经费来源和攻打苏州的可能基地。双方各有所图，但当下的目标一致，于是，到了一八六二年春，曾国藩一改十一月时冷落上海代表团的做法，决定试着派兵赴上海解围。如果成功，那支部队可以成为他切断南京对外联系战略中的第三支先头部队。问题症结仍在于如何让部队抵达上海。

上海道台吴煦替他解决了这问题。吴煦找上英国麦肯锡洋行（Mackenzie，Richardson & Company），与之签订合同，由该洋行用英国汽船将九千名官兵和支持人员从安庆运到上海——此举悄悄实现了洪仁玕一直无缘实现的计划。清朝官员和英国当局都推断（相当正确的推断），叛军的岸置炮台不敢向挂英国国旗的船只开火。巴夏礼在南京告诉太平天国诸王，英国人绝不可能运送补给物资给饿着肚子的安庆太平守军时，以草率无礼的口吻对他们上了一堂“中立权利与义务”的课，而这时舰队司令何伯碰到类似要求，做法却与巴夏礼截然相反。他很干脆就同意用英国汽船运送李鸿章的军队，因为那“有利于他不让讨厌的太平军靠近上海的计划”。[55]

借由来回三趟的运送，不到一个月，李鸿章的六千五百名
272 淮军及其支援人员就在四月底时赫然驻扎于上海，随时准备从
东边往南京打。李鸿章取代薛焕，接任江苏巡抚之职，成为上
海道台吴煦的上司，当地的清军也随之归他节制——意即常胜
军自此听命于他。

李鸿章的部队如此迅速且安全运抵上海，令曾国藩大为欣
喜，在太平天国的另一边，终于有了忠于他的部队。但运兵费
用高得离谱：十八万两银子，相当于上海一个月关税收入的三
分之一，或四万多名湘军士兵的月薪总和。"可骇而亦可
怜！"[56]他在一封家书里写道。那使他更加坚持他对接受外援
一事的既有看法，他也由此认定，中国得自建汽船，才不会继
续让洋人趁火打劫占便宜。但比有损国家尊严更糟糕的，那大
大伤害他的文官职责——因为他不仅是军事将领，还是负有照
顾所辖人民生活福祉之责的总督，而十八万两银子代表在国库
空虚且他几乎供养不了安徽军队的一切所需，更别提照顾他所
控制地区的平民大众时，让民间捐献的大笔金钱流入贪婪的洋
人之手。一如他在同一封家书中写道，当时湘军的给养或许不
足，但在安徽，就只有军人有东西吃。[57]

最初，清廷命令曾国藩派其弟曾国荃而非李鸿章去上海。
但曾国荃比曾国藩更想得到收复南京的殊荣，因而直接表明除
了叛军首都，他不愿把旗下部队带到别的地方——甚至为此故
意延搁带新招士兵从湖南回来的日期，直到曾国藩确定派李鸿
章而非他赴上海，才动身赋归。因此曾国藩再一次抗命，而曾
国荃在得到会让他在主战场作战的承诺之后，终于在三月回到
安庆。新招的士兵被派去驻守据点，老兵则重新集合，再度跟
着他出征。

三月二十四日，在安徽省内处于困苦挨饿的情况下，曾国藩送弟弟曾国荃从安庆出征。曾国荃率领两万湘军走陆路和水路，并由他们的弟弟曾国葆另率五千部队与他会合。曾国荃出征那天，李鸿章的淮军仍在为进赴上海做准备。曾国荃部循着长江北岸往东走，渐渐消失于远方。他们将进入太平天国的心脏地带，攻打位于心脏地带深处而整座城如同要塞的南京城。[58]

*　　　*　　　*

随着太平军前进受阻，上海陷入远处敌人缓慢的围攻。米价上涨五成，面粉价上涨一倍。由于天气寒冷，木柴价涨了一倍多。[59]但让上海城民提心吊胆的太平军进犯并未发生。上海反倒陷入度日如年的包围，所有人静观其结果。英国的地面当局确信，虽然保持中立，但他们可以反击对上海的直接威胁，而那无疑包括包围他们的叛军。在这点上，他们得到当地居民百分之百的公开支持；《华北与日本市场报告》（*North China and Japan Market Report*）推测，整个上海租界，除了那些靠着偷运枪支给太平军发财的洋人，这时全都乐于见到联军"以枪炮考验条约的中立条款"。[60]

华尔与英法部队的联合作战，一八六二年二月二十一日首度小规模展开。他们进攻距上海约十三公里的高桥村。华尔统率六百人，何伯与卜鲁斯带总数五百人的海军部队，并让他们带着一只可发射六磅重炮弹的火箭筒登陆。战事很快就结束，叛军弃村而去，只有一名法国士兵丧命。[61]尝到胜利的滋味，他们继续发动攻势。

对于初次的小冲突，上海洋人有喜有忧。有些上海洋人，

273

尤其是传教士，乐见何伯主动攻击叛军。最近洪仁玕精神失常的消息，已使传教士不再对太平天国治下基督教中国的诞生寄予厚望。幻灭之后，他们感到愤慨，有些传教士更因为先前寄望之深，而在失望后由爱生恨，痛恨叛军。在三月十七日的私人信件中，上海的英国国教会主教表达了对舰队司令何伯出击的完全肯定，说他甚至希望何伯不只是保卫上海。"据说当局只想接到卜鲁斯要他们将（叛军）赶出这省内全部有城墙环绕之城镇的命令，"他写信告诉美籍传教士卫三畏："其实我希望他们不只攻下南京。该动手将乡下这些怪物肃清了。"[62]但有些传教士指责英国人激起太平军在乡间报复，使难民涌入上海城，从而制造混乱。有位传教士投书《纽约福音传道者》（New - York Evangelist），说："上海人民正遭遇的苦难，有很大部分得归因于外国针对他们执行的政策。"[63]

讽刺的是，何伯这次出击主要是为了上海商界的利益，但对何伯此举谴责最烈的人当中，却有部分人士来自上海商界。商人并非一致支持他的行动，许多商人担心，最近针对太平军采取的主动攻打方针会毁掉上海本身。英国贸易公司龙头怡和洋行（Jardine, Matheson & Company），一八六二年二月二十七日在内部传阅函件中写道："联军司令正采取的方针，恐怕会带来天大灾难。"该函件描述了何伯与华尔联合进攻高桥的情况，说这类行动只会"激怒绝不可小觑的敌人"。鉴于上海之外的"整个乡间""在太平军手中"，该函件警告，"若这项自杀政策坚持到底"，那"最后即使未毁掉所有贸易，也会大大干扰所有贸易"。[64]

或许有些传教士希望对叛军开战，或许有些商人担心此事成真，但舰队司令何伯仍未得到伦敦批准如此做。英国政府的

政策是绝对中立，因而上海周边的交火仍必须严予节制，只针
对太平军围城部队对上海的直接威胁响应。小冲突中有人伤
亡，但双方都仍在试探对方。严格来讲，"好斗吉米"没有发
动攻势，他与敌人交火，都局限在上海近旁，但他其实很想甩
开这个局限。

＊　　　＊　　　＊

　　这样的情势不可能长久维持，几乎必然会有根本的转变，
而由于一次意外，转变的临界点终于到来。四月二十三日，宁
波的太平军举办庆祝活动。[65]他们的统兵官范汝增在杭州升了
职，刚从杭州回宁波。过去几个月，尽管北方上海周边有零星
战事，宁波城里一直很平静，且华、洋商人的贸易日益热络。
伦敦《泰晤士报》的香港记者在一个星期前报道，宁波太平
军和以往一样"不与洋人为敌"，该地区的华商已"和守城的
叛军首领达成谅解"，因而正恢复他们的生意。主要的进口商
品是用以喂饱周边乡间人民的谷物，且宁波已开始出口英国最
急需的大宗商品棉花。[66]事实上，撇开棉花不说，由于浙江省
战时无法满足稻米需求，以及英法船只能从丰收的暹罗廉价进
口稻米供应该省所需，尽管丝和茶叶的出口大减，至一八六二
年六月三十日截止的那个年度的宁波对外贸易，但整体来讲将
比宁波仍在清廷控制下的前一年度成长八成二。[67]夏福礼领事
所预言的萧条并未出现。相对于杭州湾北岸上海附近的零星战
火，这位《泰晤士报》记者语带乐观地表示，杭州湾南岸宁
波的情况显示，"除了兵戎相向，还有其他与（叛军）打交道
的方式"。
　　但夏福礼本人把情况预想得更严重，认为那是难逃的劫

275

数。他在三月二十日写了封信给卜鲁斯，几个月后《泰晤士报》刊出该信内容。他在信中不再保留对太平军的强烈憎恨，而且坦承在宁波发生任何变化之前许久，他就已怀抱并滋长这份憎恨。他在信中告诉卜鲁斯："在此我要……冒昧宣布，毋庸置疑（且我坚持这项看法已十年不变），太平叛乱是史上最虚妄的政治运动或群众运动，太平教义是历来最庞大、最亵渎上帝的强加教义或道德规范。"照着这条思路一路铺陈，最后此信得出其最具敌意的结论："阁下请放心，对于这个运动，我们将只会获致正确的评价，且给它完全公正的对待，也就是它将被我们视为大规模的陆上海盗行径——所有人都感到憎恶的海盗行径——且被与这个庞大帝国通商的基督教暨文明国家以能力所及的所有办法将之从地表扫除。"[68]

四月二十三日早上十点过后不久，正在庆祝的太平军在宁波东城门鸣礼炮，向范将军致敬。东城门面江，江的对面就是洋人居住区。礼炮瞄得不甚准，有几发炮弹越过江面，呼啸穿过法国炮艇"星"号（L'Étoile）的索具，落在洋人居住区，打死两三名中国居民（确切人数不详）。英国皇家海军舰艇"斑鸠"号（Ringdove），最近几日也差点遭太平军的滑膛枪弹射中。[69]得悉礼炮误击事件后，"斑鸠"号舰长致函太平军将领抱怨此事，当天就收到恳切的道歉。宁波城中有两位太平军将领，一是范汝增，一是黄呈忠，来函致歉的是黄呈忠。黄将军保证会查出是哪些士兵所为，"予以严惩"。[70]

在上海，舰队司令何伯一听说宁波传出炮击声，还未得悉道歉之事，就立即有所行动。他和法国舰队司令卜罗德派乐德克上尉率一支联合部队前去，以"使这项肆无忌惮的恶行

（得到）应有的赔偿"。[71]但乐德克驾"遭遇"号抵达宁波，迅即了解太平军统兵官道歉之事，觉得道歉合情合理。在乐德克看来，情势已经平息，因此在四月二十七日写了封表示友好的信给范、黄两位将军，接受他们的道歉。他写道，他们所表达的意思"很令人满意，并让人强烈觉得想要我们记住，你们希望维持与英国人和法国人友好的关系"，因而除了要求移走对准洋人居住区的那几门炮，以免再发生这类意外之外，他不会要求进一步的赔偿。他要他们放心，英国人立场中立，宁波叛军只要仍然对他们友善，"大可放心，我们绝不会主动破坏友好关系"。[72]

但奇怪的是，隔天乐德克又修书一封给太平军两位将军。这一次他不再满足于前一天已接受的道歉，而是指责他们让英国人受到"严重侮辱"，"破坏我们希望与你们人民维持的和睦关系"。他写道，他奉派从上海"带可观的兵力"前来，"以为这些侮辱讨得……应得的道歉"。于是在四月二十八日，他不仅要求他们将鸣放礼炮的那几门炮从城门移除，还要求他们将面东朝向洋人居住区的炮全部移走，包括沿着江岸布设而仍在兴建中的新大型炮台。他警告道，他们必须在二十四小时内开始拆除那座炮台，超过二十四小时，英国人就会自己动手拆；如果英国人拆除时遭到开火攻击，"我将视之为敌对行为，将移走江上所有外国船只，将把我们的人移出洋人居住区，接下来很有可能会拿下宁波城"。[73]

乐德克的态度突然从友善转为敌对，以及他突然收回先前接受道歉的立场，似乎出于两个原因。第一个原因，他似乎弄清楚意外有两件，而非一件："斑鸠"号差点遭击中和后来炸死洋人居住区居民的礼炮，发生于不同天。他断定这构成侵略

277

行为。另一个原因是他刚收到来自伦敦的新命令，那些命令是罗素勋爵针对一月时送回给他的那些报告终于做出的回应。后来的发展表明，夏福礼领事对宁波将毁的悲观预测、舰队司令何伯对太平军在杭州犯下种种暴行的暗示、巴夏礼所谓不久后必然会与太平军一战的说辞，三者综合的影响，使得英国政府朝他们三人一直希望的方向回应。

诚如罗素勋爵于读过那些报告后向海军部解释的，"宁波失陷时，即使未出现其他城市陷落时被人亲眼所见的那些暴行，（也）已使工商业停摆，把全部或大部分温顺的居民赶跑，使广大地区沦为废墟，受到严重破坏。"受夏福礼的看法影响，罗素认定此后不该再与太平军共享一港。他推断："基于人道与商业考虑，都应避免让上海城和上海港……走向类似的结局。"[74]

但罗素未划地自限于上海。他认定，类似的保护"应尽可能加诸其他通商口岸"，亦即宁波将从此也置于英国军事保护伞底下。最后，罗素要海军部告知何伯："英国国旗在长江上必须受到海军保护，英国商业必须全面受到皇家军舰的协助。"[75]舰队司令何伯在上海、在通商口岸、在中国境内，在几乎他认为英国贸易利益受到太平军直接威胁的任何地方，均获授予与太平军交战的自主权。那些命令在乐德克离沪前往宁波前不久传抵上海，而从他于四月二十八日改变态度来看，他似乎是在深思熟虑之后决定把那些命令看成准许他自行找事由来开战。[76]

278　　太平军两位将军回了乐德克语带威胁的第二封信，安抚口吻一如以往。他们再度诚挚道歉，但不愿移走朝东的火炮，指出那些炮是保卫宁波城，防范来自江上之攻击所必需。他们说他们自己人在江对岸的洋人居住区，受到同样严重的罪行与侮辱伤害，但他们从未像这样要求道歉或赔偿。他们说这只是个令人遗憾且较无关紧要的意外，但表示愿移除那些火炮的火药及炮弹，堵住它们的炮眼，只在宁波城受到攻击时再予以启用。"我们极希望和你们维持友好，"他们表示。[77]但他们坚持得有自卫能力。

他们拒绝乐德克的要求，正中乐德克下怀。一个星期后的五月五日，夏福礼带来消息，说被赶下台的宁波道台（十二月时失去该城的道台）刚结束在附近的流亡生涯，带着由一百五十艘武装小船组成的杂牌舰队和由农夫与农妇组成的乌合之众返回宁波。那支舰队的队长是曾在沿海以劫掠船只为生，绰号"阿爸"的布兴有，而那群乌合之众则以"干草叉、带尖钉的竹子、锄头"为武器，"有些人甚至以大头短棒"为武器。[78]诚如乐德克向何伯描述的，这支"奇怪的军队"溯江而上来到这里，意在攻打宁波，而根据夏福礼的说法，他们正请求英法助一臂之力。此外，他们打算进攻的地点，正是乐德克刚要求太平军撤走所有防御火炮的那段城墙；显而易见，宁波出现争执的消息已传了出去，而且传得很快。乐德克完全同意他们的计划，告诉道台"由于叛军拒绝我们所提的某些要求，我将不反对他们"取道洋人居住区攻打宁波。[79]于是他们溯江而上，在乐德克同意下，扎营于洋人居住区，隔江与宁波城相对。

然后乐德克又修书致太平军统兵官——首先重申英国不动武的立场（他说，"我们保持绝对中立"）——然后对他们下了十足强人所难的最后通牒：由于他们拒绝移走面朝洋人居住区的火炮，如果他们此后用那些火炮轰击攻打他们的人（这

些人将从洋人居住区的方向进攻，正是基于这个原因），他将
视之为对英国的战争行为。他警告叛军："如果你们从洋人居
住区对面的炮台或城墙，朝进犯的清廷支持者开炮或开枪，从
而威胁到我们在洋人居住区的官兵与人民的性命，我们将不得
不还击，炮轰该城。"[80]他给了他们一条路：立即放弃宁波城。

后来，怀疑此中有蹊跷的人觉得，最后的流血收场明显是
事先就计划好的。[81]事实上，就连夏福礼本人都在五月九日写
给卜鲁斯的信函中强调不可思议的巧合：这支效忠清廷的杂牌
部队出现的时机，"正好就在我们与两位将军的书信往来，在
我们没真的打起来的情况下，已经弄得极不愉快时"，还说那
因此是一个"非比寻常但幸运的巧合……一个好得不该丢到
一旁而错失的良机"。[82]

隔天清晨，炮轰开始。

十三 吸血鬼

与一八六一年叛军几乎兵不血刃拿下宁波相比，一八六二年五月清廷的收复该城，让无数人丢了性命。最初，效忠清廷的杂牌部队按兵不动，把危险任务交给洋人执行。英国人和法国人动用六艘炮艇的火炮炮轰宁波城（下午两点暂停，以便乐德克好好吃他的午餐），然后派一支联军突击队翻过城墙，从里面打开城门。挥舞大头短棒的农民军和他们的海盗友军，经人在后驱赶才渡江，跟着洋人部队进城，但一进到城里，原本对攻城提不起劲的他们立即变得生龙活虎。[1]据某位目击者所写，两周后刊登于香港《德臣西报》的记述，海盗部队"几小时内就带来比叛军在整整五个月占领期间所带来还多的损害"，刚拿回权力的道台则在联军进攻后的那一整天，忙着"砍掉他捕获的倒霉叛军的头"。[2]

对这份记述的读者来说，比文中所述的断头和内脏更令人不安的是，该文激起英国人正渐渐变成清廷佣兵的忧心。因为这篇文章宣称，夏福礼领事的私仆（洋人口中的"哈维的男仆"）是在宁波"杀人及拷打的主要人士之一"。这个年轻男仆名叫郑阿福，"一身绸衣，稳坐在矮种马上，带着侍从游街过市，命令他们处死倒霉鬼"。更切中读者要害的是，该文声称入侵宁波后情势一片混乱时，哈维的仆人"下命令……给英格兰士兵"，而那些士兵始终听他的指示。这个仆人的主要角色，得到浙江一位中国官员不相干的记述证实。这名官员称郑阿福是英军与道台的海盗部队之间的联络人，说"哈维的男仆"与"阿爸"串通,偷偷从太平军那边朝"遭遇"号开炮,炸死两名船员,使乐德克可以名正言顺反击,并对叛军全面开炮,从而引爆五月十日早上的战事。[3]至于谁在替谁卖命并不清楚。

此事令人震惊地撕破英国的不干预承诺,而且就发生在许多人以宁波为例说明太平天国真的对洋人友好且欢迎通商之际。中国境内的英语报纸(这时非常支持干预的《北华捷报》除外)都刊出满腔怒火的抗议文。《陆上通商报告》(*Overland Trade Report*)有篇文章写道:"为了从太平军手中夺下这处港口,联军做了许多神秘兮兮、口是心非的事,有关他们所作所为的官方报告,处处都不尊重事实,因而真相极难取得,且肯定从未公之于世……完成这项计划的方式,令英国的威信蒙上无法抹除的耻辱。"香港《每日杂报》则有文章写道:"从没有比联军从太平军手里夺走宁波更虚假、更无缘无故或更说不过去的事。说句公道话,那该记载于史册,让英国皇家海军舰艇'遭遇'号的乐德克上尉永远蒙羞。"[4]

在地球另一端,《纽约时报》刊出驻上海记者的报道,宣称攻打宁波一事,代表英国不再只是守卫通商口岸,代表它开始在中国进行殖民扩张。这名记者写道:"这些事件意义深重。"从他所处的世界看,明眼人都看得出,没有英国和法国持续的军事支持,清朝绝对撑不下去——而今这两个国家已用行动表示,他们愿意提供这样的支持。"但他们会不带任何目的这么做吗?"他如此问美国读者,"不会。他们不久后就会成为这个帝国的实质统治者。"[5]入侵宁波之后仍余波荡漾的那段时期,许多人和他一样忧心英国人(和居次的法国人)正着手像他们在印度那样接管中国。但这位记者着墨的重点,在于他所属国家的没有作为，而非联军破坏中立的不足取。"这些问题大大攸关美国的利益，美国不也该表态吗？"他问道。（或者，诚如该报后来所说的："如果我们在这件事情上没有作为，不久后我们将看到中国受英国和法国统治，而对我们不利。"）[6] 但美国在华应有何作为这个问题，得等到美国自己的内战结束，等到美国能重拾其在世界竞争舞台上的位置，才有心力去处理。在那之前，这位记者只能哀叹他在自己国家和中国之间所看到的类似处境，两国都因为（他所认为）南方邦联和太平天国带来的内部破坏而受到削弱，让外国人得以趁隙操控。最后他说道："愿我们的大叛乱和中国的大叛乱不久后缩藏于山洞地穴里，不再扰乱我们的安定。"

如果说从最根本的动机来看，夏福礼领事、乐德克上尉，还有舰队司令何伯是为了改善英国在华贸易而出手干预，他们的努力短期来看效益不大。宁波城重归清廷控制一个月后，有两位欧洲商人向香港的《每日杂报》投书说，道台把税率调高到"几乎形同禁止通商"的地步，"阿爸"统辖的海盗舰队"封锁（甬）江，阻止农产品运到这地方"。为戳破在清廷收复宁波之前那几个月，太平军使浙江民生凋敝、满目疮痍的谣言，他们拿出他们商行里一名丝贸易商的日记四处传阅。这名贸易商在宁波仍受叛军掌控时，从该城出发，游历内陆数个区域。他发现那个地区生气勃勃且多产，"作物生长茂盛"，人民普遍"很快乐"。他说他所到之处都受到"友善"人民"礼遇"，说情势已经"平静"（在短短的日记中重复了二十一次）。他观察到，叛军的确掠夺村庄，但事前发出充分的警告，而且也"不想干扰通商的洋人"。他写道，即使在双方兵戎相向之后，"叛军仍对洋人非常友善；他们待我们很好"。[7]

*　　*　　*

上海和香港浮现的义愤，在民意正猛然转向不利于中国叛
283 军的英格兰，最初几乎听不到。巴夏礼在受访和公开露面时表
明，太平天国是一帮怪物。夏福礼领事有关宁波被毁的悲惨报
告——把宁波说成像是已从地图上被抹掉一般——得到广泛刊
载，而且少有人质疑他的说法。

到了一八六二年夏，就连马克思都在读过夏福礼的报告
后，认为太平天国成不了气候。马克思最后一篇谈中国内战对
全球之影响的文章，七月刊登于维也纳报纸《新闻报》（*Die
Presse*），而引述自夏福礼写给卜鲁斯的某封信的文字，占了该
文过半篇幅。在马克思引述的段落中，夏福礼严正表示，太平
天国的真实面貌“与妄言（太平天国）‘拯救中国’之事的英
格兰传教士的错觉不相符……经过十年闹哄哄而煞有其事的活
动之后，他们摧毁一切，毫无建树”。夏福礼写道（且马克思
引述道），这个中国叛乱群体是个嗜爱暴力和砍头的群体，是
“由流氓、游民和坏人组成”的群体，是“肆无忌惮侮辱妇人
和女孩”的群体，是“引起惊恐”与制造“骇人情景”的群
体。总而言之，太平天国“声势浩大，空洞无物”。

根据夏福礼的说辞，马克思推断太平天国是“除了想改
朝换代，未体认到任何职责”的“恶魔”。“他们对人民的危
害更甚于旧统治者带来的危害，”他写道，“他们的使命似乎
就只是在阻止（中国）以稳健方式解体，就只是在毁灭它，
而且其毁灭方式荒唐骇人，又未植下复兴的种子。”他不仅以
嫌恶的口吻指斥叛军成不了气候，也以同样的口吻，如额尔金
勋爵般认为整个中华帝国没有前途——因为其无可救药地沉溺

于古代，从而与境外快速改变的世界脱节。"但只有在中国，才可能出现这种恶魔，"马克思推论道，"那是停滞型社会生活的产物。"[8]

伦敦《泰晤士报》的主编群希望动武。他们曾把洪秀全称作英国该与之建立通商关系的"实质君主"，但一年后的一八六二年五月，他们反倒严正表示太平天国是"中国的恶棍，使城市杳无人烟、把人尸拿去喂野狗，是无情的扑杀者和无能的屠夫"。他们以先前未有的辛辣口吻谴责捍卫中立政策的英国人，特别把矛头指向领事密迪乐。他在一八六一年二月所写，赞许太平天国政府的那封信，这时在英格兰终于可以取阅。这些主编称他是"在国内死抱自己看法的汉学家"，指责他无视于"占去当地每位居民注意力的屠杀声和火光"。他们严正表示，毋庸置疑，"该开始攻击这些抢匪了"。[9]

当然，在这一年里已经改变的事，是夏福礼、巴夏礼和何伯告诉他们太平天国是一股完全无法无天的势力。但未改变的是《泰晤士报》一贯的看法，即中国，还有印度，将是使英国免受美国内战冲击的救命符。几周后该报主编写道："如果美国必然离我们而去，不再是可让我们获利的顾客……那么中国和印度两者有可能崛起，递补美国的位置，协助我们渡过难关，尽管是痛苦渡过。"英国可转向亚洲这个真正具有发展潜力的地方，借此摆脱对美国的依赖（和"它令人望而却步的关税，它燃烧冒烟的棉花堆，它贫困的人民，它必然逃不掉的破产"）。他们写道，尽管英国正苦于"过度自信地倚赖（美国）所带来的伤害"，所幸，"我们在远东所播下、耙松、浇水的好种子正迅速成长、结果"。[10]

284

根据夏福礼的报告，《泰晤士报》这时严正表示，英国经济复苏的唯一途径乃是消灭太平天国。叛军已成为"阻挡我们摘取金苹果的龙"。诚如这些主编这时向读者说明的，那是很容易理解的人道问题：如果上海和宁波的茶叶市场毁于太平天国之手，英国政府将会调涨茶叶税，以保住其急需的茶叶贸易收入。那将使英格兰社会喝茶的下层民众，包括因为兰开夏纺织业垮掉而饿着肚子的那些人，日子不好过。他们指责那些提倡中立的政治人物，以高调而抽象的字眼谈论外交政策的道德责任，却未"关心人民所受的苦"。英格兰"追求绝对中立"，完全不关心"英格兰喝茶者或中国产茶者的死活，就和不关心兰开夏纺织工人的死活一样"。因此，干预的主要用意在于人道救助，不仅救助中国农民，也救助英格兰自己的穷人。他们主张，即使撇开老百姓受苦的问题不谈，光是基本的经济因素，"考量到英镑、先令、便士"，就表示"应该将横亘在我们和我们的金苹果之间的那条龙杀掉"。[11]

但对于中国境内的杀戮惨状，《泰晤士报》主编群之隔阂无知，就和被他们嘲弄在空谈道德原则的那些政治人物不分轩轾。他们在一八六二年夏发表的漂亮主张——太平天国是人道威胁，因而协助清廷恢复中国秩序乃是英格兰的荣幸——随着不好的消息从亚洲传回，迅即从他们口中消失。因为防洪闸门已经打开，有了英国政府准他自主行事为后盾，舰队司令何伯正把英国带进一场反中国叛军的战争，而此举的道德后果几乎是深不可测。

与华尔常胜军结盟，并得到李鸿章的爽快同意后，联军于一八六二年晚春大举进攻上海周边的太平天国据点。最初进攻非常顺利，这主要得归因于太平军的装备较差。五月十三日，即攻打宁波三天后，一支来自上海与松江的联合部队完成了华尔的民兵队从未能完成的任务：用四十门重炮，包括一门六十八磅炮和四门一百一十磅炮弹的巨型海军阿姆斯特朗炮，连轰整整两小时后，这支部队从太平军手中拿下青浦。英法军队将青浦南城门炸成碎片之后，华尔的三千五百名华人部队冲进缺口，在军乐队高奏《天佑女王》之际，把被炮弹震得七荤八素的守军吓得退走。联军方面几无伤亡。[12]

但不久后叛军就展现他们的反击能力，欧洲人不知不觉被拖进这场战争泥淖的更深处。拿下青浦四天后，法国舰队司令卜罗德领军攻打松江下方的南桥村。开打后不久，一名叛军狙击手开枪射穿法国舰队司令胸部，击破心脏一条主动脉，卜罗德那天晚上失血过多而死。不久后，悲愤的法军从叛军手中奋力拿下附近有防御工事的柏林村，屠杀该村包括妇孺在内三千人，然后放火烧掉整个村子，为他们挚爱的舰队司令之死报仇。[13]

但联军初步的胜利保不住多久，因为攻破有城墙环绕的城市是一回事，守住它是另一回事，而且联军没有足够人力来守城。拿下青浦后，立即就有消息传来，说李秀成正率大军从苏州南下，欲趁常胜军不在之时扑向松江。[14]华尔带两千部下折回松江，以协助抵御叛军进攻，留下副手法尔思德带领仅仅一千五百兵力驻守青浦，而青浦不久后也遭到包围。青浦的初期战事一结束，舰队司令何伯就立即带炮艇队回上海，因此法尔思德孤军守城。他们固守将近一个月，曾伏击一艘行经该城、载了武器与弹药要给叛军的法国走私船，借此取得补给。但法尔思德拒绝太平军以黄金交换他们弃守的提议后，他底下的欧

286

洲军官儿乎兵变，他不得不将其中部分军官关起来以镇住军心。然后，华尔与何伯于六月十日未经周详计划即前来援救——结果卡在何伯坚持要他们烧掉整个青浦城以免还得再派兵驻守，因而功败垂成。最后，华尔与何伯仓促撤兵，法尔思德麾下所有官兵遭屠（被他关起来的那些欧洲军官最先遇害，叛军先头部队将他们的头插在矛尖上），法尔思德本人遭太平军生俘。太平军将他衣服剥光，囚了两个月，才被李鸿章赎回。[15]

此后，情势每况愈下。一位英国士兵描述了一批叛军俘虏被英国人与法国人交给清朝上海官府后的遭遇。夏天时，全球多家报纸开始刊载他的生动记述。根据他的记述，清军在英国军人袖手旁观下杀了这批俘虏。光是此事不足以引发危机，但他还写道，这次连婴儿和腹中的胎儿都未能幸免于难。他的记述有部分如下：

一名年轻女子，看来怀胎约八个月，先前遭周遭暴民施以种种残酷虐待，都未发出一声呻吟或叹息。暴民挖出她子宫中的胎儿，抓着胎儿的一只小手，举起给她看；她一看到胎儿，立即发出一声令人心碎、令老虎听了都心生恻隐的尖叫，然后，流着血、身子颤动的胎儿被丢到她胸脯上后，她使出最后一股超乎人类的力气，将双臂从按住她的人手上挣脱，猛然将胎儿抓到她流血的心脏上，至死抓着不放。由于抓得很紧，无法将母子分开，他们就这样一起被丢到尸堆上。

俘虏中另有一名等着被开膛剖腹的少妇，怀里抱着一名在开心叫着、跳着的十个月大的漂亮男婴。男婴被猛然从她怀里抢走，掷向刽子手，刽子手举起残酷的小刀，当着他母亲的面，刺进他柔嫩的胸膛。出生不久的婴儿被从母亲怀里抢走，当着母亲的面开膛剖腹。年轻壮丁遭开膛剖腹、截肢，割下的部位塞进他们嘴里，或丢向叫好大笑的中国人群里。

此文作者请求世人原谅他成为这场杀戮的共犯。"但就此为止——这些情景，我再也写不下去，"他在此文最后说道，"如今我只能永远悔恨自己眼睁睁看着这种可怕景象。我再也不适合当军人。"但为那天的事担上最沉重道德包袱的是他的国家。他写道："愿上帝原谅英格兰在这场战争里扮演的角色。"[16]

这则骇人听闻的故事席卷英语世界的媒体圈，从格拉斯哥到纽芬兰，从路易斯维尔到旧金山，多个地方的报纸都刊出。它最早出现于印度的某份英语报纸，撰文者匿名。舰队司令何伯称它是"百分之百虚构"，尽管几乎没有人刊出他的说法。即使那真是虚构，何伯的驳斥反倒使更多人相信。他用来驳斥那个故事的主要证据，是上海道台吴煦的说辞。吴煦是华尔的上司（一般来讲，华尔抓到的战俘就由吴煦处决）。何伯丝毫未怀疑吴煦的真诚，说吴煦向他保证"各类囚犯……都受到仁慈而人道的对待"，仿佛当他们只是一群不听话的小孩般，"他未予以严厉对待，打算照顾他们直到化敌为友为止"。[17]

无论如何，在一八六〇年清廷劫持欧洲特使后，在政府一直将满人说成是一帮野蛮杀人犯的英国，这份令人毛骨悚然的记述立即得到民众的采信。那些反对干预中国内战的英国人，立即拿着这则故事大做文章。赛克斯上校投书伦敦《每日新闻》（*Daily News*）说："我不管叛军是偶像崇拜者、佛教徒、儒教徒、穆罕默德信徒，或假基督教徒，他们是人；他们请求我们友善对待，而我们在屠杀他们时所流下的血，其腥气蒸发上天，使我们受到不利的判决。"[18]《经济学人》严正表示："真正的政策本应是除非绝对必要，避免干预……以及积极且一贯地阻止英格兰人插手（清）帝国事务。"[19]该杂志主编开始担心英国已被深深拖入这场中国战争里，因而除了将该国纳为殖民地，别无他法来挽救英国的颜面。

尽管这则记述在英国激起愤怒和羞愧，在美国却激起强烈的报复之心。由于巴麦尊和罗素等英国政府主要官员明显偏袒南方邦联，一八六二年夏，在美国北方诸州，反英情绪正高昂。这时美国总统林肯尚未颁布《解放奴隶宣言》，因此，支持南方邦联的英国人可将美国内战称作民族解放战争，而非反奴隶制战争（这时南北双方都仍允许蓄奴）。在英国，许多自由派称颂美国南方抵抗北方专制政权，其中可能又以财政大臣格莱斯顿最不掩饰这一立场。同年十月，他在新堡告诉向他欢呼的听众："毋庸置疑，戴维斯等南方领袖已打造出一支陆军；似乎正在打造一支海军；而且他们不只打造这两样东西——他们已打造出一个国家。"从而几乎和南方邦联站在一起。[20]

英国政府明确支持美国的南方叛乱者——这时南方邦联在内战中占上风——相对地，美国北方的记者利用来自中国的悲惨消息，痛批约翰·布尔（John Bull，指称英国人的绰号）完全乐于为一个残酷野蛮的政权卖命，镇压远比蓄奴的南方邦联更无辜的一个运动组织。八月三十日出版的《浮华世界》（*Vanity Fair*）载道：

我们极优秀的朋友，布尔，目前在中国驻有军队。在中国驻有军队！干嘛？呃，就是镇压中国叛军，而必须承认，那些叛军正努力欲推翻他们威严的、崇高的、强大的君王。那约翰跟那场争吵有什么关系？一点关系都没有！

然后，他们结束开玩笑的对话，开始数落英国在这两场内战里的两面作风："噢，约翰·布尔！约翰·布尔……你这个爱喝啤酒的大酒桶伪君子！这会儿祷告，过一会儿劫掠——这会儿表示同情，过一会儿抢劫——这会儿感到哀痛，过一会儿屠杀——这会儿可怜黑人，过一会儿把黄种人开膛剖腹……"[21]

《周六晚邮报》（The Saturday Evening Post）更不客气，质问此事遭披露之后，英国人怎么敢对美国的内战说三道四。他们写道："英国政府似乎把美国境内这场叛乱视为非常值得赞许的事，对中国人的叛乱则似乎抱持不同的看法。"然后该报引用这份暴行记述的一段文字，据此推断，"英格兰人自己的历史——从头至尾——一直是血、血、血的记录，在这种情况下，要他们对现今美国叛乱活动里必然令人痛苦的事装出极骇怖的样子，的确是强人所难！"[22]

沉潜许久的理雅各，在愤怒、痛责虚伪以及报复之声此起彼落的此刻，重出台面，加入争辩。洪仁玕在伦敦传道会的这位老恩师和提携者，这时仍是香港上流社会最受敬重的成员之一，而由于他（在洪仁玕协助下）将孔子著作译成英文，他也逐步成为英国最顶尖的中国事务专家，日后将成为牛津大学的首位汉学教授。[23]此前，他大部分时候不就太平天国运动的进展或他前助手的政治事业公开发表看法。但这时为回应英国干预中国内战之举，他浮上台面，为有关中国这场内战的国际辩论增添一股审慎理性的声音。一八六二年秋，英国境内各大传道会刊物刊出理雅各的一封投书，文中他强烈反对干预，表示："听到我们政府已同意……舰队司令何伯的做法，甚感痛心。"他说，英国民众不清楚中国境内的真正情势，因为英国报纸的报道一直受到扭曲且流于偏颇，"以合理化用最暴力、最强势手段对付（太平军）的做法"。

　　但他撰写此文不是为了替太平天国辩解。理雅各一直不是很看得起这个群体，自当年他力阻洪仁玕赴南京与他族兄会合时就是如此。因为他这个立场，洪仁玕等到理雅各返乡探亲、人不在香港时，才动身前赴南京。但接下来几年，他们两人的深厚情谊并未消解，得知他最喜爱的中国人已成为干王及洪秀全的总理之后，理雅各对这个群体的兴趣更为强烈。他照顾洪仁玕的哥哥和侄子，直到他们准备好去南京为止。而且这几年间他与洪仁玕偶有书信联络，更晚近时还写信提醒他，情势已在变，西方有人在讲太平天国不好的事，要他小心注意。

　　在这封投书中，理雅各坦承洪仁玕劝他支持太平天国从未如愿。尽管早期带有些许乐观，对于这个团体在宗教方面的教义和做法，他一如以往不以为然，而在得悉洪仁玕纳妾的时候，他尤其感到惊愕。仿佛在为死去的友人写悼文似的，他哀叹洪仁玕的实际表现证明他胜任不了他所担负的重大任务。他写道（文中提及罗孝全），那些扣在洪仁玕头上的罪名，的确是莫须有的指控。但是，"他背弃信仰，违背良心"，而且理雅各不相信中国的太平军会成为真正的基督徒，即使有洪仁玕引导亦然。

但——而且这是他投书中最突出的一点——那不表示英国可以肆无忌惮对他们施暴。理雅各主张，太平天国对西方诸国友好是出于真心："一八六〇年，乃至前一年，我们若愿意与他们协商，就会发现他们称呼我们'洋兄弟'出于真心善意，其中具有重大意义。"但如今，由于舰队司令何伯不明就里发动攻击，良机已失。清廷的残酷程度即使未甚于叛军，也和叛军不相上下，而外国的干预只会助长那份残酷，使残酷无休无止。理雅克警告道："我们会在战场上杀掉数千人，而诸省巡抚会在刑场杀掉数万人……我们的高阶军官将会效命于许多杀人屠夫。"

理雅各说，满清在中国的日子已到尽头，就像斯图亚特王朝在英格兰或波旁王朝在法国一样。他们已是苟延残喘。英格兰在中国唯一可采行且符合道德的做法，乃是收手，恢复中立。不管会发生什么不好的事，那是中国的战争，英格兰插不上手。"但别跟着它（清廷）称他们为叛军，"理雅各在最后伤心说道，"别出借我们的军队和舰队去为它做它自己做不来的事。如果我们只做该做的事，按照上帝的旨意，中国会在不久后走到比现今更好的状态。不管发生什么事，国家作恶以成善，就和个人作恶以成善一样不可原谅。"

结果，根本不需来自海外的公开强烈抗议，舰队司令何伯欲肃清上海方圆五十公里内叛军的军事行动，很快就收场下台。事实表明，这一出击从军事的角度看根本不可能成功。由于未得到母国承诺增援，英法在上海的联合部队兵力太薄弱，即使有华尔协同作战，仍不足以在拿下城池后击退来犯叛军，守住城池。因此，卜罗德丧命和青浦惨败之后，何伯不得不承认挫败。他将舰队撤回上海，把联军攻下的地方放掉，让给李秀成，改为专心固守上海。[24]但话说回来，那原本就是他的基本职责。关于何伯爱逾越命令的作风，伦敦的《旁观者报》(The Spectator) 哀叹道："不遵守英格兰命令这个慢性印度病已蔓延到中国。"[25]十月，何伯将会卸任离华，由更加温和、更具外交手腕的舰队司令库柏 (Augustus Leopold Kuper) 接任（发布这个人事案之前，英格兰境内传言，有资格在舰上悬旗表示职衔的海军将官无人愿意接驻华海军司令这个烫手山芋）。[26]"遭遇"号的乐德克上尉因在宁波逾越命令遭海军部正式申诫，皇家海军将不会再亲自上场打叛军。[27]不受任何外国政府管辖的华尔，此后只得靠己力打仗，但他不在意，因为英法部队虽有很管用的重炮，却往往妨碍他们劫掠。[28]

*　　*　　*

对曾国藩来说，那年春天是他在这整场战争期间最顺达的时刻。首先，出于与洋人在上海和宁波出兵干涉无关的某些因素，多隆阿的马队在皖北骚扰英王陈玉成方面有了重大进展。九月丢掉安庆后，陈玉成退到北边约一百四十公里处，自一八五八年就受叛军控制的庐州城。他以庐州为基地，开始召集太平军和捻匪盟军，计划兵分四路北征，进入河南与陕西二省，并可能继续往北京挺进，趁新朝廷虚弱的当头拿下京城，作为其最后目标。[29]其中三路于一八六二年头几个月依计划北征，但英王本人受困庐州，被多隆阿马队和其他湘军部队包围。他们将其对外联系完全切断，使他收不到其他几路部队的消息，也就无从得知他们已在哪里攻下城池，无法确定突围之后他该把部队带到哪里。

　　五月十三日，由于庐州城内粮秣愈来愈少，年轻的英王带四千部众突破庐州北侧的湘军围城阵地。多隆阿的马队扑向英王弃守的庐州城，英王则带领兵马往北疾行，日夜兼程，以和最靠近他们的友军会合——那支友军由苗沛霖统率，按照既定计划，负责攻打庐州西北边约一百一十公里处的寿州城。苗沛霖是来自皖北的民兵部队首领，原效忠清廷，一八六〇年秋英王想解安庆之围而率兵初次穿过皖北时，苗沛霖转投太平天国。[30]英王救安庆未果那一役，苗沛霖部是支持英王作战的一股重要势力，这次北征，苗沛霖部是四路部队中的一支。陈玉成抵达寿州城门时，看到苗沛霖部队官兵在场迎接，顿时松了口气，心想他们已攻下寿州。怪的是看不到苗沛霖本人。

　　由于通信中断，陈玉成不知苗沛霖遭清军大败于寿州，四月二十五日全军投降清廷。苗沛霖再度投靠清廷，答应将英王递交清军，换得清廷饶他一命。于是，陈玉成走过寿州城门欲和友军会合时，立即被对方拿下。六月遭处死。在供状中，英王毫无悔恨之意，只为部下难过。他告诉俘虏他的人："是天意使我如此，我到今日无可说了，久仰胜帅威名，我情愿前来一见。太平天国去我一人，江山也算去了一半。我受天朝恩重，不能投降。败军之将，无颜求生。但我所领四千之兵皆系百战精锐，不知尚在否？至我所犯之弥天大罪，刀锯斧铖，我一人受之，与众无干。"[31]

293

　　皖北发生此事时，英法联军在上海城外的征剿，为进兵南京的曾国荃几乎辟了一条坦途。为因应华尔与联军的联合出击，李秀成不得不将部队东调。他率主力部队从苏州下松江，亲自统率部署于上海周边战斗力较差的部队。这一兵力转移——几乎和皖北英王部队被灭同时发生——使安庆与南京之间长江沿岸的太平守军,无望得到来自北边或东边的增援,就在此时,曾国荃开始攻打这些太平守军,目标遥指叛军首都。

几个月前,没人能料到上海附近会出现这样的敌对态势,更别提在那边出现与太平军相抗衡且有战斗力的部队,因此,太平军突然东调,令相关各方都感到意外。长江沿岸的太平守军不敌曾国荃进攻,纷纷弃守要塞,烧掉营垒。他困惑于他们的不事抵抗,纳闷于他们准备在后面怎么对付他。[32] 他所不知的是,他们根本没有准备反击,因为太平军主力已移到他的攻击范围之外。败走的太平军退回南京自保,而在这点上,他得感谢舰队司令何伯。

这对太平天国来说大势不妙。叛军诸王一直知道曾国藩在安庆的部队将威胁下游的南京,但没料到湘军会这么快就来犯。洪仁玕就未料到情势会有如此转变,后来坦承"从未准备彼等能突如其来如是之速,我军毫无预备"。[33] 最重要的是,负责首都和天王安全的李秀成也没料到会这样。忠王以哀叹口吻说道,湘军于一八六二年春从安庆往长江下游进攻,连破未有周全防备的守军,直抵首都大门,一路势如破竹。[34]

到了五月下旬,曾国荃部已来到南京郊外。避开南京城西北侧火力强大的岸炮炮台之后,他的水师支援部队在南京城正西北边(上游)的长江对岸占据有利位置。在南岸,湘军水师也拿下护城河与长江合流处,从而掌控该城护城河。曾国荃带部队走陆路来到南京城南方,在水师从北方掩护下,从南边攻打南京城。[35] 一八六二年五月三十日,李秀成仍在东边约三百公里外打华尔和法尔思德以控制松江和青浦时,曾国荃部一路挺进到就在南京南城门外的一座小山山脚。[36]

他们要攻打的这座小山，由山顶的一处石造要塞守卫，山名雨花台。雨花台一名是在承平时期取的，相传南朝梁武帝时，云光法师在这座林木翁郁的小山上设坛讲经，因说法虔诚所至，感动上苍，落花如雨，"雨花台"因此得名。这时，山上的树木已经全部砍掉，以建造营垒和瞭望塔。山上也不见一朵花。唯一的雨是灰蒙蒙的毛毛雨，使湘军士兵脚下的褐土在他们立桩筑营以及开始在山脚挖壕沟时，变成烂泥。

南京城墙冷灰色的墙面，让站在城垛下方十八米处地面上的任何士兵都感受到固若金汤的气势。但南京城墙有其罩门，雨花台就是罩门之一。这座陡峭的小山只有九十多米高，约八百米宽，正坐落在南京城南城门外，与城门直直相对。明朝时南城门是防御陆上来犯之敌的主要关卡，建造得特别宏伟堂皇：那是一座多层式的花岗岩巨构，设有可容数千部队的瓮城和藏兵洞，还有可骑马登城的马道，城墙顶上的走道宽度足以让两匹马并驰，又不至于干扰到戍守炮眼的炮手。

但由于驻守兵力远少于明朝设计这个城门时所规划的兵力，南城门谈不上是投射兵力之处，反而比较像是在一段攻不破的花岗岩城墙中防守较薄弱的点。从雨花台山脚到南城门厚重的强化木门，中间隔着长只八百米且完全平坦的一块地。男子步行八九分钟就可走完；疾驰的马则只要一分钟。从雨花台这一侧的瞭望塔往南京城望，可看到南京城墙内辽阔的城区——宫殿府邸的覆瓦屋顶、旧满城的废墟，乃至遥远另一头围住南京城北侧的城墙内墙面。[37] 从瞭望塔上，肉眼就可以掌握南城门顶上的动静，用小型望远镜便能算出胸墙上守军的人数。从地面上望去，长长的灰色城墙往城门两侧逶迤数公里远，但从雨花台上的瞭望塔望去，仿佛伸出双臂就能将整个都城抱在怀中。

曾国荃想拿下雨花台作为围攻南京城的基地。这时他还动不了石造要塞里的雨花台守军，但他已将部队驻扎在山脚。他辖下兵力不到两万，包括负责维持从长江来的补给线畅通的水师支援部队，但他们在南京城边缘的高土墙之间构筑了十座壁垒森严、彼此相连的营垒，开始掘壕固守。一旦完全站稳脚跟——尽管敌众我寡——他们就是敌人弄不走，就像附着在大型哺乳动物背上坚硬的小寄生虫。

*　　　*　　　*

湘军手中的火绳枪、刀剑和洋人军火贩子所卖的现代武器，威力相差极大，因此，曾国藩对洋人上门兜售武器无动于衷，就特别令人奇怪。他见过一些洋枪，觉得"洋物机栝太灵，多不耐久，宜慎用之"，射击二十或三十发后就得修理。[38]但他之所以不用它们，主要出于哲学性的理由；他完全不相信不同的武器能使战局改观。弟弟曾国荃请他为进攻南京的部队弄来一些洋枪时，他写信告诉弟弟："然制胜之道，实在人而不在器。"他以鲍超为例，说他"并无洋枪洋药，然亦屡当大敌"。而围攻南京的绿营将领和春与张国梁，一八六〇年春时"洋人军器最多，而无救于十年三月之败"。曾国藩说军力强弱取决于才干，而非兵器。"真美人不甚争珠翠，真书家不甚争笔墨，然则将士之真善战者，岂必力争洋枪洋药乎？"[39]最后他还是禁不住弟弟一再地要求，一八六二年派人到广州与上海，买了一些洋枪洋药供南京驻军之用。但买的数量不多，他仍固执地认为他的军队必须仰赖传统兵器——抬枪和鸟铳、刀、矛、中国火炮（"劈山炮"）。[40]

曾国藩或许对洋人的小型兵器存疑，却深知较大型的洋人　296
武器能令从未见过这类东西的中国人感到何等惊骇。射程达八
公里的阿姆斯特朗炮之类的英国火炮，就有这样的震撼力，在
中国小船根本无法前进的水上，以迅疾灵活之势逆流而上的汽
船，其震撼力尤其吓人（长江沿岸有众多住在河上的纤夫，
以纤绳帮人拉船为生；千百年来他们重重踩下的脚步，在岸边
岩石上踩出深而平滑的脚印）。

最初曾国藩觉得，汽船除了可能用来在长江上下游间运送
邮件外，对攻打叛军没有用处。[41]一八六一年夏，他上奏咸丰
帝，说湘军在水上已稳占叛军上风，湘军唯一的弱点在陆上，
而汽船在这方面帮不了他们。[42]但到了一八六二年春，李鸿章
部队靠汽船运到上海一事，已使他相信汽船的确也可用于军
事，但中国人不该仰仗洋人提供汽船，以免向他们租用时任凭
他们坐地起价。

不管他自己有没有能力运用它们，他相信洋船和洋炮的古
怪本身，就是它们的最大优势，而那种优势必须打破。诚如上
海商人雇洋佣兵为他们打仗时知道的，诚如广州附近的中国统
兵官要官兵穿上西洋服装时知道的，自英国打赢鸦片战争以
来，中国沿海居民一直近乎迷信地认为洋人军队、洋船、洋枪
炮比较强——而在曾国藩看来，那根本是错觉。他认为，中国
该戳破那种错觉。他上奏道："轮船之速，洋炮之远，在英法
则恃其所独有，在中华则震于所罕见。"因此他鼓励清廷买一
些回来，即使只为了减轻它们令中国人震慑的威力。"若能陆
续购买，据为己物，在中华则见惯而不惊，在英法亦渐失其
所恃。"[43]

他在安庆大营亲自启动这个过程。一八六二年二月，他从　297

上海买了一艘小汽船，邀几位中国科学家和工程师在安庆设工坊，以了解其如何建造。这艘船不久就故障，他们无力维修。[44]但到了那年夏天，他底下一名工程师制造出一件能用的原型蒸汽机。仔细检视那部机器，并看了机器如何用于推动轮子之后，曾国藩在日记里写道："窃喜洋人之智巧，我中国人也能为之！彼不能傲我以其所不知矣。"[45]一年后，他们会在安庆造出一艘长八·四米，能在长江以还不错的速度逆流而上的小汽船。

曾国藩的工程师在安庆的试验，还未能立即用于军事，但一八六二年夏，他们仍在开发第一部小蒸汽机时，他希望恭亲王从海外买几艘全尺寸汽船一事有了眉目。舰队司令何伯试图直接介入中国内战未果之后，卜鲁斯一直在想办法以不让英格兰再受难堪的方式助清廷恢复国内秩序。因此，任职于清廷上海海关的英国人，建议让清廷透过总理各国事务衙门的恭亲王从英国买进几艘汽船时，卜鲁斯表示支持。伦敦政府尚未同意，但卜鲁斯希望伦敦政府认同这是使清廷得以自卫并保护通商口岸，同时不需靠英国军队代为平乱的最佳办法。

受清廷委托向英格兰订制汽船的是李泰国（Horatio Nelson Lay）。他是个容易紧张激动的英国语言学家，以英国海军名将纳尔逊（Horatio Nelson）的名字取名（有踵武先贤之意，但睽其一生，看来是徒劳），和纳尔逊并无亲戚关系。他当外交通译时学会口说和阅读中文，一八五九年起受清廷之聘，在上海担任海关总税务司。一八六二年夏，他在英格兰老家休假，收到接任他总税务司职位的赫德（Robert Hart）来信，授权他代表清廷购买几艘汽船。[46]那是非正式协议，李泰国并未与清廷签合同，只得到总理各国事务衙门届时会付款的口头保证。

298 但根据这个相当简略的协议，李泰国策划了当时某人所谓

"重振中国、让自己更上层楼的漂亮计划"。[47]简而言之，他决定为清廷订购一整个舰队的先进军舰，配备整编的欧洲水兵和海军陆战队员。

李泰国极不喜欢被人当作佣兵，听到人说他在清廷底下做事，火气就上来。诚如他所喜欢说的，他"为他们"做事，而"非在他们底下"做事。他对中国人和欧洲人相对地位的看法，属于当时更加沙文主义的一种；诚如他在一封公开信中向罗素勋爵说的："把有身份地位的人说成在亚洲野蛮人底下做事，实在荒谬。"[48]为免他的观点遭人误解，他在那封信中接着厘清道："目前，欧洲人与亚洲人之间没有平等可言……中国人与我们相比只是小孩；他们往往是难管教的坏小孩，应该把他们当小孩而非大人来对待。"[49]后来另一位与他同时代的人表示，这样的观点"与他和中国人共事一事很不搭调，不管是在他们底下做事，还是为他们做事都一样"，[50]但眼前他自认是清廷在英格兰的代理人，也要求别人如此看待。

向英国政府讲述他的计划时，李泰国对太平天国或烦人的内战中立问题着墨不多，反倒是强调一队炮艇如何有助于英国在华的长远利益——例如借此确保长江通商的安全，借此消灭沿海海盗。最后，他也认为它们或许能打开中国内陆，让英国得以入内探察，尽管能否有这效果仍不明确（特别是因为这些船照理要受清廷管辖）。他还信誓旦旦地表示，这支舰队将使蒸汽动力和电报"在中国人支持下"引进中国，而那将随之"必然促成全帝国行政治理上的全面改革"[51]（他略而不提在中国只有太平天国总理洪仁玕曾表示有意施行这类革新）。最后，他一再热切地强调，这不会是支佣兵部队，而会是英国舰队，以英国人为司令和水兵，而他们将为中国皇帝做事，而非在中国皇帝底下做事。

清廷或许会支付这支舰队的开销，但李泰国自行挑选了舰队司令，一个得过勋章的英国皇家海军上尉，额尔金第一次出使中国时担任"狂暴"号船长的舍纳德·阿思本（Sherard Osborn）。根据李泰国所拟的四年聘任合约，阿思本在中国只听命于皇帝。此外，皇帝所下达的命令只透过李泰国转达，李泰国将以相当于海军参谋长的身份驻在北京。他在合约里明订，由他亲自审阅皇帝所有命令，凡是不符"道理"者，均不传达给阿思本。这种做法若非反映了李泰国所谓中国人全是没长大小孩的看法，就只是反映了清朝皇帝本身还是六岁小孩的事实。[52]

而邓洛普于一八六一年五月撤回他要求承认太平天国为交战团体的动议一事，就成为攸关李泰国能否为清廷购得军舰的重要因素（或许有人会想起，他是在巴麦尊和罗素一再保证英格兰目前和将来都会一直在华保持中立之后，撤回了该动议）。没有交战团体身份，中国叛军得不到英国《国外服役法》的保护。该法明令禁止英国公司将炮艇卖给与英国和平相处之政权交战的团体。清廷是中国境内唯一获得英国承认的政权，因此英国公司可自由将炮艇卖给清廷，用以对付太平天国。相对地，就在李泰国于伦敦努力为清帝订购作战舰队时，美国南方邦联的海军首席代表布洛克（James Bulloch）也正为了同样目的在伦敦，而李泰国如愿，布洛克却铩羽而归。美国南北双方获英国承认为交战团体，两者严格来讲都与英国处于和平状态，因而英国的造船业者依法不得卖炮艇给他们任何一方。[53]

《国外服役法》只有一点妨碍李泰国实现其中国计划，那就是阿思本及其船员均受该法的约束。该法的最基本条文，是禁止英国国民为外国政府打仗，因此阿思本出任清朝海军舰队司令一事，需要英国政府的特别同意。英国国会仍希望英国在华保持中立，但巴麦尊和罗素于一八六二年夏天国会休会后发布两道枢密令（order in council），暂时取消该法的施行，使议员在来年二月复会之前无法讨论这两道命令，借此避开他们预期会碰到的议员反对。

第一道枢密令发布于一八六二年八月，下令暂时取消《国外服役法》的施行，好让李泰国和阿思本——命令中点出他们两人姓名——得以为中国皇帝效力。这道命令允许他们提供武装船舰给中国皇帝，也赋予他们为那些船舰招募英国船员的独有权力。这些船员只能投入李泰国和阿思本麾下，不能投入别人麾下。四个月后，巴麦尊政府再发布一道命令，大幅扩大原来允许的事项，使任何英国军官都可以合法为清朝皇帝打仗，批准他们"在任何军事、作战或其他行动里为该皇帝效力，为此目的前去海外任何一个地方或数个地方，接受来自该皇帝或听命于该皇帝的任何委任、授权或其他任命，接受报答他们服务的任何金钱、薪水或报酬"。

但在招募人员的过程上有了意想不到的变化。英国政府能给予阿思本和李泰国招募英国国民加入清朝海军的权利，但无法授予他们中国任职令——那完全属于清朝皇帝的权限，得等到抵达中国，他们才能取得任职令。但离开英格兰之前，他们得先辞去在英国皇家海军的职务或得到皇家海军准予休长假，以便加入阿思本的舰队。因此，在这段过渡期，阿思本将带去中国的水兵和陆战队员，将在实质上没有官方任职令，从而在行为上将和佣兵——英国政府不欲他们成为的角色——一样未受管束，无法究责。

　　对此事的反应，首先出现于报纸。罗素和巴麦尊对华政策的一百八十度大转变，让人觉得近乎是明知不合理仍刻意为之：英国在一夜之间从满清的敌人，变成卖军火给清廷官方的贩子和有意拯救清廷的人。《潘趣》（*Punch*）杂志说得最贴切：“我们的勇武友人舍纳德·阿思本……将被派去摧毁、重击并消灭接近我们通商口岸的任何太平军。他肯定会得到一身的勋章，但罗素勋爵的提议在道理上说不说得通，我们就没那么确定。”[54]前东印度公司董事长赛克斯上校投书伦敦《每日新闻》，以困惑的口吻写道：“卜鲁斯先生和麦华陀（Walter Henry Medhurst）、夏福礼一再于官方文件中表示，清廷是地表上最腐败无能的政府；他们拷打并杀害我们军官，杀害战俘，虐待囚犯，在在说明他们的残忍无情；而今我们政策的目标，却是让具有这些问题的政府恢复有效率的运作。”[55]

　　到了来年二月国会复会时，这支舰队已是既成事实，国会不得不予以同意，但此事仍受到议员严厉批评。新会期第一天，一八六三年二月五日，保守党党魁迪斯累利（Benjamin Disraeli）——谈不上是个感情用事的道德家——责备巴麦尊突然一百八十度改变对华政策。他严正表示：“曾对鞑靼王朝动武的阁下，如今要支持那个鞑靼王朝，对中国皇帝的这些叛乱子民动武。我们的立场完全改变。我们要对太平叛乱团体动武。”在同一场发言中，他斥责巴麦尊未能为南方邦联介入美国内战（他所谓的“大革命”），[56]但他接着说道，中国一事显示，巴麦尊百分之百愿意涉入与英格兰的关系远不如美国与英格兰之关系亲密的一个国家的内战。他哀叹道，政府中似乎无人清楚了解中国叛军是什么样的人或他们所真正代表的心声。"太平天国是谁？太平天国是什么？"他问，"先生，我认为我们与太平天国毫无关系。不管他们是爱国者还是土匪强盗，都与英格兰人民无干。太平天国该有什么地位，是中国的事，不是英格兰的事。"[57]

在自由党方面，赛克斯上校挥着手中的中文《太平圣经》，以挑激口吻问所有在场者谁敢把太平天国称作亵渎上帝者，同时严正表示英格兰欲给予军事支持的"鞑靼幼皇帝"，"出了北京城墙"就几无影响力。[58]三天后，他在平民院质询道，是否已同样允许英国军官投入太平天国旗下为其打仗，外交部次长莱亚德（Austen Layard）答道没有，并不客气地说："政府没这个荣幸结识……太平皇帝。"[59]

但在英格兰，对于成立这支舰队，主流看法是乐观其成。一八六二年十二月，在皇家地理学会有场温文有礼的辩论，"每个对中国事务有兴趣者"均与会。巴夏礼、李泰国、阿思本与财政大臣格莱斯顿，在这个场合谈论了这支舰队和中国的未来。李泰国以浪漫口吻谈这支舰队平息中国内战与促进贸易的潜力。阿思本说他要去中国"散播和平，不是去流血"，并希望在一段时日之后向大家报告"南京已在进攻结束后拿下，过程中完全未有太平军丧命"。更乐观的看法是李泰国以更天马行空的想象提出的建议：太平军或许会被说服完全放弃中国，而被移到东边的群岛上开拓土地，"那里有荒地、食物、人力和宜人的气候"。格莱斯顿给予阿思本和李泰国完全且衷心的同意，告诉他们去"将文明的福惠，而非文明的祸害，带给中国人"，显示自一八五七年以令人折服的言辞极力反对巴麦尊对华用兵的格莱斯顿，立场已经改变。[60] 302

《泰晤士报》也赞成阿思本的远征，说英国人或许觉得中国人不如美国人来得亲，但"中国太平天国与清廷之间的战争攸关我们利害的程度，几乎和美国联邦主义者与分离主义者之间的战争攸关我们利害的程度一样大"。而由于阿思本的舰队即将启程，中国内战似乎会较快结束。《泰晤士报》说："在中国有许多市场随着胜利的易手而开启或关闭，而兰开夏的高烟囱可能在有机会感受到下一场美国战役的胜负变化所产生的影响之前，就先感受到清廷获胜的正面效应。"[61]

英国造船业者很高兴接下清朝这笔生意，并端出他们最好的成品。头三艘是买来的旧船，因而几乎立即就可派上用场（原叫"莫霍克"号、"非洲"号和"雅斯培"号，这时改名"北京"号、"中国"号和"厦门"号），其他船则必须从头订制，而且要花上一年才会建好。李泰国决定等所有船都造好，法定的文书作业都完成，再将整支舰队送到中国。[62]一旦完成，将会有八艘船，包括七艘炮艇和一艘军需船。七艘炮艇大小不一，最大的是远洋军舰，最小的是吃水浅、能在中国混浊河水上飞速行驶的明轮船（明轮船不适合远航，必须将部件装箱运到亚洲，再组装成船）它们总共会搭载四十门现代火炮和四百名兵员，而李泰国坚持要他们清一色是"第一流的欧洲军官和水兵"。清朝此前从不需要海军旗帜，因此李泰国自行为清朝设计了一面旗：绿底、黄线对角交叉，中央有只小黄龙。

一八六三年夏天，船只已经准备好，随时可航往中国，而这时，经过测试，证明这番等待的确值得。它们或许没有最新的铁甲（用来和威力大抵薄弱的太平军火炮对抗，根本不需铁甲），但在其他方面它们是最先进的舰只。长七十二·三米的旗舰"江苏"号，一八六三年五月在朴茨茅斯附近的史托克斯湾试航时，最高航速达到十九节，在四趟试航期间平均航速达十七节，为有记录以来最佳的成绩之一。有人更说它是当时世上最快的军舰。[63]

在英格兰，这支威力强大的军事舰队被取了几个优雅的名字。一般称之为英中联合舰队（Anglo‐Chinese Flotilla），将它的任务称为英中远征（Anglo‐Chinese Expedition），强调它所代表（或提倡它的人所宣称的）在英国与中国清廷之间，为保护共同贸易利益和打击沿海海盗所展开的君子合作。后来的史家会根据创立该舰队的两位英国人之名，将它称为李泰国—阿思本舰队（Lay‐Osborn Flotilla）。但在当时的上海，这支舰队的唯一目的明显在于消灭太平天国，该地洋人震惊于英国改弦更张转而愿意为受人唾弃的中国清廷打仗。在上海，它有别的名字：吸血鬼舰队（Vampire Fleet）。

303

十四　雨花

　　当时，夺人性命的不只如雨般落下的炮弹和弹丸、爆炸或短柄小斧与长矛；不只传染病和屠杀，或自杀；不只战区里令人苦不堪言的饥荒。在战区，衣着褴褛的幸存农民努力填饱肚子，向声称管辖他们的机构缴税。无处可逃。许多人离开原本人口稠密的江苏和浙江两省，进入上海或其他通商口岸，那些地方有洋枪洋炮，让他们觉得较安全。正有大批难民涌入租界的消息，令卜鲁斯深感忧心，他不想看到英国成为中国人民的保护者（尽管英国国内有人说，这正表明只要英国开口，中国人民就会蜂拥到它旗下，张开双臂接纳英国成为中国的新统治者）。

　　光是在上海，到了一八六二年，已经有一百五十万人挤进上海县城和租界，以躲避外面的战火。[1] 最有钱的难民住房子，但大部分是穷人，住在用草席搭的简陋栖身之所，或住在多到塞满水道的小船上。还有些难民连遮风避雨的席子都没有，他们挨在一块，风餐露宿。随着春天降临，绕过租界边缘的小河因季节性径流的流入，水色变褐，河中满是从上游稻田挟带下来的泥土和粪便。到处可见半腐的尸骸——有些是牲畜尸骸，有些是人尸——漂浮于恶臭难闻的水上。[2] 这些小河是上海难民用水的主要供应来源，而尽管饮用水照习惯都煮沸过，用来洗涤和用来做饭菜的水并未经过煮沸。

　　霍乱病例于一八六二年五月首度出现。这些病人先是出现痉挛，没有其他症状，然后开始呕吐。但接下来，来得又急又猛的腹泻危害最烈，使人拉得脸色苍白，全身虚脱，往往几小时后就身亡。但霍乱何时出现可能难以确定，因为大部分上海居民本来就苦于腹泻。到了六月，这病演变成不折不扣的传染病，住在船上的可怜难民大批病倒，住在简陋草席屋的难民也难幸免，房子和街头也出现密集疫情。在小小租界里，住在上海的约两千名洋人，一天有十或十五人死于霍乱，军舰上的船员也因霍乱而有多人病倒病死。[3]但受害最惨的是居住在拥挤环境里的赤贫中国人。到了六月，每天有数百人病死。到了七月，每天数千人。疫情最烈时，租界里一天有多达三千人死于霍乱。上海街头横七竖八躺着未埋的尸体，其中有些尸体装在用薄木板制成的简陋箱子里，有些尸体则只是用草席草草盖着，在盛夏的高温里任其腐烂。[4]

有些中国人称这种病为番痧，意思是外国传染病。[5]霍乱从这个通商口岸往外扩散。它循着当年额尔金入侵北方的路线，沿着海岸往北扩散，这条路线如今有运送邮件的定期邮船往来行走。六月中旬霍乱抵达大沽要塞，然后循白河而上传到天津，在短短可怕的几星期内夺走天津两万条性命。它再从天津传到北京，肆虐毫无防御之力的帝都。[6]

南方，因为某个原因，幸免于难，但就在霍乱沿着海岸悄无声息传往北京之际，它也循着长江及其支流传入内陆。来往于长江上的小船，那年夏天将这病从上海带进安徽——带进它们的贮水里，带进它们乘客的肠子里。它从曾国藩的大营透过湘军补给线往外扩散，到了晚夏，营垒里的湘军官兵大批倒下。[7]七、八月时，他在奏折中向皇上报告了受损情况。位于雨花台山脚的曾国荃部有万人病倒、奄奄一息，占湘军围城兵力整整一半。在皖南的鲍超部，也有万人病倒，就连鲍超本人

306

都罹病（曾国藩因此忧心忡忡，所幸他极为倚重的这位大将最终康复了）。浙江省左宗棠部的感染率达到五成，其他部队感染率更高，在皖南的湘军部队六至七成罹患此病。[8] 他报告道，有太多士兵病倒、垂死，他的军队无法主动出击。[9]

先进文明也找不到对治之道。上海英军发放所谓的霍乱带，也就是缠绕躯干使躯干保暖的法兰绒宽腰带，因为他们认为这病是肠子受了会出汗的寒气所引起。办公室设在北京的英军首席医官得知上海有许多住在小船上的难民死于霍乱后，认为卫生不佳不是致病因素（因为他认为这些难民属于上海居住环境较干净的）。他想找出符合科学的解释，怀疑是"大气里某些电子化学变化对某些体质的影响"所致。[10] 同时，在安庆，曾国藩命令麾下统兵官发放高丽参给患病官兵，冀望至少可稍稍缓解症状。[11] 但他把这场疫病的发生归罪于自己。他不知道这病已经扩散到何等地步，但认定他部队染上的病是上天对他领军带兵的审判，上天因为他掌握太大大权力而惩罚他。他甚至奏请朝廷派另一位能分摊他职责的钦差大臣前来，减掉他一半权力，以平息上天的怒气，结束这场疫病。[12] 朝廷回道这场疫病不是他一人的错，还说这也不是"朝政阙失，上干天怒"。他读了如释重负，"感激涕零"。[13]

在南京或更远的太平天国统治区并未传出什么疫情，但叛军辖下乡村人口的稀疏（相对于上海和天津地区城镇人口的拥挤）以及他们与通商口岸较无往来，或许使他们在霍乱透过国际贸易网、沿着帝国补给线扩散时较不易受到波及。但太平天国所控制最靠近上海的那些镇，靠往来不断的卖货郎和走私者（当然还有居无定所的民兵）与上海保持联系，而这些镇的疫情似乎和上海本身一样严重。[14] 冬天时中国内地十八省的疫情终于平息，霍乱经由满洲往东北扩散到帝国之外，然后越海传到不知情的日本。清廷正为内忧外患而焦头烂额，无力搜集到全面资料，但英国人试着这么做。他们的资料只限于狭窄的外国情报网，但九月时，他们靠罗马天主教会某个传教士的协助，估算在上海方圆约六十公里范围内——当时有人口数百万——约有八分之一人口死于霍乱。[15]

* * *

雨花台的湘军阵地在遭到这波疫病袭击之前就已岌岌可危。弟弟不顾后果扎营于如此靠近南京城墙之处，令曾国藩深为忧心，而曾国藩首次向朝廷报告曾国荃部已抵南京城外时，提醒朝中大臣勿抱过高的期待。他指出先前绿营将领统率七万兵力包围太平天国都城八年，结果一无所成。相对地，他弟弟辖下只有两万兵力。[16]

然后又爆发霍乱，到了一八六二年秋，曾国荃部有战斗力的兵员只剩原来一半。[17]曾国藩派来可观的增援部队，但在将他能投入的兵力都派去围攻南京之后，身体健壮的围城士兵仍不到三万，且无后备部队可调用。[18]但这些部队继续加深壕沟，强化防御工事。他们顶住雨花台山顶石造要塞守军的进攻，顶住南京城守军偶尔出南城门的攻击。无论如何，这几次交手双方人数相当。

但令湘军兵力锐减的那场疫病，让李秀成有机会停下他在东边的征战，返回南京。随着东边诸部队忙于照顾病人和料理死者，上海附近的战事趋于平息，李秀成抓住这机会，回应天王日益急切的召回要求。晚夏，他撤回苏州，在那里纠集三支部队出征以解救南京——一支攻打皖南的鲍超，一支攻打长江

308

水师以切断湘军的补给线，第三支由李秀成亲自统领，攻打雨花台的曾国荃营垒。[19]到了九月下旬，他们已在路上，从南京南边逼近曾国荃部。李秀成直辖兵力达十二万，但在他抵达之前，当地就谣传他统率三十万大军，甚至六十万大军，直奔而来，因此在李秀成大军到来之前，当地已陷入几乎使天色为之一暗的恐惧当中。[20]

一听闻叛军准备解救南京，曾国藩立即开始运送米、盐、火药、弹丸给雨花台的弟弟——弟弟的营垒能容下多少，他就运去多少。但他没有增援部队可派，至少没有能抵御李秀成大军所需的兵力。鲍超被困在皖南，叛军在该地发动凌厉攻势以收复失土（十二月，叛军甚至夺回曾国藩在祁门的旧大营）。曾国藩也渐渐指挥不动多隆阿及其马队。

往北追击英王后，多隆阿开始不理会曾国藩的命令。曾国藩要他到南京守住长江北岸，以保护雨花台的曾国荃部，多隆阿借口不来。追根究底是个人嫉妒使然；多隆阿的两万马队在前一年阻绝英王屡次欲救安庆上居功甚大，但曾国荃是曾国藩之弟，而且在收复安庆的功劳簿上名列首位。[21]这位骄傲的满人将领已开始不满于自己一直扮演支援角色，不想再牺牲自己成就曾国藩一家的荣耀。因此，他未将其马队带到东边的南京支援曾国荃，反倒受命督办陕西军务，率所部往西北进入干燥的陕西省，以镇压当地日益扩大的穆斯林叛乱。[22]原来，陕西当地爆发穆斯林与汉人的暴力冲突，据说已造成数万人死亡，有支穆斯林部队因此从邻省四川攻入陕西，以为当地的穆斯林助阵。[23]朝廷派多隆阿前去攻打穆斯林令曾国藩惊愕，在他看来那就像"以所谓骐骥捕鼠者也"。[24]但他低估了穆斯林，两年后多隆阿于古都西安西边约六十公里处有城墙环绕的盩厔城外攻打穆斯林时战死，未能再帮曾国藩攻打太平天国。

李秀成部于十月十三日开始攻打雨花台，但曾国藩要到七天后才知道此事，当时他弟弟的第一份军情才由信使送达，告诉他李秀成刚率大军来到他营垒外。他弟弟每天传来最新军情，但曾国藩人在遥远的安庆大营，除了心焦之外，帮不上什么忙。他把他能调到的少许援兵派到南京，但算一算也只有数百人。他卜卦，以了解上天是要让叛军留下还是散走。[25]

曾国藩从安全的安庆写信给受围的弟弟，想给他鼓励。如果忠王（曾国藩口中的"伪忠王"）兵力逾十万之众，曾国藩推算他的大军每天将需要补给六十吨的米。只要湘军水师能守住长江与护城河的合流处，李秀成大军就得不到大量补给，那么他能撑多久？根据最近在皖南的经验，曾国藩知道走陆路运送补给有多困难。即使叛军努力用南京城里的存粮补给李秀成大军，也将面临将大量谷物运出城门，绕行城墙数公里运送时暴露于敌人攻击范围的难题，而且这支大军每月将近两千吨谷物的需求，将很快就用光南京城里的存粮。[26]

尽管他在写给弟弟的信中显得乐观，私底下曾国藩十分紧张。十月某日的日记，记载了他心中的苦：

> 念沅弟危险万状，忧心如焚。至内室摆列棋势，绕屋彷徨。三更睡，不能成寐，至五更成寐，又得噩梦。[27]

他几乎不再就寝，因为疲累烦乱而开始拒见访客。每天弟弟的来信，都带来更为不利的消息。在十月二十四日曾国藩收到的信中，曾国荃说他们遭不断攻击已七昼夜，说他们坚守不退（曾国藩在日记中写道"稍感安慰"）。但太平军拿购自外

310

国军火贩子的新武器对付他们。他们朝曾国荃营垒射落地开花炮，即落地后会像天女散花般散开的炮弹。[28]

两天后，曾国藩得知由李秀成表弟侍王李世贤率领的另一支叛军部队已离开浙江省，挟十万之众，将前来合攻雨花台湘军。但消息传送遭耽误，等曾国藩得悉这支敌军开拔时，该部队已走了三个星期——这么长的时间，走到南京绰绰有余。[29]

隔天，他未收到弟弟曾国荃的来信。

曾国藩整夜未睡等候信使，忧心曾国荃"本身受伤乎？抑全军决裂乎？"[30]曾国荃的确受了伤，被落地开花炮的碎片打中脸，但只是皮肉伤，未危及生命，然后曾国藩又开始每日收到令他心情低沉的军情报告。得悉曾国荃仍活着，虽让曾国藩松了口气，却纾解不了他心中弟弟最终还是会命丧雨花台的忧虑。他找上位于上海的李鸿章，急切要求他派兵支援。李鸿章说跟淮军一起到上海的数营湘军，他不可或缺，但表示愿派常胜军到南京。曾国藩数次提醒别人，绝不可让洋佣兵入内陆帮清军剿乱，这次却不情不愿接受这项提议，显见在曾国藩眼中情势已危急到何种程度。[31]

但常胜军还没准备好，一时还不能出征，而且等到该部队能到达南京，已是几星期之后（事实上它一直未能成行，但曾国藩那时还不知道）。于是在十一月，他发出撤兵之议。曾国藩写信告诉弟弟，如果敌人攻势减弱，就该放弃雨花台和攻城计划，带着他的伤兵和病号走水师路线退到安全之地。他提醒道，情势显示那根本守不住。[32]一旦安全了，他们可去救援鲍超。那时候，曾国荃部面对兵力比他们大上许多且武器精良的大军不断攻击，已苦撑了将近一个月。

　　但曾国荃不肯撤。曾国藩求他退到安全之地，他不理会，　311
坚守不退。事实上，太平军虽享有人多势众的优势，在筑有防
御工事的营垒里，他仍是"主"，而太平军是"客"，他的部
队以火力一再杀退毫无遮蔽的来犯敌军，敌军的攻击大部分被
他的厚墙和深沟挡下。曾国荃估算，光是十一月某日的激战，
他的人就杀掉营垒外的数千叛军，而他自己这边死不到百人，
伤可能两百人。[33]但李秀成的士兵耐心挖地道通到外墙底下，
安装炸药，以把外墙炸开。各营垒的防务，就是想尽办法保住
外墙，替大炮装填弹药，不断以火绳枪对付来犯者。守军努力
识破敌人地道，以便在坑道兵挖到外墙之前就予以破坏，但一
旦眼见地道将穿过外墙底下，他们也着手在营垒的安全区里建
造新防御工事和壕沟，以便在外墙遭炸开时有所依恃。[34]

　　曾国藩仍然忧苦，希望他弟弟撤退，希望化解从内部啃咬
他而无时不在的焦虑和忧心。他写信给人在湖南的长子曾纪
泽，要他暂时离家，来安庆大营与他会合。他感到孤单，需要
家人陪伴，他告诉长子如果他来，父子都会受益。他能帮曾纪
泽准备科考，让自己再度沉浸在让他只感到平和的学问中。至
于儿子能帮他什么，他告诉曾纪泽："父子团聚，一则或可少
解怔忡病症。"[35]

　　但奇迹似的，曾国荃撑了下来。他的部队破坏了敌人的大
部分地道，使其无法造成损坏，而当土造防御工事真的挡不住
时，他们的后备防御工事顶住了。[36]严守纪律的曾国荃部队承
受敌人四十五天的进攻而未倒下，然后，十一月二十六日，李
秀成终于停止进攻。[37]事实表明，一如曾国藩当初的判断，少
了有效的水上补给线，李秀成不得不靠南京城来补给，而那威

胁到南京的存亡。他派去攻打湘军水师的部队，未能从水师手中夺下长江与护城河的合流处，于是湘军补给源源不断，而他的补给受阻。最后，因为粮秣短缺而不得不放弃这场战役的，不是曾国荃的入侵部队，而是就位于自己都城边的忠王部队。此外，冬天就要到来，而李秀成的官兵没有可捱过寒冬的衣物或装备；前一年的可怕雪暴让他吃足苦头，他不想重蹈覆辙。[38]于是忠王让大军的各分支部队返回江苏和浙江，以处理他出征在外时那两省冒出的问题，他本人则避难于南京城里过冬，疗伤止痛，思索接下来该如何解决城外的敌军。

湘军未在南京攻下什么据点，就连雨花台上那座石造要塞也仍在叛军手里（其实李秀成的攻势有许多就从那个要塞发动）。但光是这支精疲力竭的湘军部队——在敌人都城的眼皮底下——捱过一个半月的攻击一事，就让人称颂。但曾国藩仍劝弟弟放弃雨花台阵地，退到安全之处。他主张，从战略角度看，保住这支部队比保住任何阵地来得重要。[39]但曾国荃待着不走。对于这场胜利，曾国藩丝毫不觉欣喜，他担心李秀成退入南京只是暂时休兵，以后还会出兵再犯。

长期无眠和忧心，使曾国藩身体出了问题。他牙齿痛得很厉害，有时痛到无法工作。他觉得老了，心力交瘁。在十二月五日的一封信中，他告诉儿子曾纪泽："余能速死，而不为后世所痛骂，则幸矣！"[40]十天后，他在另一封信中告诉曾纪泽："两月以来，十分忧灼……心绪之恶，甚于八年春在家，十年春在祁门之状。"前一事指一八五八年他于父亲去世后回籍奔丧，抑郁辞去官职，那年有大半年时间不愿再带兵打仗。后一事指一八六一年春他得不到补给，受困于皖南，笃定认为自己命已休矣。他告诉曾纪泽，这时他内心更为忧灼，还要他勿把此信拿给他母亲看。[41]

但最惨的事还在后面。那天下午，他写完给儿子曾纪泽的信后不久，信使带着来自南京曾国荃的信抵达。[42]他一直担心弟弟曾国荃的安危，对他更小的弟弟曾国葆没放什么心思。曾国葆的作战经验比不上曾国荃，在围攻南京之役中带五千兵力前来支援曾国荃。这时三十四岁的曾国葆，比曾国藩年轻十七岁，是曾国藩还在世的三个弟弟中年纪最小的。一八五八年，曾国藩另一个弟弟曾国华在三河死于太平军之手时，发誓要替他报仇的弟弟就是曾国葆。曾国荃派人来告诉曾国藩，曾国葆已经病倒。接下来几天，两兄弟联系非常密切，曾国葆露出复原之色，有几天时间他们欣喜于弟弟终于熬过最危险期。结果，曾国葆再发高烧。他得了伤寒，一月十一日天刚亮，曾国藩打开来信，收到幺弟已死的噩耗。

313

十五　鲜血与荣耀

　　一八六二年九月二十一日华尔肚子中了一枪，那天夜里"在极痛楚中"死于宁波。[1]与李鸿章淮军并肩作战的华尔常胜军，一八六二年晚夏至初秋，趁忠王部队不在时肃清了上海附近数个镇，九月时，他应新成立的常捷军的请求，带领部分常胜军南下浙江。常捷军是中法混合军，仿常胜军的方式成立，旨在将太平军赶出宁波周边地区。常胜军在该地区打得不顺利。华尔的临终遗言符合他的一贯作风，是要索钱。他说吴煦和杨坊——上海道台和他所谓的岳父——共积欠他薪水十四万两银子（当时约值二十万美元；很庞大的一笔数目，因而他国内的家人直到二十世纪都在向中国政府追索这笔钱）。至死仍让他受辱的是，受命将华尔遗体载回松江安葬的那艘汽船的船长，正好是个消极攻击型且极厌恶这位已故将领的南方邦联支持者，他不肯接这份差事。禁不住华尔的副手施压，他最后同意了，但没有替船重新装填煤炭就出港。载华尔遗体去安

葬的汽船，驶到宁波和上海之间的杭州湾公海时失去动力，随波逐流。华尔的副手将船长关起来，然后把木质船体的水上部分拆下，丢进火炉里，才让船再度动起来。木头烧完之后，他们把船舱里的五十桶猪肉也丢进锅炉里，终于烧出足够的蒸汽，让船开到海湾对岸。[2]

　　此后常胜军开始走下坡。华尔死后，李鸿章提议由法尔思德接掌常胜军，但法尔思德被叛军俘虏那段时期让他身心受创严重，他不得不婉拒。[3]接下来，顺理成章由华尔的另一位副

手白齐文接任。来自北卡罗来纳州的白齐文受到何伯，特别是受到卜鲁斯的大力支持，卜鲁斯极希望由美国人掌管常胜军，因为那可以杜绝英国欲接管中国的疑虑。[4]白齐文很受本国同胞欢迎，因为他对于本国的内战持中立场（与他担任阿肯色州国民警卫队总指挥的兄弟不同），[5]且在性格上来说，他是非常典型的美国南方人，勇武而有魅力——在这方面的确胜过让人眉头一皱的华尔——而且他接掌这支华洋混合民兵队时，个个对他寄望甚高。[6]他以行动证明他在带兵上的确很有一套，但他特殊性格的另一面是脾气坏，嗜好杯中物。

一八六二年整个秋天，在白齐文统领下，常胜军再添胜绩，继续趁太平军部队随李秀成回南京解围而不在当地之际，肃清上海附近另外数个镇的叛军势力。到了冬天，上海方圆五十公里内已基本肃清，但白齐文自己惹出麻烦。首先，杨坊已迟付数个月的薪水。然后李鸿章命令他带常胜军到南京援助曾国荃，而在他和其他外籍军官看来，那简直就是去送死。白齐文抗命，因为去南京，丧命的概率远大于洗劫的概率。但杨坊挑明，白齐文不去南京，他就不付积欠他部队的薪水。最后白齐文火大。华尔借由娶杨坊女儿来确保杨坊如期支付薪水，但白齐文采取不同的办法，可能是更直接的办法。一八六三年一月四日，他带着几名侍卫出现在杨坊家，对他动粗，殴打他的脸，从他家中抢走四万银元，运回松江付清士兵的薪水。李鸿章宣布解除白齐文的职务，悬赏五万两猎取他的人头。[7]

此事之后，清廷不再找美国人统领常胜军。白齐文一被赶下台，即被人发现他（和之前的华尔）挥霍公款，积欠巨债，几乎接管松江府官署，架空中国官员。卜鲁斯觉得很没面子，要常胜军队长一职此后"不得由冒险家"接掌，而应"由在

316

本国军事部门任职，而必然拥有军事知识和懂得以俭约方式管理部队的军官来掌管"。[8]他不希望由菲利巴斯特和佣兵来统领常胜军，而希望由具有应有的任职令，爱惜羽毛，且愿意接受祖国究责的外国军官来带领。

从美国人圈子显然找不到这样的人，因为他们都得回祖国，因此卜鲁斯不甘不愿地同意让英格兰人接掌常胜军。一如他鼓励成立阿思本舰队背后的用意，他在为英国介入中国测试新的介入方式——也就是说测试如何将英国的直接介入降到最低，且用清军的某些单位当英国的代理人。他的目标很简单：找出办法来恢复中国国内秩序和扩大通商，同时仍保持英国官方的中立立场。这项策略的关键，乃是卖武器给清廷，出借一些正派、负有盛名、可指望不会干出先前几次战役中常见的那几种暴行和私掠行为，进而不会让祖国难堪的军官给清廷。由于巴麦尊所发布的两道枢密令中的第二道命令——发布于华尔去世的消息之后——已使所有英国军官皆可为清廷打仗而无犯法之虞，卜鲁斯欲在中立与介入之间找出两全其美的办法一事，也就没有法律障碍。[9]但他将永远不会改变英国无意为清朝打仗的看法，他在该年十月写道："敉平太平叛乱或对太平天国动武，不干我们的事。我们在上海唯一想做的事，乃是保护这座港口及其方圆五十公里范围，而我们这么做，不是因为我们喜爱中国政府，而是因为我们担心目无法纪的太平帮众若拿下上海会大大损害我们的利益。"[10]其他人对此则有不同看法。

317　　第一个试着统领常胜军的英国军官是贺兰德上尉（Captain Holland），而他接掌不久，就让常胜军尝到成立以来最惨的败绩。他因此被解除职位。常胜军积欠的薪饷愈来愈多，士兵开始在其大本营松江府劫掠商家。最后，终于在英国皇家工兵官戈登（Charles Gordon）身上找到更被看好的接任人选。他将因为参与这场内战，而以"中国人"戈登一名永远为其同胞所知，并将与阿拉伯的劳伦斯一起跻身大英帝国英雄之列。他后来在苏丹服役，也死在该地，而他也将因为这段经历，以"拯救大英帝国"者之名，活在青年传记读者心中。[11]

戈登有着典型的帅气英格兰人外表，鼻子挺直，额头高，留着浓密工整的髭，有着清澈的蓝灰色眼睛。他毕业于英国伍利奇的皇家军事学院（他进入该校就读时，华尔未被西点军校录取一事已过了两年），而且他出身军官世家，先祖靠着婚姻晋身富人；波士顿茶叶党事件中遭洗劫的船，就是他外祖父旗下的船只。[12]他有地图绘制经验，且善于视觉性思考，在征战中巧妙使用地图和素描。他也基于宗教理由而不近女色，终身未娶，十四岁时就遗憾自己不是太监。他也碰巧有大舌头毛病，说话口齿不清。[13]

戈登出任此职，完全未能杜绝外界英国打算控制中国的疑虑。戈登接掌常胜军时，《北华捷报》主编群写道："要约束文明英国在这一省的扩张，就如同用打包绳捆住高大栎树的纤维一样。"不久后，他们预测："这一省内每个据点的钥匙都将挂在大不列颠的腰带上，然后大不列颠将成为这一富饶的中国省份里国内外事务的大仲裁者。"[14]但如此介入的未来结果，英国国内人士似乎看不清楚。伦敦《旁观者报》写道，"中国无疑将受惠于英国一个世纪的统治"，但"那不需要设定一个炮轰繁荣城市的目的，不需要制定一个允许我国国民去治理三亿中国人的政策吗？"[15]戈登人事案的确至少有助于安抚那些较没那么死硬反对介入的人——纯粹因为不放心而主张谨慎行事的人——因为得知将由有教养的戈登与阿思本，同时也是可敬、正派、信基督教的女王仆人，而非由一票卑劣的菲利巴斯特与逃兵来领导清朝的陆上及水上官军，他们会感到宽心。该报认为，因此可以给予援助，同时仍保住中立（至少勉强称得上中立），并且更重要的是，保住英国的国家尊严。

一八六三年三月，戈登接掌这支道德败坏而常胜军一名已徒然令人觉得讽刺的部队时，按照名册所载，有三千名华人士兵（尽管已有许多人跑掉），另有华尔时期留下来的两艘吃水浅的明轮和三十门野战炮。[16]本来还有几门更大的炮，但被贺兰德弄没了。经过几位无能指挥官的带领，加上杨坊的失信，未拿到薪水的常胜军士兵脾气火爆，不服管束。戈登抵松江接任这个新指挥职时，命令他们列队行进，以检视他们的纪律状态，他们却连这点要求都抗命。他厉声训斥（据说高声骂道"胡搞！"），[17]然后，根据某个说法，他把积欠的薪水发给他们，或据另一个说法，他要人拖出一个较不听话的士兵枪毙，从此赢回他们的效忠。[18]

华尔和白齐文能打胜仗，主要归因于李秀成想拔除驻扎在南京城外的湘军，因而调走他在上海附近的最精锐部队。面对叛军全力抵抗时，他们就少有胜绩。但戈登将对江苏境内的太平军构成真正的威胁，因为与菲利巴斯特型人物的前两任队长不同——他们只为了个人利害出击——他愿意和李鸿章密切合作。具体地说，他与李鸿章麾下最善战的统兵官、原为太平天国将领后来转投清廷的程学启协同作战，李鸿章则（效法曾国藩）在后面运筹帷幄。对于自己麾下的士兵和外籍军官，戈登永远不大看得起，他称他们是一帮不受管束、爱"不分青红皂白劫掠与屠杀"的杀人犯。[19]但身为英女王所出借而必

318

须爱惜羽毛的军官，他既努力以尽职心态效命于清朝皇帝，也努力维系英国的名誉，因而以在他之前的佣兵所往往不愿接受的方式，接受他在当地军事阶层体系里的位置。同时，与仍统率上海英国海军时的何伯相反，戈登眼前受聘于清廷，以领半薪方式暂时向皇家工兵队告假，因此他可自由带兵到上海方圆五十公里外打仗。

一将部队整顿好，戈登即和程学启联手出击，以从叛军手中夺回江苏省。由于两人的合作，常胜军打头阵的策略开始奏效。戈登的小部队可借由吃水浅的汽船在狭窄水道上迅速移动，利用其火炮在猝不及防的太平军的城镇城墙上轰出缺口，而程学启的部队——训练远优于与华尔协同极差的清廷官军——则依约大举攻城，以无比残酷的方式杀敌。他们的联合出击，将上海周边的叛军完全肃清，到了一八六三年夏，已清出一条深入内陆而足以威胁苏州的通道，而苏州是从东边攻打南京最重要的踏脚石。

319

*　　　*　　　*

戈登与李鸿章的联合出击，看来非常顺利，唯一的麻烦是白齐文仍颇为活跃，仍想再回常胜军。遭革除常胜军队长之职后，他躲过追捕，逃到北京，避难于美国驻华公使蒲安臣（Anson Burlingame）家中，冀望拿回常胜军队长这个肥缺（据说他光是薪水就达一年四千英镑）。[20]白齐文费心巴结美国公使，送了他许多礼物——六箱加州葡萄酒、一本地图册、一个地球仪给蒲安臣，两顶轿子和一些艺术品给公使夫人，一盒法国糖果给公使的七岁女儿。[21]

白齐文在挑选盟友上很有眼光，因为蒲安臣是真正对美国菲利巴斯特友好之人。奉林肯总统之命出使中国的蒲安臣，一八六二年初来到中国，而林肯给他的指示几乎就只有一项，即避免招来英国人或法国人的敌意，因为如果出问题，他没有海军可做后盾。留着羊排络腮胡的蒲安臣生性好胜且极善于辞令，曾是马萨诸塞州国会议员，在波士顿执业当过律师。他初抵中国，见到华尔，当下就很欣赏这位来自新英格兰的同胞。这位菲利巴斯特声称已归化中国，但蒲安臣视华尔为忠贞的美国人。他在写给美国国务卿的信函中提到华尔："不管是自我流亡，还是为外国打仗，还是风波颇多的一生中的种种事件，都无法浇熄这位四处流浪的共和国之子胸中真正忠诚的心火。"[22] 诚如蒲安臣理解到的，在美国因本土陷入内战而无力插足亚洲事务之际，华尔在上海之外为中国人打仗，可为所有美国人争取中国政府好感，确保中国内战结束后美国人在中国拥有影响力。

320

身为林肯的特使，蒲安臣自然对叛乱不怀同情，而他对太平天国的看法，从来都只有厌恶。恭亲王注意到中美两国的相似之处——清廷如同美国的北方联邦，太平天国如同南方邦联——以此鼓励蒲安臣支持清廷。鉴于南方邦联的武装商船"亚拉巴马"号一直在大洋上摧毁北方联邦的商船，蒲安臣请求恭亲王不准该船停靠中国港口，恭亲王爽快答应，且向蒲安臣说这是他们两国都面临的问题。恭亲王致函蒲安臣，说美国南方诸州叛乱，反他们的政府，从这情况看来，贵国与中国的处境非常雷同，在中国，煽动叛乱的子民正在造中国的反。[23] 听到中国政治人物如此比拟，蒲安臣的妻子笑开了怀。她写信给父亲说："他们说：'我们觉得你们的处境和我们一模一样，你们有叛乱，我们也有叛乱，因此我们能理解你们的情况。'

我在想'南方的骑兵'听到被人拿来和'太平天国'归为一类，不知会做何感想！"[24]

蒲安臣既欣赏华尔，自然也同样喜欢接华尔之位的白齐文。因此在一八六三年春，白齐文现身北京住进美国公使馆时，蒲安臣立即开始游说总理各国事务衙门赦免其罪，恢复原职。[25]李鸿章不想和这个打伤杨坊、抗命不带兵去南京的美国人有任何瓜葛，但美国公使直接找上恭亲王，逼他接受对白齐文的安排（卜鲁斯也联手施压。人在北京而孤单的卜鲁斯已喜欢上这个话很多的美国公使，且仍觉得由非英国人统领常胜军较妥当）。最后恭亲王软化，白齐文在一名钦差大臣陪同下回到上海。钦差大臣带了一封信前去，白齐文以为信中有总理各国事务衙门的命令，要李鸿章让他重掌常胜军。

但这封出自恭亲王的信，其实称不上是命令，而比较像是建议。不管是命令还是建议，李鸿章都断然拒绝照办。白齐文直接找上戈登，戈登尊敬上司的决定权，告诉白齐文只要李鸿章要他下来，他就下来。然后，李鸿章和戈登甩下他，继续攻打苏州，沮丧的白齐文再回北京，但这次总理各国事务衙门说，李鸿章要不要让他恢复原职，他们完全使不上力。白齐文再度发火——这一次他不只是发火，还多动了脑筋报复。他再下到上海，找来七十名外籍佣兵，包括数名在他当华尔副手时遭撤职的军官，然后偷走常胜军一艘炮艇，开到较上游的苏州，投靠太平军。[26]

*　　*　　*

上海和国外的洋人深信，外国人即使不是决定中国这场内战之走向的唯一因素，也是首要因素。从他们的观点来看，白齐文带着大批华尔麾下的洋人军官投靠叛军，肯定会扭转江苏的战局。而的确，在他定居苏州且开始训练太平军打戈登之后不久，叛军就开始在战场上占上风。《纽约时报》因此预言道："如果叛军够聪明，让他尽情发挥所长，恐怕不只在他领导下的太平军会收复已遭夺走的土地，连上海都可能有危险。"[27]《纽约前锋报》的标题下得更耸动，大喊"美国承接帝国的机会来了"，好似这个美国人有可能夺下清朝帝位。[28]就连伦敦《泰晤士报》都坦承："曾在印度建基立业者，其才干不如如今埋首于中国的那些人。"[29]

戈登的常胜军于苏州城外准备攻打该城时，白齐文开始从设在苏州的新基地冒险夜赴敌营，密会他的英国对手，劝他不要再为清廷效力。其实戈登几乎已经干不下去。他渐渐发现常胜军的经费问题很难解决，而且他不大管得住底下的人。程学启爱杀俘的作风也令他深以为耻。但白齐文改投太平天国之后，他已经决定要留下来，因为他觉得基于他对英格兰的职责，他得保住上海，不让其落入叛军之手。[30]但《纽约前锋报》那则异想天开的标题其实也不是太离谱，因为白齐文的野心远不只是拿下上海：他提议戈登和他联手，带各自的部队一起北征北京，推翻清朝。

人在北京的卜鲁斯风闻白齐文的计划，担心清朝会就此亡掉。他写报告给罗素勋爵，说如果白齐文带太平军北征，华北的捻军可能会支持他，"若成功拿下北京，当今的王朝肯定会遭推翻，不管那是否会促成太平天国的掌权皆然"。[31]但即使未发生那些事，白齐文仍是清廷面临的最迫近威胁。同样令卜鲁斯感到困扰的，是促使白齐文变节的前因，亦即恭亲王和总理各国事务衙门无力让李鸿章听命于他们一事。在卜鲁斯看来，那似乎清楚表明，不管太平天国的战事如何发展，清朝的中央政府——也就是他借予英国军官、售予弹药和船只，想借此防止其垮掉的那一方——其实可能已不是中国真正的权力中枢。具体地说，诚如他在白齐文投奔苏州前后向罗素勋爵报告的，他担心曾国藩正渐渐发展成"中国中心地带厉害的权力角逐者"。[32]

得悉白齐文变节改投敌营，曾国藩本人甚为开心，那正证实了他所谓洋佣兵不可靠的看法。[33]但常胜军的中国籍指挥官，也就是已被李鸿章解除道台之职，以便带兵前去攻打南京的胖乎乎的吴煦，[34]一直未依约派常胜军前去援助曾国荃，令曾国藩大怒。在曾国藩眼中，常胜军即使不可靠，仍是中国军队；他告诉弟弟曾国荃，常胜军抵南京后，务必把非来自湖南的该部队士兵与他自己的士兵分开，要安排他们住进让他们惹不了麻烦的专辟营垒里。他还私下向李鸿章透露，他最忧心的事情是，如果他们真的照约定前来协助攻下叛军首都，这支由洋人领军的部队士兵，会想办法抢走大部分战利品。[35]但在常胜军完全未现身之下，这些可能出现的问题根本不值一顾。在他仍忧心弟弟在雨花台守不住时，他写了两封严厉的信给吴煦，痛斥他是个不可靠的懒鬼（"天下有如此延迟，而可谓之救兵乎？"），信中对他满是厌恶。他告诉吴煦："无论中国、外国，无论古人、今人，无论大官、小官，有才、无才，危急之际，言而无信，便一钱不值矣！"[36]

常胜军未依约前来援助他弟弟，曾国藩就此对佣兵死了心。李鸿章在江苏借佣兵打仗，乃是他身为巡抚，掌握一省兵权，自己可做主之事，但就安庆的湘军大营来说，曾国藩虽然

323

对西方科技愈来愈感兴趣，却不想与洋人有任何瓜葛。一八六三年四月，即戈登接掌常胜军后不久，英军驻华部队新司令士迪佛立（Charles Staveley）前来安庆拜会曾国藩，曾国藩对他来访的反应差不多就是觉得厌烦。当时他正在长江更下游视察，士迪佛立发现他不在安庆，决定追上去和他一会，曾国藩为此显露小小的不耐烦。他给了这位英军司令一个小时会面，在那期间，士迪佛立提议曾国藩雇用英国军官带湘军镇压叛军。士迪佛立希望成立的中英混合编队，规模比常胜军大得多：十七营一万两百名华人士兵，每营二十一名军官。士迪佛立说，只要清廷愿意给外籍军官五万八千多两的月薪（约八万美元），他能提供外籍军官，并保证他们能攻下南京。仍为运送李鸿章部队到上海的天价费用耿耿于怀的曾国藩，三言两语将他打发掉。他告诉士迪佛立去北京找总理各国事务衙门谈，然后回头忙他自己的事。[37]

并非曾国藩不想要外国援助，而是他不想因为外援而与洋人有往来。他瞧不起洋人的文化，认为他们没教养，不守规矩，不懂儒家的忠信之道。他们的国家大体上利欲熏心，特别是英国与法国只要有机会占中国便宜都不会放过。因此他只倚赖与洋人相熟且能带新知识和新科技到安庆给他，使他无须雇用欧美人的本国人。有一些年轻聪明的中国物理学家和数学家到安庆跟他一起奋斗，其中大部分人从通商口岸的新教传教士那儿习得数学与科学（同时与传教士所宣扬的宗教保持安全距离）。曾国藩邀他们到湘军大营，加入他的幕府，聘他们当顾问。

耶鲁大学毕业生容闳就是听到他召唤的年轻人之一。一八六〇年秋拜访洪仁玕之后，他甚少用到他的太平天国通行证。

一八六一年他的确用它在远离通商口岸的长江沿岸城镇芜湖开了家航运公司，并在六个月期间把将近两千吨的茶叶从叛军控制的皖南地区运送到下游上海。[38]但利润不如他所希望，而且他得了重病，缠绵病榻两个月，于是决定不值得冒染病、战火与被抢的风险做这种生意，自此认命待在上海。[39]

一八六三年晚秋，也就是他去南京三年后，容闳收掉在上海的生意，前去安庆的湘军大营求见曾国藩。容闳得到曾国藩的赏识，是经由两位与他和曾国藩皆熟识的本国友人推荐。这两人一是工程师，一是数学家，皆已投入曾国藩幕府，正协助曾国藩造汽船。一八六〇年容闳拜访旧识洪仁玕时态度高傲，坚持要太平天国做到他所列出的条件，他才肯替太平天国效劳。但这次他到安庆时，那种高傲已不复见，反倒几乎卑躬屈膝于这位湖南将军面前。他觉得曾国藩的权力之大"近乎帝王"、"几乎不受限制"。在容闳如崇拜者般崇敬的眼光中，曾国藩这时"简直是、几乎是中国最有权力的人"。[40]

两人第一次会晤时，曾国藩慢条斯理、极有耐心地打量容闳，嘴上带着淡淡微笑，仔细察看这个在外国待过很长时间的年轻人的面相。他盯着容闳看让容闳感到"不自在"，但容闳似乎给了他好印象。他说他从容闳的眼神看出，容闳会是出色的指挥官。他问他成家与否。容闳摸不透坐在他对面这位将军的脑袋在想什么，曾国藩紧盯不放的目光似乎看透他的内心。[41]

接下来两星期，两人又晤谈了几次，那段时间容闳住在安庆，惊叹于曾国藩身边人才的荟萃与忙碌——一百名幕僚、数百名来自中国各地的顾问，全受到"他人品与盛名的磁力"吸引，来到这个安徽城市。[42]但容闳不晓得这位将军莫测高深

325

的外表背后潜藏的隐忧——特别是他不为人知的忧心：他眼前的名声得之有愧，他的大权在握终归虚妄。诚如曾国藩在容闳登门拜访后不久向李鸿章私下透露的，"长江三千里，几无一船不张鄙人之旗帜，外间疑敝处兵权过重，利权过大"，但他们不知道其实曾国藩资源不足，兵力太少。[43]容闳完全未看出这点。

那两个星期结束时，曾国藩给了容闳一个任务。或者更精确地说，他要容闳告诉他，他应该接什么任务，他能为这位湖南将军做什么。先前在安庆接受晚宴款待时，这位归国留学生已从席间诸人口中清楚知道曾国藩想要什么机器与武器。容闳想给曾国藩想要的答案，以博得这位"中国伟人"的欢心，[44]于是完全不谈教育改革、学校教授《圣经》或建立现代银行体系之事——当年他为自己加入太平天国向洪仁玕所提的绝对条件——而是当场表示愿回美国，利用他在当地的关系，为曾国藩购置建造现代工厂所需的一应设备，以生产西方枪炮、弹丸和火炮供湘军使用。[45]

曾国藩同意他的提议，于是容闳回美。一八六四年他达成使命，向马萨诸塞州费茨堡的朴得南公司（Putnam Machine Company），订购到足以建成一座完整工厂的蒸汽动力机器，安排将其运到上海（由于美国当时还在打内战，容闳能办成此事着实不简单）。由于时间配合且从所在地前往母校算方便，他在这趟美国行期间，还抽空回到纽黑文，参加他的第十次耶鲁大学校友会。在宁静的校园里，枝叶茂盛的榆树底下，老同学谈论美国内战种种出人意料的变化，容闳听得热血沸腾，竟尔想投身北方联邦军半年——因为在终结他祖国的叛乱上，他已尽了自己的本分。[46]

*　　*　　*

如果说白齐文改投叛军阵营，使叛军在江苏取得优势，那么在他离开上海四个星期后，在清廷一方出现的另一股力量，则似乎必定会抵消那一优势：一八六三年九月一日，阿思本终于抵达上海接掌他的舰队。在英格兰国内，阿思本已成为相当有名气的公共知识分子，在《布雷克伍德的爱丁堡杂志》（*Blackwood's Edinburgh Magazine*）发表了两篇谈"中国之进步"的文章，其中第二篇取了很大胆的篇名，《太平天国与其疗方》（"The Taepings and Their Remedy"）。他在这文章中详述了他对其此次任务的恢宏期许。他写道："中国政府和人民都要我们在他们危难的时刻出手相助，而他们将会给予我们长久以来所努力争取，且往往用武力去争取的进入机会和通商自由。"他保证他"以中国境内的欧洲人为兵员的欧华部队"，将把蒸汽动力、电力和铁路引进中国，"使这个广大国家敞开大门接受基督教和通商"。[47]

但真的踏上中国土地，阿思本才知道李泰国的整个计划根本是他自己所编造的。清廷从无意雇用欧洲的海军帮忙打仗。更糟的是，清廷甚至不确定他们同意购买的那几艘船将编入中央的水师或省级的水师。中国政府内部的公函往来显示，对于如何安置这支舰队，恭亲王与曾国藩各有己见，想法南辕北辙。一八六二年十一月发布的谕旨表示，这支舰队将是朝廷的资产，将先用于对付太平军，然后用于巡弋中国海疆（以及，未言明的，用于抵御日后外国的侵略）。据恭亲王的说法，这批船的兵员将由不同族群组成：水兵将选自濒海的山东，炮兵将选自华中的湖南，海军陆战队将由满人充任。

326

但曾国藩有别的想法。具体地说，他认为这支舰队将增添
湘军水师的实力。他在一八六三年一月三十日上了奏折，以回
应上述谕旨。他写道，根据才干混用不同类型的人是件好事，
但他指出，这样的混编可能造成内部不统一。按照他所提的计
划，所有兵员，包括船长、炮手、水兵，全都用湖南人。湖南
人不懂航海，因此他拿掉巡弋海疆的想法，说这支舰队应只用
于内陆河湖。他建议只保留极少数洋人，或许每艘船留三或四
名洋人来掌舵和维护引擎，其他兵员则全可从湘军中选用，一
旦他的官兵娴熟所有操作，就可完全取代洋人。他解释道：
"始以洋人教华人，继以华人教华人。"[48] 他写道，等湘军完全
掌控训练和操作之事，"长江各项水师出自一家，仍可联为一
气"。然后，这支蒸汽动力炮艇舰队，将成为他湘军水师中的
一部，与长龙、快蟹、配备黄铜炮的舢板并肩作战，而曾国藩
将控制整个长江。

最后，曾国藩的想法压过朝廷的想法，再一次说明整个中
国谁讲的话最有分量。因此，阿思本于九月一日抵达上海时，
已有一份来自恭亲王的公函等着他拆阅，函中告知他此后会有
一位湘军水师提督担任这支舰队的司令。阿思本被贬为副司
令，只能管舰队上的外籍兵员（而照曾国藩的计划，外籍兵
员为数不多，且会在不久后全部换掉）。此外，这份公函表
示，这支舰队的行动调度，将不是如李泰国所承诺的听命于清
朝皇帝，而是直接听命于曾国藩与李鸿章。[49]

阿思本上北京抗议，但恭亲王断然拒绝批准他与李泰国签
的那份合约——特别是将让阿思本只听命于皇帝而可以不理会
其他人命令的那些条款。李泰国于晚春时就回到中国，比阿思
本早到，原以为会得到清廷大力赞许，但等到阿思本来北京

时，他已是绝望无奈。十月，他花了三星期劝总理各国事务衙门照他的计划办，同意阿思本的合约，但该机关不为所动。恭亲王不再出席会议。上海有传言说曾国藩威胁恭亲王，说若不把阿思本舰队纳入他麾下，他会"停掉对朝廷的所有补给"。[50]

恭亲王说了算，于是十月下旬，阿思本宣布辞去清廷委任他的职务，要回英格兰。他的宏大理想——成为清朝皇帝海军司令，恢复中国的安定，"在太平天国无人丧命下"拿下南京，让古老中国见识现代科技的奇迹，促使中国欢迎英国人前来通商——在受命屈居曾国藩直辖部队副手的羞辱下颓然崩塌。阿思本抱怨道："我来这里是为了效力于皇帝和他底下的摄政，而不是受省级机关的差遣。"[51]

但阿思本是他的海军部队里唯一有委任职务可辞的人。他于北京表达他的愤怒期间，他那支重武装舰队的四百名未拿到委任状的兵员正在北方某港口，无事可干且满心期望地等待。先前在上海时，已有舰上兵员开小差加入太平军，他因而将整支舰队移到那个北方港口。[52]阿思本辞职时不愿把舰队的控制权交给恭亲王，此举引发整支舰队最终会落入太平天国之手，乃至落入美国南方邦联之手的疑虑和危险。对南方邦联来说，若有这支舰队在手，或许就能打破北军对南方的封锁或破坏北军的全球航运线。美国南、北两阵营在上海的代理人都想买下这支舰队。[53]

美国驻华公使蒲安臣最不希望这批船落入南方邦联之手，因此，居间调解促成这支舰队解散的就是他。舰队最后亏本卖掉，送回印度和英格兰。当初在英国国内大肆宣传外加种种保证，结果落得这样的下场，令英国人大为难堪。但更难堪的在

328

于，这是一记警讯，说明卜鲁斯和李泰国所构想的大英帝国与满清帝国之间温文有礼的合作——他们已说服英国首相和财政大臣都接受的合作——其实根本毫无基础。先前卜鲁斯说服罗素和巴麦尊在中国内战中站在对抗叛军的一方时，把清朝的新政府说成是个听话而开明的中央政府，但事实渐渐表明，完全不是如此。

* * *

对清廷来说，庆幸的是戈登未受白齐文的诱惑。戈登坚守原则，拒绝和这位美国人一道推翻清朝皇帝，反倒劝白齐文回清廷这边，保证他如果离开太平军不会受惩。随着性格火暴的白齐文渐渐发现他的新主子和旧主子一样难相处，他为太平天国效力的想法有了动摇。他恼火于自己得听命于叛军将领，坚持要太平天国让他带领一支独立部队。[54]他频频前往敌营会晤戈登之事，开始招来猜疑。他偷来的那艘炮艇意外炸掉。旧伤复发，他把愈来愈多时间花在喝酒上。有一次苏州的太平军统兵官交给他大笔钱，要他去上海买一批弹药和枪，回来时他却带着一船白兰地。[55]又有一次，他最好的朋友在正午时唤醒他，告诉他有些军官在谈他喝酒的事，白齐文要那人说是哪些军官在嚼他的舌根，那人不肯，白齐文就拿出左轮手枪朝那人的脸颊开了一枪。[56]白齐文叛投太平军的日子，至此差不多就要没戏唱。一八六三年十月十五日，苏州遭戈登部队攻打时，白齐文的几名追随者倒戈，前往清军阵营投降。几天后白齐文也跟进。[57]

由于有戈登本人保证既往不咎（还有这时非常活跃的蒲安臣也介入），白齐文躲过遭清廷以叛国罪处死的命运，但条件是他必须离开中国，永不得再来。一八六五年他违反赦免条件，潜回中国募集新民兵队，遭清军捕获，不久后，他在戴着脚镣手铐下溺死于中国某条河里，结束他的一生。当地官府说押送他的那艘小船意外翻覆，但没人相信。[58]

由于吸血鬼舰队解散，英国的代理介入走回原来的路子，即戈登常胜军与李鸿章淮军两支陆上部队在江苏的合作。由于白齐文于十月离开太平军，他们攻取苏州的一大障碍就此排除。但即使没有白齐文的协助，苏州城的防御仍很强固。到了一八六三年十一月，戈登的常胜军在李鸿章麾下的太平天国叛将程学启所率淮军协力下，已和苏州守军打成僵持的局面。该城受到相当有效的包围，但经过十一月下旬几次苦战都遭守军击退，情势看来常胜军无法以强攻拿下城门。

但城里守军出现不和。苏州守军主帅是慕王谭绍光。他准备死守苏州城，但他底下有六位等级低于他的王，他们非常担心部众和家人的安危，没把握挺得住清军的围攻。十一月二十八日，程学启告诉戈登，说已有其中一位等级较低的王偷偷前来见他，向他保证只要他们能从内部将慕王及其亲信拉下台，他们愿意献城投降。到了十二月一日，他们已在和程学启及戈登认真商谈开城门迎清军之事。这群人的首领是纳王郜永宽，据戈登的形容，他"中等身高、肤色淡黑，年约三十岁，脸相看来很聪明、很讨人喜欢"。[59]他似乎不大放心，于是求助于戈登。

戈登说，只要能以最少死伤拿下苏州城，什么计划他都同意，然后交由程学启去跟他们谈反抗慕王、献出苏州的条件。曾是太平天国将领的程学启，发誓保证与有意投降的诸王同心

330

（他先前当太平军将领时就已认识纳王郜永宽），并保证他们
事后安全无虞。在官方报告中，戈登说他在这次会晤后立即前
去见李鸿章，清楚告诉李鸿章必须宽大对待投降的诸王。李鸿
章同意。[60]

十二月四日早上十一点，慕王在王府盛宴款待纳王等人。
吃完丰盛酒菜和祷告之后，他们同去礼堂，个个穿上缎袍和王
冠，在台子上的长桌边一一就座。慕王开始讲话，讲到只有从
一开始就加入太平军的那些来自南方的老兄弟才真的可靠时，
气氛变得紧绷。在座诸人大部分来自华中的湖南和湖北。其中
一位等级低于慕王的王听了之后，起身脱下缎袍公然挑衅。接
下来是一阵扭打。有人持匕首刺中慕王，慕王倒在桌上。然后
他们全扑上去，将他从台子拖到下面的地板，按住他，由一名
手下割下首级。接着他们召集自己的人马，准备开城迎降并派
人骑马出城赴清军阵地找程学启献慕王人头。[61]

331   隔天，戈登抢在清军之前冒险进入苏州城，证实城内平安
无事。那六王"看来很自在"，似乎急着想向李鸿章献城，急
着想了结他们在这场战事中的角色。他问他们是否满意自己所
为，他们说是。隔天早上他又到纳王府见他们，发现他们已经
薙发，准备当天稍晚依计划投降。[62]一如以往，他们心情很
好。戈登和纳王聊了一点未来的打算。他很感激戈登安排和平
献城，说他希望不久后再与他相见。

但那天稍晚，李鸿章搭小船带着卫队前来接管苏州时，情
势生变。原本平静的城里爆出枪声，戈登看到民众四处跑。他
听到士兵呐喊着跑过苏州街头。他在城墙外找到程学启，问他
怎么回事，程学启避而不谈，"看来忐忑不安"。最后程学启
告诉戈登，诸王一直未现身投降。戈登忧心忡忡，骑马回城里

确认纳王安危。这时街上人来人往，他骑马经过成列的投降叛军，经过四处打劫店铺和民宅的成群清军。终于来到纳王府时，发现里面空无一人并且遭到洗劫。

戈登认定投降的诸王已按计划前去见李鸿章，开始怀疑程学启被人摆了一道，怀疑李鸿章在诸王投降时将他们俘虏。隔天黎明他开始找李鸿章，希望逼他释放纳王等人，找了几小时仍无所获，但再度碰到程学启，程学启告诉他，他真的不知道这是怎么回事。其实不然。根据戈登走开继续去找李鸿章时留在原地的一名外籍军官所述，前太平军将领程学启往地上一坐，哭了起来。他请那名外籍军官代他向戈登抱歉，说他完全是奉李鸿章之命行事。那天早上更晚时，戈登终于找到献城诸王的遗体。他最先认出的是丢在泥地上的纳王头颅，然后找出其他人的遗骸。他报告道："手和身体被人以可怕方式划过，砍成两半。"纳王的"身体部分埋在土里"。[63]李鸿章的部下把他们全部处死并肢解。

戈登怒不可遏。李鸿章杀降俘使他这个保人失信于纳王等人；他向他们保证过会平安无事，他们出卖主帅，献城给清军之后，竟遭李鸿章如此残酷杀害，在戈登眼中是可耻至极的行为。他宣布不再效力于李鸿章，说不想再见到他。后来他写信告诉母亲："虽然这么想太无人性，但我很希望他受审处死。"[64]戈登的义愤像燎原之火蔓烧整个洋人圈。十二月十六日，上海十国领事官员发表联合声明，谴责李鸿章"令人发指、极端背信弃义的作为，很可能促使西方诸国收回对清廷的支持，收回勇武军官对清廷一直以来的援助"。[65]

戈登发怒之事，经由传送和转述之人一再加油添醋，登上伦敦《泰晤士报》版面时，已成为充斥暴怒与复仇情绪的夸张故事：戈登及其英格兰军官拿枪猛射李鸿章的官兵，想阻止那场屠杀而未果。《泰晤士报》那篇报道写道："他们个个朝他们遇见的每个清朝官员和清军开枪、装弹、再开枪，戈登本人据说就枪杀了三十五人。"该报道还说，他们攻到李鸿章的住所，但未能攻进去。最后这篇报道写道："每个人都气愤到极点，个个都遗憾于戈登未能抓到（李鸿章），将他吊死。"[66]

经过这件事，英国民众对自己国家在中国内战中扮演的角色，由支持一改为反对。苏州杀降之事，令他们非常反感与震惊，主要不是因为他们对戈登失信之辱有感同身受的愤怒（尽管他们的确为此感到些许愤怒），而是——更重要的——因为这件事透露了更大的真相。这让他们如此震惊，是因为它确切表明那是李鸿章与曾国藩的战争，而非戈登的战争。它表明那些支持戈登此次任务的英国人错了——事实上非常天真——误以为"中国人"戈登完全主导征剿中国叛军的行动。他们洋洋自得于英国在教导清廷如何打它自己的战争，以为他们的绅士军官是清朝军人的表率，为他们立下效法的榜样，结果他们错了。简而言之，苏州杀降之事终于让英国人看清楚，尽管在华那些骄傲的英国代理人一再反驳说他们不是佣兵，但其实他们就是佣兵，一直都是。

戈登与李鸿章的猛然决裂，为英国与清廷的直接军事合作画下句点，也使英国人再度思索是否得就此派足够的兵力前去，以控制废墟般的中国，一如当年英国在印度所为。对在上海和海外的许多英国人来说，如今这似乎是势不可免。当初，宁波的清军主帅一开始未能利用乐德克的援助时，何伯曾沮丧地写道，由于"清朝官员的懦弱跟无能"，他和他们根本合作不起来。而一如何伯下的这句评论，阿思本和戈登两人在中国的有志难伸，证实了卜鲁斯的乐观盘算——英国可用清朝作为代理人，恢复中国境内的秩序和商业，或至少英国可在无损自己颜面下做到此事——根本是一厢情愿。有人更甚至推断，如果英国真希望中国安定，此后就得自己来。《纽约时报》写道："欧洲这两个强国若想成功平靖这帝国的局势，只有对它投入强大兵力一途——而若以此方式达成此事，随之几乎必然发生的事，乃是中华帝国永远臣服于欧洲强权之下。"[67]

　　将中国纳为殖民地，或至少将南半个中国纳为殖民地，是卜鲁斯最不希望走的路，而且英格兰国内的报纸激烈反对这么做（《经济学人》说："我们在中国要做的事是通商，不是统治。"）。[68]但那些在领事馆服务而有着无比野心的人，巴不得这一天尽早到来。包腊（Edward Bowra）是任职于上海清朝海关的英国人，一心想站上李泰国曾担任的海关总税务司之位，他对情势的评估或许是当时最坦率的。一八六三年十二月，他"欣喜于此地情势的转变"。那时正值戈登愤而请辞不久，包腊觉得戈登这时似乎可能决定为维多利亚女王攻下江苏，而非为李鸿章和曾国藩。"每天都有有助于我们攻占土地，或无论如何有助于英国占领南中国的新事情发生，"包腊在日记里写道，"而我国政府似乎不想见到这样的结果。"[69]

　　包腊——一如之前的额尔金勋爵——心里知道，征服中国是他的同胞真正想要的；他们只是不敢正视自己内心的卑劣想法。他写道，英国政府就像"傻子或孩子"，总是发布义正词严的命令，然后"埋怨花了多少钱"。他们"通常和人一起掠夺，协助他人侵犯，保护并推崇冒险者，在这同时又同情受害

334

者，痛斥远征，谴责既有政策"。他认为，如果英格兰希望在华的通商继续成长，最好就不要为流血杀戮和攻城略地这种若要得到自己想要的东西就必须付出的代价，装出惊骇不已的模样。

但包腊的出兵侵华期望，最终无缘实现。阿思本和戈登请辞的消息传回国内之后——民众看清清军的残暴，看清有他们同胞参与的那场屠杀之后——英国国会里冒出熊熊怒火，英国政府对此做出回应，最终向外界证明它比小孩或傻子还要强。苏州杀降消息传到英格兰后，巴麦尊政府眼见民意支持骤降，立即撤销允许英国军官在清军任职的那两道枢密令，更另外下指令给上海的英国当局"明确撤回戈登少校的休假和为中国皇帝效力的许可"。[70]

巴麦尊处置明快，迅速中止了介入政策，因而等他来到平民院接受质询时，辩论已无意义，他的对手攻击的那个政策，实际上已经中止，而他们的讨论主要只是在让他们有机会公开痛批巴麦尊。但他们并未放过这个机会。例如，巴克斯顿"欣喜"于阿思本任务的"失败"，"因为那使我们有机会免于陷入极尴尬棘手的处境"。[71]德文波特（Devonport）地区选出的议员费兰（William Ferrand），支持一项认为"本国进一步干预中国内战不明智且没必要的"象征性决议，宣称巴麦尊的对华政策"不只受到平民院朝野双方议员的谴责，还受到本国全体民众的反对"[72]（但是否大部分议员认为该通过纯粹象征性的议案来表达反对之意，则是另一回事；这项反对介入的决议，列为星期五待议事项的最后一项，且当天无其他动议，而到了辩论终结时，议场里剩下的议员连将该决议付诸表决都不够）。

335 一八六四年五月三十一日，罗奇代尔（Rochdale）选出的国会议员科卜登（Richard Cobden）提出一项极富争议的决议，为辩论注入新能量。这项决议要求英国政府在中国采行其在美国施行的同一个不介入政策，并特别论及卜鲁斯的"绝望状态，因为他所建议的那个政策，或在他默许下在该地执行的那个政策，似已失败瓦解"。[73]赛克斯上校痛批英国"站在清廷一方的直接干预和屠杀太平军"政策，并搬出戈登写给某位传教士的私人信件内容说："如果当初拿虚掷在清廷一方的苦心的一半，用在叛军身上，这个国家老早就天下太平了。"[74]

最后，首相不得不屈服于反对意见，重拾不介入政策——仍允许保护上海，对抗对上海的直接攻击，但不再参与通商口岸以外的战事。[75]首相巴麦尊针对科卜登的决议为自己辩解时，表示他和其他支持阿思本及戈登为中国服役的人都是出于一片好意，不该为此受谴责，但也坦承他支持清廷的努力未有成效。"那些措施无效，"他难得抱愧承认，"我为此感到抱歉。"[76]

但这一挫败之中也有令他感到得意之处，因为他已经得到他想要的。一八六四年夏，那些辩论正在平民院上演时，美国内战已打了三年，兰开夏棉荒已持续两年。而从那时的角度来看，巴麦尊和其他支持英国站在清廷一方介入中国内战的人，能指出中国境内的贸易，如他们所认为的，拜英国努力镇压太平天国之赐而大增。自英国开始积极剿灭中国叛军后的几年里，来自对华贸易的总收入其实增加了两倍。[77]换句话说，巴麦尊及其支持者能辩称他们受到唾弃的政策其实成效卓著，不管道德上有何可议之处或政策上有何矛盾之处，他们在中国的冒险举动已协助英格兰顶住美国内战对其经济的冲击。巴麦尊于五月二十日在平民院得意表示："与中国通商将为我们开辟广大的商业活动领域，那是老早就有的看法，而毋庸置疑，与该帝国通商活动的大增，使我们得以安然无事面对美国境内仍在进行之事对我们的通商和制造业加诸的不幸阻挠。"[78] 换句话说，一扇门关上时，另一扇门打开。

336　　但就在英国政府的管家和仆人挣扎于英国的作为是否对得起良心时，就在那一挣扎透过他们乱无章法且矛盾的政策体现于地球另一端时——一下子在华积极出击，一下子又收手，一下子收钱替人打仗，一下子又讲原则，一下子把清朝捧得老高，一下子又痛斥它——曾国藩及其军队一直执着于他们坚守不退的唯一目标。因此，等到英国人终于撤回上海的中立斗篷里面，在他们对中国内战的介入禁不起道德折磨而自行轰然瓦解时，中国已不再需要他们的援助。

十六　翻山越岭

一八六二年初罗孝全离开洪仁玕后，洪仁玕即与外界少有
往来。一年半后的一八六三年夏，即戈登常胜军和淮军正在江
苏省攻城略地时，终于有位名叫罗存德（Wilhelm Lobscheid）
的流浪德国传教士来到南京。他发现干王满怀怨恨，带有防卫
心态。"我们有失信于洋人吗？"洪仁玕问他，"我们有因为英
国与法国的敌意而予以报复吗？"他说，如果洋人想与太平天
国为敌，最好小心点。"我们在自己的国家打仗，以摆脱外族
支配，在有人朝南京开了第一枪之后，愿落入我们手里的外人
遭殃。"罗存德惊愕于洪仁玕语气里流露的遭出卖之痛，希望
叛军与外国强权之间有新的开始。从南京回来后他投书香港一
份报纸，说："卜鲁斯爵士总有一天会被叫回去交代他建议他
们政府实行的政策的破坏过程，而外国影响力最终会在叛军的
议事会议里占上风。但那份影响会表现在生丝生产场和茶园的
废墟上，或表现在数千名英国国民的墓地上，我们很快就有机
会一睹。"[1]

虽然洪仁玕不再管理涉外事务，但仍是叛军朝廷里的高
官，依旧经手都城南京的所有事务。[2] 其他王想见他深居宫中
的族兄，多半仍得透过他。对传教士的怒气消了之后，天王立
即给了他新的职务，而那些职务从某些方面来看，比先前天王
交付他的职务更切近于天王个人，因而也就代表更得到天王的
信任。一八六三年，他要洪仁玕负责扶保他十几岁的儿子幼天
王，不管洪秀全本人发生什么事，都要确保幼天王安全。身为

储君的守护者，洪仁玕担心有负天王"圣命遗托"，"不胜惶恐流涕"。[3]

迫在眉睫的战争压力，使洪仁玕不得不搁下他的中国新政府与新外交计划。征战和补给线得摆在第一位，而随着这两方面的形势日益严峻，他的建国理想退到了远方。他念兹在兹的革新——铁路、法院、贸易中心、报纸、矿场、银行、工业——全都得暂时搁下。稳住京城的领导中心，是他唯一能做的。随着战场上的形势日益不利，洪秀全精神失常的程度加剧，他一直渴望世界末日降临，而败亡的征兆驱使爱空想的他往那个方向想。他不同意撤离南京，只信赖天父，开始随意赐予追随者奖赏和高位，封了许多新王——一百多个——多到他儿子幼天王弄不清楚所有王的名字。[4]就在大伙该同心协力共渡难关时，京城内官员的龃龉加剧而且愈来愈水火不容。

* * *

同时，乡间的饥荒加剧。曾国藩已在皖南设了救济站，但在多山的皖南，情况还是恶化，悲惨程度远甚于他初掌控安庆之时。他在一八六三年六月八日的日记写道："皖南到处食人。"轻描淡写的语调，说明这种不可思议之事已如何司空见惯。他在日记里数次提到食人之事，但这一次他之所以在日记里写下，主要不是因为吃人肉一事——因为那已不是第一次——而是因为人肉变得很贵："人肉始卖三十文一斤，后增至一百二十文一斤。"自前一年以来价格涨了三倍，意味着就连这最难下咽的维生物资都愈来愈买不起。他写道，江苏境内，南京以东和以南也有食人之事，尽管人肉价格据说较便宜。戈登于征战时亲眼见到可怕的食人残迹，但觉得他在上海的同胞不可能领会此事真正的骇人之处。他在给母亲的家书中写道:"在书上读到人食人肉的事,不如亲眼看到被割了肉的尸体那么骇人。"[5]

皖北一片荒芜。鲍超想找出一条贯穿该省的补给线,以供给南京对面长江北岸部队的粮秣,最后死了心。承平时期,平坦的安徽中部春天时是连绵不断的翠绿平原,新发的水稻在大太阳下闪闪发亮,映照在细细的灌溉沟渠上,煞是美丽。但鲍超报告道,一八六三年春他走过该地区,超过一百五十公里的路连一片禾叶都没见到。没有木头可用来升火煮饭,没有东西可让人活命。[6]从江苏也传来类似的悲惨消息。战火使上海方圆一百五十公里的乡间几乎荒无人烟。野猪在人去屋空的村子里觅食,吃干掉的死尸。身为两江总督,这里属曾国藩的辖区。他在日记里郁郁写道:"乱世而当大任,岂非人生之至不幸哉!"[7]

但荒芜亦非全然是坏事。不管曾国藩是否积极支持焦土政策,他在大地的荒芜凋敝中,的确看到了对他平乱的助力,那是异时异地的其他人也会看到的助力。在一八六三年四月十四日的奏折中,他描述了皖南的破败。"黄茅白骨,或竟日不逢一人,"他写道。而如此荒芜惨状,最令他忧心之处乃是粮食无着落的叛军可能试图脱身,往西南窜入江西。[8]

同时,他解释道,这种形势有许多可喜之处。叛军倚赖他们所在地区农民的支持和接纳来存活,而饥荒将引发冲突。人民将会离开太平天国控制区周边的区域,如烟一般消散,使他们失去支持者。农民如无种子,不得不弃田而去,使叛军无物可食。他写道:"贼行无民之境,犹鱼行无水之地,贼居不耕之乡,犹鸟居无木之山,实处必穷之道,岂有能久之理。"[9]

340

因此，他认为，这种破败凋敝最终将使叛军无法生存。

＊　　　＊　　　＊

经过几个月不动声色的准备，一八六三年六月十三日，曾国荃终于在一次夜间突袭中拿下雨花台上的石造要塞。他拿下这个据点只损失少许兵力，但想方设法为弟弟表功的曾国藩上报朝廷，说有六千叛军守军死于此役。[10] 拿下这座小山之后，曾国荃就在实质上封住了南京南城门。从雨花台上曾国荃的新制高点望去，叛军首都如一只巨大的象棋盘展开于山下。包围游戏自此真正展开，而他哥哥曾国藩，在安庆的寝室里下着他乐此不疲的围棋，小心翼翼落子，筹谋接下来如何围住南京城，切断所有逃路，结束这场较量。

南京城西门和最北的城门，面向呈东北走势流经该城的长江。长江对岸，与南京城遥遥相对之处，坐落着数座巨大的太平军要塞，扼守流经南京、宽逾一·五公里的长江段。六月三十日，湘军水师猛攻这些要塞。水师利用强劲侧风，派出一波波舢板，舢板顺着水流，迎着逆风，抢风而上，然后发炮，调头，敞开船帆顺风往上游走，脱离敌军射程，如此井然有序地环行攻击。太平军岸边炮台朝着绕圈而行的舢板开炮，杀死杀伤两千多名湘军水兵，但最后要塞被攻陷，所有守军遭屠。湘军完全掌控长江与南京西北隅交会处的江面，叛军再也无法渡江到南京北边。南京城西侧诸门对他们来说已经没有用处。[11]

江边要塞被攻陷之前最后一位渡江的太平军将领，是结束
341　北征而于六月二十日返回南京的李秀成。他于一八六三年二月，即未能拔掉曾国荃在雨花台的营垒而退入南京的三个月后，率兵离开南京，欲突破皖北湘军，为首都开辟一条新补给

线。他在荒芜的安徽四处寻觅，结果和鲍超一样徒劳无功，而在这趟征途中，他的官兵挨饿，苦不堪言。他们惨到吃草，却一再发现他们攻打的城市有补给充足的湘军部队守着。他们遭守城湘军击退，付出惨重伤亡。曾国荃在李秀成不在南京时攻下雨花台要塞的消息，则是促使他决定结束此次任务的因素。一收到这个消息，李秀成即调头直奔京城。六月二十日他回南京时，江北要塞尚未失陷，他的部队分成数个梯次，花了十天陆续渡江，而据他的估算，渡江回来的部队比二月他带离南京时少了十万。但他一回到身陷围城的天王身边，就不得不再动身离去，因为受到李鸿章部威胁的苏州和受到左宗棠部攻打的杭州，需要他去救援。要打的战场太多，而统兵官太少，资源也太少。[12]

控制长江使湘军控制了南京西侧诸门，而由于最南边的城门被他弟弟在雨花台的营垒封锁，曾国藩转而将重心放在南京城北面和东面。一夺下江边要塞，曾国藩即派鲍超渡江到南京城下，围攻神策门，即该城北侧主要的内陆门，结果未能得手。鲍超军营暴发疫情，而且皖南和江西的湘军也派人来求援。这两地的湘军守军正与从浙江往西逃的太平军交手。曾国藩不得不将鲍超撤离南京，派他回安徽，这道城门因此得以继续通行。

一八六三年整个夏天和秋天，曾国荃部继续往外拓展，陆续攻下十个有重兵防守的桥梁和关隘，从而掌控了南京城东南边的出入道路。[13]十一月，他派一支特遣队往东北，到南京正东边丘陵上的明陵所在地，要部队建一道约五公里长的土垒连接他的东南边阵地，借此几乎完全封锁南京往东的通路。在南京城东侧，唯一仍未被封锁的城门是太平门，出太平门往东约

三公里，即是湘军设于明陵的营垒。该处城墙外，陡峭的钟山
往南京城迤逦而来，山坡上有两座设了重兵的太平军要塞拱卫
太平门。钟山面朝南京的那面山坡名叫龙脖子，设在龙脖子顶
端的要塞是天保城，设在龙脖子底部的要塞是地保城。到了一
八六三年十二月，太平门和拱卫该门的两座要塞，还有南京城
北面鲍超弃攻的神策门，乃是南京全长约三十七公里的城墙上
尚归叛军控制的点。

　　南京城内平静中透着恐惧。只剩两座城门还未遭封锁，因
而只剩两条路可以出城，粮食供给因此受限，几乎没有人车进
出城。城内住了约三十万人，其中三分之一是军人。[14]十二月
苏州落入李鸿章之手后，李秀成再回南京，面陈天王南京无法
守住，恳求天王放弃京城，转进江西。天王不肯，愤愤指责他
没有信心。[15]天王的固执不可理喻，但李秀成不愿抗命，于是
他开始动员城内居民为长期受围做准备。但这么大的城里人口
这么少，这就给了一条生机。在他的命令下，城内居民开始在
城内北部辟地耕种。只要辛勤干活，他们能种出足够他们吃上
好一阵子的食物——如果守住城墙，或许能永远粮食无虞。但
受困的社会里人心浮动。洪秀全的疑心病愈来愈严重，就连他
的族弟洪仁玕都压不下他失去理智的残酷暴行。人民提心吊
胆，生怕受到他没来由的怪异刑罚。与城外之人通信，就遭用
石头砸死或公开活活剥皮。[16]

　　要不是他们知道安庆老百姓的下场，或许会有更多人逃出
城，恳求官军允许他们薙发，回到清廷那边。到了十二月下
旬，他们也知道苏州投降诸王的下场。[17]他们的判断很明智。
接下来几个月，南京将数群妇女送出城，虽然她们没有立即被

杀，却面临更未卜的未来，被"送"给农民当老婆。[18]但就连那样的宽大处理都将成为绝响。一八六四年晚春，曾国藩会劝曾国荃勿再让妇孺逃出城。他解释道，迫使叛军供养城内全部居民，将使他们更快饿死。他不希望他弟弟在无意间让任何叛军家眷活命。[19]

343

由于英王已死，忠王疲于应付多个战场，洪仁玕再度身不由己领兵作战。有鉴于南京城出口被一个个截断，天王要他出城到附近领土招兵，回来解南京之围，但就连作战资历浅薄的洪仁玕都察觉到形势已变。具群众魅力且能征善战的英王一死，南京即失去北边及西边安徽境内的安全屏障，失去英王，京城守不住从北方来犯的敌人，无法重新打开过江渡口和过江后往北到浦口的道路，而在前一次南京被围期间，浦口是他们最重要的出口（当年李秀成攻打杭州，借此解了南京之围，他就是从这时他们已无法控制的那个渡江口出发进向杭州）。没有将领可以替补英王之位，他在世时，庞大部队欣然跟着他四处征战，如今他已死，他的部队已经解散，或返乡，或往北加入捻军，或投降清军。洪仁玕被捕后在供状里写道："英王一去，军势军威同时堕落，全部瓦解。"[20]雪上加霜的是，消息传来，就连翼王石达开也在夏天率其叛离部队在四川降清，盼他前来解救南京的希望也落了空。

洪仁玕于一八六三年圣诞节隔天启程离京，留下兄长与妻儿在南京。[21]他先到东边约八十公里处的丹阳，即一八六〇年清军绿营主帅张国梁丧命之处。丹阳守城主将说没有多余的兵力可供洪仁玕带回南京，于是洪仁玕继续上路，欲前往更东边约五十公里处大运河沿岸的常州。就在这时传来常州已落入李鸿章部之手的消息，他不得不留在丹阳过冬。春天到来时，他往南进入浙江，位于省会杭州北边约八十公里的湖州城仍由太平军固守。[22]

一八六一年洪仁玕出京招兵时，几乎不费吹灰之力就可招到兵员——只要插上他的旗子，写下他的诗，然后等，就有成千上万人前来投奔于他，跟着他上战场。但那种盛况已成过去。在丹阳和湖州，他只看到势弱，而非强大有自信。守城主将担心会遭刚攻下苏州与常州的官军攻击。士兵担心粮食不足，不愿离开较安全的驻地，跟他回京。[23]他于是妥协，决定暂时在湖州住下，并向守城主将承诺，他会在那里跟他们一起等到九月，届时南京收割的新谷物可供养他们所有人，他们就能一起回师京城。[24]

这个时候，新兵员的加入使湘军兵力成长到前所未有的规模。到了一八六四年一月，南京已有五万湘军。[25]曾国藩辖下的兵力约十二万，其中约十万是陆师，其余属水师。除了他弟弟在南京统领的五万人，还有两万人守皖南，一万人守皖北，一万三千人跟着鲍超四处征伐，一万人驻守在安徽与苏州之间。[26]而这还未计入李鸿章的淮军。淮军拿下苏州后，从东边进向南京，以秋风扫落叶之势接连攻破有城墙环绕的无锡与常州。此外也未计入浙江境内一路打向杭州，准备从南边攻向南京的左宗棠部。各路部队逐渐往南京汇集。

兵力扩大的同时，清军继续出击。一八六四年二月，曾国荃部终于拿下龙脖子顶端的要塞天保城。叛军仍据守龙脖子底部的地保城，守卫龙脖子与城墙交会之处。[27]但拿下天保城后，清军支配了战场，他们能在神策门与太平门旁边设立营垒而未遇到什么抵抗。这最后两个尚能通行的城门一旦遭到包围，南京城就完全断绝与外界的联系。[28] 不久，三月三十一日，左宗棠部在来自宁波的法、华混编部队支援下，拿下浙江省会杭州。该城守军残部逃到北边约八十公里处的湖州，与洪仁玕一同在那里避难，直到夏天结束。散布于浙江境内各处的其他叛军部队开始放弃浙江，往西溃退，进入江西。由于失去杭州与苏州，太平天国在东部再无掌控的大城。京城失去救援管道，只能在被围中独力苦撑。

345

＊　　　＊　　　＊

曾国荃做了个梦，梦到他攀爬一座高峰，但爬到峰顶时，找不到可再往前走的路，于是调头。但调头时，发现后面也没有路。三月底某个阴郁的雨天，他把这个梦告诉部属赵烈文，难过地说这恐是不祥之兆。他部队的粮草几乎用尽——因为事实渐渐表明，乡间的残破凋敝，不利于围城的湘军更甚于守城的敌军。尽管他们的长江补给线仍然畅通，未遭遇敌人争夺，到了一八六四年春，他们已无法从补给线得到大量食物。士兵完全靠稀饭活命。他担心他的营官会因为愧于无法给士兵更好的给养，而不再维持营中纪律。曾国荃向赵烈文透露："目下食米将罄，采办无地。更一月不破城，必成瓦解之势。"[29]

城内是不同的光景。四月时，南京北端的大片土地已一片新绿，守军撒下的第一批小麦种子，已从新耕土壤冒出幼苗。相较于周边方圆数百公里的荒芜，这里是丰饶与耕耘的绿洲。一名湘军水师提督透过望远镜远远看到他们辛勤耕种的成果，心中既羡慕又苦楚。就在城内叛军期盼丰收之日时，那名水师提督却担心若不尽快攻下南京，他底下的官兵会饿死。[30]

曾国荃部苦撑到初夏，但来自北京的压力开始升级，清廷渐渐不耐于久围无成，要求拿下南京，不得再拖延。但曾国荃想独占收复南京的功劳，因此不接受调李鸿章淮军来南京助攻的建议。身为全军统帅，曾国藩既想取得胜利，又担心他弟弟一味顽拒援助，南京湘军会因补给短缺而瓦解，为此不知如何是好。他痛斥弟弟爱慕虚名，六月十九日写信给曾国荃说道："何必全克而后为美名哉？人又何必占天下之第一美名哉？"[31]曾国藩比弟弟更了解北京宫廷政治，毕竟他弟弟未在朝廷待过，因此他最后还是邀李鸿章前来合力攻打南京——心知若不这么做，将招来他曾家把个人野心置于国家利益之上的指责。李鸿章体谅恩师的尴尬处境，很礼貌地找了个不便前来的借口，让曾家得以继续独力攻打南京，同时化解来自朝廷的批评。[32]

这时，曾国荃在南京的围城工事范围，已大到令人咋舌的地步。湘军建造了一条约五公里长的补给道路，从长江江岸穿过湿地抵达距曾国荃的雨花台大营不到三公里的硬质陆地。常胜军解散后，戈登以百姓身份去了雨花台拜访曾国荃，从雨花台顶上的瞭望台凝望下方南京城里悄然无声的千门万户，他看出如果攻破城墙，将不会受到什么抵抗。他指出："城墙连绵数英里都无人防守，只在零星地方见到单单一人，而那人若要得到支援，也在数英里之外。"城里一片寂静，"死寂"笼罩这座大城市。[33]

放眼望去，一道道壁垒围住叛军首都：木造胸墙连绵数公里，中间穿插众多营垒——共有一百多个——每个营垒里面有数百官兵。在某些地方，营垒逼近城墙，近到距离只约一百米，但没人从城墙上往这些营垒开枪。事实上，这些营垒里洋溢着宁静和休息（有人会说是无聊）的气氛。富创业心的当地人搭起简陋店铺，卖商品给军人。没有明显可见的哨兵。并不是湘军士兵懒，而是眼前除了等待，没事可做。真正的工作在地下进行，外面看不到。

　　湘军缺乏能击穿城墙的火炮，因而靠较古老的办法来攻破有城墙围绕的城市：挖地道通到城里。曾国荃的坑道兵在城墙周边挖了许多个坑。在护城河中断处或护城河离城墙够远而他们能在河岸内开挖之处，他们先往下挖约四五米深，然后开始横向朝城墙挖。但在有护城河保护城墙的地方，他们就得斜斜往下挖到二十七米深处，以安全绕过河底。[34] 为不让偶尔出现于城墙上的观察员发觉，他们在开挖处的前面匆匆造起围桩，但随着地道愈挖愈长，坑道兵运出的土石也愈堆愈高，最后高出用来遮住开挖口的围桩。此外还有个问题，即有些坑道距地表较近，随着这类坑道愈挖愈长，坑道上方地表的草变黄，从而留下一道泄漏坑道路线的痕迹，守军的观察员特别留意这样的痕迹。[35]

　　地道宽约一·二米，高约二·一米，内部用木头和树枝搭起的架子支撑。如果上方无水，坑道兵就往上凿出通风孔，这虽可以防止坑道中的人窒息，却有可能引来敌方观察员注意。同时，太平军也在同一批观察员引导下，从城里往外慢慢挖对抗地道，一旦凿穿入城坑道的坑壁，他们即用风箱将坑道注满毒烟或灌进滚水或污水淹死敌人的坑道兵，毁掉敌方坑道。[36] 有一次，湘军坑道兵将地道挖到离城墙够近、适合引爆炸药之处，爆炸威力却不够，未能炸出足以让湘军进入的缺口。叛军随之在既有的城墙后筑了一道新墙，堵住受损的地方。

　　到了六月，湘军已在南京城周边三十多处挖了地道，坑道兵死了四千人，战事却毫无进展。[37] 但七月三日，湘军终于拿下南京城东侧龙脖子底部的地保城。一如南边雨花台上那座石造要塞，地保城居高临下俯瞰南京城，但位置更高更近，几乎碰到城墙墙面。拿到这座要塞之后，曾国荃部在龙脖子山坡上架设了一百多门炮，开始夜以继日不断炮轰城里。炮弹呼啸越过城墙，在城里的建筑和地面上炸开，吓得观察员和坑道兵急忙躲到安全之处。湘军开始用毛石、泥土和草束填补地保城与城墙之间的凹处，希望填到能直接走进城里的程度。在这些火炮的火力掩护下，在龙脖子底部的地底下，曾国荃最费工夫的地道愈挖愈长。

348　　　这条地道从距城墙约七十米处开始挖，主坑朝城墙直直挖去，每天前进约四·五米。接近厚近十五米的城墙时，主坑分为数支，每个分支独立开挖，每隔一段距离就在巨大的城墙底下凿出洞室。守军知道这条坑道，但龙脖子上的火炮不断发出地动山摇的炮火，使他们无法挖掘对抗坑道来反制。七月十五日午夜，李秀成率领数百名骑兵从太平门闪电出击，想攻破那条地道开口处的围桩，但被湘军逼回城里。三天后，这条地道几乎完成，曾国荃下令在城墙底下的洞室埋设炸药。这一次，由于经过多次失败而渴求成功，且担心朝廷已失去耐心，他决定炸药埋的愈多愈好，以求保险。于是他的部下在城墙底下埋了六千个布袋，共装有二十吨火药。[38]

　　　七月十九日正午，炸药引爆。一营四百名挑选过的精兵蹲伏在城墙旁的地上，紧握着刀，视死如归准备冲进突破口与敌人近身肉搏。他们后面一段距离处，龙脖子的山坡上，还有一千人准备跟着杀进去。导火索点燃，往下缓缓烧进坑洞，然后消失于漆黑的地道口。时间在焦急等待中一分一秒过去——先是五分钟过去,然后十分钟,然后二十分钟,三十分钟——导火索在不可见的地底缓缓往前烧,在粗糙的地道地面一路发出火花,最后像蜘蛛足般叉开变为数股,跑完最后距离,抵达多个目标。然后,一阵骇人的地动山摇,高厚的城墙被往外和往上炸开,再炸开,烟雾和石块在轰然巨响中蹿飞,先是遮蔽天空,然后落回地面,纷纷落下的花岗岩碎石,把蹲伏在城墙旁那四百人的前锋部队个个都砸成肉饼。但黑烟散去,露出他们不成人形的尸体,也露出城墙上一道将近六十米宽的缺口。[39]

*　　*　　*

轰然爆炸声回荡至远处,列队于龙脖子上的湘军一声呐喊,开始往山下冲。他们高举着刀冲进城墙缺口,爬过碎石和死去同袍的尸体,和太平守军正面交手。第一批突破守军阻击的湘军部队,穿过城里宽阔的大街,手持地图,直奔天王宫。但李秀成抢先他们一步,先把洪秀全儿子幼天王送到别处。第一批湘军部队抵达天王宫时,发现宫里空荡荡悄无声息,非常诡异——因为天王已经归天。他在湘军攻破城墙的六个多星期前就已去世,很可能是病死,他们抵达天王宫时,洪秀全已经穿着龙袍入土(后来曾国藩开棺验尸,确定死者真的是他)。[40]他们搞不清楚状况,向曾国荃报告幼天王已经自杀。其他部队从城内攻打各城门,赶走守军,开城门或架梯子,其他湘军部队随之从四面八方涌进南京城。

那天晚上湘军入城,到处一片混乱之际,李秀成挥泪和家人告别,带一小批部队,骑着马,领幼天王驰过南京街头,个个皆做湘军打扮。灿烂的落日余晖映于身后,他们往东冲过城墙突破口,强行闯过惊讶的岗哨,消失于暮色中。[41]

湘军找不到李秀成，曾国荃恐慌陡升。他误以为幼天王和他父王一样已经过世，但如果李秀成逃脱，他知道他能在别处重整旗鼓，继续反抗。打了这么久的南京包围战将是白忙一场，这场战争将不知何时才会结束。但最后李秀成还是落入湘军之手。李秀成冲过城墙突破口，甩掉连夜追击的骑兵之后，把自己的上等骏马让给幼天王，自己骑驽马。驽马跑没多久就跑不动，不肯再前进。他于是要幼天王跟其他人先走，自己只带着两名骑马者在后慢行，然后在南京南边约二十公里处的一座荒山破庙里落脚。

李秀成一行人没有食物，没有计划，走一步算一步。当地一群农民在那里发现他们，得知李秀成的身份后，哭着跪在他面前求他薙发，以免被捕，同时想找地方让他躲藏。但那群农350 民里面也有人在弄清楚这个外地人的身份后，看准将他上缴官府可以发大财。其中两人（他称他们为"奸民"）抓住他，七月二十二日，即他逃出城只三日后，将他交给曾国荃部队。[42]

幼天王行踪不明，但曾国荃终究抓到了忠王。他是清廷最想抓到的太平天国要员，太平天国最后一个骁将。没有他的领导，太平军残余势力或许会继续战斗、存活，甚至在帝国的偏远角落据地称王，但永远不可能卷起在他领导下太平军具有的那股气势。随着他的被俘，这场战争实质上已经结束。

南京陷落时，备受吹捧的湘军纪律完全瓦解。湘军士兵薪水微薄且只能勉强填饱肚子，离乡在外辛苦征战多年，终于拿下最后的目标之后，他们无视上级命令，肆无忌惮掠夺，使叛军首都沦为废墟。曾国荃公告禁止部队杀害百姓或掳走女人，但士兵无法无天烧杀掳掠时，统兵官视若无睹（有时候甚至帮助士兵这么做）。挡路的叛军全遭他们杀害于街头，较年轻的妇女被拖走，还活着的壮丁被强拉去当挑夫，帮他们将大批战利品——金、银、丝、裘、玉——运出城去。甚至有些进城调查劫掠情形的曾国荃个人幕僚，都遭四处为非作歹的成群湘军士兵抢劫和殴打。[43]士兵先是放火烧王宫与王府，然后烧民宅，然后整个南京城好似全陷入火海。上升的烟雾屯结空中，成为紫红色云块，飘浮在残破的南京上空数日，直到七月二十五日下午一场暴雨，才终于将这座城市清洗干净。[44]

曾国荃幕僚赵烈文于七月二十六日进城，瞠目结舌于城中所见。仍活着的叛军男子，似乎全在替湘军士兵搬运战利品或帮他们挖掘埋在地下的宝物。在他看来，这些人之后可能会获释或至少逃出城。但其他人不是。老人遭恣意杀害，无法替湘军士兵干重活的病人和体弱者亦然。他在日记里写道："沿街死尸十之九皆老者，其幼孩未二三岁者亦斫戮以为戏，匍匐道上。"就他所见，城中留下的妇女无一人在四十岁以下。"老者无不负伤"。湘军士兵对他们严刑拷打，逼他们说出值钱物品的藏放处，因而身上"或十余刀，数十刀，哀号之声达于四远"。[45]

他认为这一切无疑全是湘军所为。他在日记里列出他所知道参与屠杀和掠夺的几名曾国荃麾下统兵官的名字，怒不可遏地写道，他们"不知何以对中丞（曾国荃）？何以对皇上？何以对天地？何以对自己？"尸体腐烂于街头，臭不可闻，曾国荃下令各营至少将尸体拖到路旁，覆以碎土，这样至少城里还有路可通。[46]

被掳出南京的数千名年轻女子下场如何，今所知无多，但至少有名女子为城陷后她个人的遭遇留下记录。她名叫黄淑

351

华，十六岁。她说，士兵上门，"杀二兄于庭，乃入括诸室。一壮者索得予，挈以出，弟牵其衣，母跪而哀之。彼怒曰：'从贼者，杀无赦，主帅令也。汝不闻也？'遂杀母及弟。长嫂至，又杀之。掠予行，而仲嫂则不知何往。时予悲痛哭詈，求速死。彼大笑曰：'予爱汝，不汝杀也。'"[47]

那名士兵把她绑起来，放上船，带她一起回湖南。他来自曾国藩的家乡湘乡，也就是曾国藩湘军乃至这整场平乱战争的发轫之地。如今，经过这么多年，曾国藩的子弟兵终于要衣锦还乡。一旦跟这个士兵回到他老家的村子，黄淑华将一辈子变成杀害他全家的仇人的妻子。有天晚上他们在客栈留宿过夜时，她把自己的遭遇写在一张纸条和一张帛上。帛贴身藏着，纸条贴在客栈墙上，然后找到机会杀了他，之后上吊自杀。

七月二十八日，曾国荃部突破南京城墙九天后，曾国藩从安庆来到南京，叛军首都终于落入他手里。对湘军的上层军官来说，虽然管不住部队，这仍是值得庆祝和品尝胜利滋味的一刻。曾国藩坐在轿子里，由曾国荃麾下军官带领绕着城墙走，向他讲述打赢的战役，带他参观遭到破坏仍在燃烧冒烟的地方。晚上是吟诗玩乐的时刻，喝酒唱歌的时刻，缅怀与遗忘交织的时刻。席开百余桌的盛宴，挤满军官、幕僚和部属，同时请人唱戏助兴。曾国藩得胜的消息一传到北京，朝廷立即以高位厚爵奖赏，京城静默，慈禧太后喜极而泣。[48]

但慈禧太后远在异地；在南京城里，结束的是他的战争，而非朝廷的战争。曾国藩在南京攻陷报告里加了不实陈述，说有十万叛军在战场上丧命，夸大他家人和军队的功绩，掩盖他们洗劫和施暴平民的事。他细心筛滤上呈给朝廷的资讯。为此，抵达南京那一天，他就接管讯问李秀成之事。李秀成被俘一星期以来，湘军几位统兵官已从他那儿取得长长的口供，详述他的出身和这场战争的过程，说明他做过的战术决定，其中有许多决定是他们仍不清楚的。讯问之功落在曾国荃头上，他一开始就毫不掩饰自己对此事的兴致勃勃；他的主要工具是一把锥子和一把小刀。他命人从李秀成臂上割下一块肉，后来因为他人的劝阻才住手。[49]

七月二十八日曾国藩接管讯问之事，互相闻名已久、饱经风霜的内战双方主帅在战场交手多年，终于首度面对面：一边是肩膀高挺的曾国藩，眼神疲累的学者，长胡已转灰白，另一边是瘦而结实、戴眼镜的李秀成，木炭工出身的太平天国大将。但这里不会上演阿波马托克斯（Appomattox）的情景①。两个战场对手首次照面，没有遗憾之情，没有惺惺相惜。对战败的李秀成来说，那绝不是和解的前奏，绝不是退出江湖、安度晚年的先声。这场战争不是以投降，而是以消灭画下句点。曾国藩将在接下来几个晚上花许多时间修改他对手的五万字供状，删除对湘军不利的段落，叫人誊抄全文，用线装订成书，上呈清廷，然后恣尔下令处死李秀成——尽管他知道清廷会命他将这名叛军将领活着押送北京。[50]

*　　　*　　　*

洪仁玕最后一次出现于洋人面前是在湖州，时间就在南京陷落前不久。名叫内利斯（Pattick Nellis）的佣兵当时人在那

---

① 南军总司令李将军于阿波马托克斯向北军总司令格兰特投降，事后，李将军安度晚年，未遭迫害或清算。——译注

里。他原是阿思本舰队的兵员，后来受诱投入太平天国军队，当时正在协助防守湖州城。那时是七月上旬，太平天国正到处显露败象，尽管湖州城一时之间还守得住。洪仁玕和另一个王在大会上向众人讲话，似乎讲了几小时。内利斯不会说中国话，不大懂他们的讲话内容，只听出几个他听得懂的地名：苏州、杭州，这是他们就要失去的地方；江西，这是他们就要逃往的地方。讲完之后，洪仁玕走下讲台，向他走过来。

他用英语和内利斯说话，但因为久未使用，说得缓慢且不顺。过去那种流利已经不见。毕竟已经很久没有传教士登门拜访，而且他很久没有用牛排跟葡萄酒款待洋人朋友，很久没有用英语对他们唱赞美诗，很久没有和他们一起回味过去在香港度过的美好时光，或令他们着迷于他对太平天国未来的美好憧憬。那个时代早已化作烟云。他的希望全都凋萎了。

他问内利斯是哪国人。

"英格兰人。"内利斯答。

"我碰过的洋人没一个是好的。"洪仁玕说。[51]

十月上旬，他们终于追上他。李秀成于七月被俘后，洪仁玕离开湖州，接下保护幼天王的重任。在一群落魄士兵和骑兵护卫下，他们逃了将近三个月，一路逃到南京西南方超过六百五十公里远的江西省南部，距当年他初从南方往北走时越过的梅关只约两百四十公里。他们一路寻找安全的栖身之地，等到清军查出他们的逃亡路径时，他们已离广州和香港较近，离失陷的南京较远。最后，在江西石城东北方二十四公里处的偏远山区，他们结束了逃亡。当时，这支衣衫褴褛的逃难队伍由洪仁玕殿后。人困马乏，他们停下来过夜。直觉告诉他应摸黑循

着乡间小径继续逃，但没有当地人能带路。近午夜时，他们突
然遭到攻击。想必有个哨兵站岗时睡着了。清军突然掩至，他
们来不及穿上盔甲或骑上马。洪仁玕只身徒步逃走，在夜里胡
乱穿行于林间，进入漆黑的山里，最后来到两侧山壁夹峙之
处，前方无路。[52]身后也无退路。

结　语

　　对朝廷来说，曾国藩于一八六四年七月抵达南京接管该城，不只是胜利的一刻，也是恐惧的一刻，因为他是当时全中国最有权势的人。叛军京城已灭，他的军队兵力无人可以抗衡。华中和华东实质上在他的军事独裁统治下，而且他始终未完全听命于朝廷。他的湘军为保住清朝的国脉而战，但他控制的地区大抵上位于清廷直接影响范围之外，尽管清廷几乎完全靠他来平定太平天国之乱，但清廷无时无刻不是带着强烈的忧惧看着他的一举一动。[1]事实表明，卜鲁斯的忧心——曾国藩将成为"中国中心地带厉害的权力角逐者"——只道出真相的一小部分。因为在太平天国覆灭后的几十年里，流传着这样的说法：曾国藩底下的数名高级将领——包括他弟弟曾国荃——曾劝他放弃摇摇欲坠的清朝，在南京自登大位，当中国的新皇帝。[2]

　　但他没有那么做。事实上，就在他进攻南京之役开始进入
最后阶段时，他就已经准备解散湘军，交出兵权。他要在平乱之后继续担任两江总督这个封疆大吏，坐镇南京的两江总督府——他命人在天王宫废墟遗址兴建的宏伟官署——督导华东的重建。但就在中外观察家紧张等着看这位平乱将军是否会挥师北上推翻满清皇帝，扫平群雄，一统中国时，他决定交出权力，把湘军士兵送回家乡，在清朝官僚体系里单纯当个文官，如此度过余生——那的确是最有权力的文官，但仍只是个官，仍是效忠于幼皇帝与其摄政慈禧太后的子民。

曾国藩既掌大权又顺服朝廷，令人觉得矛盾，使那些认定他是个无情军事领袖的人感到困惑不解。其实，他内在自我与外在自我的泾渭分明，造就了他这样的作为。外在的曾国藩的确是个杰出而无情的将领，到了这场战争的末期，已拥有几乎不受约束的权力。他统领一支身经百战的军队，中国境内最令人生畏的军队，军中士兵来自他的家乡湖南，只效忠于他，把他几乎当神一般。对于生灵涂炭、血流成河，他处之泰然（对于自己可能死于战场，他同样处之泰然）。他是容闳眼中那位"简直是、几乎是中国最有权力的人"，是卜鲁斯所忧心将接管中国中心地带之人。他令清廷不放心，因为多年来清廷控制不了他，要不要听朝廷命令，大抵上看他高不高兴。

但内在的曾国藩，只有他的诸弟、诸子与少数挚友知道的那个曾国藩，乃是极恭敬、淡泊、常苦于抑郁与前途茫茫之人。他是个将领，但从无意夺取天下，建朝称帝。他对自己拥有的兵权或权力从未感到高枕无忧。他最希望的乃是回他的书堆里，当个儒家文人，平静度过一生。对这样的人来说，在内战结束后夺取大位，乃是全然不可思议之事。他或许怀疑朝廷官僚腐败、贪婪、无能，但他从未质疑皇帝本人的正当性。曾国藩抱有宗教般的忠诚心态，坚信上天已选定帝国的统治者，不管朝中大臣说什么或做什么，为人臣子就必须遵守上天的选择。

357

此外，那些后来不解于他为何不夺取大位的人——这样的人还不少——认为，中国皇帝之位值得争取。但在曾国藩看来，特别是在他所处的那个乱世，权力是不祥之物。权力让他害怕失败，让他害怕辜负了加诸他的重责大任，以及让他时时忧心于随着个人权势膨胀到前所未有的地步，将因逾越应守的分际招来上天的惩罚而毁了自己。他知道勤于任事的皇帝终身活在戒慎恐惧之中，整个国家的重担全压在他肩上，从即位至死，他的一生全在上天明察秋毫的目光注视下。在这场战争的最后几年，曾国藩已在安徽尝到这种重责大任在身的滋味，而且那种重任还比不上皇帝肩负的责任之重。那段日子是他有生以来最苦的日子。中国皇帝不值得艳羡，而该令人可怜。

曾国藩湘军的解散始于一八六四年八月，即攻陷南京不到一个月后，但在拿下该城之前，他就已经朝这个方向准备。五月，他向朝廷请病假——他向弟弟曾国荃解释，那其实只是个借口，好让他于战争结束后归隐，好杜绝对他的权势猜忌日深的政敌对他的批评。他建议曾国荃也这么做。他写道，如果"金陵克复，兄弟皆当引退，即以此为张本也"。[3] 但曾国荃不接受哥哥的建议，曾国藩随之写了一封严厉的信要曾国荃照他的话做。曾国藩已见过户部上的奏折，折中推测他弟弟想扩大财政权。他劝诫其弟勿招人嫉。他写道："自古握兵柄而兼窃利权者，无不凶于国而害于家，弟虽至愚，岂不知远权避谤之道？"[4]

尽管他努力退到台下，不久后仍招来朝中官员的抨击——先是指控曾国藩弟弟曾国荃及其下属劫掠和管理无方，指责他们腐败、擅权，未能管好辖下部队的纪律。[5] 然后北京的批评者把矛头指向曾国藩本人，指责他为了中饱私囊让华东人民受苦，说他爬上高位不是凭才华，而是全靠运气。他已完成任务，朝廷不再需要他，因此他们要他为自己的专横与傲慢受到教训。在他剩下的八年岁月里，在他胡子转白，眼力慢慢退化到看不见这期间，他们不让他休息，不准他退休或暂时卸下官职。他在这场战争后所写的日记，充斥着遗憾之语。他梦想回到书堆、回到老家，重过静心沉思的生活，但一再遭到阻拦，最后只能再度哀怨地期盼至死才能得到的解脱。他在一八六七年的某封家书写道："或比今日人世差觉快乐。"[6]

＊　　　＊　　　＊

十九世纪中国这场内战所夺走的人命，最广受认可的估计是两千万至三千万人。这个数据必然不够客观，因为没有可靠的当时人口普查数据可供比较，因此这个数据基本上是根据若没有这场内战，中国后来应该会有多少人口推测出来。据一九六九年发布的美国一项研究结果，晚至一九一三年，也就是清军攻下南京将近五十年后，中国人口仍未回到一八五〇年之前的水平。[7]由中国境内一组学者所完成，于一九九九年发布的一项更晚近研究，估计受害最烈的五省——江西、湖北、安徽、浙江、江苏——在一八五一至一八六四年间，人口共少掉约八千七百万：其中五千七百万人死于这场战争，其他人则是因为降低的出生率而无缘出世。对这场战争在所有省份造成的人口冲击，他们推测是七千万人死亡，人口总共少掉一亿多。[8]这些较高的数据，晚近传播更广，但引发争议，批评者主张后人无从得知有多少死者死于战争、疾病和饥饿，有多少人移居他地过活。[9]但就连走过长江下游地区的人所写的最主观轶事杂记，都证明中国城市和乡村所蒙受的深深伤创——太平天国战争过了几十年后仍未治愈的创伤——而今那些数据开始让人感受到，在这场据认是人类史上夺走最多人命的内战中，中国所蒙受的破坏和社会混乱的程度乃是前所未见。

由于混乱与暴力程度惊人，这场战争最令人惊愕的结果，或许是清朝在平乱后仍继续保住江山一事——而且不是在太平

359

天国覆灭后苟延残喘几年，而是又存世了将近五十年，直到一九一一年才被汉人民族主义革命推翻。但不能说是清朝打赢了反太平天国的战争，而应该说是清朝获救——靠曾国藩的省级民兵队和英国人的随意干预两者联手而获救。这两股势力——一来自内部，一来自外部——彼此猜疑甚深，但他们各自的攻打太平天国行动，事后来看，似乎像是在协同作战。这两者都为拯救清朝而战，因为他们基于不同的原因，都深信清朝的存续比较有利于他们各自的未来：对曾国藩来说，那将保住在战前就让他受到许多好处，那由高位、肯定、道德和学术成就组成的体系。至于英国人，则是因为某些英国人——整体来讲影响力颇大的一群人——深信保住清朝，阻止太平天国主宰中国，乃是确保英国对华贸易继续成长，从而弥补他们在世界其他地方（特别是在美国）之严重损失的唯一办法。

如果说这场战争结束后的情势发展令曾国藩失望，对英国人来说，最终的回报则更令人不看好。英国人预料平乱之后，对华贸易会大幅成长，结果是一场空。事实表明，这场战争的结束，反倒是上海遭殃的开始。巴麦尊勋爵认为，英国出手助清廷对付太平天国，将提升英国在华的利润，后来的发展的确如他所料，只是原因并非他所认为的那些。事实上促进英国对华贸易的不是和平的降临，而是战争的持续。英国人的介入，使太平军无法拿下上海，也使上海周边地区长期陷于战火，从而使中国的商人、财富和货物，为了躲避英国人所协助维持不坠的混乱，而大量涌进安全的上海。逃到上海的有钱人推高地价，为上海洋商带来可供他们买进再转手卖出的大量货物。此外，只要长江沿岸的战事仍炽，中国商人就愿意以高出行情的价钱，雇请挂外国旗帜而不会受到攻击的船只运送他们的货物，以策安全。但太平天国一灭，这些好处全部消失。长江恢复航行安全，外国航运业者的优势随之大减，而难民离开上海，使上海的房市跟着崩盘。战争期间的荣景为漫长衰退所取代，英国前两大商行在衰退期间破产。讽刺的是，任何人——特别是巴麦尊——都未能体察到，让中国恢复安定其实从不符合英国的利益。[10]

在外交方面，也没有什么令英国人乐见的发展。介入中国内战，未让他们从清廷那儿得到他们预期的善意或好感，也未使清廷对他们重开对外通商的大门。卜鲁斯会在不久后因他的"敬重中国官员政策"受到嘲笑，[11]在许多人眼中，那项政策使得英国政府变成清朝统治者抱在膝上玩赏的小狗。但在无奈接受自己在中国这场战争中的角色之后，英格兰之所以自得，是因为不断有人重述卜鲁斯对中国情势的看法——到了几乎众皆认同的地步——这场战争中的破坏皆是太平天国所造成，太平天国是不折不扣的一股无法无天的势力，太平天国是所有文明有礼者或受到良好治理者的公敌。从这个观点来看，英国介入这场战争无疑就是人道义举。由于这一时势观被奉为标准说法，戈登与华尔将以中国这场战争的伟大外国英雄之姿留名青史，将被视为挽救中国免于毁灭的人。相对于发动鸦片战争和烧毁圆明园之耻，戈登和华尔被昂然标举为华洋合作的可喜象征（乃至善心象征）。基于同样的道理，这场战争在英语世界里将被永远定位为"太平叛乱"，而非内战——意即英国站在清朝那一边，把太平天国视为纯粹是反对正当合法政府的叛乱者、不法之徒和混乱的制造者，造成当时混乱的唯一元凶。

异议的声音寥落，但仍有一些在当初就质疑本国介入政策之依据的人，在战后继续表达不以为然之意，尽管他们当下明知这类异议不再受到欢迎。英国驻华领事富礼赐曾走陆路游历太平天国领地，在南京城外的小船上住过数个月。他在一八六七年为《皇家亚洲学会华北分会会刊》（*Journal of the North - China Branch of the Asiatic Society*）所写的一篇文章，就以极为尖锐的口吻表达这类观点。文中，富礼赐驳斥英国境内的传统观点，认为消灭太平天国并未使中华帝国走回正轨，且哀叹"事实再怎么形诸文字，都无法扫除偏见……而我在太平天国统治区的经验，尽管得自在该国京城的长住，只要与既有的看法背道而驰，就永远得不到正面看待"。[12] 他指出消灭太平天国后对华贸易的衰退，然后语重心长地说道，英国人民于这场战争期间仇视叛军，但"如果明天投票，会有多少外国人不希望他们回来？"

事实上，诚如他亲身体会到的，太平天国从不是外人眼中的怪物或蝗虫，但他知道他的同胞没人想听真相。他写道：

> 但如果要我说说南京真正的主流秩序，那的确很像华沙条款，但仍有其秩序——天王的军官里有一位特别厉害的将领……在未沦为战场的地方，土地得到充分耕种——太平天国部队的行为丝毫不比清军的行为恶劣——且绍兴与杭州之类城镇的居民，在太平天国治下过的日子，比起那些城市被清廷收复、落入蛮族官员之手后居民的不幸遭遇，要好上太多；——如果我言之凿凿说出这些事，我会被斥为叛军，被斥为在诋毁如今正笼罩该帝国的灿烂政治黎明。[13]

*　　*　　*

一九一一年清朝终于覆灭时，中国将落入新一代反满革命人士之手。这些人非常清楚他们的反清前辈的作为，其中有些人剪掉辫子，留起长发，看起来就像典型的太平天国分子。还有些人写宣传小册，痛斥曾国藩是古往今来最大的汉奸，为了保住满清异族王朝杀了不计其数的汉人同胞。这批新一代革命分子最著名的领袖是广东人孙逸仙。他从小听人讲述太平天国英雄的故事，朋友还替他取了绰号"洪秀全"。[14]

攻下南京后的几十年里，虽有李鸿章与左宗棠等前将领和 362 汉族官员推行改革，力图振衰起敝，但中国国势仍每况愈下。在国内，他们成就不凡，在消灭太平天国后又敉平了捻乱和回乱，使一度分崩离析的帝国恢复秩序。但对外战争所招来的巨额赔款使国库破产，而满清朝廷改不了的腐败与守旧之风，阻碍了他们的全面改革。国内或许已经安定，但放眼世界舞台，中国已落后于正以惊人速度崛起的邻国日本。日本再度受益于中国的前车之鉴。一如一八五〇年代日本政府选择不与外国冲突，而是与外国签订条约，借此免于一场日本版的鸦片战争，一八六〇年代具影响力的年轻武士，则把打完内战的中国视为前车之鉴，认为若没有彻底改革，日本可能也会沦为和中国一样的处境。一八六〇年代更晚时的一场革命，让位给一场如火如荼展开的工业化与社会转型计划，这项计划与洪仁玕为衰弱不振的中国提出的振兴构想，尽管在宗教上无相似之处，在精神上却出奇类似。到了一八九〇年代，日本的现代化海军将彻底击溃清朝舰队，日本将从中国取得台湾，作为其第一个重要殖民统治区。到了二十世纪初期，中国的改革者将把日本视为中国救亡图存必须效法的榜样。

但或许中国不必走到这样的境地。一九〇九年接受英国记者采访时，日本的老政治家伊藤博文——四任总理大臣和十九世纪改革运动的总设计师——提到刚在中国境内展开最后以一九一一年辛亥革命收场的反清革命活动，并且说那其实老早就该发生。在他看来，中国这批新一代革命分子只是在完成太平天国于五十年前开始的工作，而他坚信如果当初外人不阻扰太平天国，他们早就已经成功。他告诉那位记者："你们西方人，特别是你们英格兰人，与中国交往时所犯下的最大错误，就是协助满清镇压太平天国。"[15]

伊藤博文的说法和战时主张保持中立的许多观察家的看法如出一辙。那些观察家主张英国不该插手，因为中国这场战争是自然的朝代更替过程的一部分，得让它自己走完全程，但言者谆谆听者藐藐。他主张："几乎毋庸置疑的是，太平天国运动发生时，满清已是山穷水尽，而戈登及其'常胜军'阻止它遭推翻，进而阻挡了一个正常、有益的自然过程。自那之后满清的所作所为，无一证明他们值得一救。满清根本不值得救。而等到满清垮台，由于垮台是必然且不久后就会发生，动荡将更为暴烈，而且会拖得更久，因为那被延迟太久，老早就该发生。"

太平内战当时，有些英国人——在上海、在英国国会和在报纸上——极力主张，外国出兵介入中国内战以恢复中国秩序，长远来看对中国不是件好事，反倒会使中国人继续受老早就不再强盛与清明的腐败政权压迫。而伊藤博文在清廷攻下南京四十多年后的一番后见之明，有助于证明那些英国人的确有先见之明。他回顾太平天国战争后清朝的统治岁月，断言"自那之后满清的所作所为，无一证明他们值得一救"，而当时许许多多中国人若听到他这个看法，大概会迅即表示认同。

从一百多年后我们今日的观点来看，伊藤博文的预测——满清遭推翻时，"动荡将更为暴烈，而且会拖得更久，因为那被延迟太久，老早就该发生"——果然不幸言中。他接受采访两年后，满清覆灭，由中华民国取而代之，而中华民国几乎是甫一成立就分崩离析，陷入内战。中国受苦于数十年内战，国力衰弱，面对外敌的持续入侵几乎束手无策，将在接下来的二十世纪里，竭力恢复其在过去的历史长河里与世界舞台上曾长期占有的显赫强势地位。一九一二年，当这个遭延搁的彻底改造过程终于如火如荼展开时，这个国家已远远落后于竞争者，直到近年以前，要迎头赶上都似缘木求鱼。

*　　*　　*

这场战争对其胜利者和中国本身都未带来什么长远的好处，如果说从这场战争的结果可得到什么道德教训，那绝不可能是令人鼓舞的教训。因为从某个角度来说，这场战争如此收场，或许该归咎于我们大无畏传教士的助理洪仁玕。在香港与 364 传教士共处数年后，他深信他很了解英国人，能充当中国与英国之间的桥梁。这一信念使他提倡对洋人安抚与开放的政策，从而最终害了他自己的人民。同样的，也可归咎于生性内向的英国驻华公使卜鲁斯。他于上海和北京短暂驻在之后，就认为清廷是文明之邦，力抗一群没有国王或治国理想的乱民，据此让他的母国政府相信，必须站在他认为中国境内唯一可长可久的政权那一方，介入中国的内战。

洪仁玕与卜鲁斯的共通之处，在于都自认对于对方文明里良好且可认识的事物有他人所没有的深入了解，此外，他们还有一个共通之处，即他们都错得离谱。因此，外国介入与太平天国覆灭的故事，或许最终只是告诉我们信任不该信任之人会带来多大的遗憾。这个故事说明了我们认为跨越文化与距离的联结——我们对人的德行根本上同一的希望，我们认为在同一德行下所有人没有差别的信念——有时其实只是我们虚构的东西。当我们庆幸终于看透将我们与另一个文明隔开的那扇阴暗的窗户，心喜于在另一边的阴影之间发现隐藏其中的类似形体时，有时我们不晓得自己只是在凝视我们自己的倒影。

杭说："人迟早得选边站，如果还想当人。"

——格雷厄姆·格林（Graham Greene），《文静的美国人》

致　谢*

　　每一项研究都有它奇妙的一刻，而就本书来说，那一刻发生在祁门某个闷热的晚春下午。那时我刚从安庆搭巴士穿越山区，抵达那里。我离开到处是玻璃幕墙和瓷砖饰面的祁门现代化大街，循着一条小巷走进这城市的旧城区，不久就发觉自己迷失于它曲曲折折的石板路小巷里。那些小巷安静而凉爽，两边林立着明代石头屋和苍劲的松树。我不知道在那里会找到什么，但当我和张自强（音）聊上话，告诉他我在找什么，他带我穿过迷宫般的巷弄，进入这城市的中心地带，在小路的尽头，前面豁然开朗，太平天国战争时曾国藩湘军大营行辕所在的宏伟建筑呈现眼前——仍保持原样，内部宽敞，空荡荡且年久失修，覆有精细雕刻的漆梁，局部盖着塑胶布以防雨淋。我在这大屋外四处查看时，支品太发现我，邀我到他家一坐。他当过红卫兵和清洁工，退休后把所有时间花在研究当地历史，搜集他一辈子未离开过的这个城市的相关一手资料和故事——曾国藩旧行辕的前厅被分割为数个房间，他在前厅里度过人生

　　译名参照新华通讯社译名室编撰之《世界人名翻译大辞典（上下）》（中国对外翻译出版公司，2007），原则上采用以音似为主，形似为辅，兼顾"约定俗成"译名；具体人物首先考虑"名从主人"和历史译法的延续性。另外，据美中关系全国委员会（the National Committee on U. S. – China Relations）官方网站中文页面内容（http：//www. ncuscr. org/cn/goals – programs）添加相应中文人名与项目中文译名。据雅礼协会（Yale – China Association）官方网站中文页面内容（http：//www. yalechina. org/chinese/about/staff/）添加相应中文人名。部分字句，如末句中之"她们是我的支柱、明星和指南针"取贴近英文原文词义略作调整。——校注

中的不少岁月。他家里堆着高高的文件和书籍，我在那里喝茶，听他讲祁门的历史，度过一个愉快的下午。崭新的毛泽东肖像从墙上俯视着我们，令我陡然想起中国历史的不同时期有时可以像是被一道贯穿时间的闪电打中一般融而为一。这位毛泽东的"文革"之子，如今在平静的老年，住在弥漫着过去那个混乱时期氛围的房子里，探究他周遭的片断史料，用他自己的方式了解流动于中国不断变迁的表象底下更深层的恒常之流。

我要感谢美中关系全国委员会通过我在二〇〇八年至二〇一〇年参与的公共知识分子项目协助我完成此书。白莉娟（Jan Berris）、慕浩然（Dan Murphy）以及我在该项目中的同僚，是我撰写此书时给我鼓励与支持的支柱，我要在此一并感谢他们——特别是在二〇〇九年夏赴长沙期间，那些不厌其烦、耐心听我讲述对湘军看法的人。我在哈佛大学费正清东亚研究中心和约翰斯·霍普金斯大学历史学系的研讨会上，提出这个写作计划的早期成果时，与会听众给了我宝贵的意见。特别是哈丽雅特·哈里森（Henrietta Harrison）、伊恩·米勒（Ian Miller）、胡泰慧心（音）（Hue‑tam Ho Tai）、威廉·罗伊（William Rowe）、玛尔塔·汉森（Marta Hansen），在那些场合给了我特别有益的看法和建议。国家人文基金会（National Endowment for the Humanities）发的夏季津贴，协助我展开这个写作计划的研究工作，而来自马萨诸塞州阿默斯特分校人文与美术学院（UMass Amherst College of Humanities and Fine Arts）的资助，在写作计划的整个期间没有断过。

我要感谢罗伯特·毕可思（Robert Bickers）、梅尔清（Tobie Meyer－Fong）、希瑟·考克斯·理查德森（Heather Cox Richardson）不辞辛劳阅读我的整部草稿，并提出意见。他们所提的疑问、修正和参阅新原始资料的建议，使这本书更为周全。我未完全接纳他们的意见，因此若有错误之处，不管是不符事实还是诠释有误，错完全在我。梅尔清除了读过草稿，还不断给我支持，在与我的讨论中给我意见。她就我所用的原始资料向我提问，将她从对太平天国时期的研究所得到的想法与我分享（而她的研究成果也即将问世），让我在钻研中国十九世纪这些冷僻的领域时不致觉得孤单。每个做学问的人都该有这样一位同事。

我要特别感谢史景迁（Jonathan Spence）鼓励我采究更大的主题，如此严格地要求我。也要感谢戴夫·梅里尔（Dave Merrill）设计地图；感谢段磊和李晓英（音）用心且出色的研究协助；感谢官绮云、朱莉·尼迈耶（Julie Niemeyer）、杰夫·莫泽（Jeff Moser）协助取得插图；感谢乔尔·沃尔夫（Joel Wolfe）过目本书内容；感谢亚当·德雅尔丹（Adam Desjardins）协助我弄清楚军服；感谢沙朗·多米耶（Sharon Domier）给我图书馆查阅的协助；感谢查克·伍尔德里奇（Chuck Wooldridge）告诉我他对南京的认识；感谢黄远中（音）、约翰·德勒里（John Delury）、马修·格罗霍斯基（Matthew Grohowski）、玛丽·兰金（Mary Rankin）、约翰·施雷克（John Schrecker）、玛丽·布洛克（Mary Bullock）、苏珊·纳坎（Susan Naquin）给我意见、引见、线索，并回答大大小小的疑问。也要感谢耶鲁大学图书馆、哈佛燕京图书馆、马萨诸塞历史学会、美国国会图书馆、皮博迪埃塞克斯博物馆、北京中国人民革命军事博物馆、南京太平天国历史博物馆的职员。本书有许多章节撰写于格林菲尔德的赛伦咖啡馆（Siren Café）和蒙塔古的基利古夫人咖啡馆（Lady Killgrew），我感谢这两家店的老板提供空间给我思考和写作。

马萨诸塞大学历史系让我得以兼顾教学和写作而不致顾此 369失彼，我的学生让我的脑筋不致闲着，本书中的许多想法，我都先找了他们来验证是否说得通。我特别要感谢那些拿简单且率直的问题问我的人，例如迈克尔·尼古拉斯（Michael Nicholls）。他们那些问题根本不可能答得出来，却把我对这项写作计划的构想引到新的方向。

于伟（音）、陈芳芳（音）、易利（音）在南京给了我帮助。程志强（音）在如何到他故乡安庆上给了我意见。休宁的雅礼协会老师，特别是吴林明（Brendan Woo），在我跑遍城里为本书找资料时，提供了友善的指引和款待，还带我走上黄山，留下令人难忘的回忆。在二〇一〇年春同一次走访安徽期间，美中关系全国委员会的陆杰扬（Jonathan Lowet）和雅礼协会的佐耶·杜尔纳－法伊勒（Zoe Durner－Feiler），与我一道循着陡峭的碎石子小径，穿过满身瘤结的松树林和茂密青绿的茶园，爬上黟县北边的羊栈岭山坡，一览在一八六〇年晚秋某个大雾笼罩的决定命运的午后，曾国藩欲查看敌人来犯动静时却无缘看到的景象。

从一开始布雷特妮·布洛姆（Brettne Bloom）就不断给我信心和鼓励，我很庆幸有她当我的经纪人。在克诺夫（Knopf）出版社，有人告诉我说安德鲁·米勒（Andrew Miller）是那种再也见不到的好编辑；他从头至尾与我一道努力，读过我先后完成的各份草稿且提供宝贵意见，而他高明的编辑功力也使草稿去芜存菁。安德鲁·卡尔森（Andrew Carlson）以幽默和欣然的心情促成这本书的问世，并给予这本书额外的一轮编校。我也衷心感谢布莱恩·巴思（Brian Barth）和权淳永（音）（Soonyoung Kwon）费心制作此书。

最重要的，我要感谢妻子弗兰西（Francie）的支持与陪伴，感谢女儿露西（Lucy）带给我们夫妻俩的喜悦。她们是我的锚爪，我的星辰和指南针，我要满怀爱意将此书献给她们。

注　释*

前言：天之骄子

[1] 南京城陷落那天，咸丰帝其实不在圆明园，而是在北京执行仪式，接见朝臣。为因应太平天国作乱，他已迁入他所厌恶的紫禁城，拒绝圆明园的逸乐，以示自惩。此举无济于事，1854 年他会搬回圆明园长住，度过此后大部分余生。他为时短暂的自惩，见 Wong Young-tsu（汪荣祖），*A Paradise Lost: The Imperial Garden Yuanming Yuan*（Honolulu：University of Hawaii Press, 2001），第 113~114 页，（中译本见汪荣祖著、钟志恒译《追寻失落的圆明园》，台北：麦田出版社，2004；南京：江苏教育出版社，2005，第 160 页。）书中引《清代档案史料：圆明园（上）》（上海：上海古籍出版社，1991），第 544~545 页中内容。1853 年 3 月 19 日咸丰帝置身北京的仪式，见（清）桂清杨等奉敕撰《清代起居注册·咸丰朝》（台北：故宫博物院，1983），咸丰三年（1853）卷十一之记载。晚近咸丰帝一直祈求祖先护佑，并就这场叛乱下发两道罪己诏，进一步说明他内心的慌乱，见茅海建《苦命天子：咸丰皇帝奕詝》，（台北：联经出版，2008），第 88 页。本书中的南京陷落情景，根据密迪乐（Thomas Taylor Meadows）的描述写成，密迪乐系在南京陷落一个月后随英船"神使"号（the Hermes）航经南京由叛军之口得知。他的报道于 1853 年 5 月 7 日首刊于《北华捷报》（*The North-China*

371

372

---

* 注释部分，已有中译本之文献给出对应中译及首版中译版本信息，华人作者附中文名，无中译本之西文参考文献保持原排版格式：英文书名及杂志名采用斜体，校改多处标点及拼写错讹。——校注

Herald）；也见于 Jen Yu－wen（简又文），*The Taiping Revolutionary Movement*（New Haven，Conn.：Yale University Press，1973），pp 117－118；有些记述提到满人所占人口比例更高；还有一些记述大大表彰满人守军的英勇，但没有争议的是，满人遭种族屠杀。

一　传教士助理

[1] James Legge，"The Colony of Hong Kong," *The China Review* 3（1874）：165，173－175.

[2] The Rev. Theodore Hamberg，*The Visions of Hung－Siu－Tshuen，and Origin of the Kwang－si Insurrection*（Hong Kong：China Mail Office，1854），pp. 61－62. 韩山文：《洪秀全之异梦及广西乱事之始原》，香港：德臣印字馆，1854，第 61~62 页。中译本见简又文 1935 年译《太平天国起义记》，后据燕京大学图书馆 1935 年 7 月铅印本收入中国史学会主编《中国近代史资料丛刊·太平天国》第六册，上海：上海人民出版社，1957，第 829~878 页，对应引文见第 876~877 页。

[3] "China," *The Times*，June 21，1853.

[4] Jonathan Spence，*God's Chinese Son*（New York：Norton，1996），pp198. 史景迁：《上帝的中国儿子》，纽约：诺顿出版公司，1996，第 198 页。中译本见朱庆葆、计秋枫等译《"天国之子"和他的世俗王朝：洪秀全与太平天国》，上海：上海远东出版社，2001，第 316 页。

[5] 1853 年 5 月 7 日《北华捷报》（*The North－China Herald*）有关"神使"号到访的报道指出：这场叛乱的起事者，来历仍不清楚，有待未来努力予以厘清。"

[6] Quoted in Dona Torr，ed.，*Marx on China：1853－1860*（London，Lawrence & Wishart，1968），p. 1，n. 3.

[7] Karl Marx，"Revolution in China and Europe," *New Yark Daily*

Tribune, June 14, 1853: in Tort, *Marx on China*, p. 1. 卡尔·马克思：《中国与欧洲之革命》，《纽约每日论坛报》，1853 年 6 月 14 日，［英］唐娜·托尔主编《马克思谈中国，1853～1860 年》，第 1 页。中译本参见中央编译局编译《中国革命和欧洲革命》，《马克思恩格斯选集》，北京：人民出版社，1995，卷一，第 690～697 页。

［8］同前书，P. 4.

［9］" The Revolutionin China " （editorial），*Daily Picayune*，May 22, 1853.

［10］"The Rebellion in China," *North China Mail*, reprinted in *The Times*, April 8, 1853.

［11］*The Times*, August 30, 1853（editorial. beginning "The Chinese revolutionis in all respects"）.

［12］Carl T. Smith, "Notes on Friends and Relatives of Taiping Leaders," *Journal of the Hong Kong Branch of the Royal Asiatic Society*, 16（1976）: 117－134, see p. 121.

［13］《洪仁玕（南昌府）亲书供词》，英译自 Franz Michael, *The Taiping Rebellion*: *History and Documents*（Seattle: University of Washington Press, 1966－1971）, vol. 3, pp. 1511－1530, see p. 1511。

［14］除另外注明出处者，下面一节叙述皆据韩山文之 *The Visions of Hung-Siu-Tshuen*（《洪秀全之异梦及广西乱事之始原》）一著写成，并引用了第 10、13、14、24 及 29 页的文字。

［15］Hamberg, *The Visions of Hung-Siu-Tshuen*, p. 63. 中译本见简又文译《太平天国起义记》（《中国近代史资料丛刊·太平天国》第六册，1957，第 878 页）。

［16］沈渭滨，《洪仁玕》（上海：上海人民出版社，1982），第 21 页。

［17］Smith, "Notes on Friends and Relatives," p. 122.

［18］《洪仁玕（南昌府）亲书供词》，英译自 Franz Michael, pp. 1511－1512。

［19］Lauren F. Pfi ster, *Striving for "The Whole Duty of Man" James Legge and*

373

the Scottish Protestant Encounter with China (NewYork: PeterLang, 2004), pp 32 – 33.

[20] Legge, "The Colony of Hong Kong," p. 172.

[21] Helen Edith Legge, *James Legge: Missionary and Scholar* (London: The Religious Tract Society, 1905), p. 91. 海伦·理雅各：《理雅各：传教士与学者》，伦敦：圣教书会，1905，第 91 页。中译本见［英］理雅各（Legge, H. E.）著、马清河译《汉学家理雅各传》，北京：学苑出版社，2011。

[22] Ralph Wardlaw Thompson, *Griffith John: The Story of Fifty Years in China* (London: The Religious Tract Society, 1906), p. 125.

[23] 同前书。

[24] Smith, "Notes on Friends and Relatives," p. 125.

[25] "The Taiping Rebellion: Its Rise and Fall," *The Merchant's Magazine and Commercial Review*, January 1865, pp. 38 – 49, see p. 44.

[26] Described in John Scarth, *Twelve Years in China* (Edinburgh: Thomas Constable & Co., 1860), pp. 106, 239; also George Wingrove Cooke, *China: Being " The Times" Special Correspondence from China in the Years 1857 – 58* (London: G. Routledge & Co., 1858), p. 50.

[27] Thomas Taylor Meadows, *The Chinese and Their Rebellions* (Stanford, Calif.: Academic Reprints, 1953, orig. published 1856 by Smith, Elder & Co.), p. 454.

[28] Scarth, *Twelve Years in China*, pp. 237 – 238.

[29] Yung Wing, *My Life in China and America* (New York: Henry Holt & Co., 1909)；容闳：《我在中国和美国的生活》，纽约：亨利·霍尔特出版公司，1909，中译本见徐凤石、恽铁憔译《西学东渐记》，上海：商务印书馆，1915，自后有多种同名及易名再版本。他的教育计划见 p. 41；重学中国话，见 p. 52；引文见 pp. 53 – 54。

[30] James Legge, "The Colony of Hong Kong," p. 171.

［31］夏春涛:《洪仁玕》（武汉：湖北教育出版社，1999），p. 51.

［32］简又文，The *Taiping Revolutionary Movement*（New Haven, Conn.：Yale University Press，1973），p. 355。

［33］Pfister，*Striving for "The Whole Duty of Man,"* p. 43.

［34］Adapted from translation in Michael，*The Taiping Rebellion*，vol. 3，p. 836.

374

二　中立

［1］Alfred Moges，*Recollections of Baron Gros's Embassy to China and Japan in 1857 – 58*（London：Griffin, Bohn, and Company，1861），p. 203；第 206 页列出 15 艘英国巡逻舰、4 艘法国巡逻舰，以及英法两国各自的旗舰。1800 英里（约 2897 公里）航程见 Thomas Bowlby，*An Account of the Last Mission and Death of Thomas William Bowlby*，ed. C. C. Bowlby（printed for private circulation，1906），p. 154。

［2］D. J. MacGowan，"Contributions to the History of the Insurrection in China," a companion to the *Shanghai Almanac* for 1857（Shanghai，1857），p. 3.

［3］Lewis Hertslet（comp.），*A Complete Collection of the Treaties and Conventions：Subsisting between Great Britain and Foreign Powers*（London：Butterworth，1859），vol. 10，pp. 61 – 62.

［4］MacGowan，"Contributions to the History of the Insurrection," p. 3.

［5］Teng Ssu - yu（邓嗣禹），*The Taiping Rebellion and the Western Powers：A Comprehensive Survey*（Oxford：Clarendon Press，1971），p. 191.

［6］同前书，第 189 页。

［7］Douglas Hurd，*The Arrow War：An Anglo - Chinese Confusion*，*1856 – 1860*（London：Collins，1967），p. 98.

［8］James Bruce, Earl of Elgin，*Letters and Journals of James*，*Eighth Earl of Elgin*，ed. Theodore Walrond（London：John Murray，1872），p. 199.

[9] 同前书。

[10] 同前书，第 185 页。

[11] 磷光描述见 Sherard Osborn, "Notes, Geographical and Commercial, Made During the Passage of HMS Furious, in 1858, from Shanghai to the Gulf of Pecheli and Back," *Proceedings of the Royal Geographical Society of London* 3, no. 2 (November 22, 1858): 55 – 87; 第 66 页，阿思本记录说磷光"明亮如在赤道地区所见者"。

[12] Moges, *Recollections*, p. 208.

[13] 同前书，第 206 页。

[14] Laurence Oliphant, *Narrative of the Earl of Elgin's Mission to China and Japan in the Years 1857, '58, '59*, 2 vols. (London and Edinburgh: William Blackwood and Sons, 1859), vol. 1, p. 295.

375 [15] Augustus F. Lindley (Lin – le), *Ti – Ping Tien – Kwoh: The History of the Ti – Ping Revolution* (London: Day & Son, 1866), p. 621 (中译本见呤唎著、王维周译《太平天国革命亲历记》，中华书局上海编辑所，1962，第 516 页。——校注)。

[16] Moges, *Recollections*, pp. 209 – 210.

[17] Oliphant, *Narrative*, vol. 1, p. 299.

[18] "China: History of the Allied Expedition," *The New York Times*, August 20, 1858.

[19] 同前书。

[20] Elgin, *Letters and Journals*, p. 248.

[21] Oliphant, *Narrative*, vol. 1, p. 305.

[22] Osborn, "Notes, Geographical and Commercial," pp. 71 – 72.

[23] Oliphant, *Narrative*, vol. 1, p. 316.

[24] Osborn, "Notes, Geographical and Commercial," p. 72.

[25] Elgin, *Letters and Journals*, p. 250.

[26] Oliphant, *Narrative*, vol. 1, pp. 316 – 317.

[27] Moges, *Recollections*, pp. 216 – 217.

[28] 同前书，第 217 页；Osborn, "Notes, Geographical and Commercial," p. 73.

[29] Osborn, "Notes, Geographical and Commercial," p. 73.

[30] Oliphant, *Narrative*, vol. 1, p. 326.

[31] Osborn, "Notes, Geographical and Commercial," p. 73.

[32] Immanuel C. Y. Hsü（徐中约）, *China's Entrance into the Family of Nations: The Diplomatic Phase, 1858 – 1880*（Cambridge, Mass.：Harvard University Press, 1968）, pp. 67 – 68.

[33] Elgin, *Letters and Journals*, p. 209.

[34] John Morley, *The Life of William Ewart Gladstone*（New York：Macmillan, 1911）, p. 563；演讲全文见 *Hansard's Parliamentary Debates*（London：T. C. Hansard）, March 3, 1857, vol. 144, cc. 1787 – 1808。

[35] Elgin, *Letters and Journals*, p. 279.

[36] "The First News Dispatch Over the Atlantic Cable," *The New York Times*, August 27, 1858；这是第一条成功横跨大西洋的缆线，但仅营运一月许。

[37] "Our Relations with China," *The New York Times*, August 20, 1858.

[38] "The Chinese Treaties," *The New York Times*, September 23, 1858.

[39] "End of the China War," *The New York Times*, August 27, 1858.

[40] 额尔金在日记中写道："显然受我们在中国行动的连带效应影响，领事已如愿和日本缔结一份很理想的条约。"Elgin, *Letters and Journals*, p. 263.

[41] Elgin, *Letters and Journals*, p. 261.

[42] 同前书，第 274 页。

[43] 同前书，第 272 页。

[44] Elgin to Malmesbury, January 5, 1859, in Foreign Office, Great Britain, *Correspondence Relative to the Earl of Elgin's Special Missions to China and*

376

Japan, *1857 – 1859* (London: Harrison and Sons, 1859), p. 440.

［45］同前书，第 443 页。

［46］Oliphant, *Narrative*, vol. 2, p. 299.

［47］Elgin to Malmesbury, Shanghai, January 5, 1859, in *Correspondence Relative to the Earl of Elgin's Special Missions*, p. 443.

［48］Elgin, *Letters and Journals*, p. 285.

［49］Franz Michael, *The Taiping Rebellion: History and Documents* (Seattle: University of Washington Press, 1966 – 1971), vol. 2, p. 713.

［50］同前书，卷二，第 720 页。

［51］同前书，卷二，第 724 ~ 725 页。

［52］"Sir Thomas F. Wade, K. C. B.," *The Far East*, new ser., vol. 1 (July – December 1876): 37 – 41.

［53］Thomas Wade, "Report on the Town of Woo – hoo," in *Correspondence Relative to the Earl of Elgin's Special Missions*, p. 448, (著中地名英译) 作罗马化转换。

［54］Thomas Wade, "Report on the Town of Nganking [Anqing]," in *Correspondence Relative to the Earl of Elgin's Special Missions*, p. 449; 引用于 Scarth, *Twelve Years in China*, 第 270 页，大意相近。

［55］Thomas Wade, "Translation of a Paper Handed to Captain Barker, R. N., by an Insurgent at Woo – hoo," in *Correspondence Relative to the Earl of Elgin's Special Missions*, p. 450.

［56］Lindesay Brine, *The Taeping Rebellion in China: A Narrative of Its Rise and Progress* (London: John Murray, 1862), p. 268.

［57］Elgin to Malmesbury, Shanghai, January 5, 1859, in *Correspondence Relative to the Earl of Elgin's Special Missions*, p. 442.

［58］Elgin, *Letters and Journals*, pp. 304 – 305.

［59］"Address of the Shanghae Merchants to the Earl of Elgin," Shanghai, January 18, 1859, in *Correspondence Relative to the Earl of Elgin's Special*

Missions，pp. 457 – 458.

［60］同前书，第 458 页。

［61］"Bruce, Sir Frederick William Adolphus Wright," *Oxford Dictionary of National Biography* (Oxford, England: Oxford University Press, 2004 – 2010).

［62］Frederick Wells Williams, *The Life and Letters of Samuel Wells Williams, LL. D.* (New York: G. P. Putnam's Sons, 1889), p. 299.

［63］Edgar Stanton Maclay, *Reminiscences of the Old Navy: From the Journals and Private Papers of Captain Edward Trenchard, and Rear – Admiral Stephen Decatur Trenchard* (New York: G. P. Putnam's Sons, 1898), p. 91.　　377

［64］张功臣：《僧格林沁传奇》（北京：中国人民大学出版社，2003），第 96 页。

［65］郭嵩焘：《玉池老人自叙》，节录于中国史学会主编、齐思和等及北京故宫博物院明清档案部编《中国近代史资料丛刊·第二次鸦片战争》（全六册，上海：上海人民出版社，1978～1979），第二册，第 277 页，他此处专指华北捻乱。

［66］同前书，第 277 页。

［67］张功臣：《僧格林沁传奇》，第 97 页。

［68］George Battye Fisher, *Personal Narrative of Three Years' Service in China* (London: Richard Bentley, 1863), pp. 190 – 193.

［69］Williams, *Life and Letters*, p. 309.

［70］James D. Johnston, *China and Japan: Being a Narrative of the Cruise of the U. S. Steam – Frigate Powhatan in the Years 1857, ' 58, ' 59, and ' 60* (Philadelphia: Charles Desilver, 1860), p. 234.

［71］Williams, *Life and Letters*, pp. 308 – 311.

［72］Maclay, *Reminiscences of the Old Navy*, p. 83.

［73］*The Times*, September 16, 1859 (editorial beginning "We fear that we cannot accuse the Mongols"); quoted in Leavenworth, *The Arrow War with China*, p. 138.

[74] Williams, *Life and Letters*, p. 310.

[75] "Blood Is Thicker than Water," in Wallace Rice and Clinton Scollard, *Ballads of Valor and Victory*: *Being Stories in Song from the Annals of America* (New York: Fleming H. Revell, 1903), p. 84.

[76] T. F. Tsiang（蒋廷黻），"China after the Victory of Taku, June 25, 1859," *American Historical Review* 35, no. 1 (October 1929): 79 – 84, 见第 81 页。

[77] 同前书，第 83 ~ 84 页。

[78] Samuel Wells Williams, letter to William Frederick Williams, July 5, 1859, from USS *Powhatan* off Peiho. Samuel Wells Williams Family Papers, Sterling Memorial Library, Yale University, New Haven, Conn.

[79] Williams, *Life and Letters*, p. 312.

三 干王

[1] 洪仁玕所走路线，见其南昌府供词之三，原题"南昌府提讯逆酋供"，收于罗尔纲、王庆成主编《太平天国》（桂林：广西师范大学出版社，2004），第二册，第 412 ~ 414 页；也见其江西巡抚衙门供词，原题"本部院提讯逆酋供"，同前书，第二册，第 415 ~ 416 页；其通过梅关的路线描述据同时期一反方向行程记述写成，见 William Charles Milne, *Life in China* (London: G. Routledge & Co., 1857), pp. 356 – 364.

[2] 罗尔纲：《绿营兵志》（重庆：商务印书馆，1945）。

[3] 沈渭滨：《洪仁玕》（上海：上海人民出版社，1982），第 25 页。

[4] Archibald Little, *Gleanings from Fifty Years in China* (London: Sampson Low, Marston & Co., 1910), p. 113.

[5] 洪仁玕：《在南昌府之三——原题同上》，收于罗尔纲、王庆成主编

378

《太平天国》,第二册,第 413 页。

[6] 沈渭滨:《洪仁玕》,第 26 页。

[7] 夏春涛:《从塾师、基督徒到王爷:洪仁玕》(武汉:湖北教育出版社,1999),第 64 页。

[8] 茅家琦:《郭著〈太平天国史事日志〉校补》(台北:台湾商务印书馆,2001),第 127 页。

[9] 夏春涛:《从塾师、基督徒到王爷:洪仁玕》,第 64 页。

[10] 洪仁玕:《在南昌府之三——原题同上》,收于罗尔纲、王庆成主编《太平天国》,第二册,第 413 页。

[11] John Lovelle Withers, "The Heavenly Capital: Nanjing Under the Taiping, 1853 – 1864," Ph. D. diss. , Yale University, 1983, pp. 159.

[12] Franz Michael, *The Taiping Rebellion: History and Documents* (Seattle: University of Washington Press, 1966 – 1971), vol. 2, pp. 15 – 16.

[13] C. A. Curwen, *Taiping Rebel: The Deposition of Li Hsiu – Ch'eng* (Cambridge, England: Cambridge University Press, 1977), p. 200.

[14] 同前书,第 148 页。

[15] 同前书,第 83 页。

[16] 同前书,第 83 页。

[17] 洪仁玕:《在南昌府之三——原题同上》,收于罗尔纲、王庆成主编《太平天国》,第二册,第 413 页。

[18] Philip Kuhn, "The Taiping Rebellion," in *The Cambridge History of China* (Cambridge, England: Cambridge University Press, 1978), vol. 10, part 1, pp. 264 – 317.

[19] William C. Wooldridge, "Transformations of Ritual and State in Nineteenth – Century Nanjing," Ph. D. diss. , Princeton University, 2007, pp. 160 – 179.

[20] Michael, *The Taiping Rebellion*, vol. 3, p. 735.

[21] 美国里士满市(Richmond)的《每日电讯报》(*The Daily Dis-*

379　　　　patch) 亦表达了类似看法，宣称"尚武的鞑靼人肯定是较卑劣的中国人更为高贵的种族"见 "Honorable War Not to Be Deplored," *The Daily Dispatch*, May 18, 1861.

[22] D. J. MacGowan, "Contributions to the History of the Insurrection in China," a companion to the *Shanghai Almanac* for 1857 (Shanghai, 1857), p. 6.

[23] W. A. P. Martin, "The Recognition of the Nanking Government," *The North - China Herald*, June 20, 1857.

[24] 洪仁玕：《资政新篇》，英译本自 Franz Michael, *The Taiping Rebellion: History and Documents* (Seattle: University of Washington Press, 1966 - 1971), vol. 3, pp. 751 - 776, 引用文字见第 758 页（该英译本系编者据王重民所辑影印本内容翻译，见同书，第 750 ~ 751 页。——校注）。

[25] 同前书，第 758 ~ 759 页，第 765 页。

[26] 同前书，第 759 页。

[27] 同前书，第 761 页。

[28] "The Chinese Insurgents, and Our Policy with Respect to Them," *The London Review* 16, no. 31 (April 1861): 222 - 246, quotation on p. 229.

[29] 洪仁玕：《资政新篇》英译本，第 763 页。

[30] 同前书，第 77 页。

[31] 洪仁玕：《在席宝田军营之二——亲书供词（原题"抄呈伪干王洪仁玕亲书供词"）》，收于罗尔纲、王庆成主编《太平天国》，第二册，第 401 ~ 405 页，建国筹划见第 402 页（王庆成先生在《太平天国幼天王、干王等未刊供词中的新史料及辨证》一文中认为洪仁玕关于起事计划一段记述在时间上可能有所混淆，见《历史研究》2000 年第 5 期，第 79 ~ 99 页，第 81 ~ 82 页。——校注）。

[32] Arthur W. Hummel, ed., *Eminent Chinese of the Ch'ing Period (1644 -*

1912）（Taipei：Chengwen，reprint，1967），p. 294.

［33］Curwen，*Taiping Rebel*，p. 188，n. 66.

［34］Jen Yu - wen（简又文），*The Taiping Revolutionary Movement*（New Haven，Conn.：Yale University Press，1973），p. 370.

［35］洪仁玕：《在席宝田军营之二——亲书供词》，收于罗尔纲、王庆成主编《太平天国》，第二册，第 403 页。

［36］同前书，第 403 页。

［37］同前书，第 403 页。

［38］同前书，第 404 页。

［39］Pamela Crossley，*Orphan Warriors：Three Manchu Generations and the End of the Qing World*（Princeton，N. J.：Princeton University Press，1990），pp. 128 - 130.

［40］Janet Theiss，"Managing Martyrdom：Female Suicide and Statecraft in Mid - Qing China，" in *Passionate Women：Female Suicide in Late Imperial China*，ed. Paul S. Ropp，Paola Zamperini，and Harriet T. Zurndorfer（Boston：E. J. Brill，2001）：47 - 76；see "Epilogue" on p. 74.

［41］Crossley，*Orphan Warriors*，p. 129；Jen Yu - wen（简又文），*The Taiping Revolutionary Movement*，p. 372.

［42］据简又文，*The Taiping Revolutionary Movement*，pp. 371 - 372.

［43］Augustus F. Lindley（Lin - le），*Ti - Ping Tien - Kwoh；The History of the Ti - ping Revolution*（London：Day & Son，Ltd.，1866），p. 269（中译本见呤唎著、王维周译《太平天国革命亲历记》，中华书局上海编辑所，1962，第 211 页。——校注）。

［44］简又文，*The Taiping Revolutionary Movement*，p. 380.

四　试探

［1］薛凤九：《难情杂记》，收于罗尔纲、王庆成主编《太平天国》（桂林：广西师范大学出版社，2004），第五册，第 273 页。

［2］同前书，第 274 页。

［3］C. A. Montalto de Jesus, *Historic Shanghai* (Shanghai: The Shanghai Mercury, Ltd. , 1909), p. 41.

［4］William Minns Tileston, letter to his mother, October 18, 1860, Massachusetts Historical Society, Boston, Mass.

［5］Lindesay Brine, *The Taeping Rebellion in China: A Narrative of Its Rise and Progress* (London: John Murray, 1862), 第 254 页后上海地图；"荒凉怪异" 句出自 Edward Bowra, diary, at School of Oriental and African Studies (PPMS 69, Bowra, Box 1, Folder 6), accessed via Adam Matthew Digital, "China: Trade, Politics and Culture, 1793 – 1980," entry for October 15, 1863。

［6］Bowra diary, May 3, 1863, 其抵达上海时（日记）。

［7］Bowra diary, October 15, 1863, 其抵达上海五月后（日记）（注释［6］［7］参考文献见注释［5］，作者包腊（Edward Charles Bowra）为 1863 年来华英人，进中国海关，写有许多关于中国历史和博物馆学的文章。其生平事迹简介见《近代来华外国人名辞典》，北京：中国社会科学出版社，1981，第 50 页。——校注）。

［8］Ralph Wardlaw Thompson, *Griffith John: The Story of Fifty Years in China* (London: The Religious Tract Society, 1906), p. 47.

［9］William C. Milne, 引于 Montalto de Jesus, Historic Shanghai, p. 43.

［10］Bruce to Russell, June 10, 1860, in *Correspondence Respecting Affairs in China, 1859 – 1860* (London: Harrison and Sons, 1861), p. 66.

［11］Loch, Henry Brougham, *Personal Narrative of Occurrences During Lord Elgin's Second Embassy to China in 1860* (London: John Murray, 1900), pp. 11 – 12.

［12］Bruce to Russell, June 10, 1860, in *Correspondence Respecting Affairs in China, 1859 – 1860*, p. 66.

［13］Bruce to Russell, May 30, 1860, 同前书，第 60 页，（著中地名英

译）作罗马化转换。

[14] Bruce to Russell, June 10, 1860, 同前书, 第 67 页。

[15] William Minns Tileston, letter to his mother, March 3, 1863, Massachusetts Historical Society, Boston, Mass.

[16] Hallett Abend, *The God from the West* (Garden City, N. Y. : Doubleday, 1947), p. 73.

[17] 同前书, 第 14 页。

[18] 同前书, 第 15 页。

[19] Holger Cahill, *A Yankee Adventurer: The Story of Ward and the Taiping Rebellion* (New York: Macaulay, 1930), p. 40.

[20] Edward Forester, "Personal Recollections of the Tai - ping Rebellion," in *Cosmopolitan* 21, no. 6 (October 1896): 628.

[21] D. J. MacGowan, "Contributions to the History of the Insurrection in China," a companion to the *Shanghai Almanac* for 1857 (Shanghai, 1857), p. 3.

[22] Abend, *God from the West*, p. 74.

[23] 关于 "臭瓦罐", 见 Joseph Needham, *Science and Civilisation in China* (Cambridge, England: Cambridge University Press, 1986), vol. 3, part 7, sect. 30 (continued), pp. 191 - 192 (中译本见李约瑟《中国科学技术史》, 北京: 科学出版社, 2005, 第五卷化学及相关技术, 第七分册军事技术: 火药的史诗。——校注)。

[24] Forester, "Personal Recollections," pp. 627 - 629.

[25] Demetrius Boulger, *The History of China*, 2 vols. (London: W. Thacker & Co. , 1898), vol. 2, p. 364.

[26] "Visit of Missionaries to Soo - chow; Conferences with Hung - Jin," *The Missionary Magazine and Chronicle*, no. 294 (November 1860): 299 - 302, 引用文字见第 300 页, 洪仁 (Hung - Jin) 即洪仁玕。

[27] "Mission of Hung - Jin to Tae - Ping - Wang, Chief of the Chinese

Insurgents at Nanking," *The Missionary Magazine and Chronicle*, no. 293
（October 1860）, p. 277.

［28］ Joseph Edkins, "City of Su – Chow," *The Missionary Magazine and
Chronicle*, no. 292（September 1860）, pp. 253 – 254.

［29］ "Visit of Messrs. Edkins, John, MacGowan, and Hall, to the Chinese
Insurgents," *The Missionary Magazine and Chronicle*, no. 293（October
1860）, pp. 270 – 277.

［30］ 同前书, 第 273 页,（著中地名英译）作罗马化转换。

［31］ "The Rebellion in China," *The New York Times*, September 1, 1860.

［32］ "The Chinese Insurgents, and Our Policy with Respect to Them,"
The London Review 16, no. 31（April 1861）: 222 – 246, 引用文字见
第 246 页。

［33］ "Visit of Messrs. Edkins, John, MacGowan, and Hall," p. 272. 杨格
非牧师传记作者汤普森（R. Thompson）所记, 此行程叙述由艾约
瑟牧师执笔著述, 见 Thompson, *Griffith John: The Story of Fifty Years
in China*, p. 128（注释原文所及之传记作者 Richard Thompson, 疑
为 Ralph Thompson 之误, 参注［8］及参考文献。——校注）。

［34］ Augustus F. Lindley（Lin – le）, *Ti – Ping Tien – Kwoh; The History of
the Ti – Ping Revolution*（London: Day & Son, 1866）, pp. 71 – 72
［中译本见呤唎著、王维周译《太平天国革命亲历记》, 中华书局
上海编辑所, 1962, 第 54 ~ 55 页, "他虽然够不上中国人的中等
高度, 但他的身躯是轻捷的、活泼的、强健的、有种特殊优美的
姿态; ……他的一对大眼睛不断的闪烁着, 同时他的眼睑也总在
抽动。从他的非常活动的容貌及其身体的不停的神经质的动作
（身体的某一部分总在不停地动着, 不论两腿是否交叠, 他的脚总
是在地上拍着, 或则两手时而握紧, 时而放松, 或则时坐时起,
这些动作都是突如其来开始的）来看, 没有人会想象他在作战时
竟那样十足地冷静"。此注对应原文 "Others, in other contexts,

found him to be animated with twitching wiriness and a restless, searching energy."译文校改后，应作"在其他场合，另有人觉得他浑身充满锐敏的活力，神经质的轻捷强健与未尝稍息"。——校注。]

［35］"Visit of Messrs. Edkins, John, MacGowan, and Hall," p. 276.

［36］同前书，第 276 页。

［37］同前书，第 274 页。

［38］同前书，第 275 页。

［39］同前书，第 276、277 页。

［40］Jane Edkins, letter to her mother - in - law, July 1860, in Jane R. Edkins, *Chinese Scenes and People: With Notices of Christian Missions and Missionary Life in a Series of Letters from Various Parts of China* (London: James Nisbet and Co. , 1863), p. 129.

［41］Jane Edkins, letter to her father, August 1860, in *Chinese Scenes and People*, p. 143.

［42］Jane Edkins, letter to her mother - in - law, July 31, 1860, in *Chinese Scenes and People*, pp. 134 - 135.

［43］Thompson, *Griffith John*, p. 138.

［44］"Visit of Missionaries to Soo - chow; Conferences with Hung - Jin," *The Missionary Magazine and Chronicle*, no. 294 (November 1860), p. 301.

［45］"Mission of Hung - Jin to Tae - Ping - Wang, Chief of the Chinese Insurgents at Nanking," *The Missionary Magazine and Chronicle*, no. 293 (October 1860), p. 277.

［46］"Sketch of the Early History of Hung - Jin," *The Missionary Magazine and Chronicle*, no. 294 (November 1860), p. 296.

［47］"Mission of Hung - Jin to Tae - Ping - Wang," p. 278.

［48］引自 J. S. Gregory, *Great Britain and the Taipings* (London: Frederick A. Praeger, 1969), p. 135.

［49］ "The Chinese Revolution—Its Principles—British Duty and Policy," *Tait's Edinburgh Magazine*, November 1860, pp. 562 – 563, 为表达清晰，易 "Kwang – si"（广西）为 "Taiping"（太平）。

［50］ "The Chinese Insurgents, and Our Policy with Respect to Them," *The London Review* 16, no. 31（April 1861）: 222 – 246, 引文见第225 页。

［51］ 同前书，第 226 页。

［52］ 同前书，第 223 页，（著中地名英译）作罗马化转换。

五　北方之约

［1］ *Hansard's Parliamentary Debates*（London: T. C. Hansard）, January 24, 1860, vol. 156, c. 21（作者 Platt 所征引之文献《汉萨德英国议会议事录》每页皆分两栏，故所有页码缩写均作 c. 或 cc.，意为 "column" 或 "columns"。——校注）。

［2］ 同前书，第 25 栏。

383 ［3］ Immanuel C. Y. Hsü（徐中约），*The Rise of Modern China*, 3rd ed.（New York: Oxford University Press, 1983）, p. 215; George Armand Furse, *Military Transport*（London, 1882）, 第 40 ~ 41 页述及军需粮秣; Robert Swinhoe, *Narrative of the North China Campaign of* 1860（London: Smith, Elder & Co., 1861）, 第 44 ~ 45 页述及战马数目; Michael Mann, *China*, 1860（Salisbury, Wiltshire: M. Russell, 1989）, 第 5 ~ 6 页有关于总体数目图表。

［4］ 引于 R. K. I. Quested, *The Expansion of Russia in East Asia, 1857 – 1860*（Kuala Lumpur: University of Malaya Press, 1968）, p. 261.

［5］ Nikolaï Pavlovich Ignat'ev, *The Russo – Chinese Crisis: N. P. Ignatiev's Mission to Peking, 1859 – 1860*, ed. and tr. John Evans.（Newtonville, Mass. : Oriental Research Partners, 1987）, p. 100, （著中地名英译）作罗马化转化。

［6］卜鲁斯1859年12月5日上海致罗素函，自 *Further Correspondence with Mr. Bruce*，*Her Majesty's Envoy Extraordinary and Minister Plenipotentiary in China*（London：Harrison and Sons，1860），p. 1.

［7］"The British Expedition to China（from our Special Correspondent），" *The Times*，August 29，1860，reprinted in Thomas Bowlby，*An Account of the Last Mission and Death of Thomas William Bowlby*，ed. C. C. Bowlby（printed for private circulation，1906），pp. 154 – 175，尤其见第158、160页的描述。

［8］卜鲁斯1860年7月28日上海致艾约瑟函，自 *Correspondence Respecting Affairs in China*，*1859 – 1860*（London：Harrison and Sons，1861），p. 92.

［9］卜鲁斯1860年8月1日上海致罗素函，自 *Correspondence Respecting Affairs in China*，*1859 – 1860*，p. 91.

［10］关于密迪乐评述，见 John King Fairbank，"Meadows on China：A Centennial Review，" *The Far Eastern Quarterly* 14，no. 3（May 1955）：365 – 371；就密迪乐的资源及见识的另一积极评价见下文第152 – 153页，Pierre – Étienne Will，"Views of the Realm in Crisis：Testimonies on Imperial Audiences in the Nineteenth Century，" *Late Imperial China* 29，no. 1 suppl.（June 2008）：125 – 159。

［11］Thomas Taylor Meadows，*The Chinese and Their Rebellions*（Stanford，Calif.：Academic Reprints，1953，orig. published by Smith，Elder & Co.，London，1856），p. 464；亦引于费正清文中（Fairbank，"Meadows on China，" p. 370）。

［12］Meadows，*The Chinese and Their Rebellions*，p. 465.

［13］密迪乐1860年7月27日致卜鲁斯函，自 in *Correspondence Respecting Affairs in China*，*1859 – 1860*，p. 93，（著中地名英译）作罗马化转换。

［14］卜鲁斯1860年7月31日致密迪乐函，同前书，（著中地名英译）作罗马化转换。

[15] 该信（英译本）自 Franz Michael, *The Taiping Rebellion: History and Documents*, 3 vols. (Seattle: University of Washington Press, 1966 – 1971), vol. 3, p. 1119（据梅谷于同书第 1119 页编辑说明，李秀成该函中文原稿不存，英译本辑自 Augustus Lindley (Lin – le), *Ti – Ping Tien – Kwoh; The History of the Ti – Ping Revolution*, p. 273 – 274, 中译本见呤唎著、王维周译《太平天国革命亲历记》，中华书局上海编辑所，1962，第 214 页。——校注）。

[16]《北华捷报》(*The North – China Herald*) 1860 年 8 月 25 日载，引于 Augustus Lindley (Lin – le), *Ti – Ping Tien – Kwoh; The History of the Ti – Ping Revolution* (London: Day & Son, 1866), p. 297（中译本见呤唎著、王维周译《太平天国革命亲历记》，中华书局上海编辑所，1962，第 235 ~ 236 页。——校注）; C. A. Montalto de Jesus, *Historic Shanghai* (Shanghai: The Shanghai Mercury, Ltd., 1909), pp. 107 – 111.

[17]（艾约瑟夫人）简 (Jane Edkins) 1960 年 9 月 4 日自上海致其兄 (Simon S. Stobbs) 家书，见 Edkins, *Chinese Scenes and People: With Notices of Christian Missions and Missionary Life in a Series of Letters from Various Parts of China* (London: James Nisbet and Co., 1863), pp. 147 – 151.

[18]"The Advance of the Tai – ping Insurgents on Shanghai," *The North – China Herald*, August 25, 1860.

[19] 同前书。

[20] 载于《北华捷报》，《独立新教报》(*the Nonconformist*) 1860 年 11 月 14 日转载，引于 Lindley, *Ti – Ping Tien – Kwoh*, p. 297 [中译本见呤唎著、王维周译《太平天国革命亲历记》，第 235 ~ 236 页。《北华捷报》(*The North – China Herald*) 王译作《华北先驱报》。——校注]。

[21] Earl Cranston, "Shanghai in the Taiping Period," *Pacific Historical Review* 5, vol. 2 (June 1936): 147 – 160, see p. 158.

[22] "The Chinese Rebellion and the Allies," *The New York Times*, October 1, 1860.

[23] 同前书。

[24] "The Chinese Insurgents, and Our Policy with Respect to Them," *The London Review* 16, no. 31 (April 1861): 222 – 246, 引用文字见第 246 页。

[25] "The Visit of the Rebel Forces to Shanghai: No Attack Made by Them," *The New York Times*, November 17, 1860.

[26] "The Chinese Revolution," *Tait's Edinburgh Magazine*, November 1860, p. 581.

[27] 此段描述自 Michael Mann, *China*, 1860 (Salisbury, Wiltshire: M. Russell, 1989), p. 9; Bowlby, *An Account of the Last Mission*, pp. 38, 204; David Field Rennie, *The British Arms in North China and Japan: Peking 1860; Kagosima 1862* (London: John Murray, 1864), pp. 19, 43.

[28] George Armand Furse, *Military Transport* (London, 1882), p. 41; 口粮配给见第 72 页。

[29] Rennie, *The British Arms in North China*, p. 98.

[30] Mark S. Bell, *China: Being a Military Report on the North – Eastern Portions on the Provinces of Chih – li and Shan – tung; Nanking and Its Approaches; Canton and Its Approaches . . . and a Narrative of the Wars Between Great Britain and China* (Calcutta, India: Office of the Superintendent of Government Printing, 1884), vol. 2, p. 423.

[31] James Bruce, Earl of Elgin, *Letters and Journals of James*, *Eighth Earl of Elgin*, ed. Theodore Walrond (London: John Murray, 1872), pp. 376 – 377.

[32] Robert Swinhoe, *Narrative of the North China Campaign of 1860* (London: Smith, Elder & Co., 1861), pp. 191 – 193.

385

[33] Bowlby, *An Account of the Last Mission*, p. 165.

[34] Swinhoe, *Narrative of the North China Campaign*, p. 195.

[35] Rennie, *The British Arms in North China*, p. 112.

[36] Laurence Oliphant, *Narrative of the Earl of Elgin's Mission to China and Japan in the Years 1857*, '*58*, '*59*, 2 vols. (London and Edinburgh: William Blackwood and Sons, 1859), pp. 362 – 363.

[37] Bowlby, *An Account of the Last Mission*, p. 62.

[38] 同前书，第 63 页。

[39] 巴夏礼观月所感，自其 1860 年 8 月 6 日书信，见 Stanley Lane – Poole, *The Life of Sir Harry Parkes*, 2 vols. (London: Macmillan and Co., 1894), vol. 1, p. 354；巴夏礼称有 10 ~ 12 艘船，但额尔金所出具数目是 8 艘（英舰 6 艘、法舰 2 艘。——校注），见 *Letters and Journals of James*, *Eighth Earl of Elgin*, p. 341。

[40] George Allgood, *China War 1860: Letters and Journal* (London: Longmans, Green and Co., 1901), p. 41.

[41] （随军记者）鲍尔比称此事只是法军所为，但巴夏礼 8 月 6 日信中则坦承，英法两军都有参与其事，不同仅在英方曾拟处罚违反军纪者，而法国人则无此意，巴夏礼书信见 Lane – Poole, *The Life of Sir Harry Parkes*, vol. 1, p. 358。

[42] 《庚申北略》，收于中国史学会主编、齐思和等及北京故宫博物院明清档案部编《中国近代史资料丛刊·第二次鸦片战争》（全六册）（上海：上海人民出版社，1978 ~ 1979），第二册，第 28 ~ 33 页，见第 28 页。

[43] Bowlby, *An Account of the Last Mission*, pp. 63 – 64.

[44] 巴夏礼 1860 年 8 月 6 日书信，自 Lane – Poole, *The Life of Sir Harry Parkes*, vol. 1, p. 355.

[45] 鲍尔比日记，1860 年 8 月 9 日条，自 Bowlby, *An Account of the Last Mission*, p. 73.

[46] Bowlby, *An Account of the Last Mission*, p. 245.

[47] 同前书，第 285 页。

[48] The Rev. R. J. L. M'Ghee, *How We Got to Pekin: A Narrative of the Campaign in China of 1860* (London: Bentley, 1862), p. 114.

[49] Mann, *China*, 1860, p. 58.

[50] Rennie, *The British Arms in North China*, p. 88. "那是阿姆斯特朗炮在战场上发出的第一炮。"

[51] Mann, *China*, *1860*, p. 59, 征引格兰特（James Hope Grant）所述；Rennie, *The British Arms in North China*, pp. 91 – 92.

[52] Allgood, *China War 1860*, pp. 75 – 76.

[53] 同前书，第 46 页。

[54] 鲍尔比日记，1860 年 8 月 23 日条，自 Bowlby, *An Account of the Last Mission*, p. 83.

[55] 巴夏礼 1860 年 8 月 26 日书信，自 Lane – Poole, *The Life of Sir Harry Parkes*, vol. 1, p. 364.

[56] Mann, *China*, *1860*, p. 91.

[57] "The Capture of the Taku Forts (from our Special Correspondent)," *The Times*, November 3, 1860; reprinted in Bowlby, *An Account of the Last Mission*, p. 281.

[58] "Parkes, Sir Harry Smith," *Oxford Dictionary of National Biography* (Oxford, England: Oxford University Press, 2004 – 2010). 《牛津国家人物传记大辞典》巴夏礼爵士词条，"巴夏礼身材短小瘦削，头大，金发萧疏，虬髯连鬓，蓝色双目炯炯有神。其轻捷步态与机警相貌，则其粗暴易怒脾性之外在表征。他嗜工作如命而鲜能忍受静态休闲。"

[59] 见 J. Y. Wong（黄宇和），"Harry Parkes and the 'Arrow' War in China," *Modern Asian Studies* 9, no. 3 (1975): 303 – 320。

[60] 鲍尔比日记，1860 年 9 月 1 日条，自 Bowlby, *An Account of the Last*

386

Mission，p. 90.

[61] 巴夏礼 1860 年 8 月 26 日书信，自 Lane - Poole，*The Life of Sir Harry Parkes*，vol. 1，p. 368.

[62] Bowlby，*An Account of the Last Mission*，pp. 37，93.

[63] Swinhoe，*Narrative of the North China Campaign*，p. 197；Lane - Poole，*The Life of Sir Harry Parkes*，vol. 1，p. 369.

[64] 额尔金日记，1860 年 9 月 8 日，自 *Letters and Journals*，p. 350.

[65] Bowlby，*An Account of the Last Mission*，pp. 289，292.

[66] 鲍尔比日记，1860 年 9 月 3 日，同前书，第 93 页。

[67]《庚申北略》，咸丰十年七月一至二日（1860 年 8 月 17 日～18 日），收于《第二次鸦片战争》，第二册，第 28～29 页。

[68] 翁同龢：《翁文恭公日记》，咸丰十年七月十日与二十三日条（1860 年 8 月 26 日、9 月 8 日），收于《第二次鸦片战争》，第二册，第 88～89 页。

[69] Allgood，*China War 1860*，p. 80.

387 [70] Rennie，*The British Arms in North China*，pp. 161 - 162；Elgin，*Letters and Journals*，p. 355.

[71] 关于这道密旨在《翁文恭公日记》咸丰十年七月二十四日条（1860 年 9 月 9 日）中有提及，见《第二次鸦片战争》，第二册，第 89 页；罗亨利曾目睹秘密准备活动，见 Henry Brougham Loch，*Personal Narrative of Occurrences During Lord Elgin's Second Embassy to China in 1860*（London：John Murray，1900），pp. 88 - 90.

[72]《庚申都城戒严事记》，收于《第二次鸦片战争》，第二册，第 34 页。

[73]《庚申北略》，咸丰十年八月三日（1860 年 9 月 17 日），收于《第二次鸦片战争》，第二册，第 29～30 页。

[74] Elgin，*Letters and Journals*，pp. 356 - 357.

[75] Swinhoe，*Narrative of the North China Campaign*，pp. 253 - 254.

[76] Viscount Garnet Wolseley, *Narrative of the War with China in 1860*, *to Which Is Added the Account of a Short Residence with the Tai - ping Rebels at Nankin* ... （London：Longman，Green，Longman and Roberts，1862），p. 189.

[77] 吴可读：《罔极编》，收于《第二次鸦片战争》，第二册，第 66 ~ 69 页，见第 67 页。

[78] 文祥日记，《文文忠公事略》（台北：文海出版社，1968；1882 年版影印本），卷二，第 32a ~ 33b 页；赵烈文：《能静居日记》，咸丰十年九月二十四日条（1860 年 11 月 6 日），收于罗尔纲、王庆成主编《太平天国》（桂林：广西师范大学出版社，2004），第七册，第 70 ~ 71 页；吴可读：《罔极编》，收于《第二次鸦片战争》，第二册，第 66 页。

[79]《庚申北略》，咸丰十年八月八日至十九日（1860 年 9 月 22 日 ~ 10 月 3 日），收于《第二次鸦片战争》，第二册，第 30 ~ 31 页。

[80] 同前书，咸丰十年八月二十二日（1860 年 10 月 6 日），收于《第二次鸦片战争》，第二册，第 31 页。

[81] Allgood, *China War 1860*, p. 84.

[82] Alexander Bruce Tulloch, *Recollections of Forty Years' Service* （London：William Blackwood and Sons, 1903），pp. 117 – 118.

[83] 同前书，第 119 页。

[84] Elgin, *Letters and Journals*, pp. 361 – 362.

[85] Loch, *Personal Narrative*, pp. 102 – 103.

[86] "Deposition of Bughel Sing, sowar, 1st troop Fane's Horse; and also of sowar Khan Sing, of the same regiment," quoted in Loch, *Personal Narrative*, p. 165.

[87] Tulloch, *Recollections of Forty Years' Service*, p. 117.

[88] Rennie, *The British Arms in North China*, pp. 166 – 167; James Hevia, *English Lessons*：*The Pedagogy of Imperialism in Nineteenth - Cen-*

tury China (Durham, N. C. : Duke University Press, 2003), p. 90.

388 ［89］Sarah A. Southall Tooley, *The Personal Life of Queen Victoria* (London: Hodder and Stoughton, 1897), p. 256; Hevia, *English Lessons*, pp. 86 – 88.

［90］所载转引于 Rennie, *The British Arms in North China*, pp. 165 – 166; 亦见于 Swinhoe, *Narrative of the North China Campaign*, p. 331。

［91］Swinhoe, *Narrative of the North China Campaign*, p. 330.

［92］同前书，第 330 ~ 331 页。

六 勉强接任的将领

［1］曾国藩日记，咸丰十年九月二日、三日、四日条（1860 年 10 月 15 ~ 17 日），《曾国藩全集》（北京：中国致公出版社，2001），第十卷，第 3591 页。

［2］Andrew C. K. Hsieh（谢正光），"Tseng Kuo – fan, A Nineteenth Century Confucian General," Ph. D. diss. , Yale University, 1975, pp. 9 – 13.

［3］A. L. Y. Chung（吕元聪），"The Hanlin Academy in the Early Ch'ing Period," *Journal of the Hong Kong Branch of the Royal Asiatic Society*, vol. 6（1966），pp. 100 – 119；第 101 页指出 18 世纪时（翰林院）有 100 人之数。

［4］简又文持类似看法，见 Jen Yu – wen, *The Taiping Revolutionary Movement* (New Haven, Conn. : Yale University Press, 1973), p. 218.

［5］谢正光，"Tseng Kuo – fan, A Nineteenth Century Confucian General," p. 17.

［6］曾国藩家书，道光二十二年十二月二十日（1843 年 1 月 20 日），《曾国藩全集》，第六卷，第 2012 页。

［7］谢正光，"Tseng Kuo – fan, A Nineteenth Century Confucian General," 第 22 页及其他多处。

［8］朱东安：《曾国藩传》（天津：百花文艺出版社，2001），第 51 页。

［9］ Joanna Waley - Cohen, "Militarization of Culture in Eighteenth - Century China," in *Military Culture in Imperial China*, ed. Nicola di Cosmo (Cambridge, Mass.: Harvard University Press, 2009), pp. 278 - 295.

［10］ 谢正光, "Tseng Kuo - fan, A Nineteenth Century Confucian General," 第 64 页, 亦见第 209 页注释 29, 原始资料见唐鉴传述。

［11］ 朱东安：《曾国藩传》, 第 55 页。

［12］ 谢正光, "Tseng Kuo - fan, A Nineteenth Century Confucian General," p. 78。

［13］ William James Hail, *Tseng Kuo - fan and the Taiping Rebellion*, *with a Short Sketch of His Later Career* (New Haven, Conn.: Yale University Press, 1927), 第 148 页引述其咸丰二年十二月十六日至二十二日 (1853 年 1 月 24 日 ~ 30 日) 书信, 特别提到 "恐为益仅十之二, 而扰累者十之八"。　　389

［14］ 《曾国藩年谱》,《曾国藩全集》, 第一卷, 第 158 页, 咸丰二年十二月十三日条 (1853 年 1 月 21 日)。

［15］ Thomas Wade, "The Army of the Chinese Empire," in *Chinese Repository*, vol. 20 (January - December 1851), pp. 250 - 280, 300 - 340, and 363 - 421; see p. 421.

［16］ Dai Yingcong (戴莹琮), "Military Finance of the High Qing Period," in *Military Culture in Imperial China*, ed. Nicola di Cosmo (Cambridge, Mass.: Harvard University Press, 2009), pp. 296 - 316.

［17］ Ralph Powell, *The Rise of Chinese Military Power*, *1895 - 1912* (Princeton, N. J.: Princeton University Press, 1955), pp. 13 - 16.

［18］ 曾国藩奏稿, 咸丰元年三月九日 (1851 年 4 月 10 日)),《曾国藩全集》, 第二卷, 第 385 页。

［19］ 曾国藩致魁荫庭 (魁联) 函,《曾国藩全集》, 第十三卷, 第 4747 页。

［20］ 曾国藩奏稿, 咸丰二年十二月二十二日 (1853 年 1 月 30 日),《曾

国藩全集》，第二卷，第 401~402 页。

[21] 同前书，第 401~402 页。

[22] 曾国藩奏稿，咸丰五年四月一日（1855 年 5 月 16 日），《曾国藩全集》，第二卷，第 561~562 页。

[23] 罗尔纲：《湘军新志》（台北：黎明文化事业公司，1988），第 201~210 页。

[24] 曾国藩，江西大营批示，《曾国藩全集》，第五卷（批牍），第 1678 页。

[25] 曾国藩：《敕》，《曾国藩全集》，第十六卷（文集），第 5968~5969 页。

[26] 引于李志茗《湘军：成就书生勋业的“民兵”》（上海：上海古籍出版社，2007），第 52 页。

[27] Maochun Yu, "The Taiping Rebellion: A Military Assessment of Revolution and Counterrevolution," in *A Military History of China*, ed. David Graff and Robin Higham (Boulder: Westview, 2002), pp. 135 – 152, 见第 148 页。

[28] 罗尔纲：《湘军新志》，第 201~202 页。

[29] 简又文, *The Taiping Revolutionary Movement*, p. 227。

[30] 绿营薪俸等级标准见 Wade, "The Army of the Chinese Empire," *Chinese Repository*, vol. 20 (1851), 第 414 页：湘军士卒月俸四两二钱对绿营之一两五钱。

390 [31] 曾国藩：《晓谕新募乡勇》，《曾国藩全集》，第十五卷（文集），第 5953~5955 页，奖赏名目列于第 5955 页。

[32] 同前书，第 5953 页。

[33] 同前书，第 5955 页。

[34] 曾国藩：《营规》，"招募之规" 节，《曾国藩全集》，第十五卷（文集），第 5999 页。

[35] Hail, *Tseng Kuo-fan and the Taiping Rebellion*, p. 201, n. 34.

[36] 谢正光，"Tseng Kuo - fan, A Nineteenth Century Confucian General," pp. 98 - 99。

[37] 曾国藩:《讨粤匪檄》,《曾国藩全集》,第十五卷（文集）,第 5768 页。

[38] 相关描述见《庚申避难日记》,咸丰十一年二月十九日条（1861 年 3 月 29 日）,收于罗尔纲、王庆成主编《太平天国》（桂林:广 西师范大学出版社,2004）,第六册,第 214 页。

[39] 简又文,The Taiping Revolutionary Movement, p. 100.

[40] 王闿运:《湘军志》（长沙:岳麓书社,1983）,第 159 页;亦见罗 尔纲《湘军兵志》（北京:中华书局,1984）,第 93 页;曾国藩: 《营规》,《曾国藩全集》,第十六卷（文集）,第 5996 ~ 5999 页; 罗尔纲认为此版营规于 1860 年订于祁门,并自此未再改变,见 《湘军兵志》,第 92 页。

[41] 罗尔纲:《湘军兵志》,第 94 ~ 95 页。

[42] William Minns Tileston, letter to his mother, February 12, 1863, Massachusetts Historical Society, Boston, Mass.

[43] 确切而言,有"快蟹"40 艘,"长龙"50 艘以及 150 艘武装舢板。

[44] 朱东安:《曾国藩传》,第 102 页。

[45] 同前书,第 103 页;简又文,The Taiping Revolutionary Movement, p. 236。

[46] 简又文,The Taiping Revolutionary Movement, p. 242,引自薛福成 《庸庵笔记》。

[47] 论多隆阿部分见朱东安《曾国藩传》,第 144 页;王闿运《湘军 志》,第 62 页。

[48] 曾国藩:《爱民歌》,《曾国藩全集》,第十六卷（文集）,第 5966 ~ 5967 页。

[49] 曾国藩,江西大营批示,《曾国藩全集》,第五卷（批牍）,第 1671 页。

[50] 《曾国藩年谱》，咸丰四年十二月二十五日条（1855 年 2 月 11 日），《曾国藩全集》，第一卷，第 189 页。

[51] 简又文，*The Taiping Revolutionary Movement*，pp. 328 – 336.

391　[52] 曾国藩家书，咸丰十年四月二十四日（1860 年 6 月 13 日），《曾国藩全集》，第七卷，第 2389 页。

[53] 曾国藩，江西大营批示，《曾国藩全集》，第五卷（批牍），第 1674 页。

[54] 曾国藩奏稿，咸丰九年六月二十二日（1859 年 8 月 8 日），《曾国藩全集》，第三卷，第 814 页。

[55] 曾国藩奏稿，咸丰九年六月十八日（1859 年 8 月 4 日），《曾国藩全集》，第三卷，第 809 ~ 811 页。

[56] 简又文，*The Taiping Revolutionary Movement*，p. 341；曾国藩致左宗棠函，《曾国藩全集》，第十三卷（书札），第 4959 页。

[57] 赵烈文：《能静居日记》，同治三年四月八日条（1864 年 5 月 13 日），收于罗尔纲、王庆成主编《太平天国》，第七册，第 249 页；朱东安《曾国藩传》，第 147 页。

[58] 他迅即（在六月）指派江西省布政使督办其军队补给，见 David Pong（庞百腾），"The Income and Military Expenditure of Kiangsi Province in the Last Years（1860 – 1864）of the Taiping Rebellion," *The Journal of Asian Studies* 26，no. 1（November 1966）：49 – 65，p. 57。

[59] 曾国藩奏稿，咸丰九年十月十七日（1859 年 11 月 11 日），《曾国藩全集》，第三卷，第 820 ~ 822 页。

[60] 朱东安：《曾国藩传》，第 152 页。

[61] 阵形描述见张德坚《贼情汇纂》（台北：文海出版社，1968；1855 年原版影印），第 366 ~ 378 页。

[62] 曾国藩：《兵》，《曾国藩全集》，第十六卷（文集），第 5992 ~ 5993 页。

［63］曾国藩致李续宜（李希庵）函，《曾国藩全集》，第十四卷（书
　　　札），第 5092 页。

［64］曾国藩家书，咸丰十年八月四日、五日（1860 年 9 月 18 日、19
　　　日），《曾国藩全集》，第七卷，第 2407～2408 页。

［65］曾国藩家书，咸丰十年九月十四日（1860 年 10 月 27 日），《曾国
　　　藩全集》，同前书，第 2419 页；朱东安于《曾国藩传》第 156～
　　　161 页有相关论点。

［66］曾国藩家书，咸丰十年九月十七日（1860 年 10 月 30 日），《曾国
　　　藩全集》，第七卷，第 2420 页。

［67］曾国藩日记，咸丰十年九月中旬条目（1860 年 10 月下旬），《曾
　　　国藩全集》，第十卷，第 3594～3595 页。

［68］曾国藩家书，咸丰十年九月四日（1860 年 10 月 17 日），《曾国藩
　　　全集》，第七卷，第 2416 页。

［69］曾国藩家书，咸丰十年九月一日（1860 年 10 月 14 日），《曾国藩
　　　全集》，同前书，第 2414～2415 页。

［70］曾国藩日记，咸丰十年九月二十四日条（1860 年 11 月 6 日），《曾
　　　国藩全集》，第十卷，第 3596 页。

392

七　教义的力量

［1］Augustus F. Lindley (Lin - le)，*Ti - Ping Tien - Kwoh*；*The History of
　　the Ti - ping Revolution*（London：Day & Son, Ltd., 1866），p. 281
　　（中译本见呤唎著、王维周译《太平天国革命亲历记》，中华书局上
　　海编辑所，1962，第 221 页。——校注）。

［2］洪仁玕，南昌府供词之三，原题"南昌府提讯逆酋供"，收于罗尔
　　纲、王庆成主编《太平天国》（桂林：广西师范大学出版社，
　　2004），第二册，第 414 页。

［3］洪仁玕：《在席宝田军营之二——亲书供词（原题"抄呈伪干王洪
　　仁玕亲书供词"）》，同前书，第 404 页。

[4] 洪仁玕:《在江西巡抚衙门——原题"本部院提讯逆酋供"》,同前书,第 416 页。

[5] 英国及海外圣经公会(British and Foreign Bible Society)存有一份壁文拓印,转印于托马斯・詹纳(Thomas Jenner)所著 *The Nanking Monument of the Beatitudes*(London: William Clowes and Sons, 1911);石壁描述亦见艾约瑟 "Narrative of a Visit to Nanking" 一文,收于 Jane R. Edkins, *Chinese Scenes and People: With Notices of Christian Missions and Missionary Life in a Series of Letters from Various Parts of China*(London: James Nisbet and Co. , 1863), pp. 241 – 307,见第 264 页,艾约瑟把 "福" 误译作 "幸福"(happiness)(据詹纳书中封二拓印图片,本段正文所引 "九福词" 第七节照壁原文应作 "和平者,福矣,以其称为上帝子类也。"——校注)。

[6] 自包尔腾(J. S. Burdon)所述,收于 Prescott Clarke and J. S. Gregory, *Western Reports on the Taiping: A Selection of Documents*(Honolulu: University Press of Hawaii, 1982), p. 240;石照壁描述自 Catharina Van Rensselaer Bonney, *A Legacy of Historical Gleanings*(Albany, N. Y. : J. Munsell, 1875), p. 341.

[7] Thomas W. Blakiston, *Five Months on the Yang – tsze*(London: John Murray, 1862), pp. 49 – 51; Josiah Cox, "A Missionary Visit to Nanking and the ' Shield King,' " in *The Wesleyan Missionary Notices*, 3rd ser. , vol. 10(April 1862): 61 – 66, see esp. p. 62.

[8] Edmund F. Merriam, *A History of American Baptist Missions*(Philadelphia: American Baptist Publication Society, 1900), p. 59.

[9] George Blackburn Pruden, Jr. , "Issachar Jacox Roberts and American Diplomacy in China During the Taiping Rebellion," Ph. D. diss. , The American University, 1977, pp. 34 – 35.

[10] Merriam, *A History of American Baptist Missions*, p. 59.

[11] Pruden, "Issachar Jacox Roberts and American Diplomacy in China,"

pp. 164 – 166.

[12] 同前书，第 193～195 页。

[13] 同前书，第 215 页。

[14] Notice in the *Vermont Chronicle*, February 6, 1855, p. 22. 为清晰见，（英文著中将原报纸内容之）"Wang" 易为 "King"（王）。

[15] W. A. P. Martin, *A Cycle of Cathay* (New York: F. H. Revell Co., 1896), p. 29.

[16] Edkins, "Narrative of a Visit to Nanking," p. 275.

[17] Viscount Garnet Wolseley, *Narrative of the War with China in 1860, to Which Is Added the Account of a Short Residence with the Tai – ping Rebels at Nankin* ... (London: Longman, Green, Longman and Roberts, 1862), p. 338.

[18] Masataka Banno, *China and the West, 1858 – 1861: The Origins of the Tsungli Yamen* (Cambridge, Mass: Harvard University Press, 1964), p. 71.

[19] Clarke and Gregory, *Western Reports on the Taiping*, pp. 253 – 254.

[20] （艾约瑟夫人）简（Jane Edkins）致其婆婆家书，烟台芝罘（Chefoo），1860 年 12 月 12 日，收于 Edkins, *Chinese Scenes and People*, p. 192.

[21] Ralph Wardlaw Thompson, *Griffith John: The Story of Fifty Years in China* (London: The Religious Tract Society, 1906), p. 143.

[22] 简致其兄西蒙（Simon S. Stobbs）家书，烟台芝罘，1860 年 12 月 11 日，收于 Edkins, *Chinese Scenes and People*, p. 189（据同书第 1 页简父 William Stobbs 回忆录，其家共 4 男 6 女，简诞于 1838 年 10 月 28 日，为家中第 6 女。复查阅相关教会官网：其兄 Simon Somerville Stobbs 诞于同年 1 月 19 日。——校注）。

[23] Thompson, *Griffith John*, pp. 147 – 148.

[24] Clarke and Gregory, *Western Reports on the Taiping*, p. 278.

［25］Thompson, *Griffith John*, p. 150.

［26］William Robson, *Griffith John: Founder of the Hankow Mission Central China* (London: S. W. Partridge & Co., n. d. ［1901?］), p. 51.

［27］Yung Wing（容闳）, *My Life in China and America* (New York: Henry Holt & Co., 1909), p. 96, 他把年份误作 1859 年（容闳,《我在中国和美国的生活》, 纽约: 亨利·霍尔特出版公司, 1909, 中译本为徐凤石、恽铁樵译《西学东渐记》, 上海: 商务印书馆, 1915。——校注）。

［28］同前书, 第 100～101 页。

［29］同前书, 第 110 页。

［30］同前书, 第 109 页。

［31］同前书, 第 134 页。

［32］翁同龢:《翁文恭公日记》, 咸丰十年七月二十五日条（1860 年 9 月 10 日）, 收于中国史学会主编、齐思和等及北京故宫博物院明清档案部编《第二次鸦片战争（全六册）》（上海: 上海人民出版社, 1978～1979）, 第二册, 第 89 页。

［33］Jerome Ch'ên（陈志让）. "The Hsien - fêng Inflation. " *Bulletin of the School of Oriental and African Studies, University of London* 21, no. 1 - 3 (1958): 578 - 586.

［34］延宕两月后, 两份报告于 11 月 2 日送达。见 Leone Levi, ed., *Annals of British Legation* (London: Smith, Elder, & Co., 1862), vol. 10, p. 313.

［35］*The Times*, November 16, 1860 (editorial beginning "The Empire of China, as most readers know, has two capitals").

［36］A. A. Hayes, "An American Soldier in China," *The Atlantic Monthly*, February 1886, 193 - 199, 引用文字见第 194 页。

［37］"The Chinese Rebellion," *The New York Times*, September 1, 1860.

［38］引于 Lindley, *Ti - Ping Tien - Kwoh*, p. 297（原注释页数作 p. 296

394

不确。中译本见呤唎著、王维周译《太平天国革命亲历记》，中华书局上海编辑所，1962，第 235 页。——校注）。

[39]《苹湖笔记》，佚名记，收于罗尔纲、王庆成主编《太平天国》，第五册，第 29 页。

[40] J. S. Gregory, *Great Britain and the Taipings* (London: Frederick A. Praeger, 1969), pp. 88 – 89.

[41] 赵烈文:《能静居日记》，咸丰十年七月五日条（1860 年 8 月 21 日），收于罗尔纲、王庆成主编《太平天国》，第七册，第 67 页。

[42] James Bruce, Earl of Elgin, *Letters and Journals of James, Eighth Earl of Elgin*, ed. Theodore Walrond (London: John Murray, 1872), p. 376.

[43] 引于 Gregory, *Great Britain and the Taipings*, pp. 89 – 90.

[44] 征引同前书，第 95～96 页；鲍尔比 1860 年 9 月 1 日日记中提及额尔金和卜鲁斯间有类似看法交换，其时额尔金在天津，卜鲁斯在上海。见 James Bowlby, ed. C. C. Bowlby (printed for private circulation, 1906), *An Account of the Last Mission and Death of Thomas William Bowlby*, p. 91.

[45] 赵烈文:《能静居日记》，咸丰十年七月二十三日条（1860 年 9 月 8 日），收于罗尔纲、王庆成主编《太平天国》，第七册，第 68 页。

[46] 同前书，第 68 页。笔者在翻译此节中推测《太平天国》书中此条日记抄写不确，误作"清朝皇帝非亡国之君"。

[47] 赵烈文:《能静居日记》，咸丰十年九月四日条（1860 年 10 月 17 日），收于罗尔纲、王庆成主编《太平天国》，第七册，第 69 页。

[48]《庚申避难日记》，咸丰十年八月二十七日条（1860 年 10 月 11 日），收于罗尔纲、王庆成主编《太平天国》，第六册，第 206 页。

[49] 王莳蕙:《咸丰象山粤氛纪实》，收于罗尔纲、王庆成主编《太平天国》，第五册，第 219 页。

［50］王彝寿：《越难志》，同前书，第143页。

［51］《房在目中》，同前书，第436页。

［52］张晓秋：《粤匪纪略》，收于罗尔纲、王庆成主编《太平天国》，第四册，第56页。

395　［53］王彝寿：《越难志》，收于罗尔纲、王庆成主编《太平天国》，第五册，第144页。

［54］Kathryn Bernhardt, "Elite and Peasant During the Taiping Occupation of the Jiangnan, 1860 – 1864," *Modern China* 13, no. 4 (October 1987)：379 – 410；Xiaowei Zheng（郑晓威），"Loyalty, Anxiety, and Opportunism：Local Elite Activism during the Taiping Rebellion in Eastern Zhejiang, 1851 – 1864," *Late Imperial China* 30, no. 2 (December 2009)：39 – 83.

［55］Bernhardt, "Elite and Peasant," pp. 384 – 388.

［56］同前书，第383~384页。

［57］例如，《庚申避难日记》，罗尔纲、王庆成主编《太平天国》，第六册，第200页，写到"真长发"只占少数。

［58］Blakiston, *Five Months on the Yang – tsze*, pp. 48 – 49.

［59］王彝寿：《越难志》，收于罗尔纲、王庆成主编《太平天国》，第五册，第157页。

［60］汤氏辑：《鳅闻日记》，咸丰十一年三月二日条（1861年4月11日），收于罗尔纲、王庆成主编《太平天国》，第六册，第346~347页；《庚申避难日记》，咸丰十一年二月二十七日条（1861年4月6日），同前书，第214~215页。

［61］这段典出《论语》的作文考题载于《庚申避难日记》，咸丰十一年三月初八日条（1861年4月17日），同前书，第215页；亦见汤氏辑《鳅闻日记》，咸丰十一年三月初二日条（1861年4月11日），同前书，第346页。

［62］Edkins, "Narrative of a Visit to Nanking," pp. 280 – 281.

[63] 同前书,第 301 页。

[64] 洪仁玕:《钦定英杰归真》,英译本自 Franz Michael, *The Taiping Rebellion*: *History and Documents*(Seattle: University of Washington Press, 1966 – 1971), vol. 3, pp. 799 – 831,征引文字见第 804、806、807 页(英译本系编者据萧一山 1935 年所辑《太平天国丛书》第一集第十册影印本内容翻译,见同书,第 800 页。——校注)。

[65] 同前书,第 817 页。

[66] 洪仁玕:《在南昌府之三——原题同上》,收于罗尔纲、王庆成主编《太平天国》,第二册,第 414 页。

[67] C. A. Curwen, *Taiping Rebel*: *The Deposition of Li Hsiu – Ch'eng*(Cambridge, England: Cambridge University Press, 1977), pp. 121 – 122.

[68] 同前书,第 122 页(对开本 72)。

[69] 慕维廉所提供日期。他在 1861 年 2 月 12 日写道洪仁玕已于上个安息日离开南京,即 2 月 10 日周日,也即当年农历正月初一。

[70] W. Muirhead, "Visit of the Rev. W. Muirhead to the City of Nanking," *The Missionary Magazine and Chronicle*, vol. 25(July 1861): 197 – 209;见第 206 页,慕维廉著文日期为 1861 年 2 月。

八 文明之劫

396

[1] 载于 *The Economist*, February 9, 1861, p. 146.

[2] *The Times*, December 25, 1860(editorial beginning "The news which arrived just as the bells were ringing their first Christmas chime").

[3] "Capture of Pekin," *The Illustrated News of the World*, December 15, 1860.

[4] 此信全文见雨果作品集 *Oeuvres Complètes*: *Pendant l'Exil*: *1852 – 1870*(Paris, 1883), pp. 267 – 270.

[5] 自其 1861 年书信,而他在 1870 年再次表达了同样的想法:

"S'associer à l'Angleterre pour donner à la Chine le spectacle de l'Europe vandale, stupéfier de notre barbarie les barbares, détruire le palais d'Été de compte à demi avec le fils de lord Elgin qui a mutilé le Parthénon," in Oeuvres Complètes: Pendant l'Exil: 1852 – 1870, p. 530.

[6] Hansard's Parliamentary Debates (London: T. C. Hansard), February 14, 1861, vol. 161, c. 392.

[7] 同前书, 第 410 栏。

[8] James Bruce, Earl of Elgin, Letters and Journals of James, Eighth Earl of Elgin, ed. Theodore Walrond (London: John Murray, 1872), pp. 391 – 392.

[9] 同前书, 第 393 页。

[10] Arthur W. Hummel, ed., Eminent Chinese of the Ch'ing Period (1644 – 1912) (台北: 成文出版社影印, 1967), 第 666 页。

[11] Lolan Wang Grady, "The Career of I – Hsin, Prince Kung, 1858 – 1880: A Case Study of the Limits of Reform in the Late Ch'ing," Ph. D. diss., University of Toronto, 1980, pp. 23 – 24.

[12] 据格雷迪 (Grady) 英译, 同前书, 第 94 ~ 95 页。

[13] 同前书, 第 100 页。

[14] 同前书, 第 100 ~ 101 页。

[15] Jennifer Rudolph, Negotiated Power in Late Imperial China: The Zongli Yamen and the Politics of Reform (Ithaca, N. Y.: Cornell University East Asia Program, 2008), pp. 184 – 185.

[16] R. K. I. Quested, Sino – Russian Relations: A Short History (Boston: George Allen & Unwin, 1984), pp. 71 – 77; Quested, The Expansion of Russia in East Asia, 1857 – 1860 (Kuala Lumpur: University of Malaya Press, 1968), pp. 64 – 153.

[17] Quested, Sino – Russian Relations, pp. 75 – 77.

[18] 茅家琦：《郭著〈太平天国史事日志〉校补》（台北：台湾商务印书馆，2001），第151页。五口通商大臣由其时江苏巡抚薛焕兼任，后他又卸职专事督办南方通商口岸贸易。见 Rudolph, *Negotiated Power*, p. 113.

[19] 茅家琦：《郭著〈太平天国史事日志〉校补》，第149～150页。

[20] 曾国藩奏稿，咸丰十年十一月八日（1860年12月19日），《曾国藩全集》（北京：中国致公出版社，2001），第三卷，第879～882页。

[21] Masataka Banno, *China and the West, 1858 – 1861: The Origins of the Tsungli Yamen* (Cambridge, Mass.: Harvard University Press, 1964), p. 209 and p. 332, n. 26.

[22] 这份奏稿转引于茅家琦《郭著〈太平天国史事日志〉校补》，第154页，"即令夷船驶往，非特不能收夹击之效，并恐……（无人陪同之俄人）与贼勾结，别生他变"。

[23] 格雷伯爵（Earl Grey）演说引于本段及随后诸段，见 *Hansard*, February 19, 1861, vol. 161, cc. 546 – 569.

[24] 同前书，第580栏。

[25] 密迪乐1861年2月19日致罗素函（1861年4月12日收启），见 *Papers Relating to the Rebellion in China, and Trade in the Yang – tze – kiang River* (London: Harrison and Sons, 1862), p. 3.

[26] J. S. Gregory, "Stephen Uhalley, Jr. and Westerners in China: A Further Comment," *The Journal of Asian Studies* 35, no. 2 (February 1976): 364 – 365.

[27] 花兰芷书信刊载于数处，如1860年12月1日的《传教通讯》（*the Church Missionary Intelligencer*）。

[28] "The Chinese Insurgents, and Our Policy with Respect to Them," *The London Review* 16, no. 31 (April 1861): 222 – 246；引用文字包括《陆路纪录报》（*The Overland Register*）的征引见第232、235及

397

242 页。

[29] John Scarth, *British Policy in China: Is Our War with the Tartars or the Chinese?* (London: Smith, Elder and Co., 1860), front cover.

[30] 同前书，第 23、31、32 页。

[31] *The Economist*, May 11, 1861, p. 513.

[32] "China," *DublinUniversity Magazine*, May 1861, p. 569.

[33] *Dictionary of National Biography* (New York: Macmillan, 1909), vol. 19, p. 258.

[34] 赛克斯（Sykes）演说引于本段及随后诸段，见 *Hansard*, March 12, 1861, vol. 161, cc. 1841–1856.

[35] 同前书，第 1858~1859 栏。

[36] *Hansard*, April 12, 1861, vol. 162, c. 522.

[37] 下雨描述自 Thomas W. Blakiston, *Five Months on the Yang – tsze* (London: John Murray, 1862), pp. 1–2.

[38] "Fighting Jimmy": Robert S. Rantoul, "Frederick Townsend Ward," *Historical Collections of the Essex Institute* 44, no. 1 (January 1908): 1–64, p. 31; Alexander Michie, *The Englishman in China During the Victorian Era* (Edinburgh: William Blackwood and Sons, 1900), 据第 349 页所述，何伯是 "一个身材高大、具贵族气息之人，有着让人喜欢、极为绅士的外貌。"

[39] Stanley Lane – Poole, *The Life of Sir Harry Parkes*, 2 vols. (London: Macmillan and Co., 1894), vol. 1, pp. 265–266.

[40] Harry Parkes, "Report of an Interview with Rebel Authorities at Nanking, March 1, 1861," in *Papers Relating to the Rebellion in China, and Trade in the Yang – tze – kiang River*, pp. 35–37.

[41] Lane – Poole, *The Life of Sir Harry Parkes*, vol. 1, p. 263.

[42] 同前书，第 264 页。

[43] 巴夏礼 1861 年 6 月 12 日致哈蒙德（E. Hammond）函，收于 *Papers*

398

Relating to the Rebellion in China, and Trade in the Yang - tze - kiang River, p. 45.

［44］ Lane - Poole, *The Life of Sir Harry Parkes*, vol. 1, p. 265.

［45］ "Report by Mr. Parkes of Visit to Woo - Hoo and Tae - Ping," March 28, 1861, in *Papers Relating to the Rebellion in China, and Trade in the Yang - tze - kiangRiver*, p. 31.

［46］ 何伯 1861 年 4 月 6 日致海军部函, 收于 *Correspondence Respecting the Opening of the Yang - tze - kiang River to Foreign Trade* (London: Harrison and Sons, 1861), p. 10.

［47］ Michie, *The Englishman in China*, p. 376.

［48］ 这一不进入上海 30 英里 (约 48 公里) 范围的承诺, 究竟只限该年抑或永久有效, 有所争议。巴夏礼原始报告完全未提一年之期, 但卜鲁斯后曾提到太平天国已承诺不侵扰上海"十二个月", 而巴夏礼于近一年后再赴南京要求延期 (遭拒)。此外, 何伯在 1862 年 10 月 15 日给接任其职之库柏的指示中, 提到该协议"仅限于该年"。见卜鲁斯 1861 年 6 月 16 日致何伯函, 收于 *Papers Relating to the Rebellion in China, and Trade in the Yang - tze - kiang River*, p. 56; and "Extract from a Memorandum dated October 15, 1862, addressed to Rear - Admiral Kuper by Vice - Admiral Sir J. Hope, on resigning the Command of the Station," in *Further Papers Relating to the Rebellion in China* (London: Harrison and Sons, 1863), p. 111.

［49］ "Report by Mr. Forrest of Journey from Shanghae to Nanking," in *Correspondence Respecting the Opening of the Yang - tze - kiang River to Foreign Trade*, pp. 27 - 30.

［50］ "人马兽"号 (the Centaur) 船长描述大运河沿岸"布满白花花人骨", 见阿普林 (E. Aplin) 1861 年 3 月 21 日致何伯函, 同前书, 第 21 页。

［51］ "Report by Mr. Forrest of Journey from Shanghae to Nanking," 同前

399

书，第 29 页。

[52] 湘军营官月俸银五十两。月薪六十两略当一千多美元年薪，而其时上海某商行工作的一名美国年轻人泰尔斯顿（William Mills Tileston）年薪九百美元。

[53] 富礼赐 1861 年 4 月 20 日及 5 月 1 日致卜鲁斯函，收于 *Papers Relating to the Rebellion in China, and Trade in the Yang – tze – kiang River*, pp. 41 – 42.

[54] 领事梅德赫斯特（Consul Medhurst）1861 年 5 月 6 日致卜鲁斯函，内附关于约翰·欣顿（John Hinton）之"免职"（Deposition），同前书，第 42 ~ 43 页。

[55] 此信收于 The Frederick Townsend Ward Papers, Manuscripts and Archives, Sterling Memorial Library, Yale University, New Haven, Conn.

[56] Teng Ssu – yu（邓嗣禹），*The Taiping Rebellion and the Western Powers: A Comprehensive Survey*（Oxford, England: Clarendon Press, 1971）, p. 305.

[57] Caleb Carr, *The Devil Soldier: The American Soldier of Fortune Who Became a God in China*（New York: Random House, 1992）, pp. 150 – 151.

[58] Edward Forester, "Personal Recollections of the Tai – ping Rebellion," *Cosmopolitan* 21, no. 6（October 1896）: 629; Carr, *Devil Soldier*, pp. 153 – 154.

九　看谁撑得久

[1] 描述基于 Thomas W. Blakiston, *Five Months on the Yang – tsze*（London: John Murray, 1862）, p. 61; Viscount Garnet Wolseley, *Narrative of the War with China in 1860, to Which Is Added the Account of a Short Residence with the Tai – ping Rebels at Nankin …*（London: Longman, Green, Longman and Roberts, 1862）, pp. 369 – 372.

[2] 描画自 Laurence Oliphant, *Narrative of the Earl of Elgin's Mission to China and Japan in the Years 1857, '58, '59*, 2 vols. (London and Edinburgh: William Blackwood and Sons, 1859), vol. 2, pp. 363 – 364.

[3] Augustus F. Lindley (Lin – le), *Ti – Ping Tien – Kwoh; The History of the Ti – ping Revolution* (London: Day & Son, Ltd., 1866), p. 345 (中译本见吟唎著、王维周译,《太平天国革命亲历记》, 中华书局上海编辑所, 1962, 第 276 ~ 277 页。——校注); Wolseley, *Narrative of the War with China in* 1860, p. 371.

[4] 张德坚:《贼情汇纂》(台北: 文海出版社, 1968; 1855 年原版影印), 第 173 页。

[5] Lindesay Brine, *The Taeping Rebellion in China: A Narrative of Its Rise and Progress* (London: John Murray, 1862), p. 307.

[6] 朱洪章:《从戎纪略》(台北: 文海出版社, 1968; 1890 年原版影印), 第 68 页。

[7] "Report by Mr. Parkes of Visit to Ngan – king (安庆), March 24, 1861," in *Correspondence Respecting the Opening of the Yang – tze – kiang River to Foreign Trade* (London: Harrison and Sons, 1861), pp. 25 – 27, see p. 26.

[8] Jen Yu – wen (简又文), *The Taiping Revolutionary Movement* (New Haven, Conn.: Yale University Press, 1973), p. 412.

[9] 这与李秀成供词中所述策略稍有差异, 反映了他们真正的意图。

[10] 来自官文奏折, 引于茅家琦《郭著〈太平天国史事日志〉校补》(台北: 台湾商务印书馆, 2001), 第 157 页。

[11] Parkes, "Report of Mr. Parkes of his Visit to the Ying Wang at Hwang – chow, March 22, 1861," in *Papers Relating to the Rebellion in China, and Trade in the Yang – tze – kiang River* (London: Harrison and Sons, 1862): 53 – 56, see p. 55.

[12] 曾国藩家书, 咸丰十年七月三日 (1860 年 8 月 19 日),《曾国藩全

集》（北京：中国致公出版社，2001），第七卷，第 2400 页。

［13］曾国藩日记，咸丰十年十月十一日条（1860 年 11 月 23 日），《曾国藩全集》，第十卷，第 3600 页。

［14］曾国藩日记，咸丰十年十月十一日、十九日条（1860 年 11 月 23 日、12 月 1 日），《曾国藩全集》，第十卷，第 3600、3602 页。

［15］朱东安：《曾国藩传》（天津：百花文艺出版社，2001），第 162 页。

［16］陈昌：《霆军纪略》（上海：上海申报馆，1882），卷三，第 26b 页。

［17］曾国藩家书，咸丰十年十月二十日（1860 年 12 月 2 日），《曾国藩全集》，第七卷，第 2430 页。

［18］C. A. Curwen, *Taiping Rebel：The Deposition of Li Hsiu – Ch'eng*（Cambridge，England：Cambridge University Press，1977），pp. 122 – 123.

［19］陈昌：《霆军纪略》，卷三，第 27a 页。

401　　　［20］曾国藩家书，咸丰十年十一月十四日（1860 年 12 月 25 日），《曾国藩全集》，第七卷，第 2436 ~ 2437 页（作者原注：《曾国藩全集》排印有误，将此信列为咸丰十年十一月四日）。

［21］曾国藩致胡林翼函，咸丰十年十一月十六日（1860 年 12 月 27 日），转引于茅家琦《郭著〈太平天国史事日志〉校补》，第 150 页。

［22］曾国藩家书，咸丰十年十一月十八日、二十二日、二十四日（1860 年 12 月 29 日、1861 年 1 月 2 日、4 日），《曾国藩全集》，第七卷，第 2437、2438 ~ 2439 页。

［23］曾国藩奏稿，咸丰十年十一月二十八日（1861 年 1 月 8 日），《曾国藩全集》，第三卷，第 887 ~ 888 页。

［24］简又文，*The Taiping Revolutionary Movement*，p.415；朱东安：《曾国藩传》，第 163 页。

［25］曾国藩日记，咸丰十一年三月五日条（1861 年 4 月 14 日），《曾国

藩全集》，第十卷，第 3641 页；亦转引于朱东安《曾国藩传》，第 164 页。

[26] 曾国藩日记，咸丰十一年三月十三日条（1861 年 4 月 22 日），同 前书，第 3644 页。

[27] 曾国藩家书，咸丰十一年三月十三日（1861 年 4 月 22 日），《曾国 藩全集》，第七卷，第 2475 ~ 2476 页。

[28] 同前书，第 2476 页。

[29] "Report of Mr. Parkes of His Visit to the Ying Wang at Hwang - chow, March 22, 1861," in *Papers Relating to the Rebellion in China, and Trade in the Yang - tze - kiang River*, pp. 53 - 56, 引用文字见第 54 页。

[30] 同前书，第 54 页。

[31] Lindley, *Ti - Ping Tien - Kwoh*, p. 350（中译本见呤唎著、王维周 译《太平天国革命亲历记》，第 280 页。——校注）。

[32] "Report by Mr. Parkes of Visit to Ngan - king（安庆），March 24, 1861," in *Correspondence Respecting the Opening of the Yang - tze - kiang River to Foreign Trade*, pp. 25 - 27.

[33] "Report by Mr. Parkes on Communications with the Insurgents at Nanking, March 29 to April 2, 1861," in *Papers Relating to the Rebellion in China, and Trade in the Yang - tze - kiang River*, pp. 10 - 15, see p. 12.

[34] 据吴士礼（Garnet Wolseley，又译威司利，英国军人）1861 年春途 径汇报所述，见 Wolseley, *Narrative of the War with China in 1860*, p. 370.

[35] "Report by Mr. Parkes of Visit to Ngan - king（安庆），March 24, 1861," p. 27.

[36] Curwen, *Taiping Rebel*, p. 123.

[37] 同前书，第 123 页。

[38] 同前书，第 124～125 页。

[39] 《李秀成致赖文光谆谕》，英译本自 Franz Michael, *The Taiping Re-bellion：History and Documents*, 3 vols. (Seattle：University of Wash-ington Press, 1966－1971), vol. 3, pp. 1043－1044；此信最后落至大英博物馆（该信英译本系编者据大英博物馆原信之影印本翻译，见同书，第 1043 页。——校注）。

402 [40] 简又文, *The Taiping Revolutionary Movement*, pp. 421－422.

[41] 夏春涛：《从塾师、基督徒到王爷：洪仁玕》（武汉：湖北教育出版社，1999），第 257 页。

[42] 曾国藩家书，咸丰十一年四月二十四日（1861 年 6 月 2 日），《曾国藩全集》，第七卷，第 2506 页。

[43] 洪仁玕：《题御赐金笔》，收于扬州师范学院中文系编《洪仁玕选集》（北京：中华书局，1978），第 62 页；英译自 Michael, *The Taiping Rebellion*, vol. 3, p. 835（该诗英译系编者据王重民自剑桥大学图书馆所辑《钦定军次实录》影印本内容翻译，见同书，第 833 页。——校注）。

[44] 洪仁玕：《止戈》，收于扬州师范学院中文系编《洪仁玕选集》，第 67 页。

[45] 夏春涛：《从塾师、基督徒到王爷：洪仁玕》，第 261 页。

[46] 同前书，第 248 页；简又文, *The Taiping Revolutionary Movement*, p. 423.

[47] 曾国藩家书，咸丰十一年五月四日（1861 年 6 月 11 日），《曾国藩全集》，第七卷，第 2514 页；以及咸丰十一年五月十四日（1861 年 6 月 21 日）书信，同前书，第 2522 页。

[48] 王闿运：《湘军志》（1879 年版），卷五，第 8a 页。

[49] 曾国藩于 7 月 9 日收到消息，见其家书，咸丰十一年六月二日（1861 年 7 月 9 日），《曾国藩全集》，第七卷，第 2527 页。

[50] 朱洪章：《从戎纪略》，第 73～74 页；朱说一万人，但曾国荃报曾

国藩之数字是八千（与收缴武器数目相符）。见曾国藩家书，咸丰
十一年六月四日（1861 年 7 月 11 日），《曾国藩全集》，第七卷，
第 2528 页。

[51] 曾国藩家书，咸丰十一年六月四日（1861 年 7 月 11 日），《曾国藩
全集》，第七卷，第 2528 页。

[52] 曾国藩家书，咸丰十一年六月五日（1861 年 7 月 12 日），同前书，
第 2528 页。

[53] 曾国藩家书，咸丰十一年六月十二日（1861 年 7 月 19 日），同前
书，第 2530 页。

[54] 曾国藩家书，咸丰十一年四月二十四日（1861 年 6 月 2 日），同前
书，第 2506 页。

[55] 曾国藩家书，咸丰十一年四月二十六日（1861 年 6 月 4 日），同前
书，第 2508～2509 页。

[56] 曾国藩家书，咸丰十一年五月六日（1861 年 6 月 13 日），同前书，
第 2516 页；这艘船卸下三千石米，一石即 2.75 蒲式耳或 124 磅
（约合 56 公斤）。其后，曾国藩曾有估计一石米可供一百名士兵一
日之需。据此，三千石可维持三万人十日正常配给所需。见曾国藩
家书，同治元年九月二日（1861 年 10 月 24 日），同前书，第 2624 页。

[57] 曾国藩家书，咸丰十一年五月六日（1861 年 6 月 13 日），同前书，
第 2516 页。

[58] "The Prince of Kung to Mr. Bruce," July 18, 1861, in *Papers Relating to the Rebellion in China, and Trade in the Yang - tze - kiang River*, pp. 67 - 68; Bruce to Medhurst, Beijing, July 23, 1861, in ibid. , p. 68; quotation is from Bruce to Russell, Beijing, July 30, 1861, ibid. , pp. 64 - 65; Jen Yu - wen（简又文）在著作 *The Taiping Revolutionary Movement* 第 426 页称英国人实际上在曾国藩的水师旁边设立了海军封锁线，但他没有给出这一说法的引文出处。

[59] William James Hail, *Tseng Kuo - fan and the Taiping Rebellion, with a*

Short Sketch of His Later Career (New Haven, Conn.: Yale University Press, 1927), 第 233 页, 征引名称不详奏稿。

[60] 曾国藩家书, 咸丰十一年三月二十四日 (1861 年 5 月 3 日),《曾国藩全集》, 第七卷, 第 2483 ~ 2484 页, 引用文字见第 2484 页。

[61] Hail, *Tseng Kuo-fan*, p. 234.

[62] 简又文, *The Taiping Revolutionary Movement*, p. 422; 亦见曾国藩家书, 咸丰十一年五月三十日 (1861 年 7 月 7 日),《曾国藩全集》, 第七卷, 第 2526 页。

[63] 据朱洪章《从戎纪略》第 76 ~ 77 页中描述写成; 亦见赵烈文《能静居日记》, 咸丰十一年八月十三日条 (1861 年 9 月 17 日), 收于罗尔纲、王庆成主编《太平天国》(桂林: 广西师范大学出版社, 2004), 第七册, 第 107 页; 龙盛运:《湘军史稿》(成都: 四川人民出版社, 1990), 第 262 页; Arthur W. Hummel, ed., *Eminent Chinese of the Ch'ing Period (1644–1912)* (台北: 成文出版社影印本, 1967), 第 106 页论英王陈玉成条, 说 8 月 21 日开战, 共六天六夜。但据朱洪章说法, 8 月 27 日 (农历七月二十二日) 真正开战, 9 月 3 日 (农历七月二十九日) 夜结束。

[64] 龙盛运:《湘军史稿》, 第 262 页, 注释 2; 呤唎 (Augustus Lindley)、朱洪章、王闿运俱说守军已离城而去 (呤唎说借协议离城; 朱洪章则说凭地道出城), 这与曾国藩所报湘军轰塌城墙击败守军说法相忤。赵烈文说湘军挖有一条地道, 直至 9 月上旬 (农历七月底) 方完工, 湘军于战斗结束后才利用该地道进城。他描画了以铁链锁定的炮手, 说湘军进城时未遇抵抗。见《能静居日记》, 咸丰十一年八月十三日条 (1861 年 9 月 17 日), 收于罗尔纲、王庆成主编《太平天国》, 第七册, 第 108 页。

[65] 赵烈文:《能静居日记》, 咸丰十一年八月十三日条 (1861 年 9 月 17 日), 收于罗尔纲、王庆成主编《太平天国》, 第七册, 第 107 ~ 108 页。

[66] 曾国藩家书，咸丰十一年五月十八日（1861 年 6 月 25 日），《曾国藩全集》，第七卷，第 2523 页。

[67] 简又文：《太平天国全史》（香港：简氏猛进书屋，1962），下册，第 1893 页，推断城中所有人全部遇害；龙盛运说女人被掳走，男丁男童全遭屠戮，见《湘军史稿》，第 262 页；赵烈文说孩童得免（赵氏原句"杀贼凡一万余人，男子髫龀以上皆死"。——校注），妇女万余被兵士掠出，数十名女人自尽。见《能静居日记》，咸丰十一年八月十三日条，收于《太平天国》，第七册，第 108 页。

十　天与地

[1] David Field Rennie, *Peking and the Pekingese*: *During the First Year of the British Embassy at Peking*, 2 vols. (London: John Murray, 1865), vol. 1, pp. 267 - 269；那年八月在北京有关皇帝驾崩的更多传言见同书，第 317、335 页。

[2] 《苹湖笔记》，佚名记，收于罗尔纲、王庆成主编《太平天国》（桂林：广西师范大学出版社，2004），第五册，第 31 页。

[3] 赵烈文：《能静居日记》，咸丰十一年八月一日条（1861 年 9 月 5 日），收于罗尔纲、王庆成主编《太平天国》，第七册，第 96 页。

[4] 曾国藩日记，咸丰十一年七月三十日条（1861 年 9 月 4 日），《曾国藩全集》（北京：中国致公出版社，2001），第十卷，第 3684 ~ 3685 页。

[5] 曾国藩日记，咸丰十一年八月十日条（1861 年 9 月 14 日），同前书，第 3687 页。

[6] 曾国藩日记，咸丰十一年八月十日条（1861 年 9 月 14 日），同前书，第 3687 ~ 3688 页。

[7] Evelyn S. Rawski, *The Last Emperors*: *A Social History of Qing Imperial Institutions* (Berkeley: University of California Press, 1998), pp. 140 - 141；其皇后妃嫔四分之三从未受孕。

404

［8］ 洪仁玕：《诛妖檄文》，英译本自 Franz Michael, *The Taiping Rebellion: History and Documents*（Seattle：University of Washington Press, 1966－1971）, vol. 3, pp. 859－869，引用文字见第 863 页，（英文原著中对引文之人名、地名英译）作现代罗马化及大写转换（该英译本系编者据王重民自剑桥大学图书馆所辑影印本《太平天国官书十种》内容翻译，见同书，第 859 页。——校注）。

［9］ Rennie, *Peking and the Pekingese*, vol. 1, p. 173.

［10］ 同前书，第 173～174 页。

［11］ 巴夏礼 1861 年 5 月 10 日于北京致卜鲁斯函，自 *Papers Relating to the Rebellion in China, and Trade in the Yang－tze－kiang River*（London：Harrison and Sons, 1862）, pp. 23－35；引用文字见第 32 页。

［12］ 洪仁玕：《致李秀成书》，收于扬州师范学院中文系编《洪仁玕选集》（北京：中华书局，1978），第 56 页（此文转引自《洪仁玕自述》，即《洪仁玕南昌府亲书供词》，见同书注释，第 57 页。——校注）。

［13］ Michael, *The Taiping Rebellion*, vol. 3, p. 1526.

［14］ 徐川一：《太平天国安徽省史稿》（合肥：安徽人民出版社，1991），第 283 页。

405 ［15］ Michael, *The Taiping Rebellion*, vol. 3, p. 969.

［16］ 同前书，卷一，第 159～160 页。

［17］ Thomas W. Blakiston, *Five Months on the Yang－tsze*（London：John Murray, 1862）, p. 49.

［18］ 同前书，第 52 页。

［19］ 同前书，第 54 页。

［20］ 同前书，第 52～54 页。

［21］ 本段及下一段之引用文字见 Jane R. Edkins, *Chinese Scenes and People, With Notices of Christian Missions and Missionary Life …*（London, James Nisbet & Co. , 1863）, pp. 201－206.

［22］ 同前书，第 29～33 页。

［23］ Griffith John, letter to the Rev. Dr. Tidman, Hankow, November 5, 1861, reprinted in *The Missionary Magazine and Chronicle*, no. 309, new ser. , no. 26（February 1862）: 36 – 37.

［24］ 巴夏礼1861年5月10日于北京致卜鲁斯函, 自 *Papers Relating to the Rebellion in China, and Trade in the Yang – tze – kiang River*, 第35页引用文字。

［25］ 罗孝全1861年3月30日致《北华捷报》书, 引于 Prescott Clarke and J. S. Gregory, *Western Reports on the Taiping*: *A Selection of Documents*（Honolulu: University Press of Hawaii, 1992）, p. 263.

［26］ "Our editorial of last week … ," *The North – China Herald*, September 14, 1861.

［27］ Introduction to letter from I. J. Roberts, *China Mail*, no. 856（July 11, 1861）.

［28］ 以美国《路易斯维尔日刊》（*The Louisville Daily Journal*）1862年5月8日所载《太平造反者》（"The Taeping Rebels"）一文为例, "有人认为西方基督教国家未向他们表现出更务实的同情支持真是咄咄怪事, 该想法在很大程度上盛行于我国, 乃自'天王'的指导者罗孝全牧师是美国人这一尽人皆知的事实。"

［29］ Letter from I. J. Roberts, *China Mail*, no. 856（July 11, 1861）.

［30］ Rawski, *The Last Emperors*, p. 103.

［31］ 同前书, 第127页。

［32］ Arthur W. Hummel, ed. , *Eminent Chinese of the Ch'ing Period*（*1644 – 1912*）（Taipei: Chengwen reprint, 1967）, p. 668; Rawski, *The Last Emperors*, p. 103.

［33］ Rennie, *Peking and the Pekingese*, vol. 2, pp. 141, 125.

［34］ Lolan Wang Grady, "The Career of I – Hsin, Prince Kung, 1858 – 1880: A Case Study of the Limits of Reform in the Late Ch'ing," Ph. D. diss. , University of Toronto, 1980, p. 101.

406 [35] Rennie, *Peking and the Pekingese*, vol. 2, pp. 128 – 129.

[36] 同前书, 第 160 页。

[37] Hummel, *Eminent Chinese*, p. 668; William Robson, *Griffith John: Founder of the Hankow Mission Central China* (London: S. W. Partridge & Co., n. d. [1901?]), 第 60 页引 Lockart 目击所述 (Dr. Lockart 是见证肃顺被处斩的唯一欧洲人, 见同书, 第 60 页。——校注); 亦见 Rennie, *Peking and the Pekingese*, vol. 2, pp. 125 – 166.

[38] Rennie, *Peking and the Pekingese*, vol. 2, p. 134.

[39] William Minns Tileston, letter to his mother, Shanghai, October 18, 1860, Massachusetts Historical Society, Boston, Mass.

[40] Edward Bowra, diary, at School of Oriental and African Studies (PPMS 69, Bowra, Box 1, Folder 6), accessed via Adam Matthew Digital, "China: Trade, Politics and Culture, 1793 – 1980," entry for June 1, 1863 (manuscript pp. 35 – 36).

[41] Josiah Cox, "A Missionary Visit to Nanking and the 'Shield King,'" in *The Wesleyan Missionary Notices*, no. 100, 3rd ser. (April 1862): 61 – 66, 征引文字见第 62 页。

[42] "Extract from the Journal of the Rev. Josiah Cox," in *The Wesleyan Missionary Notices*, no. 101, 3rd ser. (May 1862): 69 – 76, 征引文字见第 70 页。

[43] Cox, "A Missionary Visit to Nanking and the 'Shield King,'" p. 62.

[44] 同前书, 第 65 页; 自 J. S. Gregory 在 1956 年所著论文始, 西方史家多误认为此语乃自洪仁玕本人——那只是呈现其家人对他安危的关心, 而非他自身于政策上的转变。

[45] 同前书, 第 62 页, 略加重点强调。

十一 十字路口

[1] "The New War in China," *The London Review*, July 12, 1862, p. 27.

［2］ Eugene A. Brady, "A Reconsideration of the Lancashire 'Cotton Famine'," *Agricultural History* 37, no. 3 (July 1963): 156 – 162, see p. 159.

［3］ "A History of the External Trade of China, 1834 – 81," in *Decennial Reports on the Trade, Navigation, Industries, etc., of the Ports Open to Foreign Commerce, and on Conditions and Development of the Treaty Port Provinces*, 5th issue (1922 – 1931) (上海: 海关总税务司署统计科, 1933), vol. 1, pp. 1 – 144; 见第 56 页; 亦见 Brady, "A Reconsideration," 文中第 159 页图表。

［4］ Brady, "A Reconsideration,'" pp. 156 – 158.

［5］ "A History of the External Trade of China, 1834 – 81," pp. 61 and 77.

［6］ David McLean, letter of January 10, 1863, from Shanghai. In letter book held at School of Oriental and African Studies, University of London (MS380401/11), p. 26. Accessed via Adam Matthew Digital, "China: Trade, Politics and Culture, 1793 – 1980."

［7］ 转引于 James McPherson, *Battle Cry of Freedom: The Civil War Era* (New York: Oxford University Press, 1988), p. 388.

［8］ *The Times*, May 13, 1861 (editorial beginning "Every successive mail brings proof of the soundness of our latest policy towards China").

［9］ *Hansard's Parliamentary Debates* (London: T. C. Hansard), May 31, 1861, vol. 163, cc. 379 – 381 (作者 Platt 所征引之文献《汉萨德英国议会议事录》每页皆分两栏, 故所有页码缩写均作 c. 或 cc., 意为 "column" 或 "columns"。——校注)。

［10］ 同前书, 第 381 ~ 383 栏。

［11］ 同前书, 第 391 栏。

［12］ 同前书, 第 383 ~ 385 栏。

［13］ 同前书, 第 386 栏。

［14］ 同前书, 第 388 栏。

[15] 同前书，第401栏。

[16] *The Times*，June 3，1861（editorial beginning "Our House of Commons，which claims to unite all power and all dexterity"）.

[17] C. A. Curwen，*Taiping Rebel：The Deposition of Li Hsiu – Ch'eng*（Cambridge，England：Cambridge University Press，1977），p. 258，n. 14.

[18] 茅家琦：《郭著〈太平天国史事日志〉校补》（台北：台湾商务印书馆，2001），第168页。

[19] Curwen，*Taiping Rebel*，p. 128.

[20] 沈梓：《避寇日记》，咸丰十一年十二月七日条（1862年1月6日），收于罗尔纲、王庆成主编《太平天国》（桂林：广西师范大学出版社，2004），第八册，第77页。

[21] 沈梓：《避寇日记》，咸丰十一年十二月六日条（1862年1月5日），同前书，第77页。

[22] Curwen，*Taiping Rebel*，p. 129.

[23] 同前书，第260页，注释26，引许瑶光语（此句作者Curwen转引自许氏所著《谈浙卷二》，中国史学会主编《中国近代史资料丛刊·太平天国》，上海：上海人民出版社，1957，第六册，第588页。见同书，第260页，注释26。——校注）。

[24] 卜鲁斯1860年12月21日天津致辛克莱领事（Consul Sinclair）函，见 *Papers Relating to the Rebellion in China，and Trade in the Yang – tze – kiang River*（London：Harrison and Sons，1862），p. 2.

[25] 卜鲁斯1860年12月23日天津致何伯函，同前书。

[26] Hope，"Orders Addressed to Captain Dew，" Nagasaki，May 8，1861，同前书，第16页。

[27] 罗素1861年7月24日及8月8日致卜鲁斯函，同前书，第23页及第46页。

[28] 卜鲁斯1861年6月16日北京致何伯函，同前书，第56~59页。

［29］ 茅家琦：《郭著〈太平天国史事日志〉校补》，第 167 页。

［30］ 何伯 1861 年 7 月 11 日香港致卜鲁斯函，见 *Papers Relating to the Rebellion in China, and Trade in the Yang - tze - kiang River*, p. 60。

［31］ "Memorandum by Mr. Alabaster, on the condition of the Tae - ping Insurgents at Cha - poo," 同前书，第 61~62 页。

［32］ 夏福礼（F. Harvey）1861 年 6 月 18 日宁波致卜鲁斯函，同前书，第 66 页特别提到："乐德克舰长告诉道台，他奉舰队司令指示前来检查并协防宁波，以应对任何叛军来犯；虽并未确切受命还击对该城之攻击，但他毫不怀疑在返回上海时将接到此命令。"

［33］ 何伯 1861 年 12 月 22 日上海致海军部函，同前书，第 90~91 页。

［34］ 夏福礼 1861 年 11 月 12 日宁波致卜鲁斯函，同前书，第 83 页。

［35］ The Ven. Archdeacon Moule, *Personal Recollections of the T'ai - p'ing Rebellion, 1861 - 1863* (Shanghai: Shanghai Mercury Office, 1898), pp. 8 - 9.

［36］ "Memorandum by Mr. Parkes on the Capture of Ningpo by the Rebels," in *Papers Relating to the Rebellion in China, and Trade in the Yang - tze - kiang River*, pp. 92 - 96, see esp. p. 94.

［37］ Moule, *Personal Recollections*, p. 11.

［38］ 夏福礼 1861 年 12 月 18 日宁波致哈蒙德（E. Hammond）函，见 *Papers Relating to the Rebellion in China, and Trade in the Yang - tze - kiang River*, p. 89.

［39］ Moule, *Personal Recollections*, p. 9.

［40］ W. H. (William Henry) Sykes, *The Taeping Rebellion in China: Its Origin, Progress, and Present Condition* (London: Warren Hall & Co., 1863), p. 34.

［41］ 夏福礼 1862 年 1 月 3 日宁波致哈蒙德函，见 *Papers Relating to the Rebellion in China, and Trade in the Yang - tze - kiang River*, p. 106.

［42］ 转引于 Stephen Uhalley, Jr., "The Taipings at Ningpo: The Significance of a Forgotten Event," *The Journal of the Hong Kong Branch of the Royal Asiatic Society*, vol. 11 (1971): 17 - 32, p. 20; 亦见 Sykes, *The Taeping Rebellion in China*, p. 19.

[43] 夏福礼 1861 年 12 月 31 日宁波致卜鲁斯函，见 *Papers Relating to the Rebellion in China, and Trade in the Yang - tze - kiang River*, pp. 107 - 108.

[44] Lindesay Brine, *The Taeping Rebellion in China: A Narrative of its Rise and Progress* (London: John Murray, 1862), p. 333.

[45] 卜鲁斯 1862 年 1 月 18 日北京致罗素函，见 *Papers Relating to the Rebellion in China, and Trade in the Yang - tze - kiang River*, p. 143.

[46] 何伯 1862 年 1 月 9 日上海致海军部秘书长函，同前书，第 106 页。

[47] 蒸汽邮船描画基于英人包腊 (Edward Bowra) 1863 年 10 月 11 日日记。

[48] Stanley Lane - Poole, *The Life of Sir Harry Parkes*, 2 vols. (London: Macmillan and Co., 1894), vol. 1, p. 465.

[49] "Commander Bingham to the Tae - ping Authorities at Nanking," January 1, 1862, in *Papers Relating to the Rebellion in China, and Trade in the Yang - tze - kiang River*, p. 104.

[50] "Our China Correspondence," *The New York Times*, March 29, 1862 (dateline January 17).

十二 破釜沉舟

[1] 朱东安:《曾国藩传》(天津:百花文艺出版社, 2001), 第 188 页; 征引同治元年十月十六、十七日 (1862 年 12 月 7 ~ 8 日) 曾家书。

[2] 曾国藩家书, 同治元年三月四日 (1862 年 4 月 2 日),《曾国藩全集》(北京:中国致公出版社, 2001), 第七卷, 第 2588 页。

[3] 曾国藩奏稿, 咸丰十一年十月十四日 (1861 年 11 月 16 日),《曾国藩全集》, 第三卷, 第 962 页。

[4] 朱东安:《曾国藩传》, 第 187 页。

[5] Arthur W. Hummel, ed., *Eminent Chinese of the Ch'ing Period* (*1644 – 1912*) (台北：成文出版社影印本，1967)，p. 464.

[6] Stanley Spector, *Li Hung – chang and the Huai Army：A Study in Nineteenth – Century Chinese Regionalism* (Seattle：University of Washington Press, 1964), pp. 18 – 19.

[7] Lolan Wang Grady, "The Career of I – Hsin, Prince Kung, 1858 – 1880：A Case Study of the Limits of Reform in the Late Ch'ing," Ph. D. diss., University of Toronto, 1980, pp. 118 – 119.

[8] 曾国藩日记，咸丰十一年十一月十四日条（1861 年 12 月 15 日），《曾国藩全集》，第十卷，第 3717 页。

[9] 曾国藩日记，咸丰十一年十一月二十五日条（1861 年 12 月 26 日），同前书，第 3720～3721 页。

[10] 如参见曾国藩奏稿，同治元年一月十日（1862 年 2 月 8 日），《曾国藩全集》，第三卷，第 981～982 页。

[11] 曾国藩奏稿，同治元年一月二十二日（1862 年 2 月 20 日），同前书，第 986～987 页。

[12] 安排任职事，见朱东安《曾国藩传》，第 185 页。

[13] 本段及随后（罗孝全所述）引自 "Letter from Rev. I. J. Roberts," January 22, 1862, in *Papers Relating to the Rebellion in China, and Trade in the Yang – tze – kiang River* (London：Harrisonand Sons, 1862), pp. 142 – 143.

[14] John A. Rapp, "Clashing Dilemmas：Hong Rengan, Issachar Roberts, anda Taiping 'Murder' Mystery," *Journal of Historical Biography* 4 (Autumn2008)：27 – 58；Lindesay Brine, *The Taeping Rebellion in China：A Narrativeof Its Rise and Progress* (London：John Murray, 1862), p. 299.

[15] 《洪仁玕（南昌府）亲书供词》，英译自 Franz Michael, *The Taiping Rebellion：History and Documents* (Seattle：University of Washington-

410

Press, 1966 – 1971), vol. 3, pp. 1511 – 1530, quotation on p. 1527（该供词内容系编者对《北华捷报》在 1865 年 7 月 15 日，8 月 5 日、12 日、19 日洪氏供词英译连载的校改版本，见同书，第 1510 页。——校注）。

[16] Brine, *The Taeping Rebellion in China*, p. 299.

[17] "The Chinese Foreign Legion," *The North – China Herald*, June 8, 1861; Bruce to Russell, July 3, 1861, in *Papers Relating to the Rebellion in China, and Trade in the Yang – tze – kiang River* (London: Harrison and Sons, 1862), p. 61.

[18] "Colonel Ward and the Supposed Privateer Neva," *New York Herald*, November 9, 1861.

[19] Whiskey: William Minns Tileston, letter to his mother, Shanghai, September 2, 1861, Massachusetts Historical Society, Boston, Mass.; celebrated fillibuster: "The Rebels at Work in Chinese Waters," *The New York Times*, November 3, 1861; seceding rascals: "Colonel Ward and the Supposed Privateer Neva," *New York Herald*, November 9, 1861.

[20] William Minns Tileston, letter, October 5, 1862, Massachusetts Historical Society, Boston, Mass.

[21] "From Hong Kong: The End of Our Squadron in the China Seas," *The New York Times*, February 23, 1862.

[22] Hallett Abend, *The God from the West* (Garden City, N. Y.: Doubleday, 1947), p. 139; Augustus Allen Hayes, "Another Unwritten Chapter in the Late War," *The International Review*, vol. 11 (1881): pp. 519ff.

[23] Holger Cahill, *A Yankee Adventurer: The Story of Ward and the Taiping Rebellion* (New York: Macaulay, 1930), p. 152.

[24] William Minns Tileston, letter to his mother, Shanghai, March 5,

1862, Massachusetts Historical Society, Boston, Mass.

[25] Extract from "Shanghai Shipping News," January 13, 1862, in *Papers Relating to the Rebellion in China, and Trade in the Yang - tze - kiang River*, pp. 130 - 131.

[26] William Minns Tileston, letter to his mother, Shanghai, June 2, 1862, Massachusetts Historical Society, Boston, Mass.

[27] 原句:"曾有机会在白河之役中见识过清军,我对他们(太平军)显现出的武备与组织方式相当震惊。"见 Capt. Willes to Vice - Admiral Sir J. Hope, Wusong, January 20, 1862, in *Papers Relating to the Rebellion in China, and Trade in the Yang - tze - kiang River*, p. 139.

[28]《忠王李秀成谕尚海、松江人民兵勇洋商告示》,英译自 Michael, *The Taiping Rebellion*, vol. 3, pp. 996 - 998, quotation on p. 997.

[29] 同前书,第 998 页。

[30] Robertson to Hammond, Canton, January 29, 1862 in *Papers Relating to the Rebellion in China, and Trade in the Yang - tze - kiang River*, p. 129.

[31] Extract from Daily Shipping and Commercial News, in ibid., pp. 129 - 130.

[32] *The North - China Herald*, February 1, 1862.

[33] Jonathan Spence, *God's Chinese Son* (New York: W. W. Norton, 1996), p. 302; The Ven. Archdeacon Moule, *Personal Recollections of the T'ai - p'ing Rebellion, 1861 - 1863* (Shanghai: Shanghai Mercury Office, 1898), p. 15 (中译本见史景迁著,朱庆葆、计秋枫等译《"天国之子"和他的世俗王朝:洪秀全与太平天国》,上海:上海远东出版社,2001。——校注)。

[34]《萨尼亚观察报》的文章说他来自缅因州,《巴尔的摩太阳报》的另一篇文章则说他来自纽约州杰斐逊县,见 "A Remarkable Career: Col. Forrester, Once Commander in a ChineseArmy," *The Sarnia Observer*,

411

November 21, 1890; "Remarkable Romance in Real Life: A New York Sailor Ruling a Chinese City," *The Sun*, August 6, 1862.

[35] D. J. MacGowan, "Memoir of Generals Ward and Burgevine, and of the Ever Conquering Legion," *The Far East*, new ser. , vol. 2 (January – June 1877): 104; Robert Harry Detrick, "Henry Andrea Burgevine in China: A Biography," Ph. D. diss. , Indiana University, 1968, pp. 11 – 12.

[36] Cahill, *A Yankee Adventurer*, pp. 148 – 149.

[37] Caleb Carr, *The Devil Soldier: The American Soldier of Fortune Who Became a God in China* (New York: Random House, 1992), pp. 162 – 165.

[38] John Keegan, *The American Civil War: A Military History* (New York: Knopf, 2009), pp. 7, 44.

[39] Richard J. Smith, *Mercenaries and Mandarins: The Ever – Victorious Army in Nineteenth – Century China* (Millwood, N. Y. : KTO Press, 1978), p. 90.

[40] "China: Important Defeat of the Rebels," *Otago Witness*, July 26, 1862.

[41] "List of Articles Abstracted from a Pocket – Book Found on Board a Vessel with Arms & c. , for Sale to the Rebels," in *Further Papers Relating to the Rebellion in China* (London: Harrison and Sons, 1863), p. 103.

[42] 茅家琦:《郭著〈太平天国史事日志〉校补》(台北: 台湾商务印书馆, 2001), 第 172 页。

412 [43] Report from Daily Shipping and Commercial News, February 10, 1862, in *Papers Relating to the Rebellion in China, and Trade in the Yang – tze – kiang River*, p. 155.

[44] 茅家琦:《郭著〈太平天国史事日志〉校补》, 第 173 页。

[45] See, e. g. , Carr, *Devil Soldier*, pp. 214 – 215.

[46] From the Frederick Townsend Ward Papers, Sterling Memorial Library, Manuscripts and Archives, Yale University, New Haven, Conn.

［47］ Carr, *Devil Soldier*, pp. 83, 211 – 212.

［48］ "Minute of Conference between the Military and Naval Authorities, at Shanghae, February 13, 1862," in *Papers Relating to the Rebellion in China, and Trade in the Yang – tze – kiang River*, p. 149.

［49］ Hope to Bruce, Shanghai, February 22, 1862, in *Further Papers Relatingto the Rebellion in China*, p. 10.

［50］ Bruce to Hope, Beijing, March 19, 1862, in ibid. , pp. 10 – 11.

［51］ 曾国藩家书, 咸丰十一年五月一日 (1861 年 6 月 18 日),《曾国藩全集》, 第七卷, 第 2511 页。

［52］ 曾国藩奏稿, 同治元年一月二十二日 (1862 年 2 月 20 日),《曾国藩全集》, 第三卷, 第 987 ~ 988 页。

［53］ 曾国藩家书, 咸丰十一年十二月十四日 (1862 年 1 月 13 日),《曾国藩全集》, 第七卷, 第 2580 页。

［54］ 曾国藩家书, 咸丰十一年十二月十四日 (1862 年 1 月 13 日), 同前书, 第 2581 页。

［55］ Medhurst to Bruce, Shanghai, March 21, 1862 (relaying Admiral Hope's words), in *Further Papers Relating to the Rebellion in China* (*In Continuation of Papers Presented to Parliament, May* 2, 1862) (London: Harrison and Sons, 1862), p. 9.

［56］ 曾国藩家书, 同治元年三月四日 (1862 年 4 月 2 日),《曾国藩全集》, 第七卷, 第 2588 页。

［57］ 同前书, 第 2588 页。

［58］ 郭廷以:《太平天国史事日志》(台北: 台湾商务印书馆, 1976), 第 873 页; 关于曾国荃自湖南抵达及随后开拔事, 见曾国藩日记, 同治元年二月十五日、同治元年二月二十四日条 (1862 年 3 月 15 日、24 日),《曾国藩全集》, 第十卷, 第 3745、3747 页。

［59］ Medhurst to Hope, Shanghai, February 19, 1862, in *Papers Relating to the Rebellion in China, and Trade in the Yang – tze – kiang River*,

pp. 152 – 153.

[60] Extract from the *North China and Japan Market Report* , February 21, 1862, in *Papers Relating to the Rebellion in China, and Trade in the Yang – tze – kiang River*, p. 154.

[61] Sir William Laird Clowes, *The Royal Navy: A History from the Earliest- Times to the Death of Queen Victoria*, 7 vols. (London: Sampson Low, Marston and Company, 1903), vol. 7, p. 165.

[62] William J. Boone to Samuel Wells Williams, March 17, 1862. Samuel Wells Williams Family Papers, Sterling Memorial Library, Manuscripts and Archives, Yale University, New Haven, Conn.

[63] "Present State of the Rebellion in China," *New – York Evangelist*, July 3, 1862.

[64] 引于 Augustus F. Lindley, *Ti – Ping Tien – Kwoh; The History of the Ti – ping Revolution* (London: Day & Son, Ltd. , 1866), p. 454. (中译本见呤唎著、王维周译《太平天国革命亲历记》,中华书局上海编辑所,1962,第367页。——校注)。

[65] Harvey to Bruce, Ningbo, May 9, 1862, in *Further Papers Relating to the Rebellion in China*, p. 37; Moule, Personal Recollections, p. 17.

[66] "China (from Our Own Correspondent)," *The Times*, May 26, 1862 (dateline April 15, 1862) .

[67] 第10页历史图表显示,来自宁波的总贸易收入,从1861年的十四万五千二百六十四两,增至1862年的二十六万三千八百六十二两。参见 *Reports on the Trade at the Ports in China Open by Treaty to Foreign Trade, for the Year 1865* (Shanghai: Imperial Maritime Customs' Press, 1866) .

[68] "The Rebellion in China," *The Times*, June 17, 1862.

[69] 有说致三人身亡,见 Moule, *Personal Recollections*, p. 17.

[70] "Hwang, General Commanding in Ningpo, to Commander Craigie," in

413

W. H. Sykes, *The Taeping Rebellion in China: Its Origin, Progress, and Present Condition* (London: Warren Hall & Co., 1863), p. 37; also in *Further Papers Relating to the Rebellion in China*, p. 44.

[71] James Hope, "Orders Issued to Captain Dew," April 25, 1862, in *Further Papers Relating to the Rebellion in China*, pp. 44 – 45.

[72] "Captain Dew to Generals Hwang and Fau," Ningbo, April 27, 1862, inibid., p. 48.

[73] "Captain Dew to the Officer in Command of Tae – ping Troops, Ningpo," Ningbo, April 28, 1861, in ibid., p. 46.

[74] Russell to Admiralty, March 11, 1862, in *Papers Relating to the Rebellion in China, and Trade in the Yang – tze – kiang River*, p. 111.

[75] Ibid., romanization modified.

[76] 《泰晤士报》香港记者 4 月 27 报道从"刚收到的邮函"中得悉新命令消息，或示此事在更早数天前，这些命令大概在乐德克离开宁波前不久已至何伯处。见 "China," *The Times*, June 12, 1862.

[77] "Generals Hwang and Fau to Captain Dew," in *Further Papers Relating to the Rebellion in China*, p. 49.

[78] Dew to Hope, Ningbo, May 7, 1862, in *Further Papers Relating to the Rebellion in China*, p. 50.   414

[79] 同前书，第 50 页。

[80] "Captain Dew and Lieutenant Kenney to the Tae – ping Chiefs," in *Further Papers Relating to the Rebellion in China*, p. 51.

[81] Sykes, *The Taeping Rebellion in China*, p. 43. 另见纳斯勋爵（Lord Naas）1863 年 7 月 6 日在英国下议院的演讲，其中提到乐德克上尉和"阿爸"布兴有，"此事着实蹊跷，一名英军上尉竟会同一个若在上海法庭外被逮、他亦认为须系缚处绞的人搭上话。"参见 *Hansard's Parliamentary Debates* (London: T. C. Hansard), July 6, 1863, vol. 172, cc. 279 – 280.

[82] Harvey to Bruce, Ningbo, May 9, 1862, in *Further Papers Relating to the Rebellion in China*, pp. 37 – 39, quotation on p. 38.

十三 吸血鬼

[1] The Ven. Archdeacon Moule, *Personal Recollections of the T'ai – p'ing Rebellion, 1861 – 1863* (Shanghai: Shanghai Mercury Office, 1898), pp. 19 – 20.

[2] *The China Mail*, May 22, 1862; 引于 Augustus F. Lindley, *Ti – Ping Tien – Kwoh; The History of the Ti – ping Revolution* (London: Day & Son, Ltd., 1866), p. 536 (中译本见吟唎著、王维周译《太平天国革命亲历记》，中华书局上海编辑所，1962，第439~440页。——校注)。

[3] Stephen Uhalley, Jr., "The Taipings at Ningpo: The Significance of a Forgotten Event," *Journal of the Hong Kong Branch of the Royal Asiatic Society* 11 (1971): 17 – 32, see pp. 27 – 28.

[4] 引于 Lindley, *Ti – Ping Tien – Kwoh*, pp. 537 – 538 (中译本见吟唎著、王维周译《太平天国革命亲历记》，第440~441页。——校注)。

[5] "Events in China," *The New York Times*, July 29, 1862.

[6] "The Rebellion in China," *The New York Times*, August 14, 1862.

[7] "Travels in China from Ningpo Through the Silk Country into the Fai Chow Tea District and on to Shanghai," originally published in the Hong Kong *Daily Press*, July 10, 1862; reprinted in W. H. Sykes, *The Taeping Rebellion in China: Its Origin, Progress, and Present Condition* (London: Warren Hall & Co., 1863), pp. 49 – 53.

[8] Karl Marx, "Chinese Affairs," *Die Presse*, July 7, 1862; reprinted in Schlomo Avineri, ed., *Karl Marx on Colonialism and Modernization* (New York: Anchor, 1969), pp. 442 – 444.

[9] *The Times*, May 16, 1862 (editorial beginning "Nature has been so indulgent as to create for even the most noxious and ferocious of her off-

spring some humble friend").

[10] *The Times*, June 14, 1862 (editorial beginning "What is going on in China?").

[11] 同上。

[12] "Operations in China," *The Times*, July 16, 1862; Edward Forester, "Personal Recollections of the Tai – ping Rebellion," second of three installments, *Cosmopolitan* 22, no. 1 (November 1896): 34 – 38, p. 35 on size of Ward's force present.

[13] Sir William Laird Clowes, *The Royal Navy: A History from the Earliest Times to the Death of Queen Victoria* (London: Sampson Low, Marston, and Company, 1903), vol. 7, p. 166.

[14] Forester, "Personal Recollections of the Tai – ping Rebellion," pp. 35 – 36.

[15] 同前书，第 36～37 页。

[16] Sykes, *The Taeping Rebellion in China*, pp. 84 – 85.

[17] Vice Admiral Sir J. Hope to the Secretary to the Admiralty, Shanghai, October 20, 1862, in *Further Papers Relating to the Rebellion in China* (London: Harrison and Sons, 1863), pp. 112 – 114.

[18] W. H. Sykes, letter to the editor of the London *Daily News*, September 10, 1862; reprinted in Sykes, *The Taeping Rebellion in China*, pp. 46 – 47.

[19] "The True Danger in China," *The Economist*, August 2, 1862.

[20] "The Crisis of the American War," *Blackwood's Edinburgh Magazine* 92, no. 565 (November 1862), p. 636; James McPherson, *Battle Cry of Freedom* (New York: Oxford University Press, 1988), pp. 552 – 553.

[21] "Bull in China," *Vanity Fair*, August 30, 1862, p. 107.

[22] "English Consistency," *The Saturday Evening Post*, August 9, 1862, p. 2.

[23] 关于其时理雅各在国内的名声，如纳斯勋爵（Lord Naas）1863 年 7 月 6 日在英国下议院提及他时，称其为"几乎比任何其他英国人更了解中国之人，一个完全不偏袒任何一方的见证人"。见 *Hansard's Parliamentary Debates*（London：T. C. Hansard），July 6, 1863, vol. 172, c. 294.

[24] Holger Cahill, *A Yankee Adventurer：The Story of Ward and the Taiping Rebellion*（New York：Macaulay, 1930），pp. 193 – 194; Hallett Abend, *The God from the West*（Garden City, N. Y.：Doubleday, 1947），p. 180; Robert Harry Detrick, "Henry Andrea Burgevine in China：A Biography," Ph. D. diss., Indiana University, 1968, pp. 71 – 72.

[25] *The Spectator* of June 21, 1862, quoted in W. H. Sykes, letter of October 17, 1862, to the editor of the London *Daily News*, in Sykes, *The Taeping Rebellion in China*, p. 62.

[26] 《牛津国家人物传记大辞典》（*Oxford Dictionary of National Biography*）James Hope 词条提及在其结束中国职务后，"对他的外交能力持保留意见"；对撤换何伯所引发的反感，见帕金顿（John Pakington）1863 年 2 月 24 日在英国下议院的演讲："请问，被指派接任詹姆斯·何伯爵士在华职务的那位英武海军上将已拒领其职，此事是真是假？现今有传言，说海军部已征求四位或五位有资格在舰上悬旗表示职衔的海军将官，以接替这位英武将官，还有传言说无法找到接掌该职之人。"见 *Hansard*, vol. 169, c. 781.

[27] Sir William Laird Clowes, *The Royal Navy：A History from the Earliest Times to the Death of Queen Victoria*, 7 vols.（London：Sampson Low, Marston and Company, 1903），vol. 7, pp. 172 – 174.

[28] Cahill, *A Yankee Adventurer*, p. 194.

[29] 简又文（Jen Yu – wen），*The Taiping Revolutionary Movement*（New Haven, Conn.：Yale University Press, 1973），pp. 463 – 466;《英王

陈玉成口述》，收于罗尔纲、王庆成主编《太平天国》（桂林：广西师范大学出版社，2004），第三册，第267页。

[30] 简又文，*The Taiping Revolutionary Movement*，pp. 410 – 411.

[31] 《英王陈玉成口述》，收于罗尔纲、王庆成主编《太平天国》，第三册，第267页。

[32] 朱洪章：《从戎纪略》（台北：文海出版社，1968；1890年原版影印），第78页。

[33] 《洪仁玕（南昌府）亲书供词》，英译自 Franz Michael，*The Taiping Rebellion：History and Documents*（Seattle：University of Washington Press，1966 – 1971），vol. 3，pp. 1511 – 1530，quotation on p. 1528（该供词内容系编者对《北华捷报》在1865年7月15日，8月5日、12日、19日洪氏供词英译连载的校改版本，见同书，第1510页。——校注）。

[34] C. A. Curwen，*Taiping Rebel：The Deposition of Li Hsiu - Ch'eng*（Cambridge，England：Cambridge University Press，1977），p. 136.

[35] 曾国藩奏稿，同治元年五月十七日（1862年6月13日），《曾国藩全集》（北京：中国致公出版社，2001），第三卷，第1036页。

[36] 王闿运：《湘军志》（长沙：岳麓书社，1983），第63页；郭廷以：《太平天国史事日志》（台北：台湾商务印书馆，1976），第902～903页。

[37] 基于戈登的个人观察与记述，见 Curwen，*Taiping Rebel*，p. 298.

[38] 曾国藩致弟函，同治元年五月二十日及同治元年六月二日（1862年6月16日、28日），《曾国藩全集》，第七卷，第2603、2606页。

[39] 曾国藩家书，同治元年九月十一日（1862年11月2日），同前书，第2628～2629页。

[40] 曾国藩致弟函，同治元年九月二十九日（1862年11月20日），同前书，第2638页。

[41] 曾国藩奏稿，咸丰十一年七月十八日（1861年8月23日），《曾国

藩全集》，第三卷，第 950 页。

[42] 曾国藩奏稿，咸丰十一年七月十八日（1861 年 8 月 23 日），同前书，第 948 页。

[43] 同前书，第 948 页。

[44] 陈其田（Gideon Chen），*Tseng Kuo – fan: Pioneer Promoter of the Steamship in China*, Beijing: Yenching University Economics Department, 1935, pp. 37 – 38.

[45] 曾国藩日记，同治元年七月四日条（1862 年 7 月 30 日），《曾国藩全集》，第十卷，第 3786 页；陈其田，*Tseng Kuo – fan*, p. 41.

[46] Hosea Ballou Morse, *The International Relations of the Chinese Empire*, vol. 2: *The Period of Submission*, *1861 – 1893* (London: Longmans, Green, and Co., 1918), p. 35.

[47] Andrew Wilson, *The "Ever – Victorious Army": A History of the Chinese Campaign under Lt. – Col. C. G. Gordon* ... (Edinburgh: William Blackwood and Sons, 1868), p. 260.

[48] Horatio Nelson Lay, *Our Interests in China: A Letter to the Right Hon. Earl Russell* (London: Robert Hardwicke, 1864), p. 19.

[49] 同前书，第 20 页。

[50] Samuel Wells Williams, *The Middle Kingdom* (New York: Charles Scribner's Sons, 1883), vol. 2, p. 694.

[51] "Memorandum," enclosure in doc. 151, in Ian Nish, ed., *British Documents on Foreign Affairs: Reports and Papers from the Foreign Office Confidential Print* (Frederick, Md.: University Publications of America, 1994), Part I, Series E (Asia, 1860 – 1914), vol. 19, p. 207.

[52] 聘约全文影印收录于 Morse, *The International Relations of the Chinese Empire*, vol. 2, p. 37.

[53] Frank J. Merli, *The Alabama, British Neutrality, and the American*

Civil War (Bloomington: Indiana University Press, 2004); see chap. 7, "The Confederacy's Chinese Fleet, 1861 – 1867," on Bulloch and Lay.

[54] "Punch's Essence of Parliament," *Punch*, August 9, 1862, p. 52.

[55] "Events at Ningpo," a letter to the editor of the London *Daily News*, dated August 29, 1862; reprinted in Sykes, *The Taeping Rebellion in China*, pp. 35 – 46, quotation on p. 45.

[56] *Hansard's Parliamentary Debates* (London: T. C. Hansard), February 5, 1863, vol. 169, c. 81 (作者 Platt 所征引之文献《汉萨德英国议会会议事录》每页皆分两栏, 故所有页码缩写均作 c. 或 cc., 意为 "column" 或 "columns"。——校注)。

[57] 同前书, 第 86 栏。

418

[58] 同前书, 第 99 栏。

[59] *Hansard*, February 9, 1863, vol. 169, c. 187.

[60] *The Times*, December 12, 1862 (editorial beginning "The Royal Geographical Society").

[61] 同上。

[62] Horatio Nelson Lay, *Our Interests in China*, p. 15; Sherard Osborn, "Progress in China, Part II: The Taepings and Their Remedy," *Blackwood's Edinburgh Magazine* 93, no. 568 (February 1863): 133 – 148, see p. 147.

[63] "The Anglo – Chinese Expedition," *The Times*, May 8, 1863;《泰晤士报》报道该船 "被所有到场的海军及科学机构（人员）一致誉为最快的舰船之一"。（美国驻华公使）蒲安臣（Anson Burlingame）在致国务卿苏厄德（Seward）的呈文中写道: "有人告我说其中一艘是世界上最快的舰船"。见 Burlingame to Seward, November 7, 1863, in *Papers Relating to Foreign Affairs, Accompanying the Annual Message of the President to the Second Session, Thirty – Eighth*

Congress, Part III (Washington, D. C.: Government Printing Office, 1865), p. 345.

十四　雨花

[1] 于醒民:《上海, 1862 年》(上海: 上海人民出版社, 1991), 第 14 页; Earl Cranston, "Shanghai in the Taiping Period," *Pacific Historical Review* 5, no. 2 (June 1936): 147 – 160, see p. 155.

[2] "Medical Statistical Returns of the East Indian and China Station," in *A Copy of the Statistical Report of the Health of the Navy, for the Year 1862* (Return to an Order of the Honourable The House of Commons, June 26, 1865), pp. 204 – 248, see pp. 232 – 233; Kerrie L. MacPherson, *A Wilderness of Marshes: The Origins of Public Health in Shanghai, 1843 – 1893* (New York: Oxford University Press, 1987), p. 81.

[3] Edward Bowra, diary entry for July 29, 1862 (manuscript p. 72), School of Oriental and African Studies, accessed via Adam Matthew Digital, "China: Trade, Politics and Culture, 1793 – 1980."

[4] James Henderson, *Memorials of James Henderson, MD, . . . Medical Missionary to China* (London: James Nisbet and Co. , 1867), p. 147; 关于未埋之尸体, 薄板及草席裹尸见: "Medical Statistical Returns of the East Indian and China Station," p. 229; 日均三千人之数见: MacPherson, *A Wilderness of Marshes*, p. 30, citing report of Robert Alexander Jamieson.

[5] MacPherson, *A Wilderness of Marshes*, p. 280, n. 50.

[6] David Field Rennie, *The British Arms in North China and Japan: Peking 1860; Kagosima 1862* (London: John Murray, 1864), p. 316.

[7] 关于八月湘军中的疫病蔓延, 王闿运:《湘军志》(长沙: 岳麓书社, 1983), 第 64 页。

[8] 曾国藩奏稿, 同治元年八月二十九日 (1862 年 9 月 22 日),《曾国

藩全集》（北京：中国致公出版社，2001），第三卷，第1065～
1066页。

[9] 曾国藩奏稿，同治元年七月二十一日（1862年8月22日），同前
书，第1053页。

[10] Rennie, *The British Arms in North America*, p. 317.

[11] 曾国藩，安庆大营批示，《曾国藩全集》，第五卷（批牍），第
1699页。

[12] 王闿运：《湘军志》，第64页。

[13] 曾国藩日记，同治元年九月一日条（1862年10月23日），《曾国
藩全集》，第十卷，第3814页。

[14] "看来该疫病一旦在叛军中出现，就会大规模流行"，见 "Medical
Statistical Returns of the East Indian and China Station," p. 226。

[15] "据估计，1862年上海松江之间约40英里范围内，约有八分之一
的中国人口死于霍乱"，见 *Correspondence between Military Authorities
at Shanghai and War Office Respecting the Insalubrity of Shanghai as a
Station for European Troops* [Parliamentary Papers, 1863（466）]，
p. 17; *The British Medical Journal*, vol. 2 for 1864（July – December），
issue of September 24, 1864, p. 378.

[16] 曾国藩奏稿，同治元年五月十七日（1862年6月13日），《曾国藩
全集》，第三卷，第1037页。

[17] 简又文（Jen Yu – wen），*The Taiping Revolutionary Movement*（New
Haven, Conn.：Yale University Press, 1973），p. 519.

[18] 王盾：《湘军史》（长沙：湖南大学出版社，2007），第553页。

[19] 龙盛运：《湘军史稿》（成都：四川人民出版社，1990），第
412页。

[20] 王盾：《湘军史》，第553页。

[21] 朱东安：《曾国藩传》（天津：百花文艺出版社，2001），第
193页。

[22] 王闿运:《湘军志》,第 62~63 页。

[23] 赵烈文:《能静居日记(选录)》,同治元年六月二十日条(1862 年 7 月 16 日),收于罗尔纲、王庆成主编《太平天国》(桂林:广西师范大学出版社,2004),第七册,第 153 页。

420 [24] 王闿运:《湘军志》,第 63 页。

[25] 曾国藩日记,同治元年八月二十七日条(1862 年 10 月 20 日),《曾国藩全集》,第十卷,第 3812~3813 页。

[26] 曾国藩家书,同治元年九月二日(1862 年 10 月 24 日),《曾国藩全集》,第七卷,第 2624 页;他写到每日需一千石米以满足十万部队所需,一石约合 56 公斤。

[27] 曾国藩日记,同治元年九月七日条(1862 年 10 月 29 日),《曾国藩全集》,第十卷,第 3816 页。

[28] 曾国藩日记,同治元年九月二日条(1862 年 10 月 24 日),同前书,第 3814 页,提到炸弹和榴霰弹;同治元年九月四日(1862 年 10 月 26 日)曾国藩家书,提到炮弹购自洋人,并用"落地开花炮"一词,见《曾国藩全集》,第七卷,第 2625 页。

[29] 曾国藩日记,同治元年九月四日条(1862 年 10 月 26 日),《曾国藩全集》,第十卷,第 3815 页。

[30] 曾国藩日记,同治元年九月五日条(1862 年 10 月 27 日),同前书,第 3815 页。

[31] 曾国藩日记,同治元年九月十七日条(1862 年 11 月 8 日),同前书,第 3820 页;曾国藩致李鸿章函,同治元年九月二十日(1862 年 11 月 11 日),见岳麓书社版《曾国藩全集》(长沙:岳麓书社,1992),书信五,第 3176~3177 页。

[32] 曾国藩家书,同治元年九月二十一日(1862 年 11 月 12 日),《曾国藩全集》,第七卷,第 2634 页。

[33] 龙盛运:《湘军史稿》,第 414 页。

[34] 朱东安:《曾国藩传》,第 200 页。

［35］曾国藩致曾纪泽书，同治元年十月四日（1862 年 11 月 25 日），
《曾国藩全集》，第七卷，第 2640 页。

［36］朱洪章：《从戎纪略》（台北：文海出版社，1968；1890 年原版影
印），第 89 页。

［37］曾国藩日记，同治元年十月十一日条（1862 年 12 月 2 日），《曾国
藩全集》，第十卷，第 3831 页，得悉此消息时正值他农历年五十
二岁生日。

［38］Curwen, *Taiping Rebel*: *The Deposition of Li Hsiu - Ch'eng*（Cam-
bridge, England: Cambridge University Press, 1977）, p. 138.

［39］曾国藩致国荃书，同治元年十月十五日（1862 年 12 月 6 日），《曾
国藩全集》，第七卷，第 2645 页。

［40］曾国藩家书，同治元年十月十四日（1862 年 12 月 5 日），同前书，
第 2644 页。

［41］曾国藩致纪泽书，同治元年十月二十四日（1862 年 12 月 15 日），
同前书，第 2648 页；引于朱东安《曾国藩传》，第 199 页；该信
提及 1860 年春（咸丰十年）在祁门，时间肯定有误，他于 1860
年夏才到祁门，情势大坏当是次年春季之事。

［42］曾国藩日记，同治元年十月二十四日条（1862 年 12 月 15 日），
《曾国藩全集》，第十卷，第 3834 页。

［43］曾国藩日记，同治元年十月二十四至十一月二十二日（1862 年 12
月 15 日～1863 年 1 月 11 日），同前书，第 3834～3843 页；曾国
藩致国荃书，同治元年十一月二十二日（1863 年 1 月 11 日），《曾
国藩全集》，第七卷，第 2655 页。

十五　鲜血与荣耀

［1］Edward Forester, "Personal Recollections of the Tai - ping Rebellion,"
part 3, in *Cosmopolitan* 22, no. 2（December 1896）: 209 - 216,
see p. 216.

［2］同前书。

［3］Hosea Ballou Morse, *The International Relations of the Chinese Empire*, vol. 2: *The Period of Submission*, *1861 - 1893* (London: Longmans, Green, and Co. , 1918), p. 83.

［4］Burlingame to Seward, Beijing, June 20, 1863, in *Papers Relating to Foreign Affairs*, *Accompanying the Annual Message of the President to the First Session*, *Thirty - Eighth Congress*, part II (Washington, D. C. : Government Printing Office, 1864), pp. 859 - 863；在第 861 页，（蒲安臣写道）"为示我以他不希望由英人军官出掌华尔部队之意，（卜鲁斯）告诉我他已敦促任命美国人白齐文将军——这是我写报告时还不知道的事。"

［5］Thomas Lyster, *With Gordon in China: Letters from Thomas Lyster*, *Lieutenant Royal Engineers* (London: T. Fisher Unwin, 1891), p. 113；Robert Harry Detrick, "Henry Andrea Burgevine in China: A Biography," Ph. D. diss. , Indiana University, 1968, p. 7.

［6］（蒲安臣）的妻子简在 1863 年 4 月 10 日致其父信中写道，"他人很好，大不同于华尔。"同年 5 月 22 日又在致其姐信中道，"他是个好小伙儿，是这里特别受人喜爱的将军。"见 Jane Burlingame, letters to her father, April 10, 1863, and to her sister, May 22, 1863, Burlingame Papers, Box 3, Library of Congress, Washington, D. C.

［7］Holger Cahill, *A Yankee Adventurer: The Story of Ward and the Taiping Rebellion* (New York: Macauley, 1930), p. 249；Detrick, "Henry Andrea Burgevine in China: A Biography," p. 114.

422 ［8］Bruce to Russell, Beijing, March 14, 1863, in *Papers Relating to the Affairs of China* (*In Continuation of Papers Presented to Parliament in March*, *1863*) (London: Harrison and Sons, 1864), p. 67.

［9］Jack J. Gerson, *Horatio Nelson Lay and Sino - British Relations*, *1854 - 1864* (Cambridge, Mass. : Harvard East Asian Monographs, 1972),

pp. 180 – 181.

［10］ Bruce to Major – General Brown, Beijing, October 6, 1863, in *Papers Relating to the Affairs of China* (*In Continuation of Papers Presented to Parliament in March, 1863*), p. 163.

［11］ Per jacket flap copy for Arthur Orrmont, *Chinese Gordon: Hero of Khartoum* (New York: G. P. Putnam's Sons, 1966).

［12］ Archibald Forbes, *Chinese Gordon: A Succinct Record of His Life* (New York: Funk and Wagnalls, 1885), p. 9.

［13］ Richard Davenport – Hines, "Gordon, Charles George," *Oxford Dictionary of National Biography* (Oxford, England: Oxford University Press, 2004 – 2010); 口齿不清描述见: Cahill, *A Yankee Adventurer*, p. 255.

［14］ *The North – China Herald* editorial is quoted in "British Ambition: New Developments," *The New York Times*, June 15, 1863 (dateline Shanghai, March 15, 1863).

［15］ "The Conquest of Southern Asia," *The Spectator*, October 31, 1863; reprinted in *The Living Age*, no. 1018 (December 5, 1863): 457 – 459, quotation on p. 459.

［16］ 3000 士兵说见: Richard J. Smith, *Mercenaries and Mandarins: The Ever – Victorious Army in Nineteenth – Century China* (Millwood, N. Y. : KTO Press, 1978), p. 118; 简又文则认为是 5000, 见 *The Taiping Revolutionary Movement* (New Haven, Conn. : Yale University Press, 1973), p. 495; 又有说 2250 名者, 见 William Hail, *Tseng Kuo – fan and the Taiping Rebellion, with a Short Sketch of His Later Career* (New Haven, Conn. : Yale University Press, 1927), p. 264; 关于吃水浅之蒸汽轮描述见 A. Egmont Hake, *Events in the Taeping Rebellion, Being Reprints of Mss. Copied by General Gordon, C. B. in His Own Handwriting...* (London: W. H. Allen and Co. , 1891), p. 256.

［17］ Cahill, *A Yankee Adventurer*, p. 256.

[18] 枪毙示众说见: Hake, *Events in the Taeping Rebellion*, p. 12; 补发欠薪说见: Cahill, *A Yankee Adventurer*, p. 256.

[19] "Memorandum Embodying the Substance of Major Gordon's Reports on Affairs at Soochow, Between the 28th of November and 7th December, 1863 (该备忘录中译本由卜鲁斯转交北京总理各国事务衙门)," in *Correspondence Relative to Lieut. – Colonel Gordon's Position in the Chinese Service* (London: Harrison and Sons, 1864), pp. 7 – 11, quotation on p. 8.

[20] Lyster, *With Gordon in China*, p. 110.

[21] Jane Burlingame, letter to her sister, Beijing, May 11, 1863, Burlingame Papers, Library of Congress, Washington, D. C.

[22] Burlingame to Seward, Beijing, October 27, 1861, reprinted in appendix to Robert S. Rantoul, "Frederick Townsend Ward," in *Historical Collections of the Essex Institute* 44, no. 1 (January 1908): 55 – 56.

[23] Prince Kung to Anson Burlingame, March 16, 1864, in *Papers Relating to Foreign Affairs, Accompanying the Annual Message of the President to the Second Session, Thirty – Eighth Congress*, part III (Washington, D. C.: Government Printing Offi ce, 1865), p. 377.

[24] Jane Burlingame, letter to her father, March 28, 1864, Burlingame Papers, Library of Congress.

[25] Jane Burlingame, letter to her sister, May 11, 1863, Burlingame Papers, Library of Congress.

[26] Demetrius C. Boulger, *The Life of Gordon*, 2 vols. (London: T. Fisher Unwin, 1896), vol. 1, 第 57 ~ 58 页有关于白齐文脾气禀性描述, 转投太平军之事见第 90 页; 另亦见 Bruce to Russell, *Beijing*, September 9, 1863, quoted in Hake, *Events in the Taeping Rebellion*, pp. 298 – 299.

[27] "The Chinese Civil War," *The New York Times*, November 1, 1863.

423

[28] "Important from China," *New York Herald*, November 4, 1863.

[29] Quoted in "The War in China," *Chicago Tribune*, November 11, 1863.

[30] William James Hail, *Tseng Kuo – fan and the Taiping Rebellion, with a Short Sketch of His Later Career* (New Haven, Conn.: Yale University Press, 1927), pp. 265 – 266; "Colonel Gordon's Chinese Force," Blackwood's Edinburgh Magazine 101, no. 616 (February 1867): 165 – 191, see p. 189.

[31] Bruce to Russell, Beijing, September 9, 1863, in *Papers Relating to the Affairs of China (in Continuation of Papers Presented to Parliament in March, 1863)*, pp. 155 – 156.

[32] 引于邓嗣禹 (Teng Ssu – yu), *The Taiping Rebellion and the Western Powers: A Comprehensive Survey* (Oxford, England: Clarendon Press, 1971), p. 315.

[33] Stanley Spector, *Li Hung – chang and the Huai Army: A Study in Nineteenth – Century Chinese Regionalism* (Seattle: University of Washington Press, 1964), p. 60.

[34] Detrick, "Henry Andrea Burgevine in China," p. 109, n. 90 (citing *The North – China Herald* for November 29, 1862).

[35] 曾国藩致李鸿章函,同治元年九月二十日 (1862 年 11 月 11 日),见岳麓书社版《曾国藩全集》(长沙:岳麓书社,1992),书信五,第 3176 ~ 3177 页。

[36] 曾国藩致吴煦函,《曾国藩全集》(北京:中国致公出版社,2001),第五卷 (批牍),第 1706 ~ 1707 页。

[37] 曾国藩日记,同治二年二月二十日条 (1863 年 4 月 7 日),《曾国藩全集》,第十卷,第 3868 页。

[38] 容闳 (Yung Wing), *My Life in China and America* (New York: Henry Holt & Co., 1909), p. 127ff.;他运送了 65000 箱茶叶,每箱 60 磅

424

（约 27 公斤）（中译本：容闳著，徐凤石、恽铁憔译《西学东渐记》，上海：商务印书馆，1915）。

[39] 同前书，第 113～136 页。

[40] 同前书，第 142 页。

[41] Jonathan Spence, *The Search for Modern China* (New York: W. W. Norton, 1999), p. 196；容闳, *My Life in China and America*, p. 144. （中译本：史景迁著、温洽溢译《追寻现代中国》，台北：时报文化，2001。）

[42] 容闳, *My Life in China and America*, p. 148.

[43] 赵烈文:《能静居日记（选录）》，同治三年四月八日条（1864 年 5 月 13 日），收于罗尔纲、王庆成主编《太平天国》（桂林：广西师范大学出版社，2004），第十册，第 249 页。

[44] 容闳, *My Life in China and America*, p. 144.

[45] 同前书，第 152 页。

[46] 他主动请缨加入联邦军遭婉拒，理由是中国需要他，见 Spence, *The Search for Modern China*, p. 196.

[47] Sherard Osborn, "Progress in China, Part 2: The Taepings and Their Remedy," *Blackwood's Edinburgh Magazine* 93, no. 568 (February 1863): 133 – 148, quotation on p. 148.

[48] 曾国藩奏稿，同治元年十二月十二日（1863 年 1 月 30 日），《曾国藩全集》，第三卷，第 1108 页。

[49] Morse, *International Relations of the Chinese Empire*, vol. 2, pp. 38 – 40.

[50] Edward Bowra, diary, at School of Oriental and African Studies (PPMS 69, Bowra, Box 1, Folder 6), accessed via Adam Matthew Digital, "China: Trade, Politics and Culture, 1793 – 1980," entry for November 5, 1863.

[51] "Captain Osborn's Remarks upon Prince Kung's Letter of Instructions,"

Beijing, September 28, 1863, in *Correspondence Respecting the Fitting Out*, *Dispatching to China*, *and Ultimate Withdrawal*, *of the Anglo – Chinese Fleet under the Command of Captain Sherard Osborn* (London: Harrison and Sons, 1864), pp. 10 – 12, quotation on p. 11.

[52] Hake, *Events in the Taeping Rebellion*, p. 307; Morse, *International Relations of the Chinese Empire*, vol. 2, p. 41; 另参见 Augustus F. Lindley, *Ti – Ping Tien – Kwoh*; *The History of the Ti – ping Revolution* (London: Day & Son, Ltd. , 1866), pp. 577, 579 – 582, 对其上海形状以强烈批评（与极端偏向性）口吻评述（中译本见呤唎著、王维周译《太平天国革命亲历记》，中华书局上海编辑所，1962，第 477 ~ 481 页。——校注）。

[53] Burlingame to Seward, November 7, 1863, in *Papers Relating to Foreign Affairs*, *Accompanying the Annual Message of the President to the Second Session*, *Thirty – Eighth Congress*, part III (Washington, D. C. : Government Printing Office, 1865), p. 344; also Frank J. Merli, *The Alabama*, *British Neutrality*, *and the American Civil War* (Bloomington: Indiana University Press, 2004), pp. 174 – 175; Morse, *International Relations of the Chinese Empire*, vol. 2, p. 42.

[54] "Statement of C. F. Jones, Lately Commanding the Steamer ' Kajow,' " in *Papers Relating to the Affairs of China* (*in Continuation of Papers Presented to Parliament in March*, 1863), pp. 172 – 175.

[55] 简又文, *The Taiping Revolutionary Movement*, p. 501; Lindley, *Ti – Ping Tien – Kwoh*, p. 642（中译本见呤唎著、王维周译，《太平天国革命亲历记》，第 533 页。——校注）。

[56] "Statement of C. F. Jones, Lately Commanding the Steamer ' Kajow' ," p. 174.

[57] Hake, *Events in the Taeping Rebellion*, p. 332.

[58] Morse, *The International Relations of the Chinese Empire*, vol. 2,

pp. 88 – 89; Boulger, *Life of Gordon*, p. 93.

[59] Gordon, "Memorandum on the Events Occurring Between the 28th November and 6th December, 1863, inclusive," in *Papers Relating to the Affairs of China* (*in Continuation of Papers Presented to Parliament in March 1863*), pp. 195 – 198.

[60] Hake, *Events in the Taeping Rebellion*, pp. 375 and 196.

[61] 同前书，第 196 页。

[62] 同前书，第 490 页。

[63] 同前书，第 198 页。

[64] Charles Gordon to his mother, December 24, 1863, quoted in Smith, *Mercenaries and Mandarins*, p. 146.

[65] "Minutes of a Meeting held at the British Consulate, Shanghae, December 16, 1863," in *Papers Relating to the Affairs of China* (*in Continuation of Papers Presented to Parliament in March 1863*), pp. 192 – 193.

[66] "The Civil War in China," *The Times*, January 29, 1864 (quoting letter dateline Hong Kong, December 15, 1863).

[67] "The Chinese Civil War," *The New York Times*, December 20, 1863.

[68] *The Economist*, January 9, 1864.

[69] Edward Bowra, diary entry for December 13, 1863 (typescript pp. 78 – 79).

[70] Layard to Lugard, Foreign Office, April 25, 1864, in *Correspondence Relative to Lieut. – Colonel Gordon's Position in the Chinese Service*, p. 17.

[71] *Hansard*, May 20, 1864, vol. 175, c. 530.

[72] *Hansard*, April 22, 1864, vol. 174, c. 1547.

[73] *Hansard*, May 31, 1864, vol. 175, c. 916.

426   [74] 同前书，第 965 ~ 966 栏。

[75] "The Future of China," *The New York Times* editorial, June 26, 1864.

[76] *Hansard*, May 31, 1864, vol. 175, c. 968.

[77] 因为贸易总额统计数据显示，从 1861 年度的二百五十三万一千七百六十三两白银增至 1864 年度的七百七十二万八千七百四十七两，增幅 205%，见 *Reports on the Trade at the Ports in China Open by Treaty to Foreign Trade, for the Year 1865* (Shanghai： Imperial Maritime Customs' Press, 1866)，p. 11.

[78] *Hansard*, May 20, 1864, vol. 175, c. 533.

十六　翻山越岭

[1] Wilhelm Lobscheid, "The Taipings： A Visit to Nanking, and an Interview with the Kan – Wong," letter to the Hong Kong *Daily Press*, dated June 10, 1863；引于 Augustus Lindley (Lin – le), *Ti – Ping Tien – Kwoh; The History of the Ti – ping Revolution* (London： Day & Son, Ltd., 1866), pp. 600 – 601（中译本见呤唎著、王维周译《太平天国革命亲历记》，中华书局上海编辑所，1962，第 499～500 页，《记太平天国的人们访问南京和会见干王（致《香港日报》编辑书)》。——校注)。

[2] 洪仁政第二份供词（洪仁政在南昌府供词，原题"南昌府提讯逆酋供"），收于罗尔纲、王庆成主编《太平天国》（桂林：广西师范大学出版社，2004），第二册，第 437 页；黄文英供词，英译自 Franz Michael, *The Taiping Rebellion： History and Documents* (Seattle： University of Washington Press, 1966 – 1971), vol. 3, p. 1534（英译供词内容系编者对照中文原文对《北华捷报》1865 年 7 月 22 日载黄氏供词的校改版本，见同书，第 1533 页。——校注)。

[3] 《洪仁玕（南昌府）亲书供词》，英译自 Michael, *The Taiping Rebellion*, vol. 3, pp. 1507 – 1530, quotation on p. 1513（该供词内容系编者对《北华捷报》在 1865 年 7 月 15 日、8 月 5 日、12 日、19 日洪氏供词英译连载的校改版本，见同书，第 1510 页。——校注)。

[4]《洪天贵福亲书太平天国诸王名单》，收于罗尔纲、王庆成主编《太平天国》，第二册，第 426~427 页。

[5]（人肉）自每斤三十文增至一百二十文见曾国藩日记，同治二年四月二十二日条（1863 年 6 月 8 日），《曾国藩全集》（北京：中国致公出版社，2001），第十卷，第 3890 页；Charles Gordon, letter to his mother, quoted in Demetrius Boulger, *The Life of Gordon*, 2 vols. (London：T. Fisher Unwin, 1896), vol. 1, p. 118.

[6] 曾国藩家书，同治二年四月十日（1863 年 5 月 27 日），《曾国藩全集》，第七卷，第 2702 页。

[7] 曾国藩日记，同治二年四月二十二日条（1863 年 6 月 8 日），《曾国藩全集》，第十卷，第 3890 页。

[8] 曾国藩奏稿，同治二年二月二十七日（1863 年 4 月 14 日），《曾国藩全集》，第三卷，第 1131 页；英译引用见 C. A. Curwen, *Taiping Rebel：The Deposition of Li Hsiu – Ch'eng* (Cambridge, England：Cambridge University Press, 1977)，第 275 页，述及对焦土战术的类似看法。

[9] 曾国藩奏稿，同治二年二月二十七日（1863 年 4 月 14 日），《曾国藩全集》，第三卷，第 1131 页。

[10] 龙盛运：《湘军史稿》（成都：四川人民出版社，1990），第 418 页。

[11] 同前书，第 419 页；Lindley, *Ti – Ping Tien – Kwoh*，第 621~622 页（中译本见呤唎著、王维周译《太平天国革命亲历记》，第 516~517 页）；郭廷以：《太平天国史事日志》（台北：台湾商务印书馆，1976），第 999 页，郭著所述日期为 6 月 30 日，说有两万守军遭歼。

[12] 龙盛运：《湘军史稿》，第 419 页；Curwen, *Taiping Rebel*, pp. 138 – 140.

[13] 龙盛运：《湘军史稿》，第 419 页。

[14] John Lovelle Withers, "The Heavenly Capital：Nanjing Under the Taiping, 1853 – 1864," Ph. D. diss. , Yale University, 1983, p. 233；据

其所述，南京城或只有守军一万余人驻防。

［15］Curwen，*Taiping Rebel*，p. 140；李秀成自陈他于 1863 年 12 月上旬抵南京，并将李鸿章克复苏州归因于其不在城中坐镇。不过据洪仁玕南昌府第四份供词，李秀成是在苏州失陷后才返回南京。见洪仁玕《在南昌府之四——原题同上》，收于罗尔纲、王庆成主编《太平天国》，第二册，第 414 页。

［16］Curwen，*Taiping Rebel*，p. 151.

［17］William James Hail，*Tseng Kuo‐fan and the Taiping Rebellion*，*with a Short Sketch of His Later Career*（New Haven，Conn.：Yale University Press，1927），p. 283.

［18］同前书，第 285 页。

［19］曾国藩家书，同治三年三月二十四日（1864 年 4 月 29 日），《曾国藩全集》，第八卷，第 2800 页。

［20］《洪仁玕（南昌府）亲书供词》，英译自 Michael，*The Taiping Rebellion*，vol. 3，p. 1527.

［21］洪仁玕：《在南昌府之二——原题"南昌府提讯逆酋供"》，收于罗尔纲、王庆成主编《太平天国》，第二册，第 412 页。

［22］洪仁玕：《在南昌府之四——原题同上》，同前书，第 414 页。

［23］《洪仁玕（南昌府）亲书供词》，英译自 Michael，*The Taiping Rebellion*，vol. 3，p. 1513.

［24］洪仁玕：《在席宝田军营之二，原题"抄呈伪干王洪仁玕亲书供词"》，收于罗尔纲、王庆成主编《太平天国》，第二册，第 401～405 页，见第 405 页。

［25］王闿运：《湘军志》，（长沙：岳麓书社，1983），第 68 页。

［26］王盾：《湘军史》，（长沙：湖南大学出版社，2007），第 175 页。

［27］王闿运：《湘军志》，第 68 页。

［28］龙盛运：《湘军史稿》，第 420 页。

［29］赵烈文：《能静居日记（选录）》，同治三年二月二十三日条

428

（1864 年 3 月 30 日），收于罗尔纲、王庆成主编《太平天国》，第七册，第 227~228 页；在同治三年四月十二日（1864 年 5 月 17 日）某份奏稿中，曾国藩对湘军须在给养耗尽前攻克南京之必要性有几近相同的陈述。见王盾《湘军史》，第 176 页。

[30] 龙盛运：《湘军史稿》，第 420 页，引彭玉麟书函；戈登于 1864 年 6 月到访南京时，并未有关于（守军）屯田耕作的记录，但他其时在南京城南，而彭玉麟所确见耕种之事（亦由洪仁玕供词证实），必在城北端靠近长江处。戈登记述的影印版收录于 Curwen, *Taiping Rebel*, pp. 297 – 299, n. 42.

[31] 曾国藩家书，同治三年五月十六日（1864 年 6 月 19 日），《曾国藩全集》，第八卷，第 2818 页。

[32] Hail, *Tseng Kuo – fan and the Taiping Rebellion*, p. 288.

[33] 常胜军解散后，戈登以私人身份造访雨花台的观感；引于 Curwen, *Taiping Rebel*, pp. 297 – 299, n. 42.

[34] 赵烈文记述说通过雨花台护城河下的地道深七八丈（其时一丈约合 3.58 米），见《能静居日记（选录）》，同治二年十二月二日条（1864 年 1 月 10 日），收于罗尔纲、王庆成主编《太平天国》，第七册，第 212 页。

[35] 王盾：《湘军史》，第 176 页；本段及随后相关内容亦见 Jonathan Spence, *God's Chinese Son*（New York：W. W. Norton, 1996），p. 324（中译本：史景迁著，朱庆葆、计秋枫等译《"天国之子"和他的世俗王朝：洪秀全与太平天国》，上海：上海远东出版社，2001，第 509~510 页。）

[36] 王盾：《湘军史》，第 176 页。

[37] 龙盛运：《湘军史稿》，第 420~421 页。

[38] 朱洪章：《从戎纪略》（台北：文海出版社，1968；1890 年原版影印），第 120 页，说有六千布袋火药；王盾，《湘军史》，第 177 页，说有三万斤火药（约合 18，000 公斤）；至于总储备量，据同

治三年五月五日（1864 年 6 月 6 日）致曾国荃函，曾国藩说他刚运去火药四万斤，加上前此运去的五万斤和另外从上海运去的九万斤（总计 120 吨）。此信见《曾国藩全集》，第八卷，第2813 页。

[39] 朱洪章：《从戎纪略》，第 121～123 页；王盾：《湘军史》，第 177页；Curwen, *Taiping Rebel*, p. 299.

[40] 曾国藩家书，同治三年六月二十九日（1864 年 8 月 1 日），《曾国藩全集》，第八卷，第 2831 页。

[41] Curwen, *Taiping Rebel*, pp. 154–155.

[42] 同前书，第 155～156 页。

[43] Jonathan Porter, *Tseng Kuo - fan's Private Bureaucracy* (Berkeley: Center for Chinese Studies, University of California, 1972), p. 69, n. 107.

[44] 紫绛色云，见赵烈文《能静居日记（选录）》，同治三年六月十七日条（1864 年 7 月 20 日），收于罗尔纲、王庆成主编《太平天国》，第七册，第 270 页；赵烈文认为大火七成为湘军所放；下雨记载，同前书，同治三年六月二十二日条（1864 年 7 月 25 日），第 274 页。

[45] 赵烈文：《能静居日记（选录）》，同治三年六月二十三日条（1864 年 7 月 26 日），同前书，第 274 页。

[46] 赵烈文：《能静居日记（选录）》，同治三年六月二十一日条（1864 年 7 月 24 日），同前书，第 274 页。

[47] 《象山县志》（1874 年），末卷，第 26 页；引于朱东安《曾国藩传》（天津：百花文艺出版社，2001），第 225 页。

[48] 谢正光（Andrew C. K. Hsieh），"Tseng Kuo - fan, A Nineteenth Century Confucian General," Ph. D. diss., Yale University, 1975, pp. 166–167.

[49] 赵烈文：《能静居日记（选录）》，同治三年六月二十日条（1864

年7月23日），收于罗尔纲、王庆成主编《太平天国》，第七册，第272页。

[50] 五万字（供词），见曾国藩致曾纪泽函，同治三年七月七日（1864年8月8日），《曾国藩全集》，第八卷，第2833页；据曾国藩同一天日记，他将其删至约28000字（130页，每页216字），见《曾国藩全集》，第十一卷，第4025页。

[51] "Statement of Patrick Nellis," in Prescott Clarke and J. S. Gregory, *Western Reports on the Taiping：A Selection of Documents*（Honolulu：University Press of Hawaii, 1982）, pp. 412 – 416; quotations, in paraphrase form, on p. 415; Spence, *God's Chinese Son*, p. 329.

[52] 洪仁玕：《在南昌府之四——原题同上》，收于罗尔纲、王庆成主编《太平天国》，第二册，第415页。

结语

[1] 罗尔纲观点，自《湘军新志》（台北：黎明文化事业公司，1988），第285页。

430　[2] 参见如：萧一山：《曾国藩不做皇帝》，自《清代通史》（台北：台湾商务印书馆，1962~1963），卷下，第778~781页。

[3] 曾国藩与弟函，同治三年三月二十六日（1864年5月1日），《曾国藩全集》（北京：中国致公出版社，2001），第八卷，第2800~2801页。

[4] 原句引于朱东安《曾国藩传》（天津：百花文艺出版社，2001），第236页。

[5] 谢正光（Andrew C. K. Hsieh），"Tseng Kuo – fan, A Nineteenth Century Confucian General," Ph. D. diss. , Yale University, 1975, p. 168.

[6] 曾国藩家书，同治六年六月六日（1867年7月6日），《曾国藩全集》，第八卷，第2975页；英文编译自谢正光之 "Tseng Kuo – fan, A Nineteenth Century Confucian General," Ph. D. diss. , Yale University,

1975，第 171 页；曾晚年悲苦描述见同书，第 170 ~ 172 页。

［7］华强、蔡宏俊：《太平天国时期中国人口损失问题》，收于《晚清国家与社会》（北京：社会科学文献出版社，2007），此处英译文引自 Dwight Heald Perkins, *Agricultural Development in China*, *1368 - 1968*（Chicago: Aldine Publishing Co. , 1969），pp. 274 - 283.

［8］葛剑雄、侯杨方、张根福：《人口与中国的现代化：1850 年以来》（上海：学林出版社，1999），第 109 页；原句引于华强、蔡宏俊《太平天国时期中国人口损失问题》，第 69 ~ 70 页。

［9］华强、蔡宏俊：《太平天国时期中国人口损失问题》，第 70 ~ 75 页。

［10］On the postwar depression in Shanghai, see Robert Bickers, *The Scramble for China*: *Foreign Devils in the Qing Empire*, *1832 - 1914*（London: Allen Lane, 2011），p. 182.

［11］"Asia: Important from China and Japan; Foreign Relations with China Out of Joint," *New York Herald*, December 28, 1865.

［12］Robert James Forrest, "The Christianity of Hung Tsiu Tsuen," *Journal of the North - China Branch of the Royal Asiatic Society*, new ser. , no. 4（December 1867）: 187 - 208, quotation on p. 188; reprinted in part in Prescott Clarke and J. S. Gregory, *Western Reports on the Taiping*: *A Selection of Documents*（Honolulu: University Press of Hawaii, 1982），p. 427, romanization modified.

［13］Forrest, "The Christianity of Hung Tsiu Tsuen," p. 188, 该书将 "T ' ien - wang" 改为 "Heavenly King"，"Ch ' ang - mao" 改为 "Taiping."

［14］孙逸仙的绰号描述见：Marie - Claire Bergère, *Sun Yat - sen*, trans. Janet Lloyd（Stanford, Calif. : Stanford University Press, 1998），p. 33; Harold Schiffrin, *Sun Yat - sen and the Origins of the Chinese Revolution*（Berkeley: University of California Press, 1968），pp. 5, 23.

［15］Valentine Chirol, "The Chinese Revolution," *The Quarterly Review* 216, no. 431（April 1912）: 536 - 553, quotations on pp. 538 - 539.

431

书　目[*]

中文书目

［清］陈昌：《霆军纪略》，上海：上海申报馆，1882。

陈启天编述《曾国藩平乱要旨》，台北：台湾商务印书馆，1967。

崔之清、胡臣友：《洪秀全评传（附洪仁玕评传）》，南京：南京大学出版社，1994。

［清］董恂：《还读我书室老人手订年谱》，台北：文海出版社，1968；1892 年初版影印。

［清］杜文澜编《江南北大营记事本末》，台北：台联国风出版社，1969；1869 年原版影印。

［清］杜文澜：《平定粤匪纪略》，群玉斋，1869。

［清］方宗诚：《柏堂师友言行记》，台北：文海出版社，1968 年重印。

［清］桂清杨等奉敕撰《清代起居注册·咸丰朝》，台北：故宫博物院，1983。

郭廷以：《太平天国史事日志》，台北：台湾商务印书馆，1976。

---

*　原著（*Autumn in the Heavenly Kingdom*）参考书目以首词罗马字母为序中西文献混列，中文繁体版《太平天國之秋》则中西文献分列，中文书目以首字笔画为序，西文书目原文照录。兹重新审校，校后内容采用中西文献分列，中文书目计 65 种（黄译脱漏一种），以首字拼音字母为序，西文书目计 172 种，仍照原著排版格式，以首词罗马字母为序，英文书名及杂志名采用（意大利）斜体，华人作者及中文著述之英译本附中文名，已有中译本之西文书目给出对应首版中译本版本信息。——校注

郭毅生主编《太平天国历史地图集》，北京：中国地图出版社，1989。

［清］洪仁玕：《洪仁玕选集》，扬州：扬州师范学院中文系编，中华书局，1978。

［清］洪仁玕：《洪仁玕自述》，收于杨家骆主编《太平天国文献汇编》（全六册），台北：鼎文书局，1973，第 846 ~ 855 页。

［清］洪仁玕：《太平天日》，收于《续修四库全书，史部·杂史类》，北京：商务印书馆，1948 年重印，第 359 ~ 377 页。

劳柏林整理《三河之役——致李续宾兄弟函札》，长沙：岳麓书社，1988。

郦纯（郦禄道）：《洪仁玕》，上海：上海人民出版社，1957。

刘铁铭：《湘军与湘乡》，长沙：岳麓书社，2006。

龙盛运：《湘军史稿》，成都：四川人民出版社，1990。

罗尔纲：《绿营兵志》，北京：商务印书馆，1945。

罗尔纲编注《太平天国文选》，香港：南国出版社，1969。

罗尔纲：《李秀成自述原稿注》，北京：中华书局，1982。

罗尔纲：《湘军兵志》，北京：中华书局，1984。

罗尔纲：《湘军新志》，台北：黎明文化事业公司，1988。

罗尔纲主编、太平天国历史博物馆编《太平天国文物》，南京：江苏人民出版社，1992。

罗尔纲、王庆成主编《中国近代史资料丛刊续编·太平天国》（全十册），桂林：广西师范大学出版社，2004。

［清］《庚申避难日记》，收于罗尔纲、王庆成主编《太平天国》，第六册，2004，第 198 ~ 290 页。

［清］沈梓：《避寇日记》，收于罗尔纲、王庆成主编《太平天国》，第八册，2004，第1～264页。

［清］王苏蕙：《咸丰象山粤氛纪实》，收于罗尔纲、王庆成主编《太平天国》，第五册，2004，第207～219页。

［清］王彝寿：《越难志》，收于罗尔纲、王庆成主编《太平天国》，第五册，2004，第139～163页。

［清］薛凤九：《难情杂记》，收于罗尔纲、王庆成主编《太平天国》，第五册，2004，第271～288页。

［清］张晓秋：《粤匪纪略》，收于罗尔纲、王庆成主编《太平天国》，第四册，2004，第46～60页。

［清］赵烈文：《能静居日记》（选录），收于罗尔纲、王庆成主编《太平天国》，第七册，2004，第42～366页。

茅海建：《苦命天子：咸丰皇帝奕詝》，台北：联经出版，2008。

茅家琦校补《郭著〈太平天国史事日志〉校补》，台北：台湾商务印书馆，2001。

茅家琦：《太平天国与列强》，南宁：广西人民出版社，1992。

［清］梅英杰等撰《湘军史料丛刊：湘军人物年谱》，长沙：岳麓书社，1987。

皮明勇：《湘军》，太原：山西人民出版社，1999。

普颖华：《曾国藩兵法》，台北：昭文社，1996。

［清］齐伍德、黄楷盛等修纂《（同治）湘乡县志》，1874。

《〈上海新报〉中的太平天国史料》，上海：上海图书馆，1964。

沈渭滨：《洪仁玕》，上海：上海人民出版社，1982。

［清］王定安：《湘军记》，朱纯点校，长沙：岳麓书社，

1983（1889 年成书）。

王盾：《湘军史》，长沙：湖南大学出版社，2007。

王尔敏：《淮军志》，北京：中华书局，1987。

［清］王闿运：《湘军志》（与郭振墉《湘军志平议》及朱德裳《续湘军志》合一册），长沙：岳麓书社，1983。

［清］文祥：《文文忠公事略》，台北：文海出版社，1968；1882 年原版影印。

夏春涛：《从塾师、基督徒到王爷：洪仁玕》，武汉：湖北教育出版社，1999。

萧一山：《清代通史》，台北：商务印书馆，1962～1963。

徐川一：《安徽历史系列专著：太平天国安徽省史稿》，合肥：安徽人民出版社，1991。

徐立亭：《咸丰同治帝》，长春：吉林文史出版社，1993。

杨奕青、唐增烈等编《湖南地方志中的太平天国史料》，长沙：岳麓书社，1983。

俞炳坤等主编、中国第一历史档案馆编《清政府镇压太平天国档案史料》（全二十六册），北京：光明日报出版社，1990。

于醒民：《上海，1862 年》，北京：人民出版社，1991。

［清］曾国藩：《曾国藩全集》（全十六册），北京：中国致公出版社，2001。

［清］曾国藩：《曾国藩未刊往来函稿》，长沙：岳麓书社，1986。

［清］曾国藩著，成晓军、唐兆梅编《曾国藩家训》，沈阳：辽宁古籍出版社，1997。

［清］曾国藩：《唐浩明评点曾国藩家书》（全二册），唐浩明评点，长沙：岳麓书社，2002。

［清］张德坚：《贼情汇纂》，台北：文海出版社，1968；

1855 年原版影印。

张功臣:《僧格林沁传奇》,北京:中国人民大学出版社,2003。

张云、韩洪泉:《曾国藩与湘军》,沈阳:辽宁人民出版社,2008。

中国史学会主编、齐思和等及故宫博物院明清档案部编《中国近代史资料丛刊·第二次鸦片战争》(全六册),上海:上海人民出版社,1978~1979。

[清]《庚申北略》,收于《第二次鸦片战争》,第二册,1978~1979,第 28~33 页。

[清]翁同龢:《翁文恭公日记》(摘录),收于《第二次鸦片战争》,第二册,1978~1979,第 87~111 页。

中研院近代史研究所编《近代中国对西方及列强认识资料汇编》,南港:中研院近代史研究所,1972。

[清]朱洪章:《从戎纪略》,台北:文海出版社,1968,1890 年原版影印。

朱东安:《曾国藩传》,天津:百花文艺出版社,2001。

西文书目

Abend, Hallett. *The God from the West.* Garden City, N. Y. : Doubleday, 1947.

Adams, Ephraim Douglass. *Great Britain and the American Civil War.* NewYork: Russell & Russell, 1958.

Allgood, George. *China War 1860: Letters and Journal.* London: Longmans, Green and Co. , 1901.

Banno, Masataka. *China and the West, 1858 – 1861: The Origins of the Tsungli Yamen.* Cambridge, Mass. : Harvard University Press, 1964.

Bernhardt, Kathryn. "Elite and Peasant During the Taiping Occupation of the Jiangnan, 1860 – 1864. " *Modern China* 13, no. 4 (October 1987): 379 – 410.

Bickers, Robert. *The Scramble for China: Foreign Devils in the Qing Empire*, 1832 – 1914. London: Allen Lane, 2011.

Blakiston, Thomas W. *Five Months on the Yang – tsze*. London: John Murray, 1862.

Bonney, Catharina Van Rensselaer. *A Legacy of Historical Gleanings*. Albany, N. Y. : J. Munsell, 1875.

Boulger, Demetrius C. *The Life of Gordon*. 2 vols. London: T. Fisher Unwin, 1896.

Bowlby, Thomas. *An Account of the Last Mission and Death of Thomas William Bowlby*. Ed. C. C. Bowlby. Printed for private circulation, 1906.

Brine, Lindesay. *The Taeping Rebellion in China: A Narrative of Its Rise and Progress*. London: John Murray, 1862.

Burlingame, Anson. Anson Burlingame Papers, Manuscripts Division, Library of Congress, Washington, D. C.

Cahill, Holger. *A Yankee Adventurer: The Story of Ward and the Taiping Rebellion*. New York: Macaulay, 1930.

Callery, Joseph – Marie. *History of the Insurrection in China: With Notices of the Christianity, Creed, and Proclamations of the Insurgents*. New York: Paragon Book Reprint Co. , 1969, orig. published London, 1853.

Carr, Caleb. *The Devil Soldier: The American Soldier of Fortune Who Became a God in China*. New York: Random House, 1992.

Cheang, Sarah. "Women, Pets, and Imperialism: The British Pekingese Dog and Nostalgia for Old China. " *Journal of*

British Studies 45（April 2006）：359 – 387.

Chen, Gideon（陈其田）. *Tseng Kuo – fan：Pioneer Promoter of the Steamship in China.* Beijing：Yenching University Economics Department, 1935.

Ch'ên, Jerome（陈志让）. "The Hsien – fêng Inflation." *Bulletin of the School of Oriental and African Studies, University of London* 21, no. 1 – 3（1958）：578 – 586.

Chung, A. L. Y（Lui, Adam Yuen – chung 吕元聪）. "The Hanlin Academy in the Early Ch'ing Period." *Journal of the Hong Kong Branch of the Royal Asiatic Society* 6（1966）：100 – 119.

Clarke, Prescott, and J. S. Gregory. *Western Reports on the Taiping：A Selection of Documents.* Honolulu：University Press of Hawaii, 1982.

［中译本：范德一、许培德、夏春涛译，夏春涛校《西方关于太平天国的报道》，收于罗尔纲、王庆成主编《太平天国》（第九册），桂林：广西师范大学出版社，2004］

Clowes, Sir William Laird. *The Royal Navy：A History from the Earliest Times to the Death of Queen Victoria.* 7 vols. London：Sampson Low, Marston and Company, 1903.

Cooke, George Wingrove. *China：Being "The Times" Special Correspondence from China in the Years 1857 – 58.* Wilmington, Del.：Scholarly Resources, Inc., 1972, orig. published London by G. Routledge & Co., 1858.

Cox, Josiah. "A Missionary Visit to Nanking and the 'Shield King'." *The Wesleyan Missionary Notices,* 3rd ser., vol. 10（April 1862）：61 – 66.

Cranston, Earl. "Shanghai in the Taiping Period." *Pacific Historical Review* 5, no. 2（June 1936）：147 – 160.

Crossley, Pamela. *The Manchus*. Cambridge, Mass. : Blackwell, 1997.

Crossley, Pamela. *Orphan Warriors: Three Manchu Generations and the End of the Qing World*. Princeton, N. J. : Princeton University Press, 1990.

Curwen, C. A. *Taiping Rebel: The Deposition of Li Hsiu – Ch'eng*. Cambridge, England: Cambridge University Press, 1977.

Dai Yingcong（戴莹琮）. "Military Finance of the High Qing Period. " In *Military Culture in Imperial China*, ed. Nicola di Cosmo. Cambridge, Mass. : Harvard University Press, 2009.

Davis, John Francis. "A View of the Great Valley of the Yang – tse – keang Before and Since Its Occupation by the Rebels. " *Proceedings of the Royal Geographic Society* 3（1859）: 164 – 171.

Deng Yuanzhong（邓元忠）. *Americans and the Taiping Rebellion: A Study of American – Chinese Relationship*, 1847 – 1864. Taipei: China Academy in Hwa Kang, 1982.

Detrick, Robert Harry. "Henry Andrea Burgevine in China: A Biography. " Ph. D. diss. , Indiana University, 1968.

Di Cosmo, Nicola. Ed. *Military Culture in Imperial China*. Cambridge, Mass: Harvard University Press, 2009.

Edkins, Jane R. *Chinese Scenes and People: With Notices of Christian Missions and Missionary Life in a Series of Letters from Various Parts of China*. London: James Nisbet and Co. , 1863.

Edkins, Joseph. "Narrative of a Visit to Nanking. " In Jane R. Edkins, *Chinese Scenes and People*. London: James Nisbet and Co. , 1863, pp. 241 – 307.

Elgin, James Bruce, Earl of. *Letters and Journals of James, Eighth Earl of Elgin*. Ed. Theodore Walrond. London: John

Murray, 1872.

Elliott, Mark C. *The Manchu Way: The Eight Banners and Ethnic Identity in Late Imperial China.* Stanford, Calif. : Stanford University Press, 2001.

Extracts from "The Taepings as They Are, by One of Them." London: Harrison and Sons, 1864.

Fairbank, John King. "Meadows on China: A Centennial Review." *The Far Eastern Quarterly* 14, no. 3 (May 1955): 365 – 371.

Fisher, George Battye. *Personal Narrative of Three Years' Service in China.* London: Richard Bentley, 1863.

Forbes, Archibald. *Chinese Gordon: A Succinct Record of His Life.* New York: Funk and Wagnalls, 1885.

Foreign Office, Great Britain. *Correspondence Relative to the Earl of Elgin's Special Missions to China and Japan, 1857 – 1859.* London: Harrison and Sons, 1859.

Forester, Edward. "Personal Recollections of the Tai – ping Rebellion." *Cosmopolitan* 21, no. 6 (October 1896): 625 – 629; continued in 22, no. 1 (November 1896): 34 – 38; continued in 22, no. 2 (December 1896): 209 – 216.

Furse, George Armand. *Military Transport.* London, 1882.

Gerson, Jack J. *Horatio Nelson Lay and Sino – British Relations, 1854 – 1864.* Cambridge, Mass. : Harvard East Asian Monographs, 1972.

Giquel, Prosper. *A Journal of the Chinese Civil War, 1864.* Ed. Steven A. Leibo. Honolulu: University of Hawaii Press, 1985.

Gordon, Charles George. *General Gordon's Private Diary of His Exploits in China; Amplified by Samuel Mossman.* London: S. Low,

Marston, Searle, and Rivington, 1885.

Gordon, Henry William. *Events in the Life of Charles George Gordon, from Its Beginning to Its End.* London: Kegan Paul, Trench, & Co. , 1886.

Grady, Lolan Wang. "The Career of I – Hsin, Prince Kung, 1858 – 1880: A Case Study of the Limits of Reform in the Late Ch'ing. " Ph. D. diss. , University of Toronto, 1980.

Graff, David, and Robin Higham, eds. *A Military History of China.* Boulder, Colo. : Westview, 2002.

Gregory, J. S. "British Intervention Against the Taiping Rebellion. " *The Journal of Asian Studies* 19, no. 1 (November 1959): 11 – 24.

Gregory, J. S. *Great Britain and the Taipings.* London: Frederick A. Praeger, 1969.

Gregory, J. S. "Stephen Uhalley, Jr. and Westerners in China: A Further Comment. " *The Journal of Asian Studies* 35, no. 2 (February 1976): 364 – 365.

Hail, William James. *Tseng Kuo – fan and the Taiping Rebellion, with a Short Sketch of His Later Career.* New Haven, Conn. : Yale University Press, 1927.

Hake, A. Egmont. *Events in the Taeping Rebellion, Being Reprints of Mss. Copied by General Gordon, C. B. in His Own Handwriting. . .* London: W. H. Allen and Co. , 1891.

Hamberg, The Rev. Theodore. *The Visions of Hung – Siu – Tshuen and Origin of the Kwang – si Insurrection.* Hong Kong: China Mail Office, 1854.

（中译本：韩山文著、简又文译《太平天国起义记》，北京：燕京大学图书馆，1935，收入中国史学会主编《中国近

代史资料丛刊·太平天国》第六册，上海：上海人民出版社，1957，第 829～878 页）

Hansard's Parliamentary Debates (Third Series) . London: T. C. Hansard, 1853 – 1864.

Harris, David. Of Battle and Beauty: Felice Beato's Photographs of China. Santa Barbara, Calif. : Santa Barbara Museum of Art, 1999.

Hayes, A. A. "An American Soldier in China. " The Atlantic Monthly (February 1886): 193 – 199.

Henderson, James. Memorials of James Henderson, MD,... Medical Missionaryto China. London: James Nisbet and Co. , 1867.

Hevia, James. English Lessons: The Pedagogy of Imperialism in Nineteenth – Century China. Durham, N. C. : Duke University Press, 2003.

Horowitz, Richard Steven. "Central Power and State Making: The Zongli Yamen and Self – Strengthening in China, 1860 – 1880. " Ph. D. diss. , Harvard University, 1998.

Hsieh, Andrew C. K. （谢正光）. "Tseng Kuo – fan, A Nineteenth Century Confucian General. " Ph. D. diss. , Yale University, 1975.

Hsü, Immanuel C. Y. （徐中约）. China's Entrance into the Family of Nations: The Diplomatic Phase, 1858 – 1880. Cambridge, Mass. : Harvard University Press, 1968.

Hsü, Immanuel C. Y. （徐中约）. The Rise of Modern China, 3rd ed. New York: Oxford University Press, 1983.

Hummel, Arthur W. , ed. Eminent Chinese of the Ch'ing Period (1644 – 1912) . Taipei: Chengwen, reprint, 1967.

Hurd, Douglas. The Arrow War: An Anglo – Chinese Confu-

sion, *1856 – 1860*. London: Collins, 1967.

Ignat'ev, Nikolaĭ Pavlovich. *The Russo – Chinese Crisis*: *N. P. Ignatiev's Mission to Peking*, *1859 – 1860*. Ed. John Evans. Newtonville, Mass. : Oriental Research Partners, 1987.

Jansen, Marius. *China in the Tokugawa World*. Cambridge, Mass: Harvard University Press, 1992.

Jen Yu – wen （简又文）. *The Taiping Revolutionary Movement*. New Haven, Conn. : Yale University Press, 1973.

Johnston, James D. *China and Japan*: *Being a Narrative of the Cruise of the U. S. Steam – Frigate Powhatan in the Years 1857*, *'58*, *'59*, *and '60*. Philadelphia: Charles Desilver, 1860.

Kuhn, Philip. *Rebellion and Its Enemies in Late Imperial China*: *Militarization and Social Structure*, *1796 – 1864*. Cambridge, Mass. : Harvard University Press, 1970.

（中译本：孔飞力著，谢亮生、杨品泉、谢思炜译《中华帝国晚期的叛乱及其敌人——1796～1864 年的军事化与社会结构》，北京：中国社会科学出版社，1990）

Lane – Poole, Stanley. *The Life of Sir Harry Parkes.* 2 vols. London: Macmillanand Co. , 1894.

Lay, Horatio Nelson. *Our Interests in China*: *A Letter to the Right Hon. Earl Russell.* London: Robert Hardwicke, 1864.

Leavenworth, Charles S. *The Arrow War with China.* London: Sampson Low, Marston and Co. , 1901.

Legge, Helen Edith. *James Legge*: *Missionary and Scholar.* London: The Religious Tract Society, 1905.

［中译本：理雅各（Legge, H. E. ）著，马清河译《汉学家理雅各传》，北京：学苑出版社，2011］

Legge, James. "The Colony of Hong Kong. " *The China*

Review 3 (1874): 165, 173 – 175.

Li Xiucheng. *The Autobiography of the Chung – Wang*. Trans. W. T. Lay. Shanghai: Presbyterian Mission Press, 1865.

［英译本：李秀成著、李华达（Lay, Walter Thurlow）译《忠王李秀成自述》（据 1864 年安庆刊刻版译本），上海：美华书馆，1865］

Lindley, Augustus F. *The Log of the Fortuna: A Cruise on Chinese Waters*. London: Cassell, Petter & Galpin, 1870.

Lindley, Augustus F. (Lin – le). *Ti – Ping Tien – Kwoh; The History of the Ti – ping Revolution*. London: Day & Son, Ltd., 1866.

（中译本：呤唎著、王维周译《太平天国革命亲历记》，中华书局上海编辑所，1962）

Little, Archibald. *Gleanings from Fifty Years in China*. London: Sampson Low, Marston & Co., 1910.

Loch, Henry Brougham. *Personal Narrative of Occurrences During Lord Elgin's Second Embassy to China in 1860*. London: John Murray, 1900.

Lyster, Thomas. *With Gordon in China: Letters from Thomas Lyster, Lieutenant Royal Engineers*. London: T. Fisher Unwin, 1891.

MacGowan, D. J. "Contributions to the History of the Insurrection in China," a companion to the *Shanghai Almanac* for 1857. Shanghai, 1857.

MacGowan, D. J. "Memoir of Generals Ward and Burgevine, and of the Ever Conquering Legion." *The Far East*, new ser., vol. 2 (January – June 1877): 102 – 108, 119 – 124; vol. 4 (July – December 1877): 22 – 26, 44 – 50, 58 – 66, 75 – 83, 103 – 110.

Maclay, Edgar Stanton. *A History of the United States Navy from 1775 to 1894.* 2vols. New York: D. Appleton and Co. , 1895.

Maclay, Edgar Stanton. *Reminiscences of the Old Navy: From the Journals and Private Papers of Captain Edward Trenchard, and Rear – Admiral Stephen Decatur Trenchard.* New York: G. P. Putnam's Sons, 1898.

Mann, Michael. *China, 1860.* Salisbury, Wiltshire: M. Russell, 1989.

Martin, W. A. P. *A Cycle of Cathay.* New York: F. H. Revell Co. , 1896.

Meadows, Thomas Taylor. *The Chinese and Their Rebellions.* Stanford, Calif. : Academic Reprints, 1953, orig. published 1856 by Smith, Elder & Co. , London.

Meadows, Thomas Taylor. "Description of an Execution Ground at Canton." *Journal of the Royal Asiatic Society* 16 (1856): 54 –58.

Medhurst, W. H. *China: Its State and Prospects, with Especial Reference to the Spread of the Gospel.* London: John Snow, 1838.

Merli, Frank J. *The Alabama, British Neutrality, and the American Civil War.* Bloomington: Indiana University Press, 2004.

Merriam, Edmund F. *A History of American Baptist Missions.* Philadelphia: American Baptist Publication Society, 1900.

M'Ghee, The Rev. R. J. L. *How We Got to Pekin: A Narrative of the Campaign in China of 1860.* London: Bentley, 1862.

Michael, Franz with Chung – li Chang (张仲礼) . *The Taiping Rebellion: History and Documents.* 3 vols. Seattle: University of Washington Press, 1966 – 1971.

Michie, Alexander. *The Englishman in China During the Victorian Era.* Edinburgh: William Blackwood and Sons, 1900.

Moges, Alfred, Marquis de. *Recollections of Baron Gros's Embassy to China and Japan in 1857 – 58* (authorized translation of Souvenirs d'une ambassade). London and Glasgow: R. Griffi n, Bohn, and Co. , 1861.

Montalto de Jesus, C. A. *Historic Shanghai.* Shanghai: The Shanghai Mercury, Ltd. , 1909.

Morse, Hosea Ballou. *The International Relations of the Chinese Empire.* Vol. 2: *The Period of Submission, 1861 – 1893.* London: Longmans, Green, and Co. , 1918.

Moule, The Ven. Archdeacon. *Personal Recollections of the T'ai – p'ing Rebellion, 1861 – 1863.* Shanghai: Shanghai Mercury Office, 1898.

Ng, Kam – yuen (伍锦源). "The Interaction between Hong Kong and Mainland China: The Tai Ping Tian Guo Movement as a Case Study. " Ph. D. diss. , Chinese University of Hong Kong, 2003.

Oliphant, Laurence. *Narrative of the Earl of Elgin's Mission to China and Japan in the Years 1857,' 58,' 59.* 2 vols. London and Edinburgh: William Blackwood and Sons, 1859.

Osborn, Sherard. "Notes, Geographical and Commercial, Made During the Passage of HMS Furious, in 1858, from Shanghai to the Gulf of Pecheli and Back. " *Proceedings of the Royal Geographical Society of London* 3, no. 2 (November 22, 1858): 55 – 87.

Osborn, Sherard. "Progress in China, Part II: The Taepings and Their Remedy. " *Blackwood's Edinburgh Magazine* 93, no. 568 (February 1863): 133 – 148.

Pfister, Lauren F. *Striving for "The Whole Duty of Man": James Legge and the Scottish Protestant Encounter with China.* New York: Peter Lang, 2004.

Pong, David（庞百腾）. "The Income and Military Expenditure of Kiangsi Province in the Last Years（1860 – 1864）of the Taiping Rebellion. " *The Journal of Asian Studies* 26, no. 1（November 1966）: 49 – 65.

Porter, Jonathan. *Tseng Kuo – fan's Private Bureaucracy.* Berkeley: Center for Chinese Studies, University of California, 1972.

Powell, Ralph. *The Rise of Chinese Military Power: 1895 – 1912.* Princeton, N. J. : Princeton University Press, 1955.

Pruden, George Blackburn, Jr. "Issachar Jacox Roberts and American Diplomacy in China During the Taiping Rebellion. " Ph. D. diss. , The American University, 1977.

Quested, R. K. I. *The Expansion of Russia in East Asia, 1857 – 1860.* Kuala Lumpur: University of Malaya Press, 1968.

Quested, R. K. I. "Further Light on the Expansion of Russia in East Asia: 1792 – 1860. " *The Journal of Asian Studies* 29, no. 2（February 1970）: 327 – 345.

Quested, R. K. I. *Sino – Russian Relations: A Short History.* Boston: George Allen & Unwin, 1984.

Rantoul, Robert S. "Frederick Townsend Ward. " *Historical Collections of the Essex Institute* 44, no. 1（January1908）: 1 – 64.

Rapp, John A. "Clashing Dilemmas: Hong Rengan, Issachar Roberts, and a Taiping 'Murder' Mystery. " *Journal of Historical Biography* 4（Autumn 2008）: 27 – 58.

Rawski, Evelyn S. *The Last Emperors: A Social History of Qing Imperial Institutions.* Berkeley: University of California Press, 1998.

Reilly, Thomas H. *The Taiping Heavenly Kingdom: Rebellion and the Blasphemy of Empire.* Seattle: University of Washington Press, 2004.

（中译本：托马斯．H. 赖利著，李勇、肖军霞、田芳译，谢文郁校《上帝与皇帝之争——太平天国的宗教与政治》，上海：上海人民出版社，2011）

Rennie, David Field. *The British Arms in North China and Japan: Peking 1860; Kagosima 1862.* London: John Murray, 1864.

Rennie, David Field. *Peking and the Pekingese: During the First Year of the British Embassyat Peking.* 2 vols. London: John Murray, 1865.

Roberts, I. J. "Tae Ping Wang: The Chinese Revolutionist." *Putnam's Monthly Magazine* 8, no. 46 (October 1856): 380 – 383.

Robson, William. *Griffith John: Founder of the Hankow Mission Central China.* London: S. W. Partridge & Co., n. d. (1901?).

Rudolph, Jennifer. *Negotiated Power in Late Imperial China: The Zongli Yamen and the Politics of Reform.* Ithaca, N. Y.: Cornell University East Asia Program, 2008.

Scarth, John. *British Policy in China: Is Our War with the Tartars or the Chinese?* London: Smith, Elder and Co., 1860.

Scarth, John. *Twelve Years in China: The People, the Rebels, and the Mandarins.* Wilmington, Del.: Scholarly Resources, Inc., 1972, orig. published 1860 by Thomas Constable & Co., Edinburgh.

Shih, Vincent Y. C. *The Taiping Ideology: Its Sources, Interpretations, and Influences.* Seattle: University of Washington Press, 1967.

"Sir Thomas F. Wade, K. C. B." *The Far East*, new ser., vol. 1 (July – December 1876): 37 – 41.

Smith, Carl T. "Notes on Friends and Relatives of Taiping Leaders." *Journal of the Hong Kong Branch of the Royal Asiatic Society* 16 (1976): 117 – 134.

Smith, Richard J. *Mercenaries and Mandarins: The Ever - Victorious Army in Nineteenth - Century China.* Millwood, N. Y. : KTO Press, 1978.

So Kwan - wai (苏均炜), Eugene P. Boardman, and Ch'iu P'ing (邱炳) . "Hung Jen - kan, Taiping Prime Minister, 1859 - 1864. " *Harvard Journal of Asiatic Studies* 20, no. 1 - 2 (June 1957) : 262 - 294.

Spector, Stanley. *Li Hung - chang and the Huai Army: A Study in Nineteenth - Century Chinese Regionalism.* Seattle : University of Washington Press, 1964.

Spence, Jonathan. *God's Chinese Son.* New York : W. W. Norton, 1996.

(中译本: 史景迁著, 朱庆葆、计秋枫等译《"天国之子"和他的世俗王朝: 洪秀全与太平天国》, 上海: 上海远东出版社, 2001)

Spence, Jonathan. *The Search for Modern China.* New York : W. W. Norton, 1999.

(中译本: 温洽溢译《追寻现代中国》, 台北: 时报文化, 2001)

Suppression of the Taiping Rebellion in the Departments Around Shanghai. Shanghai : Kelly & Co. , 1871.

Swinhoe, Robert. *Narrative of the North China Campaign of 1860.* London : Smith, Elder & Co. , 1861.

Sykes, W. H. (William Henry) . *The Taeping Rebellion in China: Its Origin, Progress, and Present Condition.* London : Warren Hall & Co. , 1863.

Taylor, Charles. *Five Years in China: With Some Account of the Great Rebellion. . .* New York : Derby & Jackson, 1860.

Teng, S. Y. (邓嗣禹). "Hung Jen - kan, Prime Minister of the Taiping Kingdom and his Modernization Plans." *United College Journal* (Hong Kong) 8 (1970 - 1971): 87 - 95.

Teng, Ssu - yu (邓嗣禹). *The Taiping Rebellion and the Western Powers: A Comprehensive Survey.* Oxford, England: Clarendon Press, 1971.

Teng, Yuan Chung (邓元忠). "The Failure of Hung Jen - k'an's Foreign Policy." *The Journal of Asian Studies* 28, no. 1 (November 1968): 125 - 138.

Teng, Yuan Chung (邓元忠). "Note on a Lost Taiping Book." *The Journal of Asian Studies* 23, no. 3 (May 1964): 447 - 448.

Teng, Yuan Chung (邓元忠). "Reverend Issachar Jacox Roberts and the Taiping Rebellion." *The Journal of Asian Studies* 23, no. 1 (November 1963): 55 - 67.

Theiss, Janet. "Managing Martyrdom: Female Suicide and Statecraft in Mid - Qing China." In *Passionate Women: Female Suicide in Late Imperial China*, ed. Paul S. Ropp, Paola Zamperini, and Harriet T. Zurndorfer. Boston: E. J. Brill, 2001, pp. 47 - 76.

Thompson, Ralph Wardlaw. *Griffith John: The Story of Fifty Years in China.* London: The Religious Tract Society, 1906.

Tileston, William Minns. William Minns Tileston Letters, Massachusetts Historical Society, Boston, Massachusetts.

Torr, Dona, ed. *Marx on China: Articles from the New York Daily Tribune, 1853 - 1860.* London: Lawrence & Wishart, 1968.

Tsiang, T. F. (蒋廷黻). "China after the Victory of Taku, June 25, 1859." *American Historical Review* 35, no. 1 (October 1929): 79 - 84.

Tulloch, Alexander Bruce. *Recollections of Forty Years' Service.*

London: William Blackwood and Sons, 1903.

Uhalley, Stephen, Jr. "The Foreign Relations of the Taiping Revolution. " Ph. D. diss. , UC Berkeley, 1967.

Uhalley, Stephen, Jr. "The Taipings at Ningpo: The Significance of a Forgotten Event. " *Journal of the Hong Kong Branch of the Royal Asiatic Society* 11 (1971): 17 – 32.

Wade, Thomas F. "The Army of the Chinese Empire … " *The Chinese Repository* 20, no. 5 (May 1851): 250 – 280; continued in 20, no. 6 (June 1851): 300 – 339; continued in 20, no. 7 (July 1851): 363 – 471.

Wagner, Rudolf G. *Reenacting the Heavenly Vision: The Role of Religion in the Taiping Rebellion.* Berkeley: Institute of East Asian Studies, University of California, 1982.

Waley – Cohen, Joanna. "Militarization of Culture in Eighteenth – Century China. " In *Military Culture in Imperial China*, ed. Nicola di Cosmo. Cambridge, Mass. : Harvard University Press, 2009, pp. 278 – 295.

Wang Yeh – chien (王业键) . "The Impact of the Taiping Rebellion on Population in Southern Kiangsu. " Harvard Papers on China 19 (1965) .

Ward, Frederick Townsend. Frederick Townsend Ward Papers, Manuscripts and Archives, Sterling Memorial Library, Yale-University, New Haven, Conn.

Will, Pierre – Étienne. "Views of the Realm in Crisis: Testimonies on Imperial Audiences in the Nineteenth Century. " *Late Imperial China* 29, no. 1 suppl. (June 2008): 125 – 159.

Williams, Frederick Wells. *Anson Burlingame and the First Chinese Mission to Foreign Powers.* New York: Charles Scribner's

Sons, 1912.

Williams, Frederick Wells. *The Life and Letters of Samuel Wells Williams*, *LL. D.*: *Missionary*, *Diplomatist*, *Sinologue.* New York and London: G. P. Putnam's Sons, 1889.

Williams, Samuel Wells. *The Middle Kingdom.* New York: Charles Scribner's Sons, 1883.

Williams, Samuel Wells. Samuel Wells Williams Family Papers, Manuscripts and Archives, Sterling Memorial Library, Yale University, New Haven, Conn.

Wilson, Andrew. *The "Ever - Victorious Army": A History of the Chinese Campaign under Lt. - Col. C. G. Gordon* ... Edinburgh: William Blackwood and Sons, 1868.

Withers, John Lovelle. "The Heavenly Capital: Nanjing Under the Taiping, 1853 – 1864." Ph. D. diss. , Yale University, 1983.

Wolseley, Garnet Wolseley, Viscount. *Narrative of the War with China in 1860*, *to Which Is Added the Account of a Short Residence with the Tai - ping Rebels at Nankin* ... London: Longman, Green, Longman and Roberts, 1862.

Wong, J. W. （黄宇和） *Deadly Dreams: Opium, Imperialism, and the Arrow War (1856 – 1860) in China.* Cambridge, England: Cambridge University Press, 1998.

Wong, J. Y. （黄宇和） "Harry Parkes and the 'Arrow' War in China. " *Modern Asian Studies* 9, no. 3 (1975): 303 – 320.

Wong Young - tsu （汪荣祖）. *A Paradise Lost: The Imperial Garden Yuanming Yuan.* Honolulu: University of Hawaii Press, 2001.

（中译本：汪荣祖著、钟志恒译《追寻失落的圆明园》，台北：麦田出版社，2004）

Wooldridge, William C. " Transformations of Ritual and State in Nineteenth – Century Nanjing. " Ph. D. diss. , Princeton University, 2007.

Wright, Mary Clabaugh. *The Last Stand of Chinese Conservatism: The T'ung – Chih Restoration, 1862 – 1874*. Stanford, Calif. : Stanford University Press, 1967.

Wu, James T. K. "The Impact of the Taiping Rebellion upon the Manchu Fiscal System. " *Pacific Historical Review* 19, no. 3 (1950): 265 – 275.

Yu, Maochun. "The Taiping Rebellion: A Military Assessment of Revolution and Counterrevolution. " In *A Military History of China*, ed. David Graff and Robin Higham. Boulder, Colo. : Westview, 2002.

Yung Wing (容闳). *My Life in China and America*. New York: Henry Holt & Co. , 1909.

（中译本：容闳著，徐凤石、恽铁憔译《西学东渐记》，上海：商务印书馆，1915）

Zhang Hongxing (张洪兴). " "Wu Youru's 'The Victory Over the Taiping': Painting and Censorship in 1886 China. " Ph. D. diss. , School of Oriental and African Studies, University of London, 1999.

Zheng Xiaowei (郑晓威). "Loyalty, Anxiety, and Opportunism: Local Elite Activism during the Taiping Rebellion in Eastern Zhejiang, 1851 – 1864. " *Late Imperial China* 30, no. 2 (December 2009): 39 – 83.

索 引

（以下页码为原书页码，即本书页码边码；斜体表示地图所在页；n 表示注释）

Admiralty, British, 246, 291, 416*n*
Afghanistan, 48–9
Africa, 302
Alabama, 320
Alexander the Great, 166
Amerika, 26
Amherst, Lord, 32, 105
Amoy, 302
Analects (Confucius), 159
Anglo-Chinese College, 23
Anglo-Chinese Flotilla ("Lay-Osborn
    flotilla"), 297–303, 316, 317–18,
    325–8, 329, 333, 334, 353
Anhui Army (Huai Jun), 257, 260–1,
    271–3, 337, 345–6
Anhui province, 114, 131–5, 136, 137,
    139, 154, 162, 172, 191, 192, 204,
    206, 207, 208–9, 219, 232, 251–2,
    255, 256, 257, 272–3, 291, 292–3,
    308, 324–5, 338–40, 344, 356, 357,
    358
Anqing, 39, 42, 62, 113–14, 137–9, 154,
    162–3, 169, 183, 293, 296–7, 305–6,
    322–4, 351, 352, 357
Anqing siege, 154, 162, 169, 190–215,
    194–5, 216, 217, 219–20, 232, 237–8,
    245, 246, 252, 253, 256, 291, 342
Apak (pirate), 278, 281, 414*n*

Armstrong guns, 100–2, 106, 285, 296
Arrow, 28, 29, 36, 102
Asia, 37–8, 63, 118, 119, 174, 319–20
Athenaeum, 178
Attending King (Li Shixian), 64,
    67–8, 196, 310
Audacieuse, 26

Balaclava, Battle of, 47
banking system, 61, 149, 233–4, 325
banner armies, 118, 137–8
Bao Chao, 137–8, 196, 198–9, 206–7,
    210–11, 212, 214, 232, 295, 306,
    308, 310, 339, 341, 344
Baoqing, 132
Baptist Board for Foreign Missions,
    143
Baptists, 143–4
Bath, Marquess of, 166
Baxter, William, 236, 237, 239–40, 334
Beato, Felice, 97
beheadings, 21–2, 55, 93, 105, 122, 155,
    156, 211–12, 227, 228, 280, 321, 334
Beijing, *see* Qing empire
Beitang River, 99–100, 103
"belligerent rights," 233–6, 299
Bible, 16, 19, 24, 59–60, 79, 81–2, 124,
    142, 147, 149, 158, 159, 301

"bird guns," 121, 125, 295
Blackwood's Edinburgh Magazine, 326
Blakiston, Thomas, 220–1
blasphemy, 81–2, 146–7, 175–6, 228,
　275, 301
blockades, naval, 137, 143, 204, 213
Blue Books, 29, 176–7, 186
Bouncer, 201
Bowlby, Thomas, 97, 100, 102, 103,
　104, 105, 108–9, 164–5, 394n
Bowra, Edward, 333–4
Brave King, *see* Chen Yucheng
Brown Bess muskets, 92
Bruce, Frederick, 43–4, 72–4, 89–94,
　95, 140–2, 145, 150, 151, 152,
　169–70, 175–89, 212–13, 230–48,
　261, 270, 274, 275, 279, 282–3, 295,
　297, 300, 303, 304, 315, 316, 320,
　322, 328, 333, 335, 337, 355, 356,
　360, 364, 421n
Buchanan, James, 36
Buchanan, Walter, 236
Buddhism, 16, 53, 59–60, 62, 80, 156
Bull Run, First Battle of, 232
Burgevine, Henry Andrea, 266,
　315–16, 318, 319–21, 325–6, 328–9,
　421n
Burlingame, Anson, 319–20, 328, 418n

cannibalism, 215, 252, 338–9
Canton (Guangzhou), 8, 13, 14, 20,
　21–2, 28, 29, 41, 42, 50, 77, 96,
　102, 103, 127, 147, 150–1, 170–1,
　173, 231, 295, 354
Canton Coolie Corps (CCC), 96,
　266
Catholic Church, 9, 59, 73, 80
cavalry, 87, 96, 101, 104, 105, 107,
　209–10

Centaur, 188
Changsha, 116, 127–8
Changzhou, 69, 154, 253, 343, 344
Cheng Hao, 160–1
Cheng Xueqi, 318, 319, 320–1, 329–31
Cheng Yi, 160–1
Chen Yucheng (Brave King), 64, 65,
　191–203, 207–12, 219, 239, 251,
　291–3, 343
Chiang Kai-shek, 170
children, 62, 93–4, 155, 186, 191, 285,
　286–7, 342–3, 350–2
child soldiers, 155, 186
China
　agriculture in, 7, 9, 17, 27, 34, 42,
　　51–2, 55, 56, 155–6, 186–8, 219–20,
　　252, 338–40, 345–6
　bandit gangs in, 9, 35, 50, 56, 63,
　　119, 121, 122, 124, 131, 135, 150,
　　291–2
　civilization of, 35, 48–9, 58, 90, 159,
　　164–7, 236, 237
　as closed society, xxiii, 10–11, 90
　coastal areas of, 45–9, 219–20, 251,
　　326
　disease in, 7–8, 17, 19–20, 99, 187,
　　211, 213, 304–7, 313
　domestic market of, 11, 28, 232
　dynasties of, 3–4, 54, 58, 63, 90–1,
　　120, 124, 142, 158, 160, 161, 180,
　　211, 294, 341; *see also* Qing
　　empire
　economic conditions in, 10–11,
　　25–6, 35, 71–2
　education in, 3–4, 13–14, 20, 22,
　　114–16, 251, 253–4
　ethnic Chinese in, xxv, xxvii, 3–4,
　　11–12, 28–9, 30, 63, 118, 129, 157,
　　160, 161, 177–9, 255, 323

foreign settlements in, xxiii–xxiv, 7, 9–11, 23, 35, 48–9, 50, 58, 71–4, 90

foreign trade of, 22, 25–6, 35, 71–2

hair style in, 70, 81, 154, 155, 156, 157, 187, 361

industrialization of, 10–11, 58, 60–1, 84, 148–9, 159, 231, 338

nationalist movements in, xxvii, 58, 157–8, 173–82, 359, 361, 362

"opening" of, 10–11, 60–1, 103, 149–50

peasantry of, 33, 69–70, 90, 124–5, 129–30, 148, 154–6, 186–8, 252, 255, 338–40

population of, 215, 219, 304–5, 358–9

railroads in, xxiv, 61, 84, 90, 159, 180, 338

rebellions in, 58, 90–1, 157–8, 173–82; see also Taiping rebellion

scientific missions to, 96–7, 105

technological advances in, 60–1, 90, 298

treaty ports of, 26, 35, 70–1, 145, 146, 150, 200–3, 231, 233, 237, 238–45, 262, 281, 300, 304, 306, 320; see also specific ports

villages of, 17, 18, 38–9, 42, 56, 69–70, 73, 116–17, 119–23, 154–6, 186–8, 191–2; see also specific villages

Western influence in, 58–61, 74, 90, 148–9, 164–7, 180

China, 302

China, People's Republic of, xxviii, 170

China Daily Press, 261–2

China Mail, 97, 224, 261–2, 280

China Trade Report, 245

Chinese and Their Rebellions, The (Meadows), 90–1

Chinese language, 4, 13, 20, 41, 42, 89, 90

Chinese New Year, 163, 193, 265

Chinese Rebel Chief, The (Hamberg), 18–19

"Chinese Revolution, The," 84

cholera, 304–7

Christianity, xxvii, 8–9, 13, 15–20, 27, 39–41, 53–60, 62, 65–6, 73, 78–85, 89–90, 94, 123–5, 135, 140–9, 156, 157, 158, 159, 161, 163, 167, 177–81, 221, 223–4, 227–30, 234, 260, 273–4, 275, 289, 290, 301, 307, 323–4, 405n
  see also missionaries

civil service examinations, 3–4, 13–14, 20, 114–16, 158–9, 251, 253–4

Civil War, U.S., xxiv, 77, 87, 231–6, 247, 261–3, 282, 284, 288–9, 299, 301, 320, 325, 328, 334–5

Cixi, Empress Dowager (Yehonala), 224–7, 255–7, 356

Cobden, Richard, 334–5

Colt revolvers, 74, 142

Confucianism, 3–4, 13–14, 16, 17, 18, 20, 23, 67, 90, 115–16, 119, 120, 123–5, 147, 158–61, 167, 211–12, 223, 251, 253–4, 289, 323

Confucius, 119, 159, 161, 167, 289

Confucius (steamer), 76

Congreve rockets, 31

Conservative Party, 175, 300–1

Consulate, British, 222–3, 243–5

Consulate, U.S., 170–1, 188

Cormorant, 30, 31

Coromandel, 182

cotton, xxiv, 72, 232, 284, 335

Cox, Josiah, 228–30, 258

"crab formation," 136

Crimean War, 26, 32, 47, 97

"crouching tiger" formation, 136

Cuba, 262–3

customs duties, 150–1, 240–1, 260, 284

Danyang, 68, 69, 154, 343–4

Daoism, 53, 62, 80

daotai (imperial official), 72, 76, 93, 242–3, 244, 267, 268, 271, 272, 278, 280, 281, 282, 287, 314, 322

Darwin, Charles, 96

Davidson and Co., 267

Davis, Jefferson, 261, 288

deserters, 27, 122–3, 186–9, 265

Dew, Roderick, 239–42, 276–9, 280, 281, 282, 291, 333, 408*n*, 414*n*

Disraeli, Benjamin, 300–1

Dongliu, 213

Dragonne, 31

Dragon's Shoulder, 342, 344, 347, 348–9

Duanhua, 168, 225, 227

Dublin University Magazine, 178

Dunlop, Alexander, 234–6, 239–40, 299

Duolonga, 129, 137, 193, 196, 201, 208, 209–10, 214, 291, 292, 308–9

Eastern King, 55, 56, 64, 131

East India Company, 179

Economist, 10, 178, 288, 333

Edkins, Jane, 82–3, 146, 221–2

Edkins, Joseph, 79–83, 89–90, 146, 147, 221–3, 227

Elgin, James Bruce, Earl of, 25–34, 36, 37–43, 44, 45, 50, 53, 63, 79, 88–9, 94, 95, 101, 149–53, 164–7, 173, 176, 178, 283, 333

Ellenborough, Edward Law, Earl of, 175–6, 183

Elphinstone, William, 48–9

Emancipation Proclamation, 288

"empty city strategy," 141–2

encirclement strategy, 135–6, 264–5

Encounter, 239, 276, 281, 291

Enfield rifles, 165, 263, 266

Étoile, L', 276

Evangelical Magazine and Missionary Chronicle, 83

Ever-Victorious Army, 267–70, 272, 285, 286, 314–36, 346, 363, 421*n*

famine, 215, 238, 252, 338–43, 344, 345–6

Fan (Taiping general), 274–5

Fane's Horse, British, 96

Feng Yunshan, 16, 18

Ferrand, William, 334

filibusters, 75, 261, 269, 270, 316, 318, 319

Five Classics, 13

Five-Li Point, 104–6

Five Months on the Yang-tsze (Blakiston), 220–1

flagships, 127, 182, 302

Forbidden City, 106–7, 371*n*

Foreign Arms Corps, 267–8

Foreign Enlistment Act, 235, 299

Foreign Office, British, 89–90, 182, 247

Forester, Edward, 266, 286, 294, 315

Forrest, Robert, 186–8, 220–1, 360–1

Fortress of Earth, 342, 344, 347

Fortress of Heaven, 342, 344

Four Books, 13

France, 10, 26, 29, 30–1, 32, 33, 40, 44, 59, 73, 80, 140, 141, 145, 150–1, 164, 165–6, 168, 171, 172–3, 243, 244, 280, 281, 282, 285, 286, 291, 296, 314, 323, 337, 344

Furious, 25, 34, 38, 175, 298

Gan River, 51, 205, 207

Gao Yongkuan (Receiving King), 329–32

George III, King of England, 110

gingals (*taiqiang,* "carried guns"), 125, 126, 211, 295

Gladstone, William, 36, 288, 301–2

Go, 113, 135, 138, 340

gold, 27, 52, 53, 54, 61, 109, 203, 230, 286

Gong, Prince, 108, 149–50, 168–73, 212–13, 225, 226, 227, 234, 296, 297, 320–1, 326, 327–8

Gordon, Charles "Chinese," xv, xxvi, 317–23, 328–36, 339, 346, 360, 363, 428n

Goverston (British sailor), 263–4

Grand Canal, 27, 34, 38, 44, 62, 69, 150, 170, 186

Grant, Ulysses S., xxv

grapeshot, 31, 92

Great Britain
arms trade of, 233–6, 267, 271
Christian culture of, 20, 40, 59, 79, 80, 83, 147, 163, 167, 228, 289
domestic market of, 232–3, 284, 302, 335
economy of, xxiv, 59, 60, 87, 231–6, 247, 284–5, 335
foreign policy of, xxiv, 72–4, 76, 84, 174–5, 186–8, 231–7
global empire of, 23, 28–9, 72, 87, 96, 151, 173–82, 232, 281–2, 284, 287, 291, 333–4
press coverage in, 83, 84–5, 93–4, 97, 100, 102, 103, 151, 164–5, 177–9, 282–91, 300, 302
public opinion in, 36, 42, 164–7, 177–82, 220–1, 247–8, 282–91, 332–3
Qing relations with, *see* Qing empire
Taiping Rebellion and neutrality of, xxiii–xxvi, 9–11, 25–49, 73–4, 79–85, 87, 89–92, 152–3, 172–9, 182–6, 200–3, 206, 231–48, 271–87
U.S. relations with, xxiv, 77, 87, 231–6, 247, 261–3, 282, 284, 288–9, 299, 301, 320, 325, 328, 334–5

Great Wall of China, 3, 65

Green Standard armies, 66, 118–19, 121, 123, 126, 129, 130, 134, 135–6, 139, 295, 307, 343

Grey, Earl, 86–7, 173–5, 176, 233, 239–40

Gros, Baron, 26, 30, 34, 86, 87, 88, 95, 103, 105, 109, 164

Guangdong province, 11, 50, 63, 64, 65, 157, 214

Guangxi province, 11, 16, 17, 56, 116, 118, 119, 127, 132, 157

gunboats, 25–49, 86, 87, 88, 89, 93, 99, 102, 127, 182, 183, 201, 205, 214, 235, 241, 259, 267, 274–9, 280, 286, 321 gunpowder, 31, 32, 40, 99–100, 121, 126, 167, 295, 347–8

Guo Songtao, 45

hair style, 70, 81, 154, 155, 156, 157, 187, 361

Hakka people, 8, 13, 17, 20, 52, 96, 156, 229

Hamberg, Theodore, 8–9, 12, 13, 15, 18–20, 22, 27, 55, 59, 60, 143, 229

Han dynasty, 124

Hangzhou, 65, 66–7, 72–3, 75, 154, 207, 237–8, 245, 253, 256, 274, 343, 344–5, 353, 361

Hangzhou Bay, 238–9, 314–15

Hankow, 38, 39, 183, 185, 192, 193, 196, 200–3, 206, 207, 223, 239

Hanlin Academy, 115, 253–4

Hanyang, 193, 201

Harvey, Frederick, 243–5, 246, 275, 278, 279, 280–1, 282, 284, 300

Hawthorne, Nathaniel, 75

Heavenly King, *see* Hong Xiuquan

He Chun, 63, 64, 68, 114, 134, 295

Henan province, 291–2

Hero's Return to the Truth, A, 160–1

High Bridge (Gaoqiao), 273

Holland, Captain, 317

Hong Kong, xxiii, 7–8, 9, 12, 18, 19–20, 22–4, 26, 29, 41, 44, 50, 53, 57, 59, 62, 79, 83, 84, 91, 144, 145, 147, 148, 151, 152, 153, 163, 171, 177, 180, 229–30, 264, 282–3, 289, 354, 364, 413*n*

Hong Kong Daily Press, 281, 282

Hong Rengan
baptism of, 13, 20
in Canton, 13, 14, 50

Christian beliefs of, 57–60, 62, 66, 83, 142, 157, 158, 159, 160–1, 180, 221, 227–30, 290

correspondence of, 82–3, 91, 141, 176

Cox's relationship with, 228–30, 258

Edkins's relationship with, 82–3, 146, 221–3, 227

education of, 142–3

foreign relations of, 65–6, 89–90, 141–9, 157, 183, 191, 192, 201, 203, 210, 220–1, 236, 271, 273–4, 283–4, 337, 353, 363–4

as fugitive, 18, 19–20, 22, 24, 25, 50–3, 54, 79, 353–4

Hakka ancestry of, 8, 13, 20, 52, 229

Hamberg's relationship with, 8–9, 13, 18–20, 55, 59, 60, 143, 229

in Hong Kong, 18, 19–20, 22–4, 57, 59, 62, 79, 83, 148, 163, 180, 229–30, 289, 364

as Hong Xiuquan's adviser, 15–16, 17, 22–4, 53, 55–6, 66, 79, 83, 141, 146–7, 161–2, 208–9, 228, 257–8, 289

John's relationship with, 146–7, 148, 149, 221, 222–3, 227

Legge's relationship with, 20, 22–3, 24, 53, 55, 59, 60, 79, 148, 163, 228, 229–30, 289–91

Li Xiucheng's rivalry with, 141–2, 214, 219

as military adviser, 55–6, 57, 58, 62–6, 141–3, 148, 149, 191, 192, 208–10, 214, 219–20, 293, 343–4

as military commander, 163, 180, 183, 208–10, 222, 343–4

missionary contacts of, 53, 55, 57,
59, 60, 62, 79–80, 82–3, 89–90,
91, 142–9, 163, 180, 209, 221–3,
227–30, 257–60, 273–4, 289–91,
337, 338, 363–4
murder accusation against, 258–60
in Nanjing, 53–62, 84, 86, 141–9,
158, 159, 183, 193, 210, 217–18,
220–3, 227–30, 257–60, 293,
337–8, 343–4
palace of, 142–3, 144, 146, 158,
159–60, 163, 223, 229, 230,
257–60
personality of, 20, 52, 83, 209,
227–30, 257–60, 289–90,
337–8
political reforms proposed by,
58–62, 84, 90, 143–9, 157–62, 180,
298, 338, 362
propaganda written by, 143–9,
159–62, 217–18, 236
reputation of, 23–4, 141–9, 220–1,
227–30, 236, 257–60, 273, 283,
289–90, 361
Roberts as assistant to, 143–5, 146,
147, 148, 158, 183, 223–4, 229,
258–60, 290, 337
as Shield King, 55–6, 79, 83, 84,
141–9, 160–2, 208–10, 219, 228,
257–60, 283, 289–90, 299, 337–8
technology promoted by, 60–1, 90,
298
treatise on government by, 58–62,
84, 149, 180
Yung Wing's relationship with,
147–9, 324
Hong Xiuquan
background of, 13–16, 63, 114,
143

Christian theology of, 8, 14–20,
22–3, 40, 80, 82, 83, 141, 146–7,
156, 161, 177, 181
civil service examinations failed
by, 13–14, 114–15
correspondence of, 39–40
court of, 144, 146–7, 149, 222–3,
337–8
death of, 349, 353–4
edicts of, 146, 222–3
as emperor or Heavenly King,
16–18, 39–40, 54–6, 60, 66, 135,
144, 146–7, 181, 222–3, 234,
307
Hakka ancestry of, 13, 17
Hong Rengan as adviser to, 15–16,
17, 22–4, 53, 55–6, 66, 79, 83, 141,
146–7, 161–2, 208–9, 228, 257–8,
289
idolatry opposed by, 16, 17, 80, 82,
83, 141, 156, 161, 177, 181
in Nanjing, 50, 80, 222–3, 229, 234,
338
palace of, 54–5, 183, 185–6, 349
Parkes's negotiations with, 183–6,
210
political leadership of, 55–7, 185–6,
222
as son of God, 16, 22–3, 40, 54–5,
81–2, 146–7, 209, 229
spiritual leadership of, 16–17, 22–3,
54–5, 146–7, 229
Taiping Heavenly Kingdom
declared by, xviii, xxiii, 16–18,
24, 144, 161–2
visions experienced by, 14–16,
159–60
Young Monarch as heir to, 208,
338, 349–50, 353–4

Hope, James, 47, 152–3, 173–4, 175, 182, 184–6, 188, 201–2, 221, 232, 235, 237, 238–40, 242, 244, 245, 261, 263, 264, 268, 269–74, 278, 282–7, 290, 291, 293, 297, 315, 333, 398*n*, 413*n*, 416*n*

"host and guest" (military strategy), 136–7, 311

House of Commons, British, 36, 166, 179–82, 234–6, 301, 334–5

House of Lords, British, 86–7, 166, 173, 176, 232

howitzers, 92, 101–2, 110

Huangmei, 52

Huangpu River, 70, 71, 247, 264

Huangshan (Yellow Mountain), 197

Huang Shuhua, 351–2

Huangzhou, 196, 200–3, 206

Hubei province, 51, 116, 117, 131–2, 156, 162, 183, 191, 198, 201, 204, 205, 207, 214, 219, 264, 272–3, 330, 358

Hugo, Victor, 165–6, 167

Hunan Army (Xiang Jun), xxvi, 245, 251, 252–3, 291–2, 305–6
    Anti-Christian sentiments of, 223
    battalion structure of, 126–7
    campaign for Anqing, 136–9, 163, 190–215, *194–5*, 232, 403*n*
    campaign for Nanjing, 293–5, 307, 308, 310–13, 315, 318, 340, 341–3, 345–8, 428*n*
    disbanding of, 355–6, 357
    founding and early campaigns of, 120–34
    fund-raising for, 123–5
    importance of regional ties in, 131–4, 204
    Li Hongzhang and, 254, 255

    naval forces of, 127, 204, 212, 296–7, 326–7
    pay scale of, 121, 129, 187
    recruitment for, 120–1, 122
    training of, 121–2, 129–30
    victory and rampage at Nanjing, 348–52
    weaponry used by, 125–6, 295
    Yung Wing's service to, 324–5
    see also Zeng Guofan

Hunan province, 113–39, 172, 191, 201, 330, 351

"hundred birds" formation, 136

Huzhou, 343, 344, 353

Ignatiev, Nikolai Pavlovich, 171

Illustrated London News, 97, 165

India, 28–9, 72, 87, 96, 151, 174, 179, 180, 232, 281–2, 284, 287, 291

"Is Our War with the Tartars or the Chinese?" (Scarth), 177–8

Ito Hirobumi, xxv–xxvi, 362–3

jade, 107–8, 115, 123, 163

Japan, 37–8, 61, 87, 120, 170, 362

Jasper, 302

Jesus Christ, 8, 16, 54, 81–2, 124, 141, 142, 159, 223, 229

Jiangnan region, 153–4, 157, 162, 219

Jiangsu province, 69, 70, 134, 141, 153, 154, 219, 246, 255, 256, 257, 267, 304, 312, 318, 323, 325, 333, 337, 339, 356, 358, 397*n*

Jiangxi province, 51, 65, 131–2, 134–5, 162, 198, 199, 204–5, 206, 207, 219, 253, 255, 256, 257, 264, 342, 353, 354, 356, 358

Jingdezhen, 51, 132, 133, 134–5, 137, 199, 214

Jinggang, 127–8
jinshi degree, 115, 254
Jiujiang, 130–1, 183
Jixian Pass, 191, 207–12, 214, 215
John, Griffith, 79, 80, 82–3, 89, 146–7,
    149, 177, 181, 184, 221, 222–3, 227
Journal of the North-China Branch of
    the Royal Asiatic Society, 360–1

Kabul, 48–9
Kangxi, Emperor of China, 172
Kiang-Soo, 302
kidnapping, 187, 287–8, 350–2
King's Dragoon Guards, British, 96
kowtow, 104–5, 144
Kuper, Augustus Leopold, 291

Lake Poyang, 130–1, 132, 204–5
Lancashire, 232, 284, 302, 335
Lawrence, T. E. ("Lawrence of
    Arabia"), 317
Lay, Horatio Nelson, 297–303, 316,
    317–18, 325–8, 329, 333, 334, 353
Layard, Austen, 301
Legge, James, 20, 22–3, 24, 50, 53, 55,
    59, 60, 79, 84, 148, 163, 228,
    229–30, 289–91
Liberal Party, 36, 175, 179, 247, 288,
    300
Li Hongzhang, 253–4, 256, 257, 260–1,
    271–3, 285, 310, 315, 316, 318, 319,
    320–1, 323, 325, 329, 330–1, 341,
    343, 345–6, 362
Lincoln, Abraham, 232, 233, 319, 320
Li Xiucheng (Loyal King), 56–7,
    64–73, 80–92, 114, 140–2, 145, 151,
    152, 154, 162–3, 176, 181, 183,
    191–209, 214, 219–23, 237–8,
    245–6, 253, 260–74, 286, 291, 293,

    294, 307–18, 340–3, 348, 349–53,
    400n, 427n
Lobscheid, Wilhelm, 337
Loch, Henry, 104, 105, 108
London Daily News, 287–8, 300
London Missionary Society, 20, 79,
    83, 147, 163, 228, 289
London Review, 60, 177
"long dragons," 127
"longhairs," 70, 81, 121, 154, 155, 157,
    218
Longping, 51–2
looting, 67, 73, 81, 100, 107–10, 129–30,
    155, 171–2, 187, 201, 243–4, 291,
    315, 350–2, 357–8
"Looty," 109
"Love the People" slogan, 129–30, 215
Loyal King, see Li Xiucheng
Luzhou, 291

Macartney, Lord, 32, 105, 109–10
Mackenzie, Richardson & Co., 271
Malthus, Thomas, 180
Manchuria, 25, 106–7, 113, 118
"Manilamen," 77, 95
Mao Zedong, 170
Martin, William Alexander
    Parsons, 27
Marx, Karl, 10–11, 174, 231, 283
matchlock muskets, 119, 125, 126, 211,
    267, 295
Meadows, Thomas Taylor, 90–1, 175,
    176–7, 283–4
Meiling Pass, 51, 354
Mencius, 161
Miao Peilin, 292–3
military police, 126–7
militias, 66, 69–70, 74–8, 113–39,
    205

Ming dynasty, 3–4, 54, 58, 63, 120, 124, 142, 158, 160, 161, 180, 211, 294, 341

mining, 61, 62, 150, 338

missionaries, 53, 55, 57, 59, 60, 62, 78–85, 89–90, 91, 94, 142–9, 150, 163, 177–81, 209, 221–3, 227–30, 257–60, 265, 273–4, 289–91, 323–4, 337, 338, 363–4

Missionary Magazine, 83

Mississippi, 26

Mohawk, 302

Mongols, 44, 63, 100–1, 104, 106, 138

Moon Ridge Pass, 205–6

Muirhead, William, 163, 183, 208–9

Muslims, 59–60, 63, 245, 308–9, 362

Muyin, 104–5, 225

Nanjing, *xxxiv*, 4, 9, 13, 19, 21, 23, 24, 27, 35, 39–40, 44, 50, 51, 52, 55, 62, 63, 64–8, 114, 130, 132, 134, 135–6, 152–3, 156, 162–3, 171–7, 172, 175, 182–6, 187, 191, 201, 202–3, 207, 235, 241, 242, 244, 252, 253, 271, 274, 371*n*

Nanjing, Treaty of (1842), xxv, 28, 29, 102

Nanjing siege, 64–8, 135–6, 143, 154, 180, 191, 293–5, 306, 307–13, 315, 318, 322, 323, 340–1, 342, 343, 348, 349–50, 355, 358, 362, 363, 402*n*, 428*n*

Napoleon III, Emperor of France, 86, 165

Napoleon field guns, 77, 260

Nellis, Patrick, 353

Neo-Confucianism, 115–16, 120, 159, 160–1, 211–12, 223, 251, 253–4, 323

Neva, 261–2

New Orleans *Daily Picayune*, 11–12, 58

newspapers, 61–2, 159, 180, 338

New Testament, 16, 79, 124, 142

"New Work for the Aid of Government, A" (Hong Rengan), 58–62, 84

New-York Daily Tribune, 10, 174

New-York Evangelist, 274

New York Herald, 262, 321–2

New York Times, 31, 36–7, 94–5, 151, 248, 262, 281, 321, 333

Nian rebellion, 35, 135, 193, 245, 291–2, 322, 362

Nicaragua, 75–6

Nightingale, Florence, 180

Ningbo, 154, 238–48, 255–6, 265, 267, 270, 274–9, 344

Ningbo incident, 274–9, 280–2, 283, 284, 291, 314, 333, 408*n*

North China and Japan Market Report, 273

North-China Herald, 81–2, 93–4, 97, 181, 182, 223–4, 261, 265, 281, 317

Old Testament, 59–60, 81–2, 224

opium, 19, 42, 51, 54, 62, 68, 72, 84, 119, 127, 156, 174, 178, 231, 247

Opium War, xxv, 7, 9, 10, 26, 28, 37, 70, 76, 102, 150, 174, 296, 360, 362

Origin of Species (Darwin), 96

Orthodox Russian Church, 59

Osborn, Sherard, 298–303

Overland Register, 145, 151, 177

Overland Trade Report, 281

Palmerston, Lord, 28, 36, 43, 86, 164, 165, 173, 176, 179, 234, 236–7, 288, 299, 300–2, 316, 334, 335, 359, 360

Parker, Peter, 27

Parkes, Harry, 102–3, 104, 105–6, 108, 109, 164–5, 167, 182–6, 200–3, 210, 213, 218–19, 221, 227, 238, 239, 242, 247–8, 271, 277, 283, 284, 301, 385*n*, 386*n*, 398*n*

Parliament, British, 36, 86–7, 164–7, 173, 176, 179–82, 185, 232, 234–6, 239–41, 246, 299, 300–1, 334–5, 363

Peiho (White River), 25, 29–30, 33–4, 43–9, 87, 97–9, 100, 102, 170, 173, 233, 269, 411*n*

Pekin, 302

Peng Yulin, 428*n*

Perry, Matthew, 37

pirates, 76, 120, 219–20, 278, 280, 281

Plover, 46

Powhatan, 44, 47, 48

Presse, Die, 283

Principles of Fortification, The, 142

printing press, 159, 163, 167

prisoners, 93, 105–6, 108–9, 119, 121, 204, 205–6, 247–8, 286–8, 300, 321

"Progress in China" (Osborn), 326

Protestantism, 8–9, 13, 53–4, 59–60, 73, 78–85, 140–1, 143–4, 146–7, 260, 323–4

Protet, Auguste Léopold, 269, 273, 276, 285, 291

Pukou, 66, 343

Punch, 300

Qianlong, Emperor of China, 217

Qimen, 114, 137–8, 139, 162, 203, 252, 308

Qing empire
  agriculture of, 51–2, 187, 252
  Anglo-French invasions of, 25–49, 86–9, 94, 95, 96–110, 98, 113–14, 139, 144, 146, 147, 150–2, 164–7, 173, 218, 226–7, 235, 247
  armies of, 17–18, 44–5, 77, 116–17, 126, 127–39, 235
  Beijing as capital of, 10, 25, 27, 30, 34, 43, 54, 72, 89, 95, 98, 103–7, 109, 115–16, 139, 144, 158, 162, 164–5, 216–17, 219, 226–7, 305, 322, 371*n*
  Board of Punishments of, 105
  Board of Revenue of, 168, 357
  British neutrality and relations with, 10–11, 25–49, 71–4, 86–9, 150–1, 164–7, 168, 170, 171, 172–9, 201–3, 231–41, 271–3, 281–2, 284–6, 296–7, 315–16, 334–6, 337, 344, 359–64
  British prisoners captured and executed by, 105–6, 108–9, 247–8
  British trade negotiations with, 28, 29, 34–7, 38, 40, 72, 87, 88–9, 103, 147, 149–51, 165, 169, 170, 172–9, 182–6, 200–3, 212–13, 233, 281–2, 334–6, 359–60
  British treaties with, xxv, 28, 29, 34–7, 38, 40, 72, 87, 103, 147, 149–51, 165, 169, 170, 182–6, 183, 200–3, 212–13, 233
  cavalry of, 100, 101, 106, 129, 137–8, 193, 196, 201, 208, 209–10, 214, 291, 292, 308–9
  child emperor of (Tongzhi, son of Xianfeng), 217–18, 224–7, 255, 265, 299, 300, 356
  civil service of, 3–4, 13–14, 115–16, 134–5, 157–9, 251, 253–4, 356
  Confucian culture of, 123–5, 147, 211–12, 223, 251, 253–4, 323

Qing empire *(continued)*
　corruption in, 90–1, 115–16, 118,
　　150, 197–8, 217–18, 356, 363
　court of, 43–4, 45, 59, 65, 88, 104–5,
　　168–73, 224–7, 255–7, 355–8, 362
　debts of, 97, 150–1, 152
　diplomatic relations of, 27–30,
　　34–5, 40, 43, 59
　downfall of, xxiv, 10–11, 69, 81–2,
　　87, 90–1, 110, 116–17, 153, 174–5,
　　213–14, 216–18, 224, 231–2, 237,
　　257, 289–90, 322, 335, 355–8, 359,
　　361–4
　duty and loyalty in, 119–22, 126–7,
　　128, 129–32, 135, 355–8
　economy of, xxiii, 10–11, 23, 97,
　　102–3, 150–1, 152, 164, 240–1
　emperors of, 3–4, 29, 30, 32, 90–1,
　　105, 122, 124–5, 150, 216–18, 257,
　　271
　ethnic Chinese support for, 118,
　　129, 255, 323
　executions in, 21–2, 70, 105, 122,
　　143, 147, 164–7, 211–12, 226–7,
　　255, 256, 329–33
　food supplies of, 65, 129–30, 170–3
　foreign policy of, 25–6, 48, 145,
　　168–73, 212–13
　foreign trade of, xxiii, 48, 61, 87,
　　103, 150–1, 167, 170–3, 174, 175,
　　231–4, 240–1, 282, 283–4
　forts of, 25, 27, 30–3, 34, 45–9,
　　97–100
　French relations with, 10, 26, 29,
　　30–1, 32, 33, 40, 44, 73, 150–1, 164,
　　165–6, 168, 171, 172–3, 281, 282,
　　286, 291, 296, 314, 323, 337, 344
　garrisons of, 4, 89, 154, 180, 238,
　　241–3, 252, 270, 271–3, 286, 291

　government of, 3–4, 12, 26, 27, 42,
　　55, 57–8, 72–3, 76, 87, 90–1, 92,
　　97, 125, 134–5, 140, 145, 146, 150–1,
　　157–9, 165, 168–73, 174, 176,
　　216–19, 224–7, 235, 236, 240,
　　241–3, 254–7, 296, 297–8, 307
　Green Standard armies of, 66,
　　118–19, 121, 123, 126, 129, 130, 134,
　　135–6, 139, 295, 307, 343
　gunboat diplomacy used against,
　　25–49, 214, 274–9
　hair style of, 70, 81, 155, 156, 361
　hereditary banner armies of, 118,
　　137–8
　imperial edicts of, 168–73, 224–7,
　　255–7
　imperial regents of, 224–7, 256
　indemnity paid by, 97, 102–3, 150–1,
　　152, 164, 240–1
　intelligence information on, 8, 9,
　　45–6, 100, 144–5
　local administration in, 118–20,
　　122–5, 126, 129–30, 134–5,
　　157
　as Manchu dynasty, xxiii, xxv,
　　xxvii, 3, 10, 11–12, 17–20, 27, 42,
　　45, 51–2, 57–8, 60, 63, 118, 124–5,
　　129, 148, 157, 160, 161, 177–9,
　　216–18, 224–7, 255, 298, 299, 300
　Mandate of Heaven for, 90–1,
　　124–5, 162, 217–18, 356–7
　map of, *xxx–xxxiii*
　massacres committed by, 105–9,
　　236, 246–8, 285–9, 316, 329–33,
　　334, 342, 349, 350–2
　mercenaries used by, xxiv–xxv,
　　xxvi, 26–7, 74–8, 95, 172, 181,
　　186–9, 235, 242, 261–2, 265–70,
　　272, 273–4, 280–1, 285–9, 291,

293, 294, 296, 298, 314–6, 346,
360, 363, 421n

military budget of, 118–19, 121,
123–5, 129, 131, 187

military commanders of, 44–5, 48,
63, 67, 68, 88, 113–39, 244; see also
specific commanders

militias used by, 66, 69–70, 74–8,
113–39, 205

missionary relations of, 146–7, 150,
323–4

naval forces of, 127–8, 131, 137, 143,
172, 173, 271–3, 296–303, 362

Office of Foreign Affairs of, 170,
212–13, 225, 234, 297–8, 320–1,
322, 323, 327

Parkes's negotiations with, 218–19,
221, 227, 247–8

peace commissioners of, 103,
104–5

popular support for, xxiii, 10–11,
17–20, 51–2, 105, 123–5, 129–30

power struggles in, 224–7, 252,
255–7, 356

press coverage of, 81, 97, 100, 102,
103, 280–2

recruitment by, 120–3, 125, 128, 129,
131–2

rule of, xxiii, 17–20, 51–2

Russian relations with, 26, 30, 34,
35–6, 170–3, 397n

Shanghai controlled by, 70–1, 92,
135, 140–2, 144–5, 256, 260–1,
264, 270–3

stability of, xxvii–xxviii, 52–3, 89,
116–18, 123–5

steamships used by, 271–3, 296–303

supply lines of, 64–6, 129–30

taxation in, 150, 257, 271

territories controlled by,
xxx–xxxiii, 50–2, 63, 171–3, 187

torture used by, 21–2, 108–9, 164–7

treaties negotiated by, xxv, 28, 29,
34–7, 38, 40, 72, 87, 103, 147,
149–51, 165, 169, 170, 182–6,
200–3, 212–13, 233

U.S. relations with, 26, 27, 31, 34,
35–6, 44, 47, 72, 170–1, 173, 282,
315–16, 319–20, 325, 328

weapons used by, 118–19, 121, 125–6,
171–3, 235, 295–6, 316

Qingpu, 74–5, 78, 187, 242, 261, 265,
285, 286, 294

Quarterly Review, 84–5, 94

racism, 11–12, 28–9, 58

railroads, xxiv, 61, 84, 90, 159, 180, 338

rape, 67, 154, 155, 176, 188

rebellions, xxvi–xxviii, 17–19, 45,
54–5, 90–1, 116–18, 173–82,
240–1

Receiving King, see Gao Yongkuan

Red Army, 130

refugees, 22, 24, 69, 78–9, 97, 187, 263,
264–5, 304–7

revolutions, 10–11, 57, 84, 145, 157–8,
173–9, 283

rice, 14, 65, 71, 74, 77–8, 126, 129, 186,
203, 212, 215, 252, 273, 275, 308,
339

Ringdove, 276, 277

Roberts, Issachar, 143–5, 146, 147, 148,
158, 183, 223–4, 229, 258–60, 290,
337

Royal Academy, 166–7

Royal Asiatic Society, 179–80, 360–1

Royal Geographic Society, 301

Royal Military Academy, 142, 317

Royal Navy, 12, 25–6, 30–3, 87, 173,
　　188, 262–6, 264, 291, 298–9, 300
Royal Society for Statistics, 180
Russell, Lord, 87, 88, 151, 164, 176–7,
　　179, 180, 181–2, 185, 186, 234,
　　236–7, 239–40, 241, 247, 276–7,
　　288, 298, 299, 322
Russia, 26, 30, 34, 35–6, 87, 170–3,
　　397n

Saginaw, 262, 267
salt, 34, 150, 213, 308
sampans, 127, 340
samurai, 37, 362
Saturday Evening Post, 289
Scarth, John, 177–8, 236
Scully, Vincent, 166
Senggelinqin, 44–5, 48, 63, 88, 97,
　　99–100, 102, 103–6, 107, 137–8,
　　150, 167, 168, 183
Sepoy Mutiny (1857), 28, 174
Sermon on the Mount, 142
Shaanxi province, 62–3, 65, 291–2, 308
Shandong province, 147
Shanghai, 69–82
　　British defense of, 88–94, 95,
　　　140–2, 145, 151, 152, 175, 176,
　　　181–2, 186–9, 235, 239, 263, 264,
　　　268, 269–70, 273–4, 275, 278, 279,
　　　282–3, 286, 291, 293, 295, 297, 303,
　　　335, 398n
　　British settlement in, xxvi, 39, 43,
　　　69–85, 87, 91–2, 93, 140–2, 150–1,
　　　179, 185–9, 261–3, 269, 271–9,
　　　282–3, 303, 306, 335
　　Bund of, 71, 247
　　Chinese community in, 48, 92, 95,
　　　231, 266–7, 268, 269, 271, 272,
　　　304–7

cholera epidemic in, 304–7
fall of Ningbo and, 238–45, 246,
　　247–8
foreign residents of, xxiii, 9, 48,
　　65–6, 69–85, 87, 88–91, 95, 144–5,
　　264–5, 271, 304–5, 321
French military forces in, 93–5, 101,
　　140, 141, 175
French settlement in, 91, 93–5, 140,
　　150–1, 263, 265, 269, 273, 276, 278
garrison of, 89, 271–3, 291
mercenaries in, xxiv–xxv, 75–8, 95,
　　186–9, 265–9, 285, 314–16, 318–20
missionaries in, 80–5, 91, 94, 142–9,
　　180–1, 227–30, 259–60, 265,
　　273–4
neutral zone around, 185–6, 221,
　　235, 237, 242, 246, 248, 291, 318,
　　359–60, 398n
Qing control of, 70–1, 89, 92, 135,
　　140–2, 144–5, 256, 260–1, 264,
　　270–3, 291
refugees in, 264–5, 304–7
suburbs of, 93–5, 101, 152
Taiping correspondence with,
　　91–2, 145, 151, 152, 175, 181
Taiping military threat to, 69–80,
　　91–5, 140–2, 145, 151, 152, 175, 181,
　　260–70, 271, 273–4, 291, 314
Taiping relations with, 9–10, 69–2,
　　88–95, 101, 140–5, 146, 149, 151,
　　152, 153, 175, 176, 181, 183, 185–6,
　　202, 219, 238–40, 247–8, 260–70,
　　273–9, 293, 306–7, 316
as trading port, 26, 43, 48, 150–1,
　　171–2, 181, 185–6, 212–13, 231, 235,
　　274, 284, 359–60
U.S. settlement in, 58, 91, 140–2,
　　188–9, 261–3, 269

Shaoxing county, 156, 361

Sharp's carbines, 74

Sheep's Pen (Yangzhanling), 197–8, 199

Shence Gate (Nanjing), 341, 342, 344

Shi Dakai (Wing King), 132, 135, 191, 245, 343

Shield King, *see* Hong Rengan

Shouzhou, 292–3

Sichuan province, 62–3, 65, 115, 132, 137–8, 191, 245

siege warfare, 126, 128, 130, 134, 135–6, 154–5, 180, 237–8, 256, 286, 294–5, 307–13

Sikhs, 89, 92, 96, 101, 104, 105, 108, 243

silk, 9, 27, 42, 72, 81, 85, 145, 174, 175, 181, 196–7, 222, 231, 272

silver, 61, 103, 107, 115, 121, 163

slavery, 11–12, 58, 62, 288

smuggling, 28, 36, 127, 212–13, 286

"Society of God Worshippers," 16–18, 56, 57

Song dynasty, 13, 160–1

Songjiang, 74–5, 77–8, 187, 188, 264, 265–6, 268, 269, 285, 286, 293, 294, 316, 318

South Bridge (Nanqiao), 285

south gate of Nanjing, 294–5, 340

Statistical Society of London, 180

Staveley, Charles, 323

steamships, 61, 65–6, 90, 141, 159, 180, 191, 192, 203–4, 235, 271–3, 296–303

suicide, 21, 67, 68, 70, 81, 103, 128, 131, 134, 155, 238, 349

Summer Palace, 3, 30, 54, 105, 107–10, 139, 164–7, 168, 169, 179, 217, 247, 360, 371*n*

Sun Yatsen, 361

Sushun, 168, 225, 226–7, 255

Suzhou, 65, 70, 71, 73, 75, 78–9, 82–3, 135, 256, 263, 286, 293, 307–8, 309, 319, 321, 329, 341, 342, 344–5, 353, 427*n*

Suzhou massacre, 329–33, 334, 342

Swinhoe, Robert, 110

swords, 119, 121, 125, 126, 295

Sykes, William Henry, 179–82, 236, 239–40, 287–8, 299, 300, 301, 335

taels, 103, 121, 150, 187, 206, 215, 243, 271, 272, 399*n*

Taiping Gate (Nanjing), 341–2, 344, 348

Taiping Rebellion

    agriculture under, 42, 51–2, 55, 56, 155–6, 186–8, 219–20, 338–40, 345–6

    armies of, 18, 55–7, 62–6, 69, 116, 130–1, 135–6, 141, 148, 198–209, 235, 291–3; *see also specific armies*

    British neutrality and intervention against, xxiii–xxvi, 9–11, 25–49, 73–4, 79–85, 87, 89–92, 152–3, 172–9, 182–6, 200–3, 206, 231–48, 271–87

    casualties in, xxiii, 79–80, 92–5, 358–9

    cavalry units of, 67–8, 79

    Christian doctrines of, xxvii, 13, 15–20, 27, 39–41, 53–60, 62, 65–6, 73, 78–85, 89–90, 94, 123–5, 135, 140–9, 156, 157, 158, 159, 160–1, 177–81, 221, 223–4, 227–30, 234, 273–4, 275, 290, 301, 307, 405*n*

    civil service of, 57, 114–16, 148, 157–9, 161, 251, 253–4

Taiping Rebellion *(continued)*

as civil war, xxiii–xxiv,
xxvii–xxviii, 9–10, 12, 23, 26, 29,
38–9, 42, 67, 72–4, 76, 79, 80–1,
84, 90–9, 97, 160, 179–82, 184–5,
231–7, 247, 283, 298, 336, 362–3

communalism of, 55, 56

Confucianism as viewed by, 90,
123–5, 158–61

coup attempt in, 55, 56, 64, 131

defeat of, 336, 337–54, 360

diplomatic relations of, xxiv–xxv,
59–60, 65–6, 89–90, 141–9, 157,
183, 191, 192, 201, 203, 210, 220–1,
236, 271, 273–4, 283–4, 337, 353,
363–4

divine mission of, 18, 39–40, 54–6,
60, 66, 135, 144, 146–7, 181, 234,
307

eastern strategy of, 204–7

economic development of, xxiv,
10–11, 57, 60–2, 81, 82, 84, 149,
155, 157, 187

educational reforms of, 57, 114–16,
141–2, 148, 149, 157–9, 161, 251,
253–4

Elgin's contact with, 39–43,
152–3

ethnic Chinese support for, xxv,
xxvii, 11–12, 28–9, 157, 160, 161,
177–9

executions in, 21–2, 29, 55, 58, 70,
155, 156, 206

finances of, 19, 57, 143–4, 155, 157,
187, 246

food supplies of, 51–2, 55, 56, 64–6,
159, 162–3, 186, 203–4, 212–13,
338–43, 344

foot binding opposed by, 156

foraging campaigns of, 64–5, 135

foreign accounts of, 18–19, 79–85,
89–90, 94, 140–2, 145, 152–3

foreign relations of, xxv–xxxvi,
9–10, 18–19, 65–6, 69–85, 89–90,
94–5, 140–9, 152–3, 157, 181,
182–6, 191, 192, 200–3, 210,
219–21, 231–45, 271, 273–4, 280,
282, 283–4, 285, 337, 353, 360,
363–4

foreign trade of, 65–6, 69–85,
89–90, 94–5, 140–2

garrisons of, 74–8, 137–9, 155–6,
191–2, 207, 274–9, 293, 294–5

government of, 27, 55–62, 84, 87,
89–90, 140–63, 176–7, 180, 186–8,
236–7, 338, 362

hair style of, 70, 154, 155, 156, 157,
187, 361

Hope's negotiations with, 152–3,
182, 184–6, 201–2, 221, 232, 235,
237, 238–40, 242, 244, 245

intelligence information on, 8, 30,
41–2, 90, 132, 136, 144–5

"kings" of, 144, 161–2, 185, 203, 241,
244, 257–8, 271, 293, 338, 342; *see
also specific kings*

land reform by, 55, 56

leadership of, 23–4, 55–7, 64–6, 144,
161–2, 185, 203, 241, 244, 257–8,
271, 293, 338, 342; *see also specific
leaders*

legacy of, xxv–xxviii, 355–64

legal system of, 53–5, 61, 155–6, 187,
338

Marx's analysis of, 10–11, 174, 230,
283

massacres in, 17–18, 93–5, 175–6,
283–4

mercenaries used by, xxiv–xxv,
26–7, 74–78, 186–9
military commanders of, 136–7,
148–9, 154–5, 187, 291–3; see also
specific commanders
military discipline of, 154–5,
187
military strategy of, 55–6, 57, 58,
62–6, 136–7, 141–3, 148–9, 191,
192, 208–10, 214, 219–20, 293,
343–4
missionary support for, 53, 55, 57,
59, 60, 62, 78–85, 89–90, 91,
142–9, 163, 177–81, 209, 221–3,
227–30, 257–60, 273–4, 289–91,
337, 338, 363–4
name assumed by, xxvii–xxviii, 9,
10, 18
Nanjing as capital of, 9, 13, 19, 21,
23, 24, 27, 35, 39–40, 44, 50, 51,
52, 55, 62, 63, 64–8, 114, 130, 132,
134, 135–6, 152–3, 156, 162–3,
171–7, 182–6, 187, 191, 201, 202–3,
207, 235, 241, 242, 244, 252, 253,
271, 274
as nationalist movement, xxvii, 58,
157–8, 173–82, 359, 361, 362
naval forces in, 9–10, 12, 65–6, 90,
127–8, 141, 148, 159, 180, 191, 192,
203–4, 235, 241, 271, 298
Parkes's negotiations with, 182–6,
210, 238, 239, 242, 247–8, 271
passports issued by, 79, 149,
324
political origins of, xvii–xviii,
17–20, 90–1
popular support for, 12, 15–24, 42,
52–3, 67, 90–1, 154–62, 177–82,
338–40

press coverage of, xxiv, 11–12, 81–2,
83, 84–5, 93–5, 97, 143–4, 177–9,
181, 182, 223–4
propaganda on, xxvii–xxviii, 18–19,
81–2, 159–62, 264, 361
as Protestant sect, 53–4, 59–60, 73,
78–85, 140–1, 143–4, 146–7
puritanical regime of, 53–5, 62, 81,
82, 155–7
Qing dynasty challenged by, 10–11,
17–20, 32–3, 39–40
racist attitudes toward, 11–12,
28–9, 58
recruitment for, 204–6, 208–9,
343–4
reformist agenda of, 58–62,
179–82
refugees in, 22, 24, 69, 78–9, 97, 187,
263, 264–5
as revolution, 10–11, 57, 84, 145,
157–8, 173–9, 283
Sabbath observed by, 54, 81, 82
Shanghai relations of, 9–10, 69–82,
88–95, 140–5, 146, 149, 151, 152,
153, 175, 176, 181, 183, 185–6, 202,
219, 238–40, 247–8, 260–70,
273–9, 293, 306–7, 316
social agenda of, 10, 53–5, 58–62, 81,
82, 84, 143–9, 155–62, 180, 338,
362
southern strategy of, 62–3, 219–20
steamships sought by, 65–6, 90,
141, 159, 180, 191, 192, 203–4, 235,
271, 298
stockade forts of, 207–12, 214, 215
supply lines of, 64–6, 135, 203–4
at Suzhou, 78–85, 97, 114, 141, 146,
148, 153, 158, 175, 186, 192, 253,
265, 270

Taiping Rebellion *(continued)*
taxation by, 57, 155, 157, 187
territories controlled by, 9–12,
15–18, 38–9, 42, 62–6, 67, 69–70,
113–14, 116–18, 119, 131–8, 141,
153–7, 162–3, 172, 183, 186–8,
191–2, 204–9, 219–20, 231–46,
257, 264–5
theocracy of, xxvii, 53–8, 62, 78–85,
94, 155–7, 180–1, 223–4
U.S. relations with, xxiv–xxv, 26,
27, 31, 78–85, 143–5, 146, 224, 244
Taiping Tianguo ("Heavenly
Kingdom of Great Peace"), 9,
10, 18
see also Taiping Rebellion
Tait's Edinburgh Magazine, 84
Taiwan, 35, 172, 362
Taku forts, 25, 27, 30–3, 34, 37, 44,
45–9, 72, 73–4, 86, 89, 95, 97–9,
100, 101–2, 103, 104, 150, 151, 152,
305
Tang dynasty, 124
Tang Jian, 117, 128
Tan Shaoguang (Esteemed King),
329–30
Tartars, 58, 160, 177–8, 181, 209, 301,
379*n*
Tattnall, Josiah, 44, 47, 48, 173, 233
taxation, 57, 150, 155, 157, 187, 257, 271
tea, 9, 27, 42, 72, 85, 145, 147, 174, 181,
222, 231, 232–3, 252, 284
telegraph, 159, 298
Tennyson, Alfred Lord, 47
Three Gorges, 133
Three Rivers (Sanhe), 133–4, 313
"Tian De" ("Heavenly Virtue"), 9
Tianjin, 33–6, 37, 43, 48, 88, 106, 150,
152, 169–70, 171, 222, 306

Times (London), 12, 47, 97, 100, 102,
103, 104, 105, 108–9, 151, 164, 178,
234, 237, 275, 283–5, 302, 321, 332,
413*n*, 418*n*
Tokugawa Shogunate, 37–8
Tongcheng, 137, 193, 203, 208, 209–10,
214
Tongzhou, 103–4, 105, 106
Trenchard, Stephen, 47
Trent incident (1861–1862), 262–3
tunnels, siege, 311–12, 346–9, 403*n*

United States
British relations with, xxiv, 77, 87,
231–6, 247, 261–3, 282, 284,
288–9, 299, 301, 320, 325, 328,
334–5
Christian culture of, 59, 80,
143–4
as democracy, 60, 148
as global power, 36–7, 60
navy of, 262–3
neutrality of, 26, 36, 47, 143
Qing relations with, 26, 27, 31, 34,
35–6, 44, 47, 72, 170–1, 173, 282,
315–16, 319–20, 325, 328
slavery in, 11–12, 58
Taiping relations with, xxiv–xxv,
26, 27, 31, 78–85, 143–5, 146, 224,
244

"Vampire Fleet," 303, 329
see also Anglo-Chinese Flotilla
("Lay-Osborn flotilla")
Vanity Fair, 288–9
Victoria, Queen of England, 105, 109,
164, 224, 233, 235, 247, 317–18, 333
Visions of Hung-Siu-Tshuen, The
(Hamberg), 18–19

Wade, Thomas F., 41–2, 53, 89, 178

Walker, William, 75–6

Ward, Frederick Townsend, xxv, xxvi, 75–8, 95, 172, 187, 188–9, 242, 261–2, 265–70, 273–4, 285, 286, 287, 291, 293, 294, 314–15, 316, 317, 319–20, 321, 360, 421n

Ward, Henry Gamaliel, 266, 267

Waternut Lake, 207–10, 214, 215

Williams, Samuel Wells, 48–9, 274

Wuchang, 116, 117, 128, 130, 131, 138, 139, 183, 191, 192, 193, 196, 200, 201, 202, 203, 205, 206, 210, 212, 218, 219–20, 223, 253

Wusong, 263–64, 267

Wuxi, 69, 154, 253, 344

Wu Xu, 72–73, 76, 268, 271, 287, 314, 322–23

Xi'an, 308–9

Xianfeng, Emperor of China, 3–4, 30, 32, 33, 35–36, 45, 49, 103–7, 109, 110, 113, 115, 117, 123, 124–25, 128, 131, 132, 134, 135, 150, 153, 165, 166–7, 171, 217–19, 224, 255, 371n
    son of, *see* Qing empire, child emperor of

xiangguan (Taiping local official), 156–7, 187

Xiangtan, 127, 128

xiucai (district-level) examinations, 114–15, 158–9

Xiuning, 196, 198, 252

Xue Huan, xi, 188, 267, 271, 272, 397n

Yale University, 22, 23, 147, 325

Yang Changmei, 268–9

Yang Fang, 75, 266–9, 314, 315–16, 318

Yangtze River, 9, 18, 19, 27, 35, 38, 39, 41, 43, 50, 51, 53, 54, 62–3, 65, 70, 72, 76, 97, 114, 117, 127, 130–1, 132, 134, 135–6, 138, 141, 147, 150, 153–4, 162–3, 172, 173, 175, 183–4, 186, 190–1, 193, 196, 203, 210, 213, 219–20, 240–1, 264, 265, 273, 277, 293, 296–7, 305, 323, 325, 327, 339, 340, 345, 359–60

Young Monarch, 208, 338, 349–50, 353–4

Yuan dynasty, 124

Yuhuatai ("Terrace of Flowering Rain"), 294, 306, 307, 308, 309, 310, 312, 322, 340, 347

Yung Wing, 22, 23, 147–9, 324–25

Zaiyuan, 104–5, 168, 225, 227

Zeng Guobao, 129, 134, 312–13

Zeng Guofan, 113–39
    Anqing campaign and siege of, 154, 162, 169, 190–215, 216, 217, 219–20, 232, 237–8, 246, 252, 253, 256, 342
    Anqing headquarters of, 113–14, 293, 296–7, 305–6, 322–4, 351, 352, 357
    background of, xxv, 113–16, 351
    correspondence of, 198, 199, 211–12, 252, 256, 270, 271, 272, 306, 307–13, 322–3, 357, 358, 403n, 420n, 421n, 428n
    diaries of, 113–14, 116, 197, 217, 310, 338–9, 351
    family of, 113–16, 192–3, 196–7, 213–14, 252, 256, 308, 312–13, 346, 357
    finances of, 123–5, 187, 270–1, 272, 399n

Zeng Guofan *(continued)*
  foreign support for, 172–3, 212–13,
    223, 270–3, 333, 336
  government administration of,
    251–2, 255–7, 338–40, 355–6
  imperial support for, 139, 168,
    172–3, 212–14, 217, 218, 225, 252,
    255–7, 272, 306, 345, 353, 355–8
  intelligence information of, 212–13
  massacres allowed by, 211–12, 215,
    232, 238, 246, 342, 350–2
  as military commander, 116–39,
    251–5, 270–3, 291–3, 305–13, 318,
    322–3, 332, 336, 345–6, 350–8, 359
  military strategy of, 127–39, 196–7,
    204, 209, 212–14, 219, 252–5,
    270–1, 293–7, 306, 307–13, 345–6
  Nanjing as objective of, 252, 253,
    256, 270, 271, 272, 273, 293–5,
    306, 307–13, 322, 323, 337–54, 355,
    403*n*, 428*n*
  naval forces of, 127–8, 199, 204, 213,
    293–4, 325–8
  Neo-Confucian philosophy of, 159,
    161, 211–12, 223, 251, 253–4, 323
  personality of, 113–14, 128, 131, 197,
    211–12, 270, 306, 312, 345, 355–8
  popular support for, 129–30, 159,
    196–7
  postwar years of, 355–8
  Qimen headquarters of, 137–9,
    192–200, 207–8, 213–14, 254, 256,
    270, 312
  recruitment efforts of, 118–23,
    251–5, 257
  reputation of, 213–14, 355–8, 361
  as scholar, 114–16, 130, 159, 161,
    253–4, 358
  Shanghai defense and, 260–1, 270–3
  suicide attempted by, 128, 131
  supply lines of, 193, 196–7, 199, 200,
    213, 252, 256, 305–6, 309, 311–12,
    345–6, 428*n*
  Suzhou as objective of, 253, 270,
    271
  territories controlled by, 223, 245,
    251–7, 337–54
  weapons technology as viewed by,
    125–7, 295–7, 323, 324–5
  Yung Wing's cooperation with,
    324–5, 356
Zeng Guohua, 129, 133–4
Zeng Guoquan, 129, 137, 192–3, 196–7,
    199, 210, 211–12, 252–3, 272–3,
    293–5, 306, 307–13, 315, 322, 340,
    345–52, 357–8
Zhang Guoliang, 63–4, 67, 114, 295
Zhang Zai, 160–1
Zhejiang province, 70, 154, 155, 156,
    208–9, 214, 237–8, 246, 253, 255,
    256, 257, 281, 282, 304, 306, 310,
    312, 314, 344, 358
Zhelin, 285
Zheng Afu, 280–1
Zhenjiang, 38–9, 63, 154, 183
Zhou Dunyi, 160–1
Zhouzhi, 308–9
Zhu Xi, 160–1
Zuo Zongtang, 199, 206, 253, 306,
    344

图书在版编目（CIP）数据

天国之秋／（美）裴士锋著；黄中宪译．--北京：社会科学文献出版社，2014.11（2024.1 重印）
ISBN 978-7-5097-5264-7

Ⅰ.①天…　Ⅱ.①裴…②黄…　Ⅲ.①太平天国革命-研究　Ⅳ.①K254.07

中国版本图书馆 CIP 数据核字（2013）第 265165 号

天国之秋

著　　者／〔美〕裴士锋
译　　者／黄中宪
校　　译／谭伯牛

出 版 人／冀祥德
项目统筹／董风云　段其刚
责任编辑／冯立君
责任印制／王京美

出　　版／社会科学文献出版社·甲骨文工作室（分社）（010）59366527
　　　　　　地址：北京市北三环中路甲 29 号院华龙大厦　邮编：100029
　　　　　　网址：www.ssap.com.cn
发　　行／社会科学文献出版社（010）59367028
印　　装／三河市东方印刷有限公司

规　　格／开本：889mm×1194mm　1/32
　　　　　　印张：17.625　字数：416 千字
版　　次／2014 年 11 月第 1 版　2024 年 1 月第 18 次印刷
书　　号／ISBN 978-7-5097-5264-7
著作权合同
登 记 号　／图字 01-2012-6769 号
定　　价／69.00 元

读者服务电话：4008918866